观 古 今 中 西 之 变

走出五代

十世纪藩镇研究

闫建飞 著

四川人民出版社

献给我的导师邓小南教授

目 录

绪 论 …………………………………………………………… 1
  一、问题缘起 ………………………………………………… 1
  二、研究回顾 ………………………………………………… 5
  三、本书结构 ………………………………………………… 10

第一章　方镇为国：建国道路的异同 ………………………… 13
  第一节　后梁建国之路 …………………………………… 13
  第二节　后唐建国之路 …………………………………… 41
  第三节　五代后期的政权嬗代 …………………………… 63
  第四节　政权更迭在地方的完成 ………………………… 78
  本章小结 …………………………………………………… 86

第二章　由藩而州：地方行政层级的调整 …………………… 89
  第一节　唐后期五代的支郡专达 ………………………… 91
  第二节　道级方镇的瓦解 ………………………………… 114
  第三节　宋代遥郡序列的形成 …………………………… 134
  本章小结 …………………………………………………… 155

第三章　缔造分权：州郡权力结构的变化 …………………… 157
  第一节　知州制的实施过程 ……………………………… 157
  第二节　宋代幕职州县官体系之形成 …………………… 187
  第三节　宋初"制其钱谷"之背景及措施 ……………… 219
  第四节　兵马都监的演进与地方武力的整合 …………… 247
  本章小结 …………………………………………………… 269

第四章　家族侧影：藩镇时代的地方政治人群 …………………… 273
　　第一节　京藩之间：张全义的洛阳经营与社会关系网络
　　　　　　的展开 ……………………………………………… 273
　　第二节　地方士人活动诸层面：以柳开家族为线索 ………… 301
　　本章小结 ……………………………………………………… 325
结　论 ……………………………………………………………… 327
引用书目 …………………………………………………………… 339
本书各章节原刊情况 ……………………………………………… 353
后　记 ……………………………………………………………… 355

图表目录

图 1.1　乾宁四年朱温势力范围 ·················· 19
图 1.2　天祐三年朱温势力范围 ·················· 21
图 1.3　天祐十九年李存勖势力范围 ················ 46
图 2.1　并州蔡州进奏院印 ····················· 133
图 4.1　张全义家族、亲属关系图 ·················· 293
图 4.2　柳开家族世系图 ······················ 304

表 1.1　朱温属镇节帅、留后表(886—907) ············· 25
表 1.2　江北朱温附镇表(884—907) ················ 28
表 1.3　天祐十九年李存勖所辖州镇表 ··············· 45
表 1.4　李克用、李存勖属镇节帅表(883—923) ··········· 51
表 1.5　李克用附镇表(885—901) ················· 59
表 1.6　李存勖附镇表(910—923) ················· 59
表 2.1　唐后期支郡公务上奏表 ·················· 98
表 2.2　贞明六年四月己亥制书所涉州郡情况表 ··········· 105
表 2.3　五代支郡刺史上奏表 ···················· 107
表 2.4　太平兴国二年所废方镇支郡表 ··············· 127
表 3.1　乾德元年荆湖州郡长官表 ·················· 175
表 3.2　乾德三年蜀地州郡长官表 ·················· 176

表3.3	开宝四年两广州郡长官表	176
表3.4	开宝八年江南旧地州郡长官表	177
表3.5	太平兴国三年吴越旧地州郡长官表	178
表3.6	淮南15州知州制确立时间表	181
表3.7	关中14府州军知州制确立时间表	181
表3.8	河东8府州知州制确立时间表	182
表3.9	河南29州知州制确立时间表	182
表3.10	河北14府州知州制确立时间表	182
表3.11	五代藩镇奏荐州县官员额和资格表	198
表3.12	五代宋初幕职官的分野及其变化表	202
表3.13	《新唐书·百官志》所载方镇使府文职僚佐表	213
表3.14	少尹幕职官参选条件	216
表3.15	宋代幕职州县官四等七资表	217
表4.1	张全义家族、亲属、僚佐出土墓志表	276
表4.2	《河东先生集》所存柳氏家族、亲属墓志、行状表	302
表4.3	柳开仕宦履历表	308

绪 论

一、问题缘起

建隆元年(960)正月，宋代周而立。在后世看来，这是一个结束五代十国分裂割据局面、开创"太平盛世"的历史节点，但就当时的实际情况而言，"群心未尽归附，诸侯坐看兴亡"①，是更真实的历史图景。对当时的统治集团来说，"走出五代"、避免成为第六代短命王朝，是最迫切的历史任务，也是宋初政治体制调整的核心关切。

要想了解宋初如何"走出五代"，必须先"走进五代"，了解五代问题之所在。聂崇岐将五代政治大患归结为二：腹心之患的禁军和肢体之患的藩镇②。不过，相比于宋初禁军问题的快速缓和，持续两百余年的藩镇问题给宋廷带来的压力更为持久，牵动面也更广。于鹤年甚至将中唐至宋初称为"一整个的藩镇时代"。他认为这一时期：

> 可称道的固然不仅有藩镇一件事，然而他总不失为最重要者，因为政治的变革，官庭的风潮，民族的兴衰，文化的递嬗，差不多都和他有关系。若以藩镇为这一时期历史的中心，是最适当不

---

① 柳开：《河东先生集》卷一〇《乞驾幸表》，《四部丛刊》景旧抄本，第 11a 页。
② 聂崇岐：《论宋太祖收兵权》，原刊《燕京学报》第 34 期，1948 年，收入氏著《宋史丛考》，北京：中华书局，1980 年，第 266 页。

过的。①

因此，讨论宋初"走出五代"的历史过程，以藩镇为核心议题是十分合适的。

藩镇，或称"方镇"，在唐后期五代既可特指节度使，也可泛指包括州刺史在内的所有地方实权派，亦常指直属中央的节度使、观察使等连帅和直属州②。本书主要指当时以节度、观察使为长官的集军政、民政、财政权力于一体的高层政区③。其中节度使为军事使职，观察使为民政使职，藩镇统辖支郡的权力源于观察使，故节度使必兼观察使。唐后期的藩镇问题与安史之乱密切相关。天宝十四载（755），安史之乱爆发后，叛军很快攻占河北和洛阳、长安。为平定叛乱，玄宗幸蜀途中，于普安郡（剑州）发布诏书，将边地的节度使制度引入内地，形成藩镇林立的局面。安史之乱被平定后，藩镇又成为唐廷心腹之患，尤以代、德、宪三朝与大河南北的藩镇冲突最为剧烈。在应对藩镇挑战过程中，唐廷采取了许多措施，建中元年（780）的两税法、元和四年（809）的两税三分改革和元和十四年增加刺史军权的改革，经常被视为唐廷制衡藩镇的重要措施。经过肃、代、德、宪四朝的努力，唐廷逐步化解了安史之乱及其伴随的危机。凭借着对藩镇的整合与改造，以及江淮财赋的支持，安史之乱后唐朝维持了比之前更长的时间④。

乾符元年（874），黄巢起义爆发，唐廷遭遇一场更严重的危机。与安史之乱主要波及北方不同，黄巢起义扰动区域遍及南北，不仅基本摧毁

---

① 于鹤年：《唐五代藩镇解说》，《大公报·史地周刊》，1936年3月8日。
② 罗凯：《何为方镇：方镇的特指、泛指与常指》，《学术月刊》2018年第8期，第159~169页。
③ 按照与县的统辖关系，中国古代地方政区可分为县级政区、统县政区和高层政区三层。参看周振鹤：《中国地方行政制度史》，上海：上海人民出版社，2005年，第80~82页。
④ 陈寅恪：《唐代政治史述论稿》，北京：生活·读书·新知三联书店，2001年，第203~204页；李碧妍：《危机与重构：唐帝国及其地方诸侯》，北京：北京师范大学出版社，2015年。

了唐王朝，也是藩镇发展史上的标志性事件。此前藩镇主要被视为地方高层政区，之后情况则大不相同。一方面，五代十国诸政权多由唐末藩镇发展而来，"方镇为国"①是他们共同的建国道路，由此藩镇体制深深嵌入诸政权乃至宋初的政治体制之中；幕府僚佐也往往凭藉潜邸关系，一跃成为朝廷重臣，构成诸政权的核心决策层，与相对稳定的文官群体共同维系着五代政治的日常运转。另一方面，五代十国政权建立后，凭藉建国过程中形成的中央军事优势，沿着唐后期削藩的道路继续前进，使藩镇从统辖区域、行政层级、官员设置、权力结构等方面逐渐趋同于州郡，是为"藩镇州郡化"。可见，黄巢起义后是藩镇体制向上影响中央朝廷、向下改造州郡体制，从更深更广层面影响整个国家政治体制的历史阶段。

十世纪藩镇的变化主要表现在三个层面。一是中央层面的"方镇为国"，即五代十国诸政权是如何由唐末藩镇发展而来。在这一过程中，诸政权尤其是朱温、李存勖建国过程中如何控制辖下众多藩镇，建国之后藩镇体制对中央政治体制的影响、幕府僚佐化身朝廷重臣对朝廷人事体系的冲击等，都是值得注意的问题。二是作为高层政区藩镇本身的变化。十世纪地方行政层级调整的趋势，是从唐后期的道、州、县三级制，向宋初路、州、县三级制转变②，这一过程包括道级方镇的消失和路级监司的兴起两个前后相继的阶段。宋代监司兴起后，从表面上看地方行政回归三级制，但宋代高层政区本身、高层政区与统县政区的关系，与唐后期相比都发生了质变。三是统县政区州郡的权力结构变化。州郡权力结构调整是十世纪地方行政最关键的变化，也是藩镇州郡化的核心内容。

---

① "方镇为国"的类似说法，最早见于欧阳修："梁以宣武军建国。"《新五代史》卷二七《康义诚传赞》，北京：中华书局，2015年修订版，第338页。又见吕祖谦："朱全忠以方镇建国，遂以镇兵之制用之京师。"吕祖谦：《丽泽论说集录》卷九《门人所记杂说一》，黄灵庚等编：《吕祖谦全集》，杭州：浙江古籍出版社，2008年，第2册，第239页。

② 宋代监司一般被认为处于监察区向行政区的过渡阶段。为便于与其他时段比较，本书暂且视之为行政区。

藩镇州郡化并非是向唐前期州、县二级制下的州郡复归，而是向不断调整内部权力结构、确立起分权体制的宋代州郡迈进，最终在划平藩镇、调整州郡权力结构基础上建立起更高程度的中央集权。

不过，讨论十世纪藩镇，仅仅局限于制度的渊源流变是不够的，亦要关注与之相关的政治人群活动，他们是方镇为国和藩镇州郡化的参与者和见证者。其中，节帅作为藩镇长官，地方士人作为幕府文职僚佐，是研究藩镇不可忽视的政治人群。他们的政治参与既关系到本镇治理、朝藩关系，也对其政治命运有决定性影响。对节帅而言，积极参与还是抗拒藩镇州郡化进程；对地方士人而言，入仕还是归隐，盘桓幕府还是任职中央州县，入幕之后是自结府主还是主动向中央靠拢：既是个人选择，也受制于时势。通过观察他们的政治活动和应对策略，有助于我们理解时代变迁和制度转换对政治人群的切身影响，也可以从纵深层面理解藩镇体制带给当时国家和社会的深刻烙印，是藩镇研究的题中应有之义。

本书的研究时段为十世纪，起于黄巢起义爆发的乾符元年（874），这主要源于该事件对唐末五代历史和藩镇的巨大影响；终于宋太宗去世的至道三年（997）。需要指出的是，就藩镇问题而言，宋初的标志性事件是太平兴国二年（977）宋太宗下诏废藩镇支郡，但废支郡后，州郡权力结构调整和藩镇州郡化进程尚未完成，直到宋太宗去世后，知州制取代刺史制，这一进程方告结束。

本书的研究区域为北方，这是由"走出五代"的主题决定的。北宋的政权基盘来自五代，宋初政策调整的重点也在"旧疆"而非"新土"，选择北方作为研究区域，是题中应有之义。与南方相比，十世纪北方的政治变动更剧烈，面临的情势更复杂，藩镇体制的影响更深，藩镇州郡化推进的难度更大，将研究区域放在北方，更有利于展现这一历史进程的复杂性以及不同政治势力的博弈过程。所谓北方，即五代封疆的大致范围，可分为河南、河北、河东、关中、淮南五个区域。河南地区指五代政权统治的黄河以南、潼关以东地区，相当于唐贞观河南道以及开元山南东道、淮南道部分地区。河东、河北地区即唐开元河东、河北道在五代封疆之内的部分，考虑到唐末特殊的政治军事格局，河东地区还包括属于关内道的振武、天德两镇，不包括黄河以南的虢州。关中地区即潼关以西的五代封疆。淮南地区即后周世宗所取淮南十四州。

从长时段来看，十世纪的方镇为国和藩镇州郡化都在唐后期藩镇问题的延长线上，五代宋初政权同样要回应如何解决安史之乱以来的藩镇问题。方镇为国重建了中央集权和中央对地方的军事优势，是五代王朝顺利推行藩镇州郡化措施的基础；藩镇州郡化则使藩镇实力不断被削弱，藩镇问题逐渐成为肢体之患；二者共同助推着藩镇问题的解决。不同之处在于，由于唐后期中央集权的衰落，朝廷无力消灭所有叛藩，其藩镇政策追求的目标并非瓦解藩镇，而是藩镇承认唐廷统治前提下朝藩关系的相对稳定。五代宋初则不然，随着朝廷的强势，其藩镇政策目标逐步转变为彻底废除藩镇体制，持续两百余年的藩镇问题也最终得到解决。藩镇问题解决后，藩镇州郡化的诸多措施和精神原则仍得以延续，持续影响着宋代乃至后世的地方行政体制。

二、研究回顾

目前学术界对十世纪藩镇的研究已有比较深的积累。以下将分藩镇、政治人群两个方面，对与本书主旨相关者做一简要归纳。

藩镇问题一直是唐史研究的热点之一，学界已有不少总结[1]，对其研究模式也有反思[2]。日本学者高濑奈津子将藩镇研究分为两部分，一是藩镇的权力构造研究，二是藩镇辟召制和幕职官研究[3]。二者之中，

---

[1] 如胡戟等主编：《二十世纪唐研究》，北京：中国社会科学出版社，2002年，第50～58、61～62、101～103、136页；高濑奈津子：《第二次大戦後の唐代藩鎮研究》，收入堀敏一撰：《唐末五代变革期の政治と经济》，东京：汲古书院，2002年，第225～253页等。

[2] 张天虹：《唐代藩镇研究模式的总结和再思考——以河朔藩镇为中心》，《清华大学学报》2011年第6期，第55～65页；仇鹿鸣：《长安与河北之间：中晚唐的政治与文化》，北京：北京师范大学出版社，2018年，第327～349页。

[3] 高濑奈津子：《第二次大戦後の唐代藩鎮研究》，《唐末五代变革期の政治と经济》，第225～253页。

藩镇的权力构造更能揭示藩镇问题的核心，辟召制和幕职官事实上也属于藩镇权力构造的一部分。高瀬奈津子将藩镇的权力构造进一步划分为藩镇与中央的关系（朝藩关系）、藩镇的军事构造两部分。前者属于藩镇与外部世界的关系，后者属于藩镇内部的权力结构。受此启发，本书按照内外之别，将藩镇研究分为藩镇与中央的关系、藩镇内部的权力构造两部分，军事构造、辟召制、幕职官均可纳入后者范畴①。

朝藩关系历来是藩镇研究的重点，成果丰硕，其中从朝廷削藩角度论述者最多。学者们或着眼于五代宋初朝廷的整体削藩措置②，或聚焦于某一具体政策如监军制度等③。总的来看，五代宋初的削藩研究中，学者多采取列举式论证，且重复研究较多，对朝藩关系在不同阶段的发展、不同区域的差异缺乏应有的关注。五代与宋初的研究壁垒也未完全打破。近年来，学者们从不同层面多次强调唐末五代宋初是一个完整的研究单元④，

---

① 这一调整参考了李碧妍的分析，《危机与重构：唐帝国及其地方诸侯》，第6页。
② 聂崇岐：《论宋太祖收兵权》，《宋史丛考》，第263～282页；李昌宪：《五代削藩制置初探》，《中国史研究》1982年第3期，第102～110页；齐勇锋：《五代藩镇兵制和五代宋初的削藩措施》，《河北学刊》1993年第4期，第75～81页；陈长征：《唐宋地方政治体制转型研究》，济南：山东大学出版社，2010年，第124～233页等。其中陈长征举证最为全面。
③ 友永植：《宋都监探原考（一）—唐代の行营都监—》，《别府大学纪要》第37辑，1996年，第28～39页；《宋都监探原考（二）—五代の行营都监—》，《别府大学アジア歴史文化研究所报》第14号，1997年，第1～16页；《宋都监探原考（三）—五代の州县都监—》，《史学论丛》第34号，2004年，第15～25页。张萌：《五代十国监军考论》，陕西师范大学硕士论文，2013年。
④ 邓广铭和李锦绣从宋代官僚制形成的角度，强调宋初与唐五代的连续性。邓广铭：《对申采湜教授论文的评议》，东洋史学会编：《中国史研究的成果与展望》，北京：中国社会科学出版社1991年，第135页；李锦绣：《唐后期的官制：行政模式与行政手段的变革》，收入黄正建主编：《中晚唐社会与政治研究》，北京：中国社会科学出版社，2006年，第1页。邓小南认为："自唐朝末年经五代至北宋初年，在政治、军事、文化等方面面临的社会矛盾性质类似，统治者在挣扎摸索中致力于解决的问题也类似，从这一意义上说，这段期间事实上属于同一单元。北宋的政治局面，正是从'五代'走出来的。"邓小南：《祖宗之法：北宋前期政治述略》，北京：生活·读书·新知三联书店，2006年，第78页。

讨论宋初藩镇也应从唐末五代谈起，只是相关研究较少往前追溯，不少议题尚有推进的余地。

朝藩关系并非仅仅包含二者的对立面（削藩和叛乱），藩镇体制对中央乃至整个政治体制的影响也是重要方面。藩镇问题的解决，也有赖于对藩镇体制的消化吸收。正如邓小南所言："对于中央与地方关系问题的逐步理顺，并不完全是由于五代的统治者成功地压制了强藩、彻底地摒弃了藩镇制度，而恰是因为他们消化吸纳了发展至此时的地方制度中的许多创获，从而生发出富于活力而应变有效的新机制。"①这方面研究是五代宋初朝藩关系的重要内容。周藤吉之、王赓武、日野开三郎对五代政权与藩镇体制的继承关系有比较全面的论述②，其中禁军与藩镇军制的关系，尤其引人注目，产生了一批有分量的成果③。

---

① 邓小南：《祖宗之法：北宋前期政治述略》，第205页。
② 周藤吉之：《五代節度使の支配體制——特に宋代職役との關聯に於いて——》，《史学杂志》第61卷第4、6期，1952年，收入氏著《宋代经济史研究》，东京：东京大学出版会，1962年，第573～654页。Wang Gungwu（王赓武），*The Structure of Power in North China During the Five Dynasties*, Stanford: Stanford University Press, 1967；中译本见胡耀飞、尹承译：《五代时期北方中国的权力结构》，上海：中西书局，2014年。日野开三郎：《五代史の基調》，《日野开三郎东洋史学论集》第2卷，东京：三一书房，1980年，第296～304页。
③ 堀敏一：《五代宋初における禁軍の發展》，《东洋文化研究所纪要》第4册，1953年，第83～151页。菊池英夫：《五代禁軍に於ける侍衛親軍司の成立》，《史渊》第70辑，1956年，第51～77页；《五代後周に於ける禁軍改革の背景——世宗軍制改革前史——》，《东方学》第16辑，1958年，第58～66页；《後周世宗の軍制改革と宋初三衙の成立》，《东洋史学》第22辑，1960年，第39～57页。富田孔明：《五代の禁軍構成に關する一考察——李克用軍團の變遷について——》，《东洋史苑》第26·27号，1986年，第83～115页；《五代侍衛親軍考——その始源を求めて——》，《东洋史苑》第29号，1987年，第1～32页；《後梁侍衛親軍考——その構成に関する諸説の矛盾を解いて》，《竜谷史壇》第92号，1988年，第32～49页。齐勇锋：《五代禁军初探》，《唐史论丛》第3辑，1987年，第157～230页。张其凡：《五代禁军初探》，广州：暨南大学出版社，1993年。赵雨乐：《唐末北衙禁军的权力基础——神策五十四都的活动试析》，收入《第三届中国唐代文化学术研讨会论文集》，台北：中国唐代文化学术研讨会出版，1997年，第523～538页。杜文玉：《五代十国制度研究》，北京：人民出版社，2006年，第372～505页。范学辉：《宋代三衙管军制度研究》，北京：中华书局，2015年，第38～86页。

相对于唐后期藩镇内部军事结构、辟召制、幕职官研究的丰厚成果，十世纪藩镇的相关研究相对单薄。对藩镇牙军的研究，多集中在后梁、后唐和其他政权建国前的牙军部队，其实是禁军前史的一部分①。幕职官方面关注的核心问题是宋代幕职州县官体系的形成过程②。

总的来说，十世纪藩镇研究成果不论数量还是质量都无法与唐后期相提并论，二者关注的问题亦各有偏重。唐后期藩镇研究中学者们讨论的很多重要问题，在十世纪藩镇研究中则隐而不彰。如"胡化说"，自陈寅恪以来就是分析安史之乱、唐后期藩镇问题的重要视角③，但在十世纪藩镇研究中，除了对入主中原的沙陀和西夏前身的党项关注较多外④，其他部族如突厥、粟特、回鹘等已较少进入藩镇研究者视野。这固然与学者关注重点的转移有关，但也反映出十世纪民族融合进入新阶段，"胡/汉"语境的消解⑤。在十世纪藩镇研究中，既要关注这一时期藩镇发

---

① 周藤吉之：《五代節度使の牙軍に關する一考察——部曲との關聯において——》，《东洋文化研究所纪要》第2册，1951年，第3～72页。来可泓：《五代十国牙兵制度初探》，《史学月刊》1995年第11期，第64～70页。

② 片山正毅：《宋代幕職官の成立について》，《东洋史学》第27辑，1964年，第58～74页。郑庆寰：《体制内外：宋代幕职官形成述论》，中国人民大学博士论文，2013年。

③ 陈寅恪：《唐代政治史述论稿》，第209～235页。仇鹿鸣对"胡化说"的有效性进行了探讨，并指出可以从是否维持部落形态、胡人对自身种族和文化的自我界定两个方面，将"胡化说"这一描述性概念化约为更有效的分析工具。仇鹿鸣：《长安与河北之间：中晚唐的政治与文化》，第306～320页。

④ 相关研究甚多，无法枚举，仅举其要。沙陀研究如樊文礼：《唐末五代的代北集团》，北京：中国文联出版社，2000年；森部丰：《ソグド人の東方活動と東ユーラシア世界の歴史的展開》，大阪：关西大学出版部，2010年；傅乐成：《沙陀之汉化》，原载《华冈学报》第2期，1965年，收入氏著《汉唐史论集》，台北：联经出版事业公司，1977年，第319～338页；王义康：《沙陀汉化问题再评价》，《陕西师范大学学报》1995年第4期，第132～137页；李丹婕：《沙陀部族特性与后唐的建立》，《文史》2005年第4期，第229～244页等。党项研究如冈崎精郎：《タングート古代史研究》，京都：京都大学东洋史研究会，1972年；周伟洲：《早期党项史研究》，北京：中国社会科学出版社，2004年等。

⑤ 邓小南：《试谈五代宋初"胡/汉"语境的消解》，收入氏著《朗润学史丛稿》，北京：中华书局，2010年，第74～94页。

展的新特点,也要注意到相比唐后期藩镇"无"的层面,才能更好地把握藩镇问题的脉络和走向。

在中国传统官僚群体分类中,文武是最常见的分类方法。唐末五代宋初的文武群体有不少研究,关注的问题包括文武群体的构成和文武关系两个方面。就前者来说,学者们讨论了五代宋初来自河南、河北、河东、关内的文武官员数量、出身之不同及变化。同时学者们注意到,五代政权频繁更迭之下,文武官员历仕多朝的比例很高,文臣群体的相对稳定支撑起五代政权的延续①。时代乱离和"武夫当政"之下,士人在入仕与归隐之间的抉择及出仕观念,也吸引了不少学者关注②。就文武关系而言,最容易注意到的是五代宋初文武隔绝、对立,乃至敌视的现象。不过学者们的研究指出,五代激荡的时代环境,促使文武群体之间接触、沟通增多,双方既相互排抑制约,又相互依存补充,在特定条件下相互参与着对方特质的塑造和改变③。正如邓小南所提示和示范的,对文武

---

① Wolfram Eberhard(艾伯华),"The composition of the leading political group during the 'Five Dynasties'", *Asiatische Studien-Études Asiatiques*, vol. 1-2, 1947, pp. 19-28. 西川正夫:《華北五代王朝の文臣官僚》,《东洋文化研究所纪要》第27册,1962年,第211~261页。毛汉光:《五代之政治延续与政权转移》,原载《史语所集刊》第51本第2分,1980年,收入氏著《中国中古政治史论》,上海:上海书店出版社,2002年,第418~474页。堀敏一:《朱全忠政権の性格》,《骏台史学》第11号,1961年,第38~61页。佐竹靖彦:《朱溫集團の特性と後梁王朝の形成》,收入《中国近世社会文化史论文集》,台北:"中央"研究院历史语言研究所,1992年,第481~530页。

② 赵效宣:《五代兵灾中士人之逃亡与隐居》,《新亚书院学术年刊》第5期,1963年,第291~330页;罗宗涛:《唐末诗人对唐亡的反应试探》,收入《第五届唐代文化学术研讨会论文集》,高雄:丽文文化事业股份有限公司,2001年,第381~405页;李定广:《唐末五代乱世文学研究》,北京:中国社会科学出版社,2006年,第27~55页;铃木隆行:《五代の文官人事政策に関する一考察》,《北大史学》(札幌)第24卷,1984年,第25~38页;金宗燮:《五代政局变化与文人出仕观》,《唐研究》第9卷,2003年,第491~507页。

③ 方震华:《权力结构与文化认同:唐宋之际的文武关系(875—1063)》,北京:社会科学文献出版社,2019年,第81~110页;闫建飞:《评方震华〈权力结构与文化认同〉》,《中外论坛》2019年第1期,第159~172页;西川正夫:《華(转下页)

群体和文武关系的讨论，一方面要注意到文武群体内部家世背景、出身途径及个人资质等的差异，另一方面要将文武关系嵌入当时的政权内部权力结构，才能更好地把握文武关系变动的实质①。

三、本书结构

十世纪藩镇的变化包括方镇为国和藩镇州郡化两个方面，前者为朝廷层面，后者包括高层政区和州郡层面，加上相关政治人群活动，本书共分四章。

第一章从方镇为国的角度讨论五代北宋王朝的建国道路。五代十国诸政权多由唐末藩镇发展而来，后梁、后唐是方镇为国的典型案例。方镇为国过程中，朱温、李存勖如何在唐朝藩镇体制下，控制辖下藩镇，并从中发展出集权体制，建立新朝，是本章的核心关注。后晋、后汉的建立与契丹经略中原密不可分，后周、北宋的建立则是禁军崛起的结果。从表面来看，后晋以降诸政权的建国道路与后梁、后唐差异明显，并不属于方镇为国。但后晋、后汉均由河东藩镇发展而来，禁军崛起是藩镇军队禁军化的结果，诸政权的政治、军事、财政、人事等同样受到方镇为国的深刻影响，仍然在方镇为国的延长线上。

第二章以朝廷、藩镇、州三者的关系为核心，讨论地方行政层级的调整。唐后期地方行政是道、州、县三级制，藩镇州郡化表现在行政层级上，主要指削除藩镇一级。从这个角度来说，支郡专达、裂地分镇、直属州是藩镇州郡化的重要措施。本章主要追踪这些措施的实施情况，

(接上页)北五代王朝の文臣と武臣》，福島正夫编：《仁井田陞博士追悼论文集》第1卷《前近代アジアの法と社会》，东京：劲草书房，1967年，第289～314页；邓小南：《走向再造：试谈十世纪前中期的文臣群体》，原载《漆侠先生纪念文集》，保定：河北大学出版社，2002年，《朗润学史丛稿》，第36～73页。

① 邓小南：《走向再造：试谈十世纪前中期的文臣群体》，《朗润学史丛稿》，第36～73页。

呈现不同时期、不同区域的差异,展现藩镇层级消亡的历史过程,同时比较唐后期道、州、县三级制与北宋路、州、县三级制下,高层政区及其与统县政区关系的差别。藩镇瓦解后,原来的节度使、刺史等阶衔继续存在,形成宋代的正任、遥郡序列。本章重点将讨论遥郡序列的形成过程。

第三章从分权的角度探讨州郡权力结构的调整,这是藩镇州郡化的核心内容。随着藩镇州郡化,州郡权力结构也在不断变化。五代宋初的朝廷通过削藩,使藩镇逐渐趋同于州郡,但州郡本身的权力结构也在不断变化,从唐后期由刺史掌握军政、民政权力的集权体制,逐渐过渡到宋初以知州掌民政,通判为其贰,兵马都监掌军事,监当官管榷税的分权体制。这一转变过程,本章将从知州制取代刺史制、宋代幕职州县官体系之形成、宋初"制其钱谷"的背景及措施、兵马都监演进与地方武力整合四个方面进行讨论。

第四章希望以节帅和地方士人为核心,讨论藩镇时代的地方政治人群活动,动态观察方镇为国和藩镇州郡化对地方政治人群的影响。节帅选择张全义洛阳经营为个案。张全义活跃于唐末五代前期,是方镇为国和藩镇州郡化的参与者和见证者,他治下的洛阳多次经历京城与藩镇治州的转变。从洛阳经营个案中,我们既能观察到京藩交错给都城建设的影响,也注意到京藩二重底色对张全义个人的仕宦与婚姻网络、社会关系等的影响。地方士人活动则以柳开家族为线索进行观察。柳开家族主要活跃于五代后期宋初,属于中下层士人,是藩镇州郡化的参与者和见证者。柳氏家族成员在任职藩镇幕府还是朝廷州县之间的变化,仕宦区域的变动,对科举入仕的态度,都与藩镇州郡化进程密切相关。

十世纪藩镇的变化对宋代地方行政制度有何影响?在中国地方行政制度演进中处于怎样的位置?是本书最后想回答的问题。

另外需要说明的是,本书征引文献,仅在首次注明全部信息,再次征引则省略译者、出版社、出版时间地点等。征引文献均见于最后的引用书目,以备查考。在使用直接引文时,凡更正原文错误者,以"(误)〔正〕"的形式;补充解释者,加();引文中原有注释,以(原注:)的形式。

第一章 方镇为国：建国道路的异同

中国古代王朝多以军事立国，但不同王朝的建国道路有明显差异。就五代十国诸政权而言，后梁、后唐、秦岐、杨吴、前蜀、南汉、吴越等皆从唐末藩镇发展而来，藩镇体制影响到王朝政治、制度、人事的方方面面，他们的建国道路可称为方镇为国。其中后梁、后唐之建立历时二三十年，相关记载最为丰富，可以相对完整地呈现从唐末藩镇到新王朝的演变过程。后晋以降诸政权的建国道路虽与后梁、后唐差异明显，但其政治、军事、财政、人事等同样受到方镇为国的深刻影响，仍然在方镇为国的延长线上。呈现五代北宋王朝的建国道路及其差别，是本章的主要任务。

第一节 后梁建国之路

朱温，宋州砀山人，原为黄巢大将，中和二年（882）降唐后，被唐僖宗赐名全忠，次年改命汴州宣武军节度使。此后经过二十余年征战，至天祐四年（907）代唐建梁。关于后梁建国史，目前学界主要是从两方面论述的：一是承继史籍记载，描述朱温的对外扩张过程[1]；二是分析朱温集团成员结构，尤其着重于武将群体之构成[2]。至于建梁过程中朱温如

---

[1] 如陶懋炳：《五代史略》，北京：人民出版社，1985年，第32～49页；何灿浩：《唐末政治变化研究》，北京：中国文联出版社，2001年，第127～134页等。
[2] 堀敏一：《朱全忠政権の性格》，《骏台史学》第11号，第38～61页；毛汉光：《五代之政治延续与政权转移》，《中国中古政治史论》，第439～452页；佐竹靖彦：《朱温集團の特性と後梁王朝の形成》，《中国近世社会文化史论文集》，第481～530页；王赓武：《五代时期北方中国的权力结构》，第45～58页。

何控制已征服地区则措意不多,仅王赓武有简要论述①。对内部控制方面的研究,既可以呈现朱温建梁中发展出集权体制的过程,又可以解答为何朱温能够击败其他竞争者、代唐建国这一问题。

在讨论朱温建国道路之前,有必要对黄巢起义这一彻底改变唐末政治格局的事件及其影响做一简单梳理,以呈现朱温势力崛起的背景。

一、朱温扩张的背景及过程

乾符元年(874),王仙芝聚兵数千人,起于长垣,次年,冤句人黄巢起兵响应。随后数年,王、黄军队一直在河南道、山南东道、淮南道一带流动作战。乾符五年,王仙芝兵败被杀,余部归于黄巢。同年黄巢渡江南下,进陷江南西道、两浙、福建等地众多州县,最后入岭南道占领广州。六年十月,因水土不服等原因,黄巢率军北上,沿长江东下,进破沿江各州,至于两浙。由于诸道行营都统、淮南节度使高骈轻敌,措置失误,导致唐军堵截黄巢的计划失败。广明元年(880)七月,黄巢在采石渡江。九月,许州忠武军动乱,淮河防线崩溃,黄巢遂全军渡淮,由此一发不可收拾。

从起兵到占领广州,黄、王军队对唐廷的威胁不可谓不大,但两京地区和江淮一带始终掌握在唐廷手中,运河也基本畅通,故这种威胁尚不致命。待到黄巢渡淮后,给唐廷带来的威胁便大大增加了。首先,河南道大部迅速沦陷,两京很快失守,僖宗南奔成都,唐廷统治核心区域落入黄巢手中。其次,由于唐廷自身难保,藩镇内部开始动乱频发。唐廷既无力镇压藩镇动乱,又必须依靠藩镇力量平定黄巢,不得不放弃镇压藩镇动乱的政策,改为承认现状,授予节钺。藩镇动乱在随后的中和年间(881—884)愈演愈烈,形成遍及全国的"中和动乱潮"②。在黄巢打

---

① 王赓武:《五代时期北方中国的权力结构》,第61~65页。
② 何灿浩:《唐末政治变化研究》,第21~42页。何灿浩认为唐廷政策改变始于广明元年十一月河中都虞候王重荣动乱。事实上,同年九月忠武军动乱时唐廷已自顾不暇,放弃了镇压动乱的政策,王重荣尚为河中留后时,许州动乱大将周岌已获得忠武节钺。

击和藩镇动乱的影响下，唐廷统治濒于瓦解。

作为一场给大江南北带来巨大影响的动乱，黄巢起义对不同地区的影响并不相同。河北地区未受直接波及，在当时相对稳定。凭借镇压黄巢的功劳，以李克用为首的沙陀势力，在河东地区站稳脚跟。作为唐廷政治核心的关中地区，黄巢起义前是神策军长期控制的区域，之后出身禁军将领的李茂贞成为本地区最强的势力。唐末大乱中，宦官杨复恭、杨复光兄弟和田令孜不断以自己的亲信、假子乃至兄弟出镇山南西道、剑南道诸藩镇，形成宦官系禁军势力①。随着田令孜、杨复恭相继倒台，宦官系禁军势力逐渐被田令孜假子李茂贞和王建所并，形成秦岐、前蜀两个割据政权。湖南和福建则被来自淮蔡集团的外来军人占据，湖南为孙儒部下刘建峰、马殷，福建为来自光州的王潮兄弟②。淮南、两浙、江西在本地武装与外来武装（主要是淮蔡集团）之间反复争夺，最后被出自本地武装的杨行密、钱镠、钟传等纳入囊中③。

与以上区域不同，当时的河南道是另一番景象。安史之乱后，河南

---

① 杨复光诸假子："守亮，兴元节度使；守宗，忠武节度使；守信，商州防御使；守忠，洋州节度使；其余以守为名者数十人，皆为牧守将帅。"（刘昫：《旧唐书》卷一八四《杨复光传》，北京：中华书局，1975年，第4774页）杨复恭"以诸子为州刺史，号'外宅郎君'；又养子六百人，监诸道军"。另有"子守贞为龙剑节度使，守忠洋州节度使"。（欧阳修、宋祁：《新唐书》卷二〇八《杨复恭传》，北京：中华书局，1975年，第5890～5891页）杨守忠究竟为杨复光假子还是杨复恭假子，无法判断，当因二人为从兄弟，故杨守亮均称之为父。田令孜腹心中，广明元年（880），杨师立为东川节度使、牛勖为山南西道节度使、罗元杲为河阳三城节度使，弟弟陈敬瑄为西川节度使。（司马光：《资治通鉴》卷二五三《唐纪六十九》，广明元年三月、四月，北京：中华书局，1956年，第8222、8224页）后来占据四川的王建和华州节度使韩建亦为田令孜假子。另参胡耀飞：《黄巢之变与藩镇格局的转变》，复旦大学博士论文，2015年，第193～196页。

② 参看曾现江：《唐后期、五代之淮蔡军人集团研究》，四川大学硕士论文，2002年，第56～70页。

③ 江淮、江西、岭南等地的本土武装势力可参看胡耀飞：《黄巢之变与藩镇格局的转变》附录二《唐末东南州级独立武装分布及成分表》，第222～226页、第202～205页。

道主要被来自东北的平卢系武力占据。经过代德宪三朝的不断努力,"平卢系"藩镇在元和中兴后基本瓦解,朝廷掌握了河南道节度使的选任权①。为了防止割据再现,唐廷采取缩短任期、文臣节度等措施,防止节度使与地方武力长期结合。据吴廷燮《唐方镇年表》②、郁贤皓《唐刺史考全编》③,乾符元年即黄巢起义前夕,河南道十镇中④,只有天平军和平卢军的节帅为武将,分别为出身禁军的高骈和宋威;待到黄巢被平定的中和四年(884),河南道十一镇⑤只剩下一位文臣节度使,即义成军节度、前宰相王铎。与文臣节度退场同步的,是节度使受命方式的改变。乾符元年,河南道十镇节帅全部由朝廷选任;中和四年,只有宣武(朱温)、义成(王铎)、泰宁(齐克让)、陕虢(王重盈)四镇长官为朝廷选任;待到僖宗朝最后一年文德元年(888),朝廷选任的节帅只剩下一人,即最后取代唐朝的宣武节度朱温。可见文臣节度使退场的同时,唐廷也基本丧失了对河南道节帅的委任权。这种情况与黄巢起义密切相关,却又并不仅仅是黄巢起义带来的结果,还与之前河南道的权力结构密切相关。

元和中兴后,河南道的节帅以文臣为主。相较于平卢系藩镇的时代,唐廷任命的文臣节度彰显了朝廷对河南道控制的强化,但这并不意味着唐廷对于当地军政权力的牢固掌握。这是由于文臣节度统帅下的藩镇军队,是已经完成地方化的军队,即这是一支"由当地人组成的驻守于当地并由当地赋税供养的地方军队;同时,由于士兵的终身化、职业化,使军人成为地方上的一个独特社会群体,即地方军人集团;他们成为地

---

① 李碧妍:《危机与重构:唐帝国及其地方诸侯》,第36~103页。
② 吴廷燮:《唐方镇年表》,北京:中华书局,1980年。
③ 郁贤皓:《唐刺史考全编》,合肥:安徽大学出版社,2000年。
④ 即汴州宣武、滑州义成、许州忠武、郓州天平、兖州泰宁、徐州感化、青州平卢、孟州河阳三城节度使,陕虢观察使,东都畿都防御使。
⑤ 原属忠武军的蔡州中和二年(882)升为奉国军节度使。《新唐书》卷六五《方镇表二》,第1825页。

政治的参与者甚至控制者",表现在政治上,就是所谓的骄兵问题①。河南道藩镇一般被归类为中原防遏型,既要防遏河朔割据藩镇,又要维护运河安全②,军力较为雄厚,地方军人集团的势力也比较强大,坐拥重兵的汴州宣武、徐州武宁等镇军乱频发③。一方面文臣节度任期较短,且仕宦前途系于中央而非当地,而地方军人世代居住当地,势力盘根错节,因此文臣节度很难也不愿意主动触动这一集团的利益④;另一方面,唐自中叶以降,文武分途就已至为明显,文臣节度与地方军人集团之间的隔膜越来越深,很难真正控制地方。文臣节度的弱点,正如唐末胡曾在《谢赐钱启》中所感叹的:

> 山东藩镇,江表节廉,悉用竖儒,皆除迂吏。胸襟龌龊,情志荒唐。入则粉黛绕身,出则歌钟盈耳。但自诛求白璧,安能分减黄金。虽设朱门,何殊亡国,徒开玉帐,无异荒墟。遂使宁戚无扣角之歌,邹阳乏曳裾之地。⑤

这样一批"竖儒",在承平时节,尚可维持地方的大体稳定,即使出现军乱,也可凭借唐廷和诸镇的兵力加以镇压;但在唐末大乱的时代变局下,其缺陷很快暴露,多数文臣节度使被地方军人集团驱逐。史载:

> 自(黄)巢、(尚)让之乱,关东方镇牙将皆逐主帅,自号藩臣。

---

① 孟彦弘:《论唐代军队的地方化》,《中国社会科学院历史研究所学刊》第1辑,北京:社会科学文献出版社,2001年,第264~291页。军队地方化的标志是德宗时期两税三分制度的确立,三分制下,送使部分主要用来供养地方军队。
② 张国刚:《唐代藩镇研究》(增订本),北京:中国人民大学出版社,2010年,第42~59页。
③ 宋至道元年(995)参知政事张洎言,唐后期宣武军额六万,武宁军额五万(脱脱等:《宋史》卷九三《河渠志三》,北京:中华书局,1985年,第2320页)。赵翼将宣武、武宁军乱作为藩镇骄兵的代表。见赵翼撰、王树民校证:《廿二史札记校证》卷二〇《方镇骄兵》,北京:中华书局,1984年,第431~432页。
④ 李碧妍:《危机与重构:唐帝国及其地方诸侯》,第103~111页。
⑤ 李昉等编:《文苑英华》卷六五五,北京:中华书局,1966年,第3366页。

> 时溥据徐州，朱瑄据郓州，朱瑾据兖州，王敬武据青州，周岌据许州，王重荣据河中，诸葛爽据河阳，皆自擅一藩，职贡不入，赏罚由己。①

这段材料值得注意的有两点，一是"关东"，二是"牙将"。"关东"说明这种现象主要发生在潼关以东的河南道，"牙将"表明驱逐主帅的主要是地方军人集团。时溥、王敬武、周岌均为本镇牙将，逐前任节度使自代，朱瑄则是在前任节度使曹存实战死后以牙将继任。周岌军变占领许州之时，忠武牙将秦宗权袭取蔡州，陈州在之前已经被世代为忠武军校的赵犨兄弟占据。中和初年(881)，"世为郡武吏"的颍州都知兵马使王敬荛亦逐刺史自代②。

文臣节度的退场和本地藩镇牙将的上台，在河南道表现得十分明显。这一地区正是朱温在唐末征战的主战场，本地武装出身的牙将节帅则是朱温的主要对手；瓦解地方军人集团、化解藩镇割据也成为此后中原王朝一直努力的方向。不同于文臣节度，牙将出身的节帅与本地军人集团结合十分紧密，对当地的控制也比文臣节度强，加上河南道节镇大多军力雄厚，这决定了朱温在河南征战的艰难。

自中和三年(883)至乾宁四年(897)，朱温的主战场一直在河南地区。这十四年的征战可以光启三年(887)为界分为两个阶段。前一阶段，朱温基本处于守势，主要对手是黄巢和蔡州秦宗权势力。中和四年五月，朱温与感化军节度使时溥、忠武军节度使周岌、河东军节度使李克用等共破黄巢。光启二年，朱温趁滑州义成军军乱，袭取滑州。光启三年五月，朱温纠合汴州宣武、滑州义成、郓州天平、兖州泰宁四镇兵力，在与秦宗权的决战中取胜，保有宣武、义成两镇之地。后一阶段，朱温采取攻势，主要对手是天平军朱瑄、泰宁军朱瑾兄弟和感化军节度时溥。景福

---

① 《旧唐书》卷一六四《王铎传》，第 4284 页。
② 薛居正：《旧五代史》卷二〇《王敬荛传》，北京：中华书局，2015 年修订版，第 313 页。

二年(893),攻占徐州,乾宁四年,占领郓州、兖州。"于是郓、齐、曹、棣、兖、沂、密、徐、宿、陈、许、郑、滑、濮皆入于全忠。惟王师范保淄青一道,亦服于全忠。"①

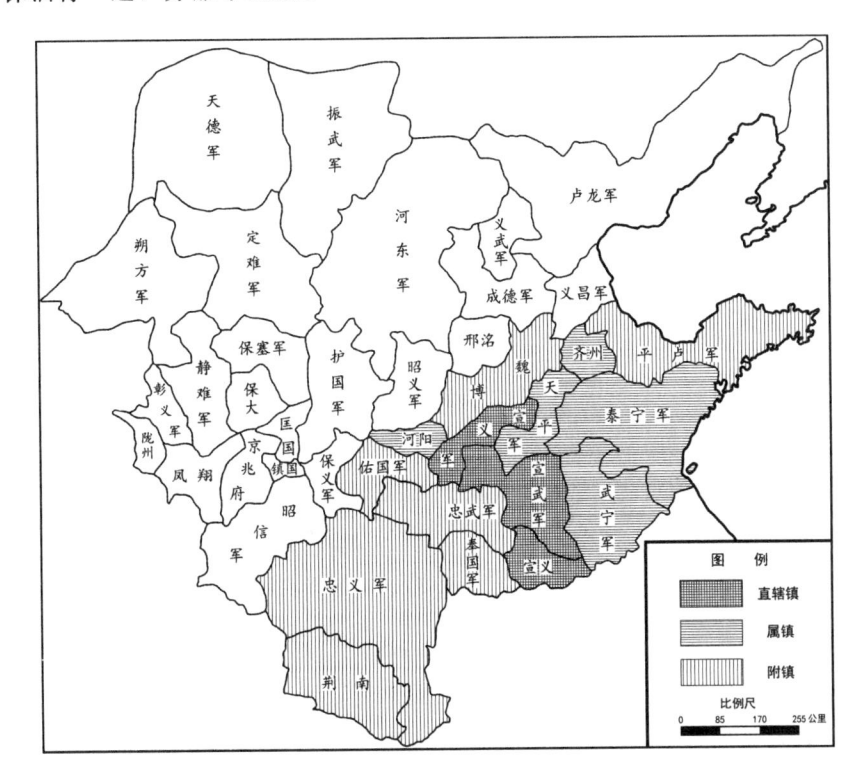

图 1.1　乾宁四年朱温势力范围

朱温平定河南后,意图向南发展。乾宁四年九月,"乃大举击杨行密,遣庞师古以徐、宿、宋、滑之兵七万壁清口,将趋扬州,葛从周以兖、郓、曹、濮之兵壁安丰,将趋寿州"②,企图一举而下淮南。但在随后的清口之战中,两路大军几乎全军覆没,东路军主帅庞师古战死,朱温自此不能与杨行密争淮南。

---

①　《资治通鉴》卷二六一《唐纪七十七》,乾宁四年二月,第 8501 页。案:棣州时属平卢军,并未"入于全忠"。

②　《资治通鉴》卷二六一《唐纪七十七》,乾宁四年九月,第 8509 页。

自光化元年(898)起，朱温将主要兵力投放河北战场。至光化三年，先后攻占邢洺磁、泽潞昭义军二镇，并将镇州成德军、定州义武军纳为附镇，"由是河北诸镇皆服于全忠"①。

天复元年(901)，朱温开始向西征战。二月，迫降河中府。十月，"引四镇之师七万赴河中"②，迫降华州镇国军、同州匡国军节度使韩建，"以建为忠武节度使，理陈州，以兵援送之，以前商州刺史李存权知华州，徙忠武节度使赵珝为匡国节度使"③。随后进围凤翔节度使李茂贞，至天复二年十二月，李茂贞所辖"关中州镇皆入全忠"④。但天复三年朱温退兵后，关中诸镇又多为李茂贞夺回，双方大致以同州、长安、华州为界⑤。

天复三年(903)，青州平卢节度使王师范趁朱温西征，偷袭朱温属郡，朱温遂攻王师范，次年占据平卢。天祐二年(905)，朱温攻襄州忠义军赵匡凝、荆南赵匡明兄弟，山南东道、荆南又被朱温纳入囊中。至此朱温的领地扩张基本结束，以上地区成为后梁代唐时的基本疆域。

可以看出，朱温的扩张可谓步步为营，先河南，再河北，然后攻关中，这是其扩张成功的重要原因⑥。朱温在河南地区的征服最为成功，控制也最稳定，河南地区也是朱梁疆域的主要部分和和王朝核心区。

随着朱温势力的扩张，朱温集团成员来源日渐复杂，他们大致可分为三个群体。中和三年(883)七月，朱温率数百人赴镇宣武，当时"(朱)珍与庞师古、许唐、李晖、丁会、氏叔琮、邓季筠、王武等八十余人，

---

① 《资治通鉴》卷二六二《唐纪七十八》，光化三年十月，第8537页。
② 《旧唐书》卷二〇上《昭宗纪》，第773页。
③ 《资治通鉴》卷二六二《唐纪七十八》，天复元年十一月丁巳条，第8561~8562页。
④ 《资治通鉴》卷二六三《唐纪七十九》，第8587页。
⑤ 王凤翔：《晚唐五代秦岐政权研究》，西安：三秦出版社，2009年，第92~114页。
⑥ 关于朱温扩张成功的其他原因可参看何灿浩：《唐末政治变化研究》，第131~134页。

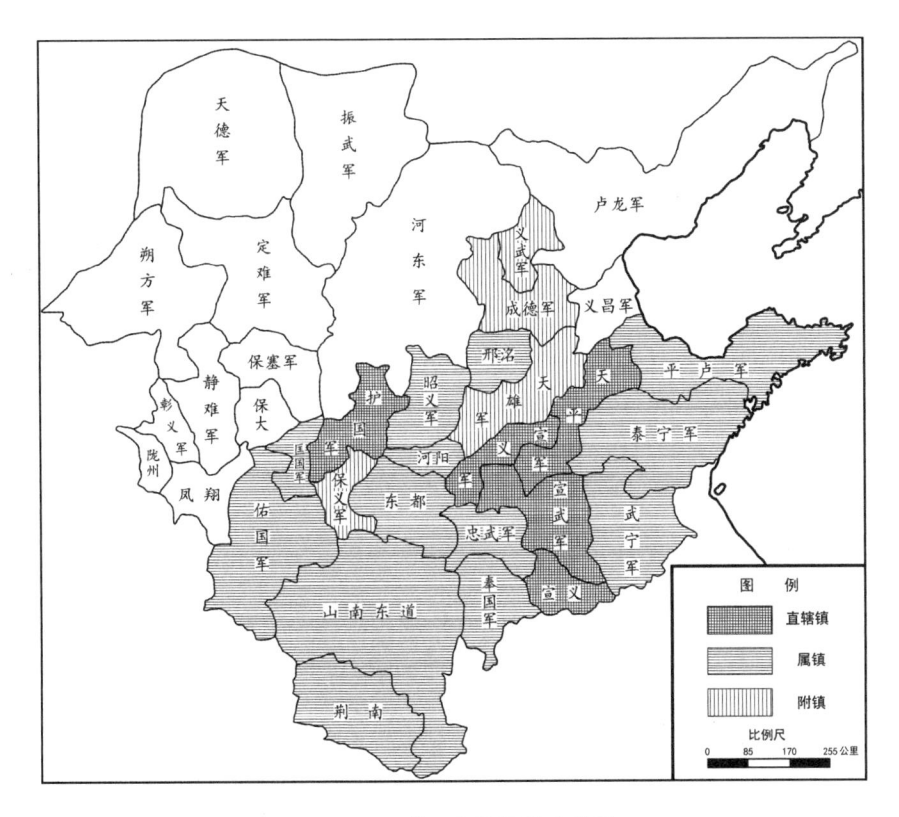

图 1.2　天祐三年朱温势力范围

以中涓从"①，这批人可称为"中涓元从"，是朱温集团最早的核心成员。中和四年五月，朱温等大破黄巢，黄巢将领"李谠、杨能、霍存、葛从周、张归厚、张归霸各率部下降于大梁"②，这批人可以称为"黄巢降将"。中和四年以后加入的成员来源复杂，无法简单归类，只好笼统称之

---

① 《旧五代史》卷一九《朱珍传》，第 297 页。此外，胡真、徐怀玉、刘康乂、郭言、张存敬等亦属中涓元从，参王赓武：《五代时期北方中国的权力结构》，第 45～46 页。

② 《旧唐书》卷二○○下《黄巢传》，第 5397 页。此外重要的黄巢降将尚有李唐宾、王虔裕、张归弁、李重胤、张慎思、黄文靖、华温琪等，参王赓武：《五代时期北方中国的权力结构》，第 50～52 页。

为"后来归附者"①。随着朱温势力的扩张,后来归附者越来越多,但朱温最信任的依然是中涓元从和黄巢降将。

二、朱温所统直辖镇、属镇、附镇之不同

朱温势力扩张过程中,其控制区域长期存在直辖镇、属镇、附镇三种藩镇。简言之,直辖镇即主帅朱温担任节度使的藩镇;属镇为朱温部将、子弟出任节度使的藩镇;附镇为依附势力,其节度使人选不受朱温控制,境内事务亦不受朱温干预②。这种藩镇的区别控制政策如何形成,在朱温建国中发挥怎样的作用,是接下来讨论的重点。

(一)直辖镇

直辖镇即朱温为节度使的宣武(883—907年在任)、宣义(890—907年在任)、天平(897—907年在任)、护国(901—907年在任)四镇。朱温直辖的四镇与其子弟、部将为节度使的属镇有何区别呢?我们可以从朱温领宣义之事进行观察。大顺元年(890)六月:

> 更命义成军曰宣义;辛未,以朱全忠为宣武、宣义节度使。全忠以方有事徐、(杨)〔扬〕,征兵遣戍,殊为辽阔,乃辞宣义,请以

---

① 这一分类参考了毛汉光的研究,他将朱温集团成员分为初期追随者(中和四年以前)、巢将归附者(中和四年)、发展中归附者。毛汉光:《五代之政治延续与政权转移》,《中国中古政治史论》,第439~452页。

② 何灿浩以是否干政(唐廷之政)和兼并为依据,将唐末藩镇划分为兼并且干政者、专力兼并者、附汴者、强藩镇四种,后两种相当于本文之附镇、属镇。本文之所以不采用何氏分类,是因为他讨论的对象为唐末所有藩镇,故以干政、兼并为主要标准;我讨论的仅为唐末朱温辖下藩镇,故以藩镇与朱温的关系为主要标准。另外,何氏将朱温为节度使的宣义、天平、护国三镇列为属镇,我则根据节度使人选,列为直辖镇。参何灿浩:《唐末政治变化研究》,第101~120页。邓长宇将后梁建国后的藩镇分为直辖藩镇、元从性藩镇、依附性藩镇、臣属性藩镇,其中前三种与本文所论直辖镇、属镇、附镇颇为相似。不同之处在于,我讨论重点在后梁建国前,邓长宇所论为后梁建国后,且论证过程差别颇大。邓长宇:《移镇与更替:五代宋初藩镇空间布局的研究(883—977)》,华东师范大学硕士论文,2017年,第20~30页。

胡真为节度使，从之；然兵赋出入，皆制于全忠，一如巡属。及胡真入为统军，竟以全忠为两镇节度使，罢淮南不领焉。①

"征兵遣戍"指节镇内部军队的征发、训练、防戍、作战等事务。朱温不领宣义军，这些事务由节度使胡真负责，但"兵赋出入，皆制于全忠"，即朱温掌控宣义的军队、财赋调发；兼领宣义，则可直接掌握该镇军队、财赋。因此，对朱温而言，直辖镇最主要的意义在于增加其直接掌握的军事、财政力量。随着朱温势力范围的扩大，属镇和附镇不断增多，其直接掌握的军事、财政力量越强大，对于控制属镇、附镇越有利。

直辖镇军事力量由朱温个人统辖，与属镇、附镇判然有别。《旧唐书》云：

(天复元年十月)戊戌，(朱)全忠引四镇之师七万赴河中。

(天复三年)三月壬寅朔，全忠引四镇之兵征王师范。

(天祐三年)春正月乙卯朔，全忠以四镇之师七万，会河北诸军，屯于深州乐城。②

以上材料表明：一、四镇军队由朱温个人统辖；二、四镇军队数量至少有七万人，是朱温集团的核心武力。

朱温直辖之下，设留后负责直辖镇日常事务。宣武军未设留后。朱温"每出师"，即以节度判官裴迪"知军州事"③，裴迪相当于宣武留后。裴迪出身河东裴氏，"为人明敏，善治财赋，精于簿书"④，长年负责宣武乃至四镇事务（详后），是朱温最信任的僚佐之一。大顺元年（890），朱温兼领宣义，同年冬以谢瞳为"宣义军节度副使，充两使留后"。谢瞳"唐

---

① 《资治通鉴》卷二五八《唐纪七十四》，大顺元年六月，第8400~8401页。
② 《旧唐书》卷二〇上《昭宗纪》，第773、776页；卷二〇下《哀帝纪》，第805页。
③ 《旧五代史》卷四《梁太祖纪四》，第69页。
④ 《新五代史》卷四三《裴迪传》，第537页。

咸通末举进士，因留长安，三岁不中第。广明初，黄巢陷长安，遂投迹于太祖（朱温）"，知其为不得志的落第士人。谢瞳"在滑十三年，部内增户约五万，益兵数千人……卒于滑"①。光化元年（898）三月朱温兼领天平，"以（韦）震为天平留后"②。韦震时为宣武军节度副使③。天复元年（901）五月，朱温兼镇河中，以长子朱友裕为留后，友裕"寻迁华州节度使"④。朱友裕之后朱温似乎未任命河中留后，这是因为随后两年，河中是朱温与李茂贞争夺关中的基地，朱温经常在镇。天复三年，朱温东征青州平卢军节度使王师范，离开河中后，河中是否设置留后不详。

目前所知的四位直辖镇留后中，武将朱友裕任期很短，三位文臣则长期任职：裴迪自中和三年（883）被朱温辟为节度判官，天祐元年（904）左右入唐⑤，任职二十一年；谢瞳在滑州十三年，直至去世；韦震天祐元年离任，在任六年。这种差别并不能用朱温更信任文臣来解释，毕竟不论从亲疏还是信任程度上，裴迪、谢瞳、韦震都无法与朱温长子朱友裕相提并论，这是由文臣、武将的职业素质决定的。唐自中叶以降，文武区隔日深，文人不习武事，武人不娴笔墨，成为常态⑥。对文臣尤其是文史而言，处理钱谷、刑狱等民政事务是其所长，统兵作战则为其短；武将恰恰相反。在直辖镇军事力量由朱温个人掌握的情况下，他所需要

---

① 《旧五代史》卷二〇《谢瞳传》，第309~310页。本传言滑州之命在龙纪二年（890），即大顺元年。
② 《资治通鉴》卷二六一《唐纪七十七》，第8514页。
③ 《新五代史》卷四三《韦震传》，第538页。文德元年（888）朱温为蔡州四面行营都统讨秦宗权，韦震为都统判官，次年即改宣武军节度副使，《旧唐书·昭宗纪》言韦震为朱温判官（第763页），误。
④ 《旧五代史》卷一二《朱友裕传》，第187页。
⑤ 裴迪入唐时间史未明言。《资治通鉴》卷二六五《唐纪八十一》，天祐二年十一月云："以刑部尚书裴迪为送官告使"（第8651页），知当时已入唐。天祐元年昭宗迁洛，则裴迪当时入唐可能性最大。
⑥ 唐后期尽管部分士人仍有才兼文武的追求，但由于武技、战争经验等的缺乏，他们很难在军事上有所作为。参方震华：《才兼文武的追求——唐代后期士人的军事参与》，《台大历史学报》第50期，2012年12月，第1~31页。

的是一位协助其处理民政事务的文臣留后,而非战场厮杀的赳赳武夫。由此我们也就可以理解朱温属镇节帅、留后基本为武将的原因,属镇军事力量是由节帅统辖(见下文),需要的正是赳赳武夫。

(二)属镇

直辖镇之外,朱温控制的另一类节镇是属镇,其节度使由朱温部将、子弟充任。普通藩镇转变为属镇的标志是朱温委任的节度使或留后上任。随着朱温势力的不断扩张,朱温控制的属镇越来越多。至天祐四年(907),先后有16个属镇。

表1.1 朱温属镇节帅、留后表(886—907)

节镇	节帅	籍贯	文武	在任时间	身份	备注
滑州义成/宣义	胡真	江陵	武将	886—890	中涓元从	890年义成改宣义,成为直辖镇
陈州/许州忠武	韩建	许州长社	武将	901—904	后来归附者	904年忠武短暂成为直辖镇,后改属镇
	张全义	濮州临濮	武将	904—906	原附镇节帅	904年忠武徙治许州
	冯行袭	均州武当	武将	906—910	原附镇节帅	
郓州天平	庞师古	曹州南华	武将	897	中涓元从	
	朱友裕	宋州砀山	武将	897—898	朱温长子	898年天平成为直辖镇
	张全义	濮州临濮	武将	904	原附镇节帅	904年短暂成为属镇,同年又改直辖镇
兖州泰宁	葛从周	濮州鄄城	武将	897—905	黄巢降将	
	康怀英	兖州	武将	905	后来归附者	
	刘仁遇①		武将	905—907	朱温亲家	
徐州感化/武宁	庞师古	曹州南华	武将	893	中涓元从	
	张廷范		武将	894—896		894年感化军改武宁军
	庞师古	曹州南华	武将	897	中涓元从	

---

① 何光远:《重雕足本鉴诫录》卷三《语忌诫》,《中华再造善本》影宋刊本,北京:北京图书馆出版社,2004年,第1a页。

续表

节镇	节帅	籍贯	文武	在任时间	身份	备注
徐州感化/武宁	王敬荛	颍州汝阴	武将	897—903	后来归附者	
	朱友恭	寿春	武将	903—904	朱温假子	
	杨师厚	颍州斤沟	武将	904—905	后来归附者	
	张慎思	清河	武将	905—907	黄巢降将	
青州平卢	李振	河西	文臣	904	后来归附者	
	王重师	许州长社	武将	905—906	后来归附者	
	韩建	许州长社	武将	906—907	后来归附者	
孟州河阳三城	丁会	寿州寿春	武将	888	中涓元从	
	张宗厚		武将	889		
	朱崇节		武将	889—891		
	赵克裕	河阳人	武将	891—892	后来归附者	
	张全义	濮州临濮	武将	892—899	原附镇节帅	
	丁会	寿州寿春	武将	899—901①	中涓元从	
	孟迁	邢州平乡	武将	901	后来归附者	
	张汉瑜		武将	903—905	后来归附者	
	王师范	青州人	武将	905—907	原附镇节帅	
河中护国	张存敬	宋州人	武将	901	中涓元从	901年河中成为直辖镇
潞州昭义	丁会	寿州寿春	武将	901—906	中涓元从	
山南东道	杨师厚	颍州斤沟	武将	905—909	后来归附者	
江陵荆南	贺瓌	濮州	武将	905—906	后来归附者	
	高季昌	陕州峡石	武将	906—928	后来归附者	
京兆佑国	韩建	许州长社	武将	904—906	后来归附者	
	王重师	许州长社	武将	906—909	后来归附者	

① 《资治通鉴》卷二六一《唐纪七十七》，光化二年正月，第8522页。

续表

节镇	节帅	籍贯	文武	在任时间	身份	备注
同州匡国	赵珝	陈州	武将	901—904	原附镇节帅	
	刘知俊	徐州沛县	武将	904—909	后来归附者	
华州镇国	朱友裕	宋州砀山	武将	903—904	朱温长子	904年废镇，华州隶匡国
邢州昭义	葛从周	濮州鄄城	武将	898—899	黄巢降将	
	张归霸	清河人	武将	899—903	黄巢降将	知州，901年废镇
蔡州奉国	朱友裕	宋州砀山	武将	899—901	朱温长子	

说明：本表据吴廷燮《唐方镇年表》、郁贤皓《唐刺史考全编》制作。籍贯、文武、身份等主要据新旧《唐书》、新旧《五代史》本传。本表所录之节帅、留后，皆为朱温除授，这是成为属镇之标志，遥领者则不列入。

由上可知，属镇节帅大多来自河南地区，与朱温控制区域基本一致，这反映了朱温势力与本地军人集团之间的密切关系。就身份而言，不计归附时间不详的张廷范、张宗厚、朱崇节，属镇节帅可分为亲属（朱友裕、朱友恭、刘仁遇3人5任）、中涓元从（胡真、庞师古、丁会、张存敬4人8任）、黄巢降将（葛从周、张慎思、张归霸3人4任）、后来归附者（韩建、康怀英、王敬荛、杨师厚、李振、王重师、赵克裕、孟迁、张汉瑜、贺瓌、高季昌、刘知俊12人16任）、原附镇节帅（张全义、冯行袭、王师范、赵珝4人6任）五类（见表1.1）。属镇节帅来源复杂，是朱温势力发展中不断吸纳各方力量的结果。从亲疏上说，自亲属至原附镇节帅，与朱温的私人关系依次递减；从节帅任用上，则以后来归附者最多。可以看出，亲疏并非朱温选用属镇节帅的首要原则。除了原附镇节帅，其他四类节帅多有显赫战功，葛从周、庞师古、丁会、张存敬、杨师厚等军功尤其突出，军功应为朱温选任节帅时最重要的考虑因素。这一选择，是由当时的政治军事形势决定的。唐末大乱之下，军功最为时人所重，对朱温来说，以军功这样一种相对公平的原则选任节帅，比较容易维持内部团结；选择军功最多、军事素质最优秀的武将，也更可能在群雄竞争中取胜。原附镇节帅与其他四类人有所不同。他们原为依附势力，移镇之后本镇成为朱温属镇，朱温则委以他镇节帅作为"补偿"。原附镇节帅与朱温关系比较复杂，详见下文，兹不赘述。

属镇军队、财赋等由节帅直接统辖。不过胡真担任宣义节度使的情况表明，属镇"兵赋出入，皆制于全忠"①，军队的征发、调动、作战都是在朱温命令下进行的。此外，值得注意的是，属镇节帅任期一般不长，多在五年以下，短者甚至不足一年，属镇也从未发生过节帅拒绝移镇的情况。这说明朱温有能力随时调整属镇节帅人选，对属镇控制严密，其属镇政策颇为成功。

(三)附镇

附镇指依附于朱温的藩镇。唐末群雄混战之下，相对弱小的藩镇依附强藩以谋生存颇为常见。自中和四年(884)至天祐四年(907)，江北共有11个藩镇先后依附于朱温②。

表 1.2　江北朱温附镇表(884—907)

节镇	依附原因	结局	依附时间	依附时期节帅
陈州忠武	被黄巢、秦宗权攻击，得朱温救援，主动依附	陈州成忠武治所，赵犨升节帅；成为属镇	884—901	赵犨(880—889)③ 赵昶(889—895) 赵珝(895—901) 兄弟
河南佑国	被李克用、李罕之攻击，得朱温救援，主动依附	904年张全义移镇天平，洛阳成为唐廷首都	888—904	张全义(887—904)
襄州忠义	秦宗权部将赵德諲因秦宗权势衰主动依附	赵匡凝与淮南等交通，被朱温攻击，成为属镇	888—905	赵德諲(884—893) 赵匡凝(893—905) 父子

---

① 《资治通鉴》卷二五八《唐纪七十四》，大顺元年六月，第8401页。
② 此外，长江以南的鄂岳、江西、两浙、湖南、岭南等镇也曾依附朱温。由于他们距离朱温核心区较远，与朱温势力发展关系不大，后来亦未被纳入后梁疆域，故本文不作讨论。
③ 赵犨原为陈州刺史，龙纪元年(889)忠武移治陈州后，改忠武军节帅。

续表

节镇	依附原因	结局	依附时间	依附时期节帅
荆南	成汭主动依附；赵匡凝陷荆南后，随忠义依附	同忠义	？—905	成汭(888—903) 赵匡明(903—905)
蔡州奉国	部将杀秦宗权后依附	节帅奔淮南，被朱温攻击，成为属镇	889—899	申丛(888) 郭璠(889) 崔洪(895—899)
魏州天雄	被朱温攻击，被迫依附	节帅死后成为属镇	891—910	罗弘信(888—898) 罗绍威(898—910) 父子
青州平卢	临近朱温，主动依附	偷袭朱温属州，被朱温攻击成为属镇	897—904	王师范(889—904)
镇州成德	被朱温攻击，被迫依附	朱温变附镇为属镇失败，投向河东	900—910	王镕(883—921)
定州义武	同成德	同成德	900—910	王处直(900—922)
陕州保义	军变后主动依附	节帅移镇后成为属镇	899—907	李璠(899) 朱友谦(899—907)
金州昭信	因朱温西进，主动依附	905年改戎昭，又改武定；被王建攻击军废	？—906	冯行袭(898—906)

说明：本表据《唐方镇年表》、《通鉴》及两《唐书》、两《五代史》诸人本传制。

以上11个附镇中，其节帅或是由内部产生（奉国、天雄、成德、义武、保义等军），或是趁唐末大乱占据一方之地成为节度使（张全义、赵德諲、成汭等）（见表1.2）：他们均非朱温选任，这是附镇与属镇最明显的差别。严格来说，附镇并非朱温领地，史料中对附镇和属镇的记载有明显差异。如大顺二年(891)，魏博因朱温攻击被迫依附，成为附镇，《资治通鉴》云"魏博自是服于汴"①。光化三年(900)，成德、义武成为朱

---

① 《资治通鉴》卷二五八《唐纪七十四》，大顺元年正月丙辰条，第8411页。

温附镇,《资治通鉴》云"由是河北诸镇皆服于全忠"。对此胡三省解释道:"史言河北诸镇皆羁服于全忠,全忠不能并有其地也。"①开平四年(910)魏博节度使罗绍威去世,魏博从附镇成为属镇,《旧五代史》云:"是时,梁祖以罗绍威初卒,全有魏博之地,因欲兼并镇、定。"②"服"与"有"一字之差,彰显出附镇与属镇性质的差异。对朱温而言,附镇为羁縻区域,本质上仍是异己势力,必欲并吞而后快。11 个附镇除成德、义武和被废的武定军,最后均转变为属镇,正说明这一点。

附镇虽均依附朱温,但情况各异。陈州赵犨、河南张全义曾得朱温救援,两镇实力较弱③,又紧邻朱温直辖镇,对朱温态度最为恭顺,与属镇几无差别。赵犨"德朱全忠之援,与全忠结婚,凡全忠所调发,无不立至"④。张全义"德全忠出己,由是尽心附之,全忠每出战,全义主给其粮仗无乏"⑤。魏博、成德、义武因朱温攻击而依附,魏博又数次得朱温救援,三镇尤其是魏博对朱温亦比较恭顺。魏博节度使罗绍威"贡输极频,且倍于诸道"⑥;"镇、定自帝(朱温)践祚以来,虽不输常赋,而贡献甚勤"⑦。朱温对外用兵,三镇尤其是魏博军队常常参与其间,如天复元年(901)三月,朱温"遣氏叔琮等将兵五万攻李克用,入自太行,**魏博**都将张文恭入自磁州新口,葛从周以兖、郓兵会成德兵入自土门,洺州刺史张归厚入自马岭,义武节度使王处直入自飞狐,权知晋州侯言以慈、隰、晋、绛兵入自阴地"⑧。相比之下,主动依附的平卢、忠义、荆南、奉国、保义、昭信六镇,朱温的影响力就比较小,六镇依附期间均未参

---

① 《资治通鉴》卷二六二《唐纪七十八》,光化三年十月,第 8537 页。
② 《旧五代史》卷二七《唐庄宗纪一》,第 425 页。
③ 忠武军本为唐末强藩,但赵犨长期只拥陈州一州之地,实力较弱。
④ 《资治通鉴》卷二五六《唐纪七十二》,光启元年八月,第 8324 页。
⑤ 《资治通鉴》卷二五七《唐纪七十三》,文德元年四月,第 8378 页。
⑥ 王钦若等编:《宋本册府元龟》卷三八六《将帅部·褒异十二》,北京:中华书局,1989 年,第 961 页。
⑦ 《资治通鉴》卷二六七《后梁纪二》,开平四年八月庚申条,第 8725 页。
⑧ 《资治通鉴》卷二六二《唐纪七十八》,天复元年三月癸卯条,第 8551 页。

与朱温的军事行动,平卢、忠义后来甚至主动发起对朱温的挑战。

附镇依附朱温,根本目的是为了维持自己相对独立的政治地位。附镇"不输常赋"①,节帅自除管内刺史以下官员,高度自治。朱温一旦试图改变这种现状,变附镇为属镇,往往会受到附镇抵制,附镇越强大,抵抗就越有力。11个附镇中,奉国、平卢、忠义、荆南、成德、义武六镇后来均与朱温发生军事冲突,平卢、成德两镇实力较强,与朱温的冲突最为剧烈。天复三年(903)对平卢的战争中,汴军主帅朱友宁战死,朱温"自将兵二十万昼夜兼行"②,赶赴青州战场,亦未能攻下青州,最后只得接受王师范之降,依旧以其为平卢留后,"选诸将使守登、莱、淄、棣等州"③。支郡被占后,王师范亦无力再战,次年被迫举家赴汴,平卢成为属镇。开平四年(910),朱温"全有魏博之地,因欲兼并镇、定"④,成德、义武二镇向河东节度使李存勖求援,三镇兵在次年正月的柏乡之战中大败梁军,成德、义武由此脱离朱温控制,成为河东附镇。其他五镇中,金州武定镇因遭到王建攻击被废;河南、忠武、保义三镇实力较弱,通过节帅移镇变为属镇;魏博实力雄厚,朱温只能等到节度使罗绍威去世方才变为属镇;五镇中四镇实现了从附镇到属镇的和平转变。

变附镇为属镇是朱温扩张中的重要步骤,对这一过程的态度,决定了附镇节帅及其家族未来的命运。河南、忠武、保义、天雄通过和平方式成为属镇,其节帅及家族成员后来的仕宦均颇显达。张全义先后镇河南四十年;赵犨兄弟三人相继为忠武节帅,其子赵岩娶朱温女,并被梁末帝任命为租庸使,进入后梁政权核心;朱友谦天祐元年(904)被朱温收为假子,入梁后,一直担任战略要地河中的节度使;罗绍威长子廷规两娶朱温女,次子周翰、三子周敬后来均为节度使。相比之下,积极抵抗的平卢节帅王师范,在朱温代唐后,全家被杀。

---

① 《资治通鉴》卷二六七《后梁纪二》,开平四年八月庚申条,第8725页。
② 《资治通鉴》卷二六四《唐纪八十》,天复三年七月壬子条,第8611页。
③ 《资治通鉴》卷二六四《唐纪八十》,天复三年九月戊午条,第8618页。
④ 《旧五代史》卷二七《唐庄宗纪一》,第425页。

总体而言，朱温与附镇的关系是一种临时的妥协。如魏博镇，在无法并吞该镇的情况下，朱温通过军事压力将其变为附镇，使其成为对河北、河东用兵的重要武力。随着朱温实力的增强，其对附镇的自治局面越来越难以接受，不断努力将附镇变为属镇。因此，变其他藩镇为附镇、变附镇为属镇，均为朱温扩张中的重要步骤。最终，朱温将河南地区附镇和魏博变为属镇，有效控制了河南地区，为北方乃至全国的统一创造了条件。

直辖镇、属镇、附镇三种藩镇中，朱温直接掌控直辖镇的军队、财赋，控制最为严密；属镇则由朱温委任的节度使掌控，朱温可以调发其军队和财赋；附镇节帅则非朱温任命，朱温亦无力干预其内政，附镇对朱温的支援力度取决于朱温对该镇的影响。由直辖镇而属镇而附镇，朱温的控制力递减。可见，后梁建立前的朱温集团是一个由直辖镇、属镇、附镇构成的圈层结构。这一结构从地域上看，亦是如此。朱温直辖的宣武、宣义、天平三镇相连，位于河南道中部，是朱温势力的核心；属镇、附镇和护国军则犬牙交错，环绕宣武三镇，构成其外围（参图1、2）。对外扩张中，朱温不断将周边势力转变为附镇和属镇，纳入自己的势力范围，又将大多数附镇转变为属镇，个别属镇转变为直辖镇（宣义、天平），使其对诸镇的控制不断强化，对于造就新的中央集权起了重要作用。

附镇类似于羁縻区，暂且不论。朱温在自己控制区内实行直辖镇、属镇的区分，是由当时的政治军事形势决定的。唐末群雄混战之下，作为初起时并不算强大的势力，朱温需要通过直辖藩镇增加自己直接掌握的军事、财政力量，以期能在群雄竞争中取胜。但对当时的普通武将来说，他们自身并无称帝代唐的野心，最期待的是拥有一方之地，成为一镇节度。如朱温大将李思安"自谓当拥旄仗钺"，当乾化元年（911）被任命为相州刺史时，"殊不快意，但因循晏安，无意为政"[①]，最后被朱温处死。李克用阵营中，大将李存孝大顺元年（890）"自谓擒孙揆功大，当镇

---

① 《旧五代史》卷一九《李思安传》，第301页。

昭义",但李克用却以康君立为昭义军留后,由此李存孝"愤悲不食者数日,纵意刑杀,始有叛克用之志"①。李罕之"自以功多于晋",希望李克用能"与一小镇,使休兵养疾而后归老",但"佗日,诸镇择守将,未尝及罕之,罕之心益怏怏",最后在光化元年(898)袭取潞州,投降朱温②。可见当时武将对于能否获取一镇成为节度使十分在意,甚至可以为此背叛主帅。因此,想要获取部将的忠诚和支持,就必须满足其获取刺史、节钺的现实需求,朱温不断将攻下的藩镇交由部将统辖,成为属镇,正源于此。随着属镇的增多,主帅也需要直接掌握更多的藩镇、更强的军事财政力量,才能保证属镇的忠诚,朱温的直辖镇数量与属镇数量正是同步增长的。因此,朱温直辖四镇既是与其他势力竞争所需,也是有效控制属镇的保障。

直辖镇、属镇、附镇三种藩镇中,最值得注意的是直辖镇的管理方式。通过设立跨使府机构和人员,朱温在直辖四镇之上建立起集权体制,为代唐建国准备了条件。因此,四镇的管理模式值得进一步追索。

三、直辖四镇的管理机构与人员

朱温统辖四镇,并非合四镇为一镇,而是存在四个相对独立的使府。天复元年(901)朱温成为四镇节度使后,谢瞳、韦震继续留任宣义、天平留后,表明朱温直辖之下,四镇日常事务依然由使府留后处理。不过在史料中,偶尔会看到带"四镇"名称的职位,它们属于使府职位还是跨使府职位,需要仔细辨别。如寇彦卿:

> 弱冠,选为通赞官。太祖为元帅,补元帅府押牙,充四镇通赞官行首兼右长直都指挥使。③

---

① 《资治通鉴》卷二五八《唐纪七十四》,大顺元年九月,第8404页。
② 《新五代史》卷四二《李罕之传》,第519~520页。
③ 《旧五代史》卷二〇《寇彦卿传》,第318页。

寇彦卿家世宣武牙校，弱冠为通赞官。朱温为元帅后，改"四镇通赞官行首"。此职既表明四镇通赞官有多员，又说明他们是一个群体，且非每镇皆设。寇彦卿之职应为跨使府职位。此外，张筠所任"四镇客将"①、李绍文之"四镇牙校"②，虽限于记载无法确指，亦很可能为跨使府职位。

如果说四镇通赞官、四镇客将等职位的性质尚有些暧昧不明的话，元帅府、建昌院等则是实实在在的跨使府机构。

(一)元帅府与四镇军事力量的统辖

天复三年(903)二月己卯，唐廷以朱温充诸道兵马副元帅③，天祐二年(905)十月丙戌改诸道兵马元帅，十二月丁酉又改天下兵马元帅④。任副元帅后，朱温即开府置僚佐。史料所见僚佐有：元帅府都押牙刘鄩⑤、行军左司马李周彝、右司马符道昭⑥、左都押衙赵克裕⑦、左都押衙牛存节⑧、押牙寇彦卿⑨、户部侍郎、元帅府判官姚洎⑩。以上诸人除姚洎外，均为武将。那么元帅府与四镇有何关系呢？我们可以从刘鄩的任命中进行分析：

> (葛)从周为具赍装，送(刘)鄩诣大梁……全忠慰劳……以为元从都押牙。是时四镇将吏皆功臣、旧人，鄩一旦以降将居其上，诸将具军礼拜于廷，鄩坐受自如，全忠益奇之；未几，表为保大留后。⑪

---

① 《旧五代史》卷九〇《张筠传》，第1374页。
② 《旧五代史》卷五九《李绍文传》，第924页。
③ 《旧唐书》卷二〇上《昭宗纪》，第776页。
④ 《旧五代史》卷二《梁太祖纪二》，第40、41页。
⑤ 《旧五代史》卷二《梁太祖纪二》，第36~37页。
⑥ 《新五代史》卷二一《符道昭传》，第248页。
⑦ 《旧五代史》卷一五《赵克裕传》，第243页。
⑧ 《旧五代史》卷二二《牛存节传》，第344~345页。
⑨ 《旧五代史》卷二〇《寇彦卿传》，第318页。
⑩ 《旧唐书》卷二〇下《哀帝纪》，天祐二年八月戊子条，第798页。
⑪ 《资治通鉴》卷二六四《唐纪八十》，天复三年十月，第8620~8621页。

首先,"四镇将吏"这一称呼、在正式场合一起向刘鄩行军礼这一行为,表明他们是一个群体。刘鄩所任为"元帅府都押牙"①,居于其下者应为元帅府僚佐,而《通鉴》表述为"功臣、旧人"的四镇将吏,未见属镇僚佐,这表明元帅府僚佐应由四镇将吏构成,元帅府仅为四镇的跨使府机构。前引寇彦卿之职为"元帅府押牙,充四镇通赞官行首兼右长直都指挥使",既是元帅府僚佐,又是四镇将吏,亦说明元帅府僚佐与四镇将吏应为同一批人。胡三省云"刘鄩自降将擢为四镇牙前右职"②,直接将刘鄩所任视为四镇职位,诚为卓见。不过元帅府职位有限,地位较高,其僚佐应仅为四镇将吏的一部分。

元帅府作为四镇的跨使府机构,统辖四镇军事力量。天祐三年(906)初,魏博节度使罗绍威为解决牙军问题,向朱温求援。《资治通鉴》云:

> 全忠乃发河南诸镇兵十万,遣其将李思安将之,会魏、镇兵屯深州乐城,声言击沧州,讨其纳李公佺也。③

此事《旧唐书·哀帝纪》云,天祐三年春正月乙卯:

> 全忠以四镇之师七万,会河北诸军,屯于深州乐城。④

对于开拔河北军队的来源和数量,二书明显有差。但可以肯定的是,四镇兵是李思安所统军队主力,故有颇多元帅府僚佐或四镇将吏参与其间。《旧五代史·符道昭传》言:

> 先是,李周彝弃鄜州自投归国,署为元帅府行军左司马,宠冠霸府。及道昭至,以为右司马,使与周彝同领寇彦卿、南大丰、阎宝已下大军伐沧州。及太祖幸魏州讨牙军,中军前有魏博将山河营

---

① 《旧五代史》卷二《梁太祖纪二》,第37页。
② 《资治通鉴》卷二六四《唐纪八十》,天复三年十月胡注,第8621页。
③ 《资治通鉴》卷二六五《唐纪八十一》,天祐三年正月,第8656~8657页。
④ 《旧唐书》卷二〇下《哀帝纪》,第805页。

指挥使左行迁,闻府中有变,引军还屯历亭,自称留后,从乱者数万人。道昭佐周彝,与彦卿已下大破之,杀四万余人,擒左行迁,斩之。有史仁遇亦聚徒数万据高唐,又破之,擒仁遇以献。乘胜取澶、博二州,平之,复杀万余人。①

元帅府左右司马李周彝和符道昭先是从李思安"伐沧州",随后又平定魏博军乱。二人部将中,寇彦卿前已提到,既是元帅府僚佐又是四镇将吏。阎宝"梁太祖时,为诸军都虞候"②,担任四镇亲军要职,说明其为四镇将吏。此外,胡规"天祐三年,佐李周彝讨相州",参与了平定魏博乱军之事。胡规曾任宣武军都虞候、河中都虞候等③,亦为四镇将吏。南大丰史料仅此一见,情况不详。

由上可知,朱温的元帅府虽冠以"诸道"、"天下"之名,实际上只是四镇的跨使府机构,仅直辖四镇军队。这表明朱温在称帝建国前,已经有意识地要将四镇军队置于一个机构之下统辖。四镇军队后来成为后梁禁军骨干④,由此后梁中央对地方的军事优势得以确立。

(二)裴迪等与四镇的管理

四镇军事力量由元帅府统辖,其他事务在元帅府设置之前就已开始统一管理。最早负责四镇事务的是裴迪:

> 迪敏事慎言,达吏治,明筹算。帝初建节旄于夷门,迪一谒见如故知,乃辟为从事。自是之后,历三十年,委四镇租赋、兵籍、帑廪、官吏、狱讼、赏罚、经费、运漕,事无巨细,皆得专之。帝每出师,即知军州事,逮于二纪,不出梁之阃阈,甚有神赞之道。⑤

裴迪"为人明敏,善治财赋,精于簿书",先后任度支出使巡官、汴宋郓

---

① 《旧五代史》卷二一《符道昭传》,第327页。
② 《新五代史》卷四四《阎宝传》,第552页。
③ 《旧五代史》卷一九《胡规传》,第303页。
④ 杜文玉:《五代十国制度研究》,第382页。
⑤ 《旧五代史》卷四《梁太祖纪四》,开平二年四月,第69页。

等州供军院使、租庸招纳使等职，长期任职于财政系统。朱温镇宣武时，辟为节度判官。"太祖用兵四方，常留迪以调兵赋。"①光化元年(898)，朱温兼领宣武、宣义、天平三镇，下令"自此应诸州钱谷、刑狱等事，并请(裴迪)指挥，乃遍报管内，咸遣知委"②。天复元年(901)朱温兼领护国后，裴迪负责的事务就从三镇钱谷、刑狱等事扩展到"四镇租赋、兵籍、帑廪、官吏、狱讼、赏罚、经费、运漕"，几乎囊括了使府军事以外的大多数事务。因此朱温虽保留了四个独立的使府，但其职掌已大多被抽离，四镇军事以外的事务基本由裴迪统一管理③。裴迪不仅是宣武军节度判官，更是四镇的"大管家"④。

天祐元年(904)，昭宗东迁，裴迪入唐，累迁太常卿。此后四镇事务负责人不详，或为朱温养子朱友文。《新五代史》云："太祖领四镇，以友文为度支盐铁制置使。太祖用兵四方，友文征赋聚敛以供军实。"⑤朱友文的职掌集中于财赋供军这一方面，相较于裴迪，其职权已萎缩不少。

值得注意的是，后梁建立后，朱温兼领的四镇逐渐委任新的节度使⑥，但四镇统一管理的方式并未被完全放弃。开平元年(907)四月后梁建国，设立建昌院，由原来负责四镇财赋的朱友文判建昌院事，以朱温"在藩时四镇所管兵车、税赋、诸色课利，按旧簿籍而施行"⑦。可知建

---

① 《新五代史》卷四三《裴迪传》，第537页。
② 王钦若等编：《册府元龟》卷七一六《幕府部·倚任》，北京：中华书局，1960年影明刊本，第8532页。
③ 至于裴迪与宣义留后谢瞳、天平留后韦震等人的事务分工，限于史料，无法确知。
④ 不过，裴迪管理四镇事务时，是否设有专门机构，从旁协助者为宣武军僚佐还是四镇僚佐，限于史料，无法确知。
⑤ 《新五代史》卷一三《梁家人传·博王友文传》，第160页。
⑥ 栗原益男：《五代宋初藩镇年表》，东京：东京堂，1988年，第3~5、119、144、183、251页。
⑦ 王溥：《五代会要》卷二四《建昌宫使》，上海：上海古籍出版社，1978年，第378页。《资治通鉴》卷二六六《后梁纪一》："初，帝为四镇节度使，凡仓库之籍，置建昌院以领之。"(第8675页)认为建昌院置于朱温领四镇时，与《五代会要》《旧五代史》(第2321页)《新五代史·梁家人传·博王友文传》(第161页)不合，当误。

昌院在掌管四镇兵车、税赋、诸色课利籍账的同时，亦负责具体事务的落实。同年五月，朱温"以东都旧第为建昌宫，改判建昌院事为建昌宫使"①，朱友文改建昌宫使。从建昌院到建昌宫，仅涉及办公地点和名称的改变，职掌则未见变化。朱友文为建昌宫使时，尚兼开封尹。或许是考虑到二者均为事务繁剧之职，朱友文难以兼顾，朱温在保留其建昌宫使之职的同时，又任命其他官员处理建昌宫事务："（开平）二年三月，以侍中韩建判建昌宫事。至十月，以尚书兵部侍郎李皎为建昌宫副使。三年九月，以门下侍郎、平章事薛贻矩判建昌宫事。至四年十二月，以李振为建昌宫副使。乾化二年五月，以门下侍郎、平章事于兢判建昌宫事。"②

乾化二年（912）六月，朱友珪弑朱温，随后处死朱友文，废建昌宫使；以张全义为国计使，"凡天下金谷、兵戎旧隶建昌宫者悉主之"③。建昌宫使的职掌范围为四镇，故"旧隶建昌宫"的"天下金谷、兵戎"只能是四镇事务，"天下"并非指后梁全境。从建昌宫使到国计使，职掌未见变化，依然负责四镇事务。朱友珪以张全义为国计使的同时，又以其为"河南尹、宋亳节度使"④。宋亳节度即四镇之一的宣武军，因汴州升为都城，开平三年由宋州所建。朱友珪此举，应是为了保障张全义对四镇金谷、兵戎的有效掌控。

乾化三年（913）二月，禁军将领袁象先、赵岩等杀朱友珪，朱友贞即位，是为梁末帝。赵岩以"预诛庶人友珪有功，末帝即位，用为租庸使、守户部尚书"⑤。租庸使设置后，张全义是否继续兼任国计使，史未明言。《旧五代史·张全义传》传达了有用的信息："梁末帝嗣位于汴，以全

---

① 《资治通鉴》卷二六六《后梁纪一》，开平元年五月辛卯条，第8680页。
② 《五代会要》卷二四《建昌宫使》，第378页。
③ 《五代会要》卷二四《建昌宫使》，第378页。
④ 《旧五代史》卷六三《张全义传》，第977页。
⑤ 《旧五代史》卷一四《赵岩传》，第222页。

义为洛京留守,兼镇河阳。"①与去年六月的任命相比,张全义领镇从宣武改为河阳。兼领宣武是为了国计使张全义能有效掌控四镇事务,改镇四镇之外的河阳也就意味着随着租庸使的设置,张全义不再兼领国计使。因此,国计使和租庸使在时间上先后相承。不过二者相差甚大。据贞明六年(920)四月己亥制书,宋、亳等三十二州所欠贞明四年前两税和郓、齐等七州所欠贞明四年前营田课利物色等,由租庸使负责放免②。显然,租庸使在统辖空间上已超越国计使负责的四镇,及于后梁全境;租庸司已非四镇机构,而是全国财政机构。可见随着租庸使的设立,将宣武等四镇拎出由专门机构统辖的做法被废除,后梁建国前直辖镇与属镇在财政、兵戎等方面的差别随着国计使被废、租庸使设立基本消除。从这个意义上说,后梁方镇为国完成的时间,并非开平元年(907)建国,而是乾化三年国计使与租庸使的交替。

在建昌院、建昌宫、国计使、租庸司前后相继的同时,唐后期以来宰相判三司的制度依然存在③。如何看待建昌院、建昌宫、国计使与三司的关系呢?比较容易注意到的是区域差别,即建昌院等负责四镇,三司负责其他地区。不过建昌院等事务庞杂,与财政机构三司的性质并不完全一致,仅仅从区域分工来论,很难准确定位二者区别,二者差别用内外之别来表述更妥帖。后梁建立前由直辖镇、属镇、附镇构成,直辖镇与属镇的差别既是区域差异,也是内外之别。作为朱温集团的核心区域,四镇军队构成亲军,四镇财赋等同内府④。朱友贞上台后,新设的租庸司成为全国财政机构,但与三司依旧处于内外有别的状态。这种状

---

① 《旧五代史》卷六三《张全义传》,第977页。
② 《旧五代史》卷一〇《梁末帝纪下》,第164页。
③ 陈明光:《五代财政中枢管理体制演变考论》,《中华文史论丛》2010年第3期,第107~108页。
④ 不过后梁并不存在唐宋时期内藏库性质的内府,"供御所费,皆出河南府",《旧五代史》卷六三《张全义传》,第978页。

态的结束、一元化财政体制的形成,直到后唐才最终完成①。

就对四镇的管理来看,除了保留四个独立使府外,朱温还设置了一系列跨使府机构和人员,其中最重要的是元帅府和宣武军节度判官裴迪。元帅府掌军事,裴迪掌握军事以外的大多数事务,四镇被整合为一个整体,朱温对四镇的控制大大强化。后梁建立后,元帅府所掌四镇军事力量,演化为后梁禁军;四镇财赋构成朱梁政权的"内府"。从这个角度上说,直辖四镇为朱温代唐建国提供了前提条件,是从方镇到新朝的过渡阶段。

朱温由宣武军节度使称帝建国的过程,是方镇为国的典型代表。方镇为国过程中,最主要的问题是如何在唐朝藩镇体制框架下,以藩镇统辖藩镇。朱温所统藩镇分为直辖镇、属镇、附镇三种,朱温直辖四镇,以直辖镇统率属镇,直辖镇、属镇控御、威慑附镇,并不断将附镇转变为属镇,以内统外,成功解决了这一问题。在这一过程中,尤其值得注意的是朱温对四镇的管理。朱温在保留四镇使府的同时,又以元帅府统辖四镇军事力量,以裴迪负责四镇军事以外的其他事务,一方面加强了对四镇的有效控制,另一方面将四镇力量凝聚起来,使四镇成为后梁建国的核心。对内的强有力控制,使朱温在唐末群雄竞争中,不仅始终拥有相对稳定的后方,也有效地集聚起内部力量,在对外扩张中不断取得胜利,最终代唐建国。

如果我们将目光从朱温身上移开,会发现主帅直辖多镇和直辖镇、属镇、附镇的区分在唐末五代并不罕见。如李茂贞天复二年(902)九月为凤翔、邠州静难、洋州武定、利州昭武四镇节度使②;马殷乾化二年(912)四月兼领潭州武安、鄂州武昌、桂州静江、容州宁远四镇节度

---

① 张亦冰:《唐宋之际财政三司职掌范围及分工演进考述》,《唐史论丛》第28辑,2019年,第1~26页。
② 《资治通鉴》卷二六三《唐纪七十九》,天复二年九月癸亥条,第8583页。

使①；李存勖天祐十八年(922)身兼河东、魏州天雄、幽州卢龙、镇州成德四镇节度使。李茂贞、李存勖势力中亦存在直辖镇、属镇、附镇的区分②，其中李存勖的情况与朱温最为相似。那么李存勖的藩镇政策如何？与朱温有何区别？就成为接下来需要讨论的问题。

第二节　后唐建国之路

与后梁一样，后唐亦由唐末强藩发展而来，是李克用、李存勖"血战三十余年"③的结果。关于后唐建国史，学界研究集中在三个方面：一是承继史籍记载，描述李存勖父子的对外扩张过程④；二是关于沙陀部族的研究，集中于沙陀早期历史、汉化等问题⑤；三是河东集团内部成员结构的研究，尤其是李氏父子假子问题⑥。至于建国过程中李氏父子如何控制辖下藩镇，学界研究并不多。该问题与其对外扩张成败密切相关，

---

① 《资治通鉴》卷二六八《后梁纪三》，乾化二年四月癸丑条，第8755页。
② 李茂贞情况参王凤翔：《晚唐五代秦岐政权研究》，第64~69页。
③ 《旧五代史》卷七二《张承业传》，第1110页。
④ 比较有代表性的如樊文礼：《唐末五代的代北集团》，第108~152页；何灿浩：《唐末政治变化研究》，第134~143页等。
⑤ 有关沙陀部族的研究很多，无法枚举，代表论著有樊文礼：《唐末五代的代北集团》；森部丰：《ソグド人の東方活動と東ユーラシア世界の歴史的展開》；傅乐成：《沙陀之汉化》，《汉唐史论集》，第319~338页；王义康：《沙陀汉化问题再评价》，《陕西师范大学学报》1995年第4期，第132~137页等。
⑥ 如毛汉光：《五代之政治延续与政权转移》，《中国中古政治史论》，第452~472页；黄淑雯：《李克用河东集团人物分析》，《淡江史学》第9期，1998年，第19~58页；栗原益男：《唐五代の仮父子的結合の性格——主として藩帥の支配権力との関連において》(原载《史学杂志》第62卷第6号，1953年)、《唐末五代の仮父子的結合における姓名と年齢》(原载《东洋学报》第38卷第4号，1956年)，均收入氏著《唐宋変革期の国家と社会》，东京：汲古书院，2014年，第159~222页；宇野春夫：《後唐の同姓集団》，《藤女子大学文学部纪要》第3号，1964年，第31~47页；谷川道雄：《北朝末—五代の義兄弟結合について》，《东洋史研究》第39卷第2号，1980年，第299~302页；罗亮：《姓甚名谁：后唐"同姓集团"考论》，《中华文史论丛》2018年第3期，第113~142页；等等。

是后唐建国史的核心问题之一。在讨论后唐建国道路前，需要先梳理下李存勖父子扩张过程。

一、李存勖父子扩张的背景及过程

沙陀本为西域部族，后因吐蕃压迫，东迁归唐。咸通十年（869），凭藉镇压庞勋的功劳，沙陀首领朱邪赤心被唐懿宗赐名李国昌，系籍郑王房，获得大同军防御使的任命①。沙陀首次跻身方镇，摆脱了受地方藩镇控制的局面，成为沙陀发展史上的标志性事件。中和三年（883）李克用因"破黄巢，复长安，功第一"②，被唐廷任命为河东节度使，李国昌为代北节度使。由此沙陀占据了河东道中北部，开始了唐末的征战。

李克用占据河东镇之际，在黄巢起义影响下，河东道的河中、昭义两镇情况也发生了变化。广明元年（880）十一月，河中都虞候王重荣作乱，唐廷无力镇压，只得以王重荣为节帅。王重荣与李克用同破黄巢，后来又结成婚姻关系。随后的十余年里，李克用数次救援河中，两镇的友好关系一直维持到天复元年（901）河中被朱温吞并。中和元年八月，天井关戍将孟方立起兵占领昭义，自称留后。出自邢州的孟方立，考虑到"潞州地险人劲，屡篡主帅"③，中和二年迁治所于邢州，引起潞州将吏不满。次年十月，李克用趁机占据潞州，并开始与孟方立争夺邢洺磁三州，大顺元年（890）正月，占领邢州，据有昭义五州之地。次年，李克用又击败赫连铎，占领云州大同军。至此，李克用基本掌控了河东道。

河北方面，安史之乱初平的广德元年（763），唐廷分河北为幽州、成德、魏博、相卫四镇授予安史降将。大历十年（775）魏博节度使田承嗣吞并相卫，形成魏博、幽州、成德三镇分割河北的局面，是为河朔三镇。

---

① 李国昌首任为大同军节度使还是防御使，史籍记载不同，岑仲勉、樊文礼均认为其首任为大同军防御使。见岑仲勉：《隋唐史》，北京：中华书局，1982年，第550～551页；樊文礼：《唐末五代的代北集团》，第79～80页。
② 《资治通鉴》卷二五五《唐纪七十一》，中和三年五月，第8295页。
③ 《资治通鉴》卷二五五《唐纪七十一》，中和三年九月，第8299页。

唐德宗时，又从成德军中分出定州义武、沧州横海二镇，自此河北五镇的格局一直维持到唐末。五镇之中，"河北强悍之最"①的魏博镇"据有六州，甲兵强盛"，在唐末大乱的时代变局下，节度使韩简"窃怀僭乱之志，且欲启其封疆"②，中和二年八月占领河阳三城，之后北掠邢洺，南攻曹郓。不过魏博是牙军主导的藩镇，节度使韩简的对外扩张与牙军保守、自利的性格以及地域依附性的特征冲突③。次年二月，韩简败于河阳大将李罕之，牙军抛弃韩简，拥立乐行达（后改名乐彦祯）为新的节度使④。此后，魏博不再主动参与唐末争霸，与其他藩镇包括河东镇维持着相对稳定的关系。直到乾宁三年（896）"莘县之变"，方才与河东彻底决裂，专意附汴，成为朱温对河东、河北用兵的重要武力。李克用为河东节度使后，"卢龙节度使李可举、成德节度使王镕恶李克用之强"⑤，两镇结盟，是李克用在河北的主要对手。义武军节度使王处存与李克用有同破黄巢之谊⑥，随后又结成婚姻关系，是李克用在河北的主要盟友。景福二年（893）四月，幽州、成德同盟破裂，给了李克用各个击破的机会。七月，"内失幽州助"⑦的成德节度使王镕战败，被迫附于李克用。乾宁元年

---

① 王夫之撰、舒士彦点校：《读通鉴论》卷二八《五代上》六，北京：中华书局，1975年，第874页。
② 《旧唐书》卷一八一《韩简传》，第4689页。
③ 魏博牙军的特征可参看堀敏一撰、索介然译：《藩镇亲卫军的权力结构》，刘俊文主编：《日本学者研究中国史论著选译》第4卷，北京：中华书局，1992年，第585～648页；渡边孝：《魏博と成德——河朔三鎮の權力構造についての再檢討——》，《东洋史研究》第54卷2号，1995年，第236～279页。堀敏一注意到牙军在魏博的主导地位到了节度使田弘正（812—820年在任）以后才确立下来，李碧妍进一步指出，田弘正之前魏博与成德一样，也是将领主导型的藩镇。李碧妍：《危机与重构：唐帝国及其地方诸侯》，第313～335页。
④ 韩简的扩张及其失败参看仇鹿鸣：《从〈罗让碑〉看唐末魏博的政治与社会》，《历史研究》2012年第2期，第27～44页。
⑤ 《资治通鉴》卷二五六《唐纪七十二》，光启元年三月，第8321页。
⑥ 当时宰相王铎"差兴复功，以勤王举义处存为第一，收城破贼克用为第一"。《新唐书》卷一八六《王处存传》，第5419页。
⑦ 《新唐书》卷二一一《王镕传》，第5964页。

(894)十二月,李克用占领幽州,随后以幽州旧将刘仁恭为节度使。至此,李克用势力达到顶峰。

学者早已指出,李克用的对外争霸,以直接吞并的战争主要集中在昭义五州,其他军事活动都是为了维护或扩张势力范围。李克用并无代唐野心,其战略目标在于"构建以河东、昭义为核心,以河中、河朔为外围的势力范围,获取霸主地位"①。这一战略目标的确立,与李克用尽忠唐室、奉唐的政治理念有关②,也与河东相对闭塞、容易防御的地形有关③。这种相对保守的战略目标,限制了李克用的对外扩张。在朱温专意河南、无暇北顾时,凭藉河东强大的军力,李克用尚能在河北纵横捭阖。待到朱温平定河南、举兵北上时,李克用开始频频受挫。乾宁三年(896),魏博节度使罗弘信袭河东大将李存信于莘县,与河东彻底决裂,李克用失去与朱温集团之间最重要的屏障。乾宁四年,幽州节度使刘仁恭脱离李克用集团。光化元年(898)五月,邢洺磁三州失守。同年十二月,李罕之叛变,河东再失昭义,"自此,李克用不能与朱全忠争邢、洺、磁而争泽、潞矣"④。光化三年,成德、义武二镇附汴,"河北诸镇皆服于全忠"⑤。天复元年(901),河中节度使王珂降朱温。至此,李克用精心构筑的势力范围全面崩塌。至天祐五年(908)李克用去世时,河东集团只剩下河东、振武、天德、昭义四镇,其中昭义正处于朱温重兵围困之下。

天祐五年正月,李存勖袭位。在平定李克宁之乱后,迅速出兵救援潞州。五月,大破夹寨之梁军。开平四年(910),朱温"以罗绍威初卒,

---

① 何灿浩:《唐末政治变化研究》,第137页。
② 樊文礼:《唐末五代的代北集团》,第137~148页;何灿浩:《唐末政治变化研究》,第137~138页。
③ 崔瑞德(Denis Twitchett)编:《剑桥中国隋唐史》(中译本),北京:中国社会科学出版社,1990年,第799~800页。
④ 《资治通鉴》卷二六一《唐纪七十七》,光化元年十二月胡注,第8521页。
⑤ 《资治通鉴》卷二六二《唐纪七十八》,光化三年十月,第8537页。

全有魏博之地,因欲兼并镇、定"①。成德、义武两镇向河东求援,李存勖全军赴援,次年正月柏乡之战中,大败梁军,后梁禁军主力"龙骧、神捷精兵殆尽"②。此后,河东、义武、成德三镇结成紧密同盟。随后,李存勖兵向幽州,天祐十年(913)十一月占领幽州镇。天祐十二年(915)梁末帝企图分魏博为两镇,引发魏博军乱,乱军向河东求援,李存勖趁机兼领魏博节度使。次年二月,李存勖歼灭刘鄩率领的梁军主力七万,由此后梁保义、义昌二镇很快不守。九月,晋军占领贝州,至此"河北皆入于晋,惟黎阳为梁守"③。天祐十五年十二月,卢龙节度使周德威战死,次年三月李存勖自领卢龙镇。十七年四月,梁河中节度使朱友谦袭取同州,以河中、同州二镇附晋。十八年二月,成德大将张文礼杀节度使王镕。次年九月,李存审攻下镇州,李存勖兼领成德,成为四镇节度使。至同光元年(923)四月后唐建立,李存勖共有10节度、51州。具体情况如下:

表1.3 天祐十九年李存勖所辖州镇表

节镇	节镇性质	属州	节镇	节镇性质	属州
河东	直辖镇	太原府及辽、石、汾、岚、沁、云、蔚、忻、代、宪、慈、隰、应、府14州	卢龙	直辖镇	幽、妫、檀、蓟、瀛、营、平、莫、涿、新、儒、武、顺13州
天雄	直辖镇	魏、博、澶、相、贝5州	成德	直辖镇	镇、冀、深、赵4州
安国	属镇	邢、洺、磁3州	横海	属镇	沧、景、德3州
振武	属镇	朔、麟、胜3州	安义	属镇	泽、潞2州
义武	附镇	易、定、祁3州	河中	附镇	河中1府
忠武	附镇	同州1州			

说明:属州据闫建飞:《唐末五代宋初北方藩镇州郡化研究》附表《唐末五代宋初北方方镇军号支郡表》,北京大学博士论文,2017年,第242~286页。

---

① 《旧五代史》卷二七《唐庄宗纪一》,天祐七年十一月,第425页。
② 《资治通鉴》卷二六七《后梁纪二》,乾化元年正月,第8736页。
③ 《资治通鉴》卷二六九《后梁纪四》,贞明二年九月,第8806页。

与朱温集团类似，李存勖父子扩张过程中，其境内藩镇亦存在着直辖镇、属镇、附镇的区分(参图1.3)王赓武注意到天祐十三年李存勖所统藩镇中，河东和魏博由其个人统辖，另有六个藩镇节度使由李氏父子委任，被这些藩镇包围起来的两个独立藩镇成德和义武，名义上也受其统治①。所言三种藩镇正为直辖镇、属镇和附镇。不过王赓武并未进一步申论。那么三种藩镇区别如何？这种藩镇区别控制政策在后唐建国过程中发挥着怎样的作用？与朱温集团有何异同呢？

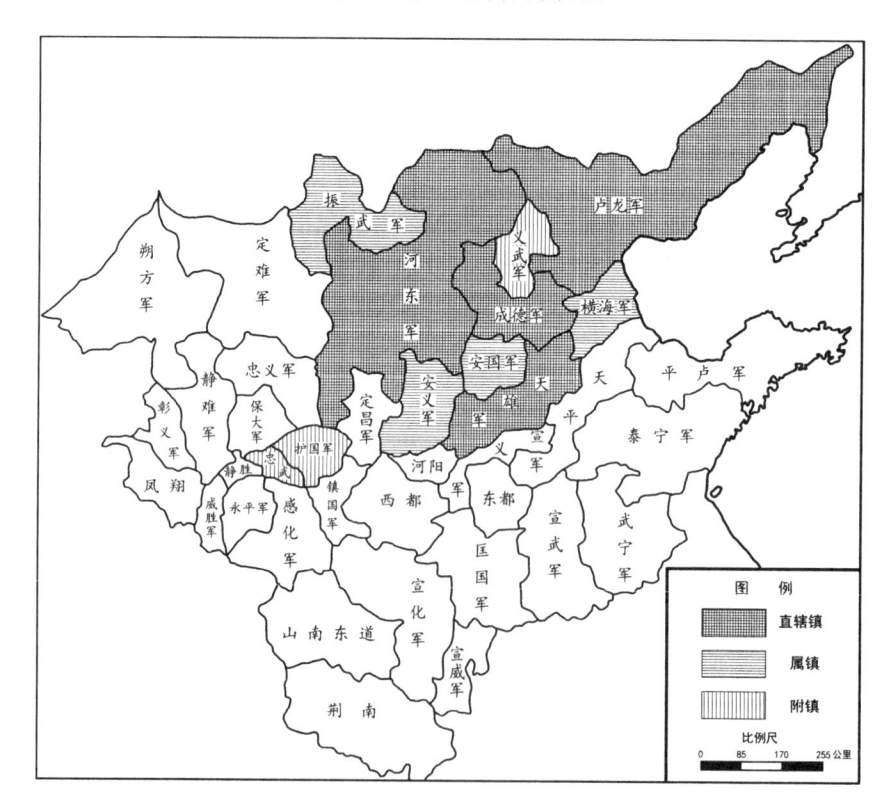

图1.3 天祐十九年李存勖势力范围

---

① Wang Gungwu, *Divided China: Preparing for Reunification 883-947*, New Jersey: World Scientific Pub. 2007, p.130.

二、李存勖直辖四镇之管理

直辖镇即主帅为节度使的藩镇。李克用始终只领河东一镇，李存勖则先后兼领河东、魏博、卢龙、成德四镇节度使。四镇自唐以来便为强藩，实力雄厚，辖州众多，天祐十九年，四镇共37府州，占晋方州郡总数（53府州）的70%，远超属镇和附镇总和。通过兼领雄藩，李存勖直接掌握着晋方最广阔的地域、最强大的军事力量和最充足的财赋，既保证了对属镇和附镇的有效控制，也是其得以北击契丹、南灭后梁的关键因素。

四镇军事力量由李存勖个人统辖，其他事务则交由"提举军府事"、"权知军府事"等负责，相当于节度留后。提举河东军府事的是张承业。"自庄宗在魏州垂十年，太原军国政事，一委承业，而积聚庾帑，收兵市马，招怀流散，劝课农桑，成是霸基者，承业之忠力也。"①天祐十九年，张承业病死，李存勖"命河东留守判官何瓒代知河东军府事"②。何瓒"天祐三年登进士第。谒庄宗于晋阳，一见受知，辟河东推官，渐转留守判官。张承业卒，代知军府。处事明敏，胥吏畏其清而服其能"③。知其进士出身，吏干强明，一直服务于河东幕府。

天祐十二年六月李存勖兼领魏博，以魏博节度判官司空颋权军府事。司空颋为贝州人，举进士不第，先后任魏博馆驿巡官、掌书记等职，知其为一直服务于魏博的本地士人。不久司空颋被都虞候张裕诬陷"通书于梁"④被杀，代其任者为魏博节度判官王正言。王正言郓州人，一直服务于贺德伦幕府。梁末帝以贺德伦为魏博节度使，王正言随府为观察判官，司空颋死后，改节度判官、知军府事。王正言"小心端慎，与物无竞"，

---

① 《旧五代史》卷七二《张承业传》，第1109页。
② 《资治通鉴》卷二七一《后梁纪六》，龙德二年十一月戊寅条，第8878页。
③ 《宋本册府元龟》卷七二九《幕府部·辟署四》，第2558页。
④ 《旧五代史》卷七一《司空颋传》，第1095页；《新五代史》卷五四《司空颋传》，第704页。

被孔谦评价为"操守有余，智力不足，若朝廷任使，庶几与人共事，若专制方隅，未见其可"①。当时魏州是李存勖大本营，各方人物汇聚，王正言"小心端慎，与物无竞"的性格，或许正是其能任职至同光元年(923)的重要原因。

天祐十五年十二月，卢龙节度使周德威战死。次年正月，李存勖以昭义节度使李嗣昭权知幽州军府事。三月又因"北边大镇，士马强锐"②，自己兼领，以宦官李绍宏提举军府事。

天祐十九年九月，李存审攻取镇州，李存勖兼领成德，成为四镇节度，随后"以魏博观察判官晋阳张宪兼镇冀观察判官，权镇州军府事"③。张宪出身军校世家，"喜儒学"，"弱冠尽通诸经，尤精《左传》"④，"精于吏事，甚有能政"⑤，孔谦称其"才器兼济"⑥，是当时难得的兼具文学与吏干的人才。

李存勖委任的四镇负责人有宦官与文士两类。宦官张承业对李氏父子忠心耿耿，才能、器业杰出，深受器重；李绍宏为中门使，长期典机密，为李存勖亲信，也有一定军政才能：以宦官提举军府，体现了李存勖用人既考虑亲疏也重视才能的特点。而文士则不同。从其职位看，何瓒为河东留守判官，司空颋、王正言为魏博节度判官，张宪为魏博观察判官。胡三省言："唐诸使之属，判官位次副使，尽总府事。"⑦留守、节度、观察判官是当时留守府、节度观察使府最重要的文职僚佐⑧。因此

---

① 《旧五代史》卷六九《王正言传》，第1067页。
② 《资治通鉴》卷二七〇《后梁纪五》，贞明五年三月胡注，第8843页。
③ 《资治通鉴》卷二七一《后梁纪六》，龙德二年十二月，第8878页。
④ 《旧五代史》卷六九《张宪传》，第1063页。
⑤ 《新五代史》卷二八《张宪传》，第354页。
⑥ 《旧五代史》卷三九《王正言传》，第1067页。
⑦ 《资治通鉴》卷二一六《唐纪三十二》，天宝六载十二月己巳条胡注，第6888页。
⑧ 严耕望：《唐代方镇使府僚佐考》，原载《新亚学报》第7卷第2期，1966年，收入氏著《严耕望史学论文集》，上海：上海古籍出版社，2009年，第414~419页。

李存勖以他们提举军府，主要是从资序上考虑的。

与朱温类似，除了昭义节度使李嗣昭短暂权知幽州军府事外，李存勖并未委任其他武将代理使府事务。这同样是由文臣、武将的职业素质决定的。在直辖镇军事力量由李存勖个人掌握的情况下，他所需要的是一位长于钱谷、刑狱等民政事务的留后，而非战场厮杀的赳赳武夫。宦官张承业、李绍宏除了长于民政外，还有一定军政才能，作为提举军府事更为合适。李存勖对四镇使府的任职者相当信任，张承业卒于任上，何瓒、王正言、李绍宏、张宪均任职至后唐建立。

后梁建立前，朱温在直辖四镇之上，设置了元帅府统辖四镇军事力量，由裴迪统辖其他事务，将四镇力量整合起来。李存勖四镇则未见类似机构和人员设置，基本维持着四个相对独立完整的使府，但晋方的军需供给在魏博支度务使孔谦统筹下，亦有一体化管理的趋势。

孔谦原为魏州孔目吏，"勤敏多计数，善治簿书"，李存勖兼领魏博后，以之为支度务使。胡三省言："唐节镇多兼支度等使，至其末世，藩镇署官有为支计官者，有为支度务使者。"[1]孔谦作为魏博支度务使，职权范围主要为魏博镇。《孔谦及妻刘氏王氏合葬墓志》言：

> 公尽取魏之县邑户口、田亩、桑柘、人丁、牛车之籍帐，役使以力，征敛以平，强者不敢附势，弱者得以兼济。吁！兹时也，连岁大兵蹂躏，魏之四十三邑，其无民而额存者将十城，负疮痛而偷蚕垦者才三十余县。庄宗潜龙时，兼幽、镇与晋、魏，且四节度只取于邺民，余无所资，唯器械而已。[2]

从"庄宗潜龙时，兼幽、镇与晋、魏，且四节度只取于邺民"来看，李存

---

[1] 《资治通鉴》卷二六九《后梁纪四》，贞明元年六月条及胡三省注，第8791页。
[2] 萧希甫：《孔谦及妻刘氏王氏合葬墓志》，录文见周阿根：《五代墓志汇考》六八，合肥：黄山书社，2012年，第173页；拓片见北京图书馆金石组编：《北京图书馆藏中国历代石刻拓本汇编》，郑州：中州古籍出版社，1989年，第36册，第32页。

勖虽兼领四镇，但军需供给主要依赖魏博六州。同光三年二月甲子朔庄宗诏言："自朕南北举军，高低叶力，总六州之疆土，供万乘之征租。有飞刍挽粟之劳，有浚垒深沟之役。赋重而民无嗟怨，务繁而士竭忠勤。"①亦可证明当时"供万乘之征租"的主要是魏博"六州之疆土"。河北河东近十镇军队云集河上，军需供给却主要依赖魏博一镇，支度务使孔谦的压力可想而知。由此其"尽取魏之县邑户口、田亩、桑柘、人丁、牛车之籍帐，役使以力，征敛以平"，几乎耗尽魏博之膏血，勉力支撑庄宗之霸业。

晋方军需主要来源于魏博镇，不过有证据表明，其他藩镇也需要向魏州霸府转输部分财赋，这亦由孔谦催征。《册府元龟》言：

> 初，庄宗初定魏博，选干吏以计兵赋，（孟）鹄为度支孔目官，掌邢洺钱谷司。明宗时为邢洺节度使，军赋三分之一属霸府，鹄于调弄之间，不至苛急，每事曲意承迎，上（明宗）心甚德之。而支度使孔谦专典军赋，而于藩镇征督苛急，明宗尝切齿。②

"军赋三分之一属霸府"说明李存勖属镇邢州安国军需要将三分之一的财赋转输到魏州李存勖霸府。孔谦对这部分财赋的严厉催督，招致安国军节度使李嗣源的切齿痛恨。这表明，孔谦的职权范围不仅包括魏博一镇，还包括李存勖属镇的上供部分。不过孔谦对魏博与李存勖属镇财赋的管理模式并不相同。对魏博财赋的征调已深入县一级；对属镇财赋则是通过使府。因此，孔谦对魏博财赋的控制比对属镇要严密得多，这也是孔谦能够最大限度地从魏博榨取财赋、支撑庄宗霸业的主要原因。

需要辨明的是，孟鹄担任的"度支孔目官"当作"支度孔目官"。盐铁、转运、度支三使，自唐后期由宰相分判。当时李存勖并未称帝建国、任命宰相，自然也无宰相分判的度支使。李存勖以孔谦为支度务使，孟鹄

---

① 《宋本册府元龟》卷四九一《邦计部·蠲复三》，第1222页。
② 《宋本册府元龟》卷四八三《邦计部·选任》，第1207页。

担任的支度孔目官,正是孔谦属官。其他属镇亦当有支度孔目官,孔谦对属镇上供财赋的掌握正是通过他们实现的。因此,后唐建国前的支度务使类似于中央财政机构,所负责的是晋方整体军需供应。支度务使孔谦在军需方面的统筹,支撑起晋方整个后勤供应,对李存勖霸业来说,可谓功不可没。

尽管四镇均由李存勖直辖,但其地位和角色并不完全相同。最初河东镇是河东集团主镇,随着李存勖在河北的不断突破,尤其是天祐十二年占据魏博、与后梁对峙河上后,更靠近梁晋对峙前线、军力强大、财赋众多的魏博取代河东成为晋方新的核心藩镇。梁晋对峙中,河东、魏博镇军也是与梁作战的主力,幽州镇始终面临比较强的契丹压力,成德镇直辖时间最短,二镇对梁晋争霸的影响并不能与河东、魏博相提并论。

四镇是李存勖控制的核心区域,但四镇管理人员却并非李存勖集团的核心决策层,四镇之上的李存勖霸府,才是真正的决策核心。因此,后唐建国后,尽管不少四镇僚佐成为朝廷重臣[①],但核心成员郭崇韬却是以中门使升任宰相兼枢密使的。正是在霸府的领导下,四镇、属镇、附镇凝聚起来,最终灭梁建唐。

三、李存勖父子属镇之特点

直辖镇之外,李克用、李存勖控制的另一类藩镇是属镇。普通藩镇转变为属镇的标志是李氏父子委任的节度使上任。自中和三年(883)至同光元年(923),李氏父子先后控制过8个属镇。

表1.4 李克用、李存勖属镇节帅表(883—923)

节镇	节帅	时间	身份	结局
代北	李国昌	883—887	李克用父	卒于任,代北镇被废

---

① 《旧五代史》卷二九《唐庄宗纪三》,第460页。

续表

节镇	节帅	时间	身份	结局
昭义	李克修	883—890	李克用弟	卒于任
	李克恭	890	李克用弟	潞州军乱被杀
	康君立	890—894	河东大将	被李克用幽死
	薛志勤	894—898	河东大将	病死
	孟迁	899—901	原邢州节帅	被朱温攻击,投降
	李嗣昭	906—922	李克用假子	战死
	李继韬	922—923	李嗣昭之子	叛变被杀
邢洺/安国	安金俊	890	河东大将	战死
	安知建	890—891	河东大将	叛附朱温,被朱瑄所杀
	李存孝	891—894	李克用假子	叛附朱温,被杀
	马师素	894—898	河东大将	邢洺被朱温攻陷
	李存审	916	李克用假子	移镇横海
	李嗣源	916—923	李克用假子	移镇横海
振武	石善友	893—903	河东大将	兵乱被部将契苾让逐走
	李克宁	904—908	李克用弟	谋反被杀
	周德威	908—913	河东大将	移镇卢龙
	李嗣本	913—916	李克用假子	振武被契丹攻陷,入契丹
	李嗣恩	917—918	李克用假子	卒于任
	李存进	918—922	李克用假子	战死
	李存霸	923—924	李存勖同母弟	移镇昭义
卢龙	周德威	913—918	河东大将	战死
大同	李克宁	908	李克用弟	谋反被杀,大同军废
	贺德伦	915—916	后梁降将	未之任,被张承业所杀
	李存璋	916—922	李克用假子	卒于任,大同军废

续表

节镇	节帅	时间	身份	结局
天德	宋瑶	908—920	河东将领	被契丹攻陷，宋瑶入契丹
横海	李存审	916—923	李克用假子	移镇卢龙

说明：本表据吴廷燮《唐方镇年表》、郁贤皓《唐刺史考全编》、朱玉龙《五代十国方镇年表》制作。身份及结局参两《五代史》各人本传。

据表1.4，李克用时期（883—908）属镇13位节帅中，亲属6位（李国昌、克修、克恭、克宁、存孝、嗣昭），河东亲将6位（康君立、薛志勤、安金俊、安知建、马师素、石善友），他镇武将1位（孟迁）。可见子弟和亲将是李克用属镇节帅的主体，亲疏是其选任节帅的首要因素。这体现了河东集团相对保守的一面。在这种情况下，外来武将在河东集团很难立足，对李克用的向心力也有限。如李罕之，"自以功多于晋"，希望李克用能"与一小镇，使休兵养疾而后归老"，但"佗日，诸镇择守将，未尝及罕之，罕之心益怏怏"①，光化元年（898）趁潞州节帅薛志勤去世之际，袭取潞州，投降朱温。

与李克用时期相比，李存勖时期（908—923）属镇节帅选任更加保守。11名属镇节帅中，李克用假子7人（李嗣昭、嗣本、嗣恩、嗣源、存进、存璋、存审），亲子1人（李存霸），亲将2人（周德威、宋瑶），自立者1人（李继韬）。李存勖时外来武将已不可能升任节帅，唯一任命的大同军节度使贺德伦在上任途中被张承业留在太原，后来被杀。富田孔明列举的李存勖集团21名外来武将中，后唐建国前无一人为节度使，地位最高的原后梁保义军节度使阎宝和成德旧将符习均遥领天平军节度②。"宠冠诸将"的原幽州将元行钦，先后被李嗣源、李存勖收为假子，在后唐建国

---

① 《新五代史》卷四二《李罕之传》，第519页。
② 富田孔明：《五代の禁军构成に関する一考察——李克用军团の变迁について——》，《东洋史苑》第26·27合并号，1986年，第95~98页。

前，也只做到忻州刺史①。可见，尽管李存勖时期河东集团势力不断扩张，吸纳的外来武将也在增多，但外来武将的地位并未随之提高，在河东集团中相当边缘，甚至会遭到排挤、迫害。如周德威成为卢龙节度使以后，"忌幽州旧将有名者，往往杀之"②。

李存勖时期，不仅外来武将无法升任节度使，亲将担任的节帅也很少，李克用假子占据绝对优势，这使我们不得不关注李克用假子问题。假子问题，古今中外皆有，唐五代尤其突出。栗原益男将唐五代的假子以唐玄宗、黄巢起义为界分为三阶段，类型分为集团型和个人型两种，认为隋末唐初、安史之乱前后集团型假子居多，假子实际上为主帅个人亲卫队；唐末五代个人型假子显著增多③。"唐末宦官典兵者多养军中壮士为子以自强，由是诸将亦效之。"④其中最具代表性的是李克用和王建的假子⑤。

李克用有义儿军，李存进曾典"右厢义儿第一院军使"⑥，知义儿军分左右厢，厢下有院，建置完整。堀敏一已经辨明，并无义儿出身义儿军的证据⑦，可见义儿军并非义儿组成的军队，而是义儿掌管的军队，其实质为藩镇牙军。李克用假子为个人型。胡三省言李克用义儿百余人⑧，

---

① 《旧五代史》卷七〇《元行钦传》，第 1079～1080 页。
② 《资治通鉴》卷二六九《后梁纪四》，贞明三年二月，第 8813～8814 页。不过"往往"有夸大之嫌，实际上李存勖任用的幽州旧将颇多。何天白：《重塑河朔：五代至北宋前期河北的军事态势（907—1048）》，北京大学博士论文，2021 年，第 86～88 页。
③ 栗原益男：《唐五代の仮父子的結合の性格——主として藩帥的支配権力との関連において》，《唐宋変革期の国家と社会》，第 159～192 页。
④ 《资治通鉴》卷二六七《后梁纪二》，开平四年十一月，第 8727 页。
⑤ 王建假子参日野开三郎：《王建の前蜀建國と假子制》，收入《第一届国际唐代学术会议论文集》，台北：唐代研究学者联谊会出版，1989 年，第 725～747 页。
⑥ 吕梦奇：《后唐招讨使李存进墓碑》，董诰等编：《全唐文》卷八四〇，北京：中华书局，1983 年，第 8835 页。
⑦ 堀敏一：《藩镇亲卫军的权力结构》，《日本学者研究中国史论著选译》第 4 卷《六朝隋唐》，第 619 页。
⑧ 《资治通鉴》卷二六六《后梁纪一》，开平二年二月胡注，第 8690 页；卷二七九《后唐纪八》，唐潞王清泰元年三月胡注，第 9107 页。胡三省未言依据，今亦不详。

今可考者16人，其中6人曾典义儿军①。诸假子多为英勇善战、战功显赫的武将，李克用将其收为假子，希望通过这种"拟制家族关系"②加强与他们的联系；武将被收为假子，可以藉此进入河东集团核心，"立功名、位将相"。正如欧阳修所言，二者的结合是"因时之隙，以利合而相资者"③。李克用与其假子的关系非常密切，对诸假子"宠遇如真子"④、"衣服礼秩如嫡"⑤。假子与亲子的主要差别在假子无继承权⑥。

这种"拟制家族关系"以家长李克用为核心，但家长的权威和能力并不能完整传递到下一代。李克用去世后，嗣位的李存勖就遭到诸假子的强力挑战。诸假子"比之嗣王，年齿又长，部下各绾强兵，朝夕聚议，欲谋为乱。及帝（李存勖）绍统，或强项不拜，郁郁愤惋，托疾废事"⑦，李存颢、存实等甚至劝李克宁取而代之。不过出乎所有人意料之外的是，李存勖是一位比李克用更杰出的军事统帅。平定李克宁之乱后，李存勖迅速出兵救援潞州，取得夹寨大捷。五代兵戈扰乱，军事才能最为时人看重。李存勖夹寨之战以少胜多，大败梁军，不仅朱温大为震撼，感叹"生子当如李亚子，克用为不亡矣"⑧，也使原来桀骜不驯的诸假子心服口服，再也无人敢挑战李存勖的领导地位。

---

① 李翔：《李克用义子问题考述》，《西南大学学报》2014年第3期，第169～174页。典义儿军的六位义子是李嗣本、李存进、李存贤、李存璋、李存审、李建及。
② 谷川道雄：《北朝末—五代の義兄弟結合について》，《東洋史研究》第39卷第2号，1980年，第299～302页；宇野春夫：《後唐の同姓集団》，《藤女子大学文学部紀要》第3号，1964年，第31～47页。
③ 《新五代史》卷三六《义儿传序》，第433页。
④ 《资治通鉴》卷二六六《后梁纪一》，开平二年二月，第8690页。
⑤ 《新五代史》卷一四《李克宁传》，第176页。
⑥ 唐末五代有继承权的假子不在少数，朱温、王镕之假子均有，但李克用、王建之假子则否。
⑦ 《旧五代史》卷二七《唐庄宗纪一》，第421页。诸假子多数仅比克用小数岁，长存勖一二十岁。栗原益男：《唐末五代の仮父子の結合における姓名と年齢》，《唐宋变革期の国家と社会》，第207页。
⑧ 《资治通鉴》卷二六六《后梁纪一》，开平二年五月，第8695页。

尽管李存勖通过战功确立了自己的威望，压服了李克用诸假子，但他对这些在"家族关系"中与自己有些等夷色彩的兄长们并不完全信任；诸假子多拥重兵，亦容易引起其猜忌。如李嗣昭长期为昭义军节度使，"为人间构于庄宗，方有微隙"，幸好其僚佐任圜"奉使往来，常申理之，克成友于之道"①，李存勖恢复对嗣昭的信任。都总内外衙银枪效节帐前亲军的李建及"善于抚御，所得赏赐，皆分给部下，绝甘分少，颇洽军情。又累立战功，雄勇冠绝"，亦为宦官监军韦令图所构："建及以家财骤施，其趣向志意不小，不可令典衙兵。"李存勖猜忌之下，建及被外放为代州刺史，郁郁而终②。

李存勖对其父假子颇多猜忌，属镇节帅却几乎被他们垄断，这种局面形成的原因，要从内外两方面去寻找。从内部权力结构来说，诸假子"各缒强兵"的局面在李克用时代就已形成，存勖如要改变这种局面，必定要付出相当大的代价。从外部局势来看，存勖嗣位伊始，就面临着后梁、契丹的巨大军事压力，诸假子英勇善战，"部下各缒强兵"，是其能依赖的重要军事力量。要争取诸假子支持，就必须优先保障其利益，给予其节帅、刺史之位。后唐建立前，李存勖模仿其父开始收养骁将为假子，但其假子多为外来降将③，后唐建立前一直无法获得节钺。这表明以其父假子为节帅，大大限制了李存勖在属镇节帅选任上的自主权，他无法以自己更亲近的假子取代其父假子。不过，长期战争之下，克用假子日渐凋零，后唐建立时存者已无多。同光二年，卢龙节度使李存审因病求入觐，李存勖叹曰："吾创业故人，零落殆尽，其所存者惟存审耳！今又病笃，北方之事谁可代之？"④以李存贤代为节帅后，存贤当年亦病

---

① 《旧五代史》卷六七《任圜传》，第1041页。"友"即友爱兄弟。
② 《旧五代史》卷六五《李建及传》，第1005页。
③ 宇野春夫：《後唐の同姓集团》，《藤女子大学文学部纪要》第3号，1964年7月，第41~44页；罗亮：《姓甚名谁：后唐"同姓集团"考论》，《中华文史论丛》2018年第3期，第113~142页。
④ 《新五代史》卷三六《李存贤传》，第444页。

死幽州。此后，假子中活跃者只余李嗣源一人。李存勖时代其父假子问题最后竟以这样一种方式得以解决。

除了人选外，属镇节帅任期同样值得注意。观察李存勖父子的属镇节帅表会发现，从中和三年(883)到天祐十九年(922)四十年中，只有周德威自振武移镇卢龙(913年)、李存审自安国移镇横海(916年)两例正常移代的情况。属镇节帅任期的结束要么是节帅战死、病死、叛变，要么是属镇被朱温或契丹攻陷。换言之，属镇节帅任期为终身制，典型如李嗣昭，镇昭义长达16年，直至战死。节度使终身制很容易导致节镇"私有化"。同光二年郭崇韬辞宣武军节度之命时，庄宗言："卿言忠荩，予忍夺卿土宇乎？"次日批答又指出："岂可朕居亿兆之尊，俾卿无尺寸之地？卿虽坚让，朕意何安？"①这种将节镇视为节度使个人"土宇"的观念，正源于节镇的"私有化"。此言出自庄宗，表明节镇"私有化"是后唐统治集团的普遍观念。

节度使终身制和节镇"私有化"之下，节帅对属镇的财赋、兵马控制相当严密，长期任职也使节帅与当地的地方军人集团结合密切，不少属镇节帅手下都有一支令人生畏的牙军力量。天祐十九年，昭义军节度使李嗣昭战死镇州城下，临终前"悉以泽潞兵授判官任圜，使督诸军攻镇州"，李存勖"命嗣昭诸子护丧归葬晋阳；其子继能不受命，帅父牙兵数千，自行营拥丧归潞州"②。嗣昭死前已将泽潞兵权交给任圜，继能却可以率数千牙兵归潞州，表明牙兵属嗣昭个人，死后由其子继承，任圜并无统辖权。同光二年，"故宣武军节度使李存审男彦超进其父牙兵八千七百人"③。李存审镇沧州七年(916—923)，这支数量庞大的牙军应是其在沧州任上培育出来的。同光元年存审改镇幽州，次年又改宣武，未离任卒于幽州，牙军也就留在幽州。存审改镇宣武之时，李存贤已被命为幽

---

① 《册府元龟》卷四〇九《将帅部·退让二》，第4868页。
② 《资治通鉴》卷二七一《后梁纪六》，龙德二年四月，第8875页。
③ 《旧五代史》卷三二《唐庄宗纪六》，同光二年七月戊戌条，第500页。

州帅。从牙军由存审长子彦超进献而不是存贤掌管来看,牙军的控制权显然父死子继,落到彦超手中。不仅存贤无从过问,庄宗亦如是;彦超进献后,才由庄宗掌控。相比一般军队,牙军的私属性更强,牙军牙将私属于节帅甚至刺史,也是李存勖认可的观念。天祐十二年,李存勖已定魏博,想要充实自己的亲军力量,"选骁健置之麾下"①:

> 爱元行钦骁健,从代州刺史李嗣源求之,嗣源不得已献之……王(李存勖)复欲求(高)行周,重于发言,密使人以官禄啖之,行周辞曰:"代州养壮士,亦为大王耳,行周事代州,亦犹事大王也。代州脱行周兄弟于死,行周不忍负之。"乃止。②

存勖想要得到元行钦,需要从李嗣源处"求之";欲得到高行周,需要通过"密使人以官禄啖之"的方式,显然是因为元行钦、高行周私属于嗣源,存勖不能任意夺取。表面上"代州养壮士,亦为大王耳,行周事代州,亦犹事大王也",实际上骁将在嗣源还是存勖手中大不相同,否则存勖就不必处心积虑谋夺二人了。同时,这说明当时的"私有化"并不仅仅表现在节镇一层,州郡亦如此,刺史也有私属牙兵。只是由于州郡相关记载较少,隐而不彰罢了。

后唐建立后,李克用假子日渐凋零,新征服的河南地区也为节帅有序移代提供了空间。同光元年河南地区的十八位后梁节度,到同光四年三月只剩六位③,取代他们的则是后唐将领,由此节帅终身制问题基本得到解决。这也提醒我们,节帅终身制与后唐建国前李氏父子控制的节镇数量较少密切相关。

---

① 《旧五代史》卷七〇《元行钦传》,第1080页。
② 《资治通鉴》卷二六九《后梁纪四》,贞明元年七月,第8794~8795页。
③ 王赓武:《五代时期北方中国的权力结构》,第121~122页;邓小宇:《移镇与更替:五代宋初藩镇空间布局的研究(883—977)》,第39~43页。

四、李存勖父子与其附镇之关系

直辖镇、属镇之外，李存勖父子势力范围中亦有附镇。附镇节帅除了刘仁恭外，均非李氏父子委任，而是由唐廷、朱梁任命或本镇产生。李氏父子附镇情况可通过下面两表进行观察。

表 1.5　李克用附镇表（885—901）

节镇	依附原因	结局	依附时间	依附时期节帅
河中	被关中藩镇和唐廷攻击，得李克用救援	被朱温攻击，成为朱温直辖镇	885—901	王重荣（880—887）王重盈（887—895）王珂（895—901）
定州义武	被幽州、成德攻击，得李克用救援	被朱温攻击，成为朱温附镇	886—900	王处存（879—895）王郜（895—900）
镇州成德	被李克用攻击，被迫依附	同义武	893—900	王镕（883—921）
幽州卢龙	占领卢龙后，李克用以刘仁恭为节度使	叛李克用自立	895—897	刘仁恭（895—907）

表 1.6　李存勖附镇表（910—923）

节镇	依附原因	结局	依附时间	依附时期节帅
镇州成德	朱温欲变附镇为属镇，二镇向河东求援	张文礼依附后梁被平定，成为直辖镇	910—921	王镕（883—921）张文礼（921—922）
定州义武		王都北结契丹被平定，成为属镇	910—928	王处直（900—921）王都（921—929）
河中	朱友谦袭取同州，被后梁讨伐，向河东救援	朱友谦被杀，成为属镇	920—926	朱友谦（907—926）
同州忠武		朱令德移镇遂州，同州成为属镇	920—925	朱令德（920—925）

李克用附镇中义武、河中依附河东是因得到李克用救援，成德是遭李克用攻击被迫依附；卢龙则是曾被李克用占领。从节帅委任权的角度来看，卢龙似当为属镇，但刘仁恭原为卢龙旧将，独立性强，李克用的

干预有限，将其视为附镇更为合适。李克用对附镇的影响有限，附镇对克用的支援也少。四镇中，河中、义武多次得到河东救援，却从未出兵协助李克用作战；克用多次向卢龙征兵，刘仁恭则以种种借口推脱；景福二年（893），王镕"进币五十万，归粮二十万，请出兵助讨（李）存孝"①，是成德依附期间对河东的唯一一次军事支援。不能得附镇之力，是李克用与朱温争霸失败的重要原因。

李存勖附镇均是因被后梁攻击得到河东救援而依附的。相比克用时期，李存勖附镇成德、义武对河东的实际支持大大增加。天祐八年柏乡之战中，义武军节度使王处直"以兵五千从"，"其后晋北破燕，南取魏博，与梁战河上，十余年处直未尝不以兵从"②。柏乡之战后，成德节度使王镕"自是遣大将王德明率三十七都从庄宗征伐，收燕降魏，皆预其功"③。天祐十四年十二月，李存勖阅兵魏州，"成德军节度使王镕遣其将王德明帅镇冀步骑之师三万……义武军节度使王处直使其将帅易定之步骑万人"④参与，这是当时成德、义武能出动的最强武力。可见自依附河东起，成德、义武两镇就一直派遣主力部队随李存勖征战，对李存勖霸业起了重要作用。

附镇类似于羁縻区，严格来说并非李氏父子属地。李存勖自言"吾与赵王同盟讨贼，义犹骨肉"⑤，正说明这一点。附镇依附李存勖多是为了应对朱梁威胁，维持相对独立的地位，镇内高度自治。如王都镇义武，直到后唐建国后的同光年间，支郡祁、易二州刺史，依然可以"奏部下将校为之，不进户口，租赋自赡本军，天成初仍旧。"⑥当这种地位受到威

---

① 《新唐书》卷二一一《王镕传》，第 5964 页。
② 《新五代史》卷三九《王处直传》，第 472 页。
③ 《旧五代史》卷五四《王镕传》，第 843 页。
④ 《册府元龟》卷八《帝王部·创业四》，第 87 页。
⑤ 《资治通鉴》卷二七一《后梁纪六》，龙德元年七月，第 8867 页。赵王即成德节度使王镕。
⑥ 《旧五代史》卷五四《王都传》，第 847 页。杨楚就是王都奏授的祁州刺史，同时兼义武军节度随使步军都教练使、左横冲军使。周阿根：《五代墓志汇（转下页）

胁时，附镇节帅的忠诚就变得难以保证。天祐十八年成德将张文礼杀节度使王镕，李存勖遣兵讨伐。义武军节度使王处直"以平日镇、定相为唇齿，恐镇亡而定孤"①，故不惜召契丹为晋患以解镇州围，引起军府多数人反对，王都遂趁机取而代之。天成三年（928），朝廷为防备契丹，"诸军多屯幽、易间"②，义武军节度王都怀疑朝廷要取消其独立地位，遂向契丹求援。次年定州城破，义武自治局面结束，河北最后一个附镇消失，后唐实现了对河北的有效控制。

与朱温积极变附镇为属镇、扩张领地不同，李克用父子对此并不热心。李克用满足于构建以河东、昭义为核心，以河中、河朔为外围的势力范围，获取霸主地位，并无直接并吞河朔、河中的想法，占领卢龙后却授予降将刘仁恭正表明这一点。河中节度使王珂赴太原娶亲时，李克用以李嗣昭"权典河中留后事"③，但并未趁机袭取河中；成德、义武也是叛变之后才被李存勖、李嗣源平定的。之所以如此，可能与节镇私有化有关，当时节帅、刺史的牙兵牙将主帅尚不能任意与夺，何况节镇？不过，此仅为推测，更确切的解释尚待他日言说。

同光元年（923）三月，横海节度使李存审改镇幽州；四月后唐建国，升魏州为东京兴唐府，太原为西京，镇州为北都，四镇及部分属镇、附镇僚佐纷纷加官进爵，成为朝廷重臣④，后唐方镇为国的过程完成。建国过程中，李存勖所统藩镇分为直辖镇、属镇、附镇三种。李存勖直接掌控直辖镇的军事力量，军府事务则由其信任的宦官或文臣提举，控制

（接上页）考"二三二《杨楚墓志》，第634～635页，未见拓片。志主姓原阙，据"其先弘农人也"推知。不过天成二年（927），朝廷"以中山王都有不臣之迹，除（刘）遂清为易州刺史，俾遏其寇冲"，易州刺史改朝除。《旧五代史》卷九六《刘遂清传》，第1491页。

① 《资治通鉴》卷二七一《后梁纪六》，龙德元年十月，第8868页。
② 《旧五代史》卷五四《王都传》，第847页。
③ 《旧五代史》卷五二《李嗣昭传》，第809～810页。
④ 《旧五代史》卷二九《唐庄宗纪三》，第459～460页。

最为严密；属镇节帅主要由李克用假子、亲将出任，他们在率本镇军队从征之时，亦承担对霸府的财赋上供；附镇节帅则非李氏父子任命，镇内事务亦不受其干预，节帅可委任管内刺史以下所有官员，不进户口，不纳两税，不过成德、义武长期派主力从征，对李存勖霸业襄赞良多。可以看出，后唐建国前的河东集团，是由直辖镇、属镇、附镇构成的圈层结构。由内而外，李存勖的控制力递减。但这种圈层结构并非一成不变，李存勖时代其总体变化趋势是变附镇为属镇（河中、同州）或直辖镇（成德），或变属镇为直辖镇（幽州），其中转变为直辖镇的均为强藩，由此李存勖对辖下藩镇的控制不断强化，为后唐建立打下基础。

李克用时代，河东集团的核心是河东镇，其次是以河东镇为核心的河东道，最外层是依附的河北藩镇。在控制河东道的前提下，李克用的对外扩张主要表现为增加河北的附镇上。但由于附镇对河东支援有限，克用亦未积极变附镇为属镇或直辖镇，无法将所辖藩镇力量全部凝聚起来，导致在与朱温的竞争中，接连受挫。李存勖时代，随着在河北的不断突破，尤其是天祐十二年存勖兼领魏博后，河东集团核心从河东镇转移到魏博镇。李存勖的对外扩张以增加直辖镇和属镇为主，其个人兼领四个强藩，对内形成了对属镇和附镇的绝对优势，对外四镇成为北击契丹、南灭后梁的核心力量，最终成功建立后唐。

后梁、后唐均由方镇建国，但建国道路亦有明显差别。朱温兼领的宣武、宣义、天平三镇相邻，河中战略位置重要。朱温通过设立跨使府机构和人员，将四镇凝聚起来，打造了一个以宣武为核心的强大直辖区。李存勖兼领的河东、魏博、卢龙、成德是当时河东集团最强的四镇，四镇实力远超属镇和附镇总和，故李存勖对建立跨使府机构并不热心。朱温属镇节度使比较多元，既有中涓元从、黄巢降将这样的早期追随者，也有很多后来归附者甚至附镇节帅，节帅任期较短，以防与地方军人集团紧密结合，尾大不掉。李存勖属镇节帅选任则相对保守，以李克用假子为主，外来武将基本不可能获得节钺。节帅任期"终身制"，与地方军人集团结合紧密，不少节帅手中拥有数量庞大、令人生畏的牙军力量，甚至出现节镇为节度使个人"土宇"的观念。显然，朱温对境内节镇的控制，要比李存勖父子严密得多，朱温治下的河南也比李存勖父子控制下的河东、河北稳定。在附镇政策上，变附镇为属镇是朱温扩张的重要步骤，李存勖父子、李嗣源对此并不热心，成德、义武都是在节帅叛变后，才出兵平定的。总体而言，朱温更注重通过制度措施，加强对直辖镇、属镇的控制，李存勖父子则着眼于节帅选任。从加强地方控制的角度考虑，朱温的做法更有效。后梁统治期间，境内基本稳定，李存勖治下的后唐则动乱不断，与两者建国道路的差异密切相关。

第三节 五代后期的政权嬗代

与后梁、后唐百战立国不同，后晋以降诸朝更迭非常迅速，均在一年以内，北宋代周甚至只有短短数天。这主要源于禁军、契丹在五代政权更迭中的决定作用。欲讨论这一问题，可以从后晋成德军节度使安重荣的名言——"天子，兵强马壮者当为之，宁有种耶"①谈起。

一、释"天子，兵强马壮者当为之，宁有种耶"

"天子，兵强马壮者当为之，宁有种耶"出自《旧五代史·安重荣传》。这句话《新五代史·安重荣传》作："天子宁有种邪？兵强马壮者为之尔！"②《资治通鉴》作："今世天子，兵强马壮则为之耳。"③《旧五代史》所载当为安重荣原话，文忠公文章圣手，略作调整，表述更为妥帖。安重荣之语强调当时天子有力者为之，无关乎德行天命，反映了大唐崩溃后皇权神圣性遭到的挑战。相比之下，司马光去除了"天子宁有种邪"这一对皇权神圣性有强烈质疑的表述，仅仅呈现兵强马壮者为天子这一史实，

---

① 《旧五代史》卷九八《安重荣传》，第1522页。
② 《新五代史》卷五一《安重荣传》，第657页。
③ 《资治通鉴》卷二八二《后晋纪三》，天福四年七月，第9203页。

并将其限定在"今世"这一背景中,应是出于"资治"目的有意作出的修改。

从安重荣原话看,他强调天子"宁有种邪",只是其准备以"兵强马壮"夺天子的借口,兵强马壮者为天子才是其言重点。后人也多从这一角度去理解。不过,"兴亡以兵"①不仅是五代的情况,亦为中国古代政权更迭常态,军事立国是古代王朝建立的基本模式。因此,仅仅从这一角度理解,实际上消解了这句话的特异之处。司马光的改写提示我们,安重荣之言需放在"今世"这一特定历史背景中理解。那么安重荣眼中的"今世"是怎样的场景呢?

《旧五代史·安重荣传》言:

> 重荣起于军伍,暴获富贵,复睹累朝自节镇遽升大位,每谓人曰:"天子,兵强马壮者当为之,宁有种耶!"②

《新五代史·安重荣传》言:

> 重荣起于军卒,暴至富贵,而见唐废帝、晋高祖皆自藩侯得国,尝谓人曰:"天子宁有种邪?兵强马壮者为之尔!"③

《旧五代史》指出,安重荣之言是因为"睹累朝自节镇遽升大位"有感而发。"累朝"当包括朱温、李存勖、李嗣源、李从珂、石敬瑭;欧阳修则将"累朝"限定为唐废帝李从珂和晋高祖石敬瑭二人,可见欧阳修认为李从珂、石敬瑭之得国与朱温、李存勖、李嗣源有所不同。朱温、李存勖的政治威望和领导地位是百战中积累的,最后称帝建国本就顺理成章;李嗣源之得国虽有偶然性,但他是蕃汉马步军总管,后唐统治集团仅次于李存勖的二号人物,战功和政治威望亦非他人能及。李从珂、石敬瑭则不然,他们是从一批比肩等夷的将领中崛起的,得位过程极富戏剧性。对身为

---

① 《新五代史》卷二七《康义诚传赞》,第337页。
② 《旧五代史》卷九八《安重荣传》,第1522页。
③ 《新五代史》卷五一《安重荣传》,第657页。

普通节度使的安重荣来说，李从珂、石敬瑭才是其最适合比附的对象。况且，朱温、李存勖、李嗣源之事距安重荣毕竟稍远，李从珂、石敬瑭之事则近在眼前。欧阳修之限定可谓恰如其分。

李从珂、石敬瑭虽"皆自藩侯得国"，但这并不意味着后唐藩镇实力的强大。相反，随着藩镇军队不断被吸纳为中央禁军，唐庄宗以降中央对地方的军事优势已完全确立。五代政权亦不断通过分割藩镇以削弱单个藩镇能动员的资源，后晋是五代分镇力度最大的一朝①。天福三年（938）石敬瑭平定魏博节度使范延光之乱后，对历史悠久、实力雄厚的魏博和成德两镇进行了成功分割，魏博一分为三（邺都、相州彰德军、贝州永清军），成德丧失支郡冀州②。传统强藩河朔三镇中，卢龙已割属契丹，魏博、成德遭到严重削弱，河北藩镇实力一落千丈。在这种情况下，成德节度使安重荣却敢于喊出"天子，兵强马壮者当为之，宁有种耶"的狂言，这就比较有意思了。要理解这一点，还需要回到"今世"这一背景中，观察安重荣的比附对象李从珂和石敬瑭"自藩侯得国"的过程。

长兴四年（933）十一月，唐明宗李嗣源病死，其子从厚即位。执政的枢密使朱弘昭、冯赟忌惮河东节度使石敬瑭、凤翔节度使李从珂，应顺元年（934）二月，遂以枢密院宣徙石敬瑭改镇成德，徙李从珂镇河东。李从珂惧离镇被杀，遂起兵反。李从厚以西都留守王思同为西面行营马步军都部署讨李从珂。三月，凤翔城破之际，羽林指挥使杨思权、严卫左厢都指挥使尹晖却率军投降，行营兵溃。李从珂遂整众东行，一路接纳降兵叛将，不战而下洛阳，登基称帝。可见，李从珂上台的关键在于行营禁军军乱。

清泰三年（936）五月，河东节度使石敬瑭起兵反，唐末帝遣建雄军节度使张敬达等围太原。石敬瑭遣使求救于契丹，以称臣、称子、割地、纳贡的优厚条件，换来契丹援助，击败唐军，建立后晋。可见，石敬瑭

---

① 王赓武：《五代时期北方中国的权力结构》，第171页。
② 《资治通鉴》卷二八一《后晋纪二》，天福三年十一月，第9194页。

上台关键在契丹。

军事立国是中国古代王朝建立的基本模式,兵强马壮者为天子亦是开国君主常态。而凭借军乱和契丹援助上台的李从珂、石敬瑭却并非如此,他们的成功极富偶然性。恰恰是这一点,激发了当时藩帅的觊觎之心,不断有节帅企图复制二人发家过程。乾祐元年(948)三月,后汉护国军节度使李守贞叛乱,原因之一在于他认为"禁军皆尝在麾下,受其恩施,又士卒素骄,苦汉法之严,谓其至则叩城奉迎,可以坐而待之"①。此可谓效法于李从珂、期待军乱上台之典型。企图依靠契丹之力上台者亦不少。王夫之总结道:

> 石敬瑭起而为天子,于是人皆可为,而人思为之。石敬瑭受契丹之册命为天子,于是人皆以天子为唯契丹之命,而求立于契丹,赵延寿、杨光远、杜重威,皆敬瑭之教也。欲为天子,而思反敬瑭之为,拒契丹以灭石氏者,安重荣耳。②

王夫之认为赵延寿之为契丹尽力、杨光远杜重威之降契丹,均是模仿石敬瑭、企图凭借契丹之力而为天子。相反,安重荣则是"欲为天子,而思反敬瑭之为,拒契丹以灭石氏者"。因此,安重荣之言的"今世",至少包括禁军军乱和契丹对后晋藩镇影响两个方面。

二、五代的政权更迭与禁军军乱

唐后期军乱主要为藩镇动乱,动乱主体为"骄兵"。关于骄兵成因,胡如雷认为雇佣兵制度下,国家只供给士兵衣粮,而家口则缺乏保障,绝大多数军乱起因在于节度使对士兵"刻薄衣粮"和"赏赐不时"③。与胡

---

① 《资治通鉴》卷二八八《后汉纪三》,乾祐元年八月,第9397页。
② 王夫之:《读通鉴论》卷三〇《五代下》七,第923页。
③ 胡如雷:《唐五代时期的"骄兵"与藩镇》,原载《光明日报》1963年7月3日,收入氏著《隋唐五代社会经济史论稿》,北京:中国社会科学出版社,1996年,第181页。

如雷从经济角度解释不同,孟彦弘从地方军政体制变化的角度加深了我们对这一问题的认识,即军队地方化和地方军人集团的形成,是骄兵产生的根源。军队的地方化,使当地人成为军队主要甚至惟一兵源;他们终身为兵,甚至父子相袭,不可避免地会在当地形成一种盘根错节的势力,这股势力就是所谓的"地方军人集团";表现在政治上,就是所谓的骄兵问题。军队地方化和地方军人集团的形成,使军人成为当地的特殊群体。他们通过对地方政治的干预乃至攘夺,最大限度地保证其经济利益的实现①。因此,对五代王朝来说,要想真正控制属下藩镇,一来必须避免节帅与地方军人集团的结合,防止地方割据势力的形成;二来要努力解决骄兵问题,瓦解地方军人集团,消除藩镇割据的基础。说到底,要彻底解决藩镇割据和骄兵问题,就要实现将、兵、地三者的分离,使藩镇军队"禁军化"。

藩镇军队禁军化,即藩镇军队不断被吸纳为中央禁军,最终实现全国主要武力禁军化的过程。这在朱温、李存勖时代尤其明显。后梁的禁军主要由朱温四镇之兵演变而来,后唐禁军除了吸纳后梁禁军之外,最主要的来源是李存勖即位前统辖的河东、魏博镇军。因此后梁、后唐的多数禁军士兵经历了从藩镇兵向禁军的转变。藩镇兵与禁军的主要区别在于,藩镇兵由当地人组成,屯驻地方,由地方财赋供应;后梁后唐的禁军来自北方各地,主要驻扎在洛阳、开封附近和边疆地区,由朝廷财赋供养。因此,藩镇兵禁军化以后,与原来地区的联系逐渐被切断,只能依靠朝廷财政供给,天子也取代节度使,成为他们的利益保障者和代言人,天子之于禁军,恰如节帅之于藩镇军。藩镇兵把原来的骄兵习气带入禁军,又导致禁军骄兵化。因此,五代军乱主力已不是藩镇兵,而是禁军。唐后期地方军人集团控制地方政治、保障其利益的主要手段是

---

① 孟彦弘:《论唐代军队的地方化》,《中国社会科学院历史研究所学刊》第1辑,第285~286页。

对节度使人选的干预①，藩镇兵禁军化之后，禁军士兵就只能向天子邀求赏赐，甚至不惜通过更迭天子来维护自身利益了。因此，对禁军士兵进行常规、大规模的赏赐②，就成为稳定军心乃至维系政权的必要条件。唐末帝李从珂自凤翔节度使得登大位后，无法兑现对士兵的军赏许诺，当时枢密直学士李专美言："臣以为国之存亡，不专在行赏，须刑政立于上，耻格行于下，赏当功，罚当罪，则近于理道也。"③实际上恰恰反映了当时"国之存亡，专在行赏"的现实。五代诸帝对此大多有比较清醒的认识。长兴四年(933)七月十一日，唐明宗"疾久未平，征夏州无功，军士颇有流言"，为安抚军心，"赐在京诸军优给有差"④。李从珂自凤翔举兵东向之际，闵帝李从厚"召将士慰谕，空府库以劳之，许以平凤翔，人更赏二百缗"⑤，企图争取侍卫亲军支持。周太祖"自即位以来，恶衣菲食，专以赡军为念，府库蓄积，四方贡献，赡军之外，鲜有赢余"⑥。表明"赡军"是当时最大的财政开支。

厚赏是为了争取禁军士兵支持，体现了帝王对骄兵的妥协，但赏赐过厚会使边际效应递减，反而容易使士兵滋生无厌之心，加剧兵骄程度，"给之愈滥，士心愈骄"⑦。如唐闵帝赏赐后，"军士益骄，无所畏忌，负赐物，扬言于路曰：'至凤翔更请一分。'"⑧胡三省总结道："唐兵之骄，始于同光，甚于长兴，极于清泰。"⑨自同光至清泰，正是五代对士兵赏赐最优厚的时期。因此，对士卒优赏的同时，对其进行严格约束，就成

---

① 孟彦弘：《论唐代军队的地方化》，《中国社会科学院历史研究所学刊》第1辑，第286页。
② 军赏包括身份职位奖励（如勋、爵、散、试、检校、军职、武阶等的提升）和物质奖励（钱、帛等），本文所言主要指后者。
③ 《旧五代史》卷九三《李专美传》，第1432页。
④ 《资治通鉴》卷二七八《后唐纪七》，长兴四年七月乙酉条，第9085页。
⑤ 《资治通鉴》卷二七九《后唐纪九》，清泰元年三月，第9109页。
⑥ 《资治通鉴》卷二九一《后周纪二》，显德元年正月壬午条，第9499页。
⑦ 《资治通鉴》卷二七八《后唐纪七》，长兴四年八月戊申条胡注，第9087页。
⑧ 《资治通鉴》卷二七九《后唐纪九》，清泰元年三月，第9109页。
⑨ 《资治通鉴》卷二七八《后唐纪七》，长兴四年七月乙酉条胡注，第9085页。

为必要手段。显德元年正月,郭威南郊军赏后,"军士有流言郊赏薄于唐明宗时者",郭威训斥诸将后,将校们"皆惶恐谢罪,退,索不逞者戮之,流言乃息"①。同年三月,高平之战后,周世宗处死临阵脱逃的马军都指挥使樊爱能、步军都指挥使何徽以下七十余人,"由是骄将堕兵,无不知惧"②。开宝四年(971),宋太祖谈起唐庄宗时感叹:"二十年夹河战争,取得天下,不能用军法约束此辈,纵其无厌之求,以兹临御,诚为儿戏。朕今抚养士卒,固不吝惜爵赏,若犯吾法,惟有剑耳。"③主张对士卒"不吝惜爵赏"的同时,要"用军法约束此辈"。

禁军为天子亲军,军赏又来源国家左藏库和内库,因此通过军赏与士卒建立密切关系,皇帝具有天然的优势。不过随着侍卫司的强化,这种结构开始受到军司长官的强力挑战。军司长官亦可通过军赏加强与士卒的关系,增强自身权势,甚至改朝换代。后晋侍卫亲军都指挥使李守贞与契丹作战时,"其始发军也,有赐赉,曰'挂甲钱',及班师,又加赏劳,曰'卸甲钱',出入之费,常不下三十万"④。这种对士卒的优待,使李守贞自信其在禁军内部的影响力。乾祐元年(948)三月,河中节度使李守贞叛变,内心所算计的正是"禁军皆尝在麾下,受其恩施,又士卒素骄,苦汉法之严,谓其至则叩城奉迎,可以坐而待之"。李守贞与禁军士兵的这种关系,后汉朝廷人尽皆知,冯道就劝出征的枢密使郭威:"守贞自谓旧将,为士卒所附,愿公勿爱官物,以赐士卒,则夺其所恃矣。"郭威从之。禁军士兵"新受赐于郭威"后,"皆忘守贞旧恩",至河中城下时,"扬旗伐鼓,踊跃讦噪,守贞视之失色"⑤。对河中三叛的征讨,使郭威建立起与禁军士卒的密切关系,成为其代汉建国的资本。

---

① 《资治通鉴》卷二九一《后周纪二》,显德元年正月壬午条,第9499页。
② 《旧五代史》卷一一四《周世宗纪一》,显德元年三月己亥条,第1760页。
③ 李焘:《续资治通鉴长编》(简称《长编》)卷一二,开宝四年十一月,北京:中华书局,2004年,第274~275页。
④ 《新五代史》卷五二《李守贞传》,第673页。
⑤ 《资治通鉴》卷二八八《后汉纪三》,汉隐帝乾祐元年八月,第9396~9397页。

禁军军司长官的崛起，通过李嗣源、李从珂、郭威、赵匡胤四人的上台过程也能看出。李嗣源、李从珂的上台，基本是普通士兵、中低级军校主导的；郭威以枢密使上台，参与其事的则有步军都指挥使王殷、护圣右厢都指挥使郭崇威、奉国厢都指挥使曹威等禁军高级将领；赵匡胤的上台则完全是殿前司和部分侍卫司长官主导的结果。这表明军司长官通过军赏与士兵的结合，成为对皇帝更大的威胁。由此，五代的禁军问题就分解为两个，一是普通士兵的骄兵问题，二是禁军将领与士兵结合的问题。按照叶适的说法，前者是"将擅于兵"，后者是"国擅于将"，"国擅于将，人皆知之，将擅于兵，则不知也"[①]。对统治者而言，"国擅于将"的威胁更容易注意，后周宋初禁军改革的方向，核心在于解决"国擅于将"的问题，主要措施是改革禁军统辖机构、调整军司长官人选。禁军统辖机构由晋汉时期的侍卫一司，变为后周的侍卫、殿前二司，又演化成宋初的殿前、马军、步军三衙[②]，取消侍卫亲军马步军都指挥使、副指挥使、都虞候和殿前都点检、副都点检五个最高军职的设置，努力缩小军司长官的位望和制度性权力。至于军司长官人选，一是以皇帝更亲近的人任职，二是以资浅、循谨易制者代宿将[③]。经过后周、宋初的调整，"国擅于将"的问题基本解决。

宋初"国擅于将"的问题得到解决，"将擅于兵"的骄兵问题则遗留下来。吕祖谦言："太祖皇帝惩艾前事，所谓黜削其权者，乃是将权；至于

[①] 叶适：《水心别集》卷一一《兵论二》，刘公纯、王孝渔、李哲夫点校：《叶适集》，北京：中华书局，2010年，第780〜781页。叶适所言将、兵指唐后期的节度使和藩镇兵，本文借用其说法，指五代禁军将领和禁军士兵。

[②] 三衙形成参堀敏一：《五代宋初における禁軍の發展》，《東洋文化研究所紀要》第4册，1953年，第83〜151页；菊池英夫：《後周世宗の禁軍改革と宋初三衙の成立》，《東洋史学》第22辑，1960年3月，第39〜57页；范学辉：《宋代三衙管军制度研究》，第38〜86页等。

[③] 聂崇岐：《论宋太祖收兵权》，《宋史丛考》，第269〜271页；邓小南：《祖宗之法：北宋前期政治述略》，第197〜205页；范学辉：《关于"杯酒释兵权"若干问题的再探讨》，《史学月刊》2006年第3期，第38〜48页等。

兵，则未尝制置。"①收兵权导致将领阶层权力缩小，一方面使将领对士兵的控制力下降，增加了军乱的概率②；另一方面则使士卒失去了可能的拥立对象，降低了军乱危害程度。在宋人眼中，"本朝"虽无骄将之患，骄兵问题却比较严重。尹源（996—1045）《叙兵》篇言：

> 若唐之失，失于诸侯之不制，非失于外兵之强，故有骄将，罕闻有骄兵。今之失，失于将太轻，而外兵不足以应敌，内兵鲜得其用，故有骄兵，不闻有骄将。③

尹源之说未必全然正确，唐代并非"罕闻有骄兵"。不过，其所言宋代将领权力太轻、"有骄兵，不闻有骄将"的说法则符合北宋的事实。将领权轻，正源于宋初的收兵权。

学者们指出，五代骄兵多是出于邀赏而动乱甚至扶策天子的，这无疑是正确的。本文希望补充的是，藩镇兵禁军化之后，士兵与地方的关系被切断，生活来源只能依靠朝廷军饷和赏赐，赏赐成为皇帝与士兵关系的结构性因素，是稳定军心乃至维系政权的必要手段。五代北宋帝王未必不明白，丰厚的军赏容易带来骄兵，但这种结构的存在，使皇帝不得不经常大规模赏赐，军赏甚至呈现出越来越丰厚的趋势。在这种情况下，骄兵问题不可能根治。五代对军士的厚赏制度，在北宋代周后，为宋代继承。朱子指出，宋代"财用不足，皆起于养兵。十分，八分是养兵，其他用度止在二分之中"④。这种现象，追本溯源，正起自五代。随着北宋前中期军队数量的不断攀升⑤，军费带来的财政压力越来越大，

---

① 吕祖谦：《历代制度详说》卷一一《兵制》，《吕祖谦全集》第9册，第136页。
② 程民生：《论北宋骄兵的特点及影响》，《史学月刊》1987年第3期，第24~25页；刘光亮：《欧阳修与北宋骄兵》，《吉安师专学报》1994年第4期，第22~23页。
③ 《宋史》卷四四二《文苑四·尹源传》，第13085页。
④ 黎靖德编、王星贤点校：《朱子语类》卷一一〇《论兵》，北京：中华书局，1986年，第2708页。
⑤ 北宋前中期的军队数额，从宋太祖开宝年间的378000攀升到宋仁宗庆历时期的1259000，增加了两倍多。《宋史》卷一八七《兵志一》，第4576页。

成为催生北宋中期变革的重要因素。

三、石敬瑭称臣契丹对后晋藩镇的影响

　　契丹对五代政权易代的影响,学者多有论述①。他们多从五代政权与契丹之间的关系入手,只有邢义田从五代政权内部进行观察。他认为契丹入侵,为李嗣源、石敬瑭、刘知远、郭威制造了掌握兵权的机会,重臣拥兵之后发生兵变,改朝换代②。沿着邢义田的思路,本文打算讨论契丹对后晋境内藩镇的影响,这一点尚有进一步探讨的余地。

　　《新五代史·安从进传》言:

　　　　高祖取天下不顺,常以此惭,藩镇多务,过为姑息。而藩镇之臣,或不自安,或心慕高祖所为,谓举可成事,故在位七年,而反者六起,从进最后反,然皆不免也。③

这段话是欧阳修对石敬瑭在位期间朝藩关系的总结。反者六起指安州安远军节度使卢文进、天雄军节度使范延光、东都巡检使张从宾、安远军节度使李金全、成德节度使安重荣、山南东道节度使安从进。六人中除张从宾为禁军将领外,均为地方节帅。在欧阳修看来,石敬瑭"取天下不顺",是其姑息藩镇以及藩镇反叛的重要原因。所谓"不顺"并非顺利与否,而是顺逆之意,即称臣契丹之事,这关系到后晋政权合法性问题。

　　唐晋汉三朝是沙陀人建立的王朝,学者们多将他们称为沙陀三王朝。

---

　　① 日野开三郎:《五代史の基調》,《日野开三郎东洋史学论集》第2卷,第397~430页;王吉林:《辽太宗之中原经营与石晋兴亡》,台北宋史座谈会编:《宋史研究集》第8辑,台北:编译馆中华丛书编审委员会出版,1976年,第55~139页;蒋武雄:《辽与五代政权转移关系始末》,台北:新化图书有限公司,1998年;曹流:《契丹与五代十国政治关系诸问题》,北京大学博士论文,2010年;罗亮:《以谁为父:后晋与契丹关系新解》,《史学月刊》2017年第3期,第32~45等。
　　② 邢义田:《契丹与五代政权更迭之关系》,《食货月刊》复刊第1卷6期,1971年9月,第296~307页。
　　③ 《新五代史》卷五一《安从进传》,第660页。

但在当时，不论三朝自称，还是在"他者"契丹眼中，三朝都是代表汉王朝的华夏一方，而非"夷狄"。这与唐末政治形势的变化和河东集团的苦心经营密切相关。

安史之乱后，唐前期华夷一家局面不复存在，夷夏之防转趋严格[①]。唐末李国昌、李克用父子由于其沙陀人身份，一度受到唐廷敌视。大顺元年(890)李克用上表责备皇帝："陛下䧟危之秋，则奖臣为韩、彭、伊、霍；既安之后，骂臣曰戎、羯、蕃、夷。"[②]显示出种族身份对于唐廷、河东集团均是十分敏感的问题。河东集团的这种处境随着唐末政治形势的变化逐渐改观。昭宗东迁、朱温代唐后，李克用父子因曾被唐室赐姓，自居李唐宗室之列，开始努力塑造自己唐室继承人的政治形象。朱温屠杀宦官、制造白马之祸时，李克用父子则积极吸纳唐廷统治集团成员衣冠、清流，保护象征唐廷权威的宦官张承业[③]。昭宗东迁后，改元天祐，李克用"谓劫天子以迁都者梁也，天祐非唐号，不可称，乃仍称天复"[④]；唐亡后，又坚持天祐年号。通过种种努力，最大限度地继承唐廷政治资源，形成"唯王之土不易于吾唐之风"、"唐礼尽在于此"[⑤]的政治局面，最终确立起唐室继承人的政治形象。李克用去世后，随着李存勖对河北的征服，这一政治形象逐渐得到河东、河北政治势力的认可。待到李存

[①] 傅乐成：《唐代夷夏观念之演变》，原载《大陆杂志》第 25 卷第 8 期，1962 年，收入氏著《汉唐史论集》，台北：联经出版事业公司，1977 年，第 209～226 页。荣新江：《安史之乱后粟特胡人的动向》，原载《暨南史学》第 2 辑，2003 年，收入氏著《中古中国与粟特文明》，北京：生活·读书·新知三联书店，2014 年，第 79～113 页。

[②] 《旧唐书》卷一七九《张浚传》，第 4659 页。

[③] 陆扬认为，越到唐末，宦官作为唐廷权威象征的意味就越浓厚，故朱温以屠杀宦官的方式摧毁唐廷政治基础，李克用以保护宦官的方式表示悉尊唐廷，与朱温势不两立。陆扬：《论冯道的生涯——兼谈中古晚期政治文化中的边缘与核心》，《唐研究》第 19 卷，2013 年，第 299 页。

[④] 《新五代史》卷四《唐本纪》，第 42 页。

[⑤] 卢汝弼：《李克用墓志》，录文据周阿根：《五代墓志汇考》一，第 1～4 页；拓片见张希舜主编：《隋唐五代墓志汇编·山西卷》，天津：天津古籍出版社，1991 年，第 177 页。

勋灭梁入汴，便以唐室继承人的身份，顺理成章地宣称"中兴唐祚"，得到当时整个北方以及后世认同①。至此，李存勖父子完成从"夷狄"到唐室继承人的身份转变，成为华夏代表。

后唐的建立使沙陀占据了传统华夷之辨语境下华夏的核心区域中原，后晋时幽蓟十六州的割让则使进入中原的代北诸族脱离了与发家之地的密切关系。唐晋汉三朝立国伊始，就坚持中原本位，以华夏王朝自居。这种政治认同，随着契丹的崛起，以及与三朝政治军事冲突的加剧，变得更加明确：契丹作为新的威胁，成为敌对的"夷狄"；唐晋汉则是保卫中原的华夏。这不仅是三朝自称，也得到"他者"——契丹——的认可。天成元年（926），李嗣源即位后，遣供奉官姚坤告庄宗之哀于契丹，姚坤与阿保机有一番精彩的辩论往来。为避繁冗，仅引述阿保机、突欲之语：

> 坤未致命，保机先问曰："闻尔汉土河南、北各有一天子，信乎？"……保机号咷，声泪俱发曰："我与河东先世约为兄弟，河南天子，吾儿也。近闻汉地兵乱，点得甲马五万骑，比欲自往洛阳救助我儿，又缘渤海未下，我儿果致如此。冤哉！"泣下不能已。又谓坤曰："如今汉土天子，初闻洛阳有难，何不急救，致令及此？"……其子突欲在侧，谓姚坤曰："汉使勿多谈。"……保机因曰："理当须此，我汉国儿子致有此难，我知之矣……"又曰："汉国儿与我虽父子，亦曾彼此仇爨，俱有恶心。与尔今天子彼此无恶，足得欢好。……我要幽州，令汉儿把捉，更不复侵汝汉界。"又问："汉家收得西川信否？"……②

这段对话十分详细，应出自《唐明宗实录》，《实录》当源于姚坤奉使语录，保留了当时对话实况。这段对话引人注目之处在于，阿保机及其子突欲

---

① 五代北宋承认庄宗"中兴唐祚"的一个表现就是以后唐为正统，后梁为僭伪，参刘浦江：《正统论下的五代史观》，《唐研究》第 11 卷，2005 年，第 73～94 页。
② 《宋本册府元龟》卷六六〇《奉使部·敏辩二》，第 2236～2237 页。

多次将后唐称为"汉"的情况。辽金元统治者常将居住于"汉地"之人称为"汉人"、"汉儿",这主要是从族群角度而言的;而"汉国"、"汉使"、"汉家"等则有华夏王朝之意。这表明尽管后唐统治者出身"夷狄",唐明宗也保留了浓重的北族旧俗①,但在与契丹的交往中,在当时的华夷语境中,后唐却是以代表华夏、居于中原的"汉"王朝出场。这与统治者是否是汉族、是否已汉化关系不大,关键在于沙陀占据了华夷语境下华夏的核心区域,并以中原王朝、华夏正统自居②。

明了这一点,再回到石敬瑭即位"不顺"的问题上来。石敬瑭得契丹援助,并称臣、称子、割地、纳贡于契丹,后晋才得以建立。李克用曾与阿保机约为兄弟,故李存勖、李嗣源与耶律德光同辈,嗣源女婿石敬瑭向耶律德光称子,行辈倒也不算混乱③。称臣契丹,则对当时的政治观念产生了很大冲击,被认为是以华夏事"夷狄","朝野咸以为耻"④,石敬瑭也承认"比以北面事之,烦懑不快"⑤。石敬瑭所割幽蓟十六州中,云、应二州在列。天福二年(937),云州大同军节度判官吴峦谓其众曰:"吾属礼义之俗,安可臣于夷狄乎!"由是"闭城不受契丹之命"。"应州马军都指挥使金城郭崇威亦耻臣契丹,挺身南归。"⑥吴峦称契丹为"夷狄"、郭崇威耻臣契丹,主要不是从种族角度而是从华夷角度考虑的。出身应

---

① 冈崎精郎:《後唐の明宗と舊習》(上、下),载《东洋史研究》第9卷第4号,1945年,第244~256页;第10卷第2号,1948年,第93~104页。上篇主要考察了明宗祭祀突厥神之事,下篇主要考察了明宗与霍彦威传箭为信之事,二者均为北族旧俗。

② 关于"汉人"、"汉"等的含义及变化,谭凯(Nicolas Tackett)有比较细致的讨论。谭凯撰、殷守甫译:《肇造区夏:宋代中国与东亚国际秩序的建立》,北京:社会科学文献出版社,2020年,第157~233页。

③ 罗亮:《以谁为父:后晋与契丹关系新解》,《史学月刊》2017年第3期,第36~42页。

④ 《资治通鉴》卷二八一《后晋纪二》,晋高祖天福三年八月,第9188~9189页。

⑤ 《旧五代史》卷八九《桑维翰传》,第1356页。

⑥ 《资治通鉴》卷二八一《后晋纪二》,晋高祖天福二年二月,第9169页。

州金城的郭崇威,其"父祖俱代北酋长"①,并非汉族。天福三年,兵部尚书王权"以前世累为将相,未尝有奉使而称陪臣者",拒绝出使契丹,"由是停任"②。石敬瑭死后,在侍卫亲军都指挥使景延广主持下,石晋对契丹称孙而不称臣,甚至不惜与契丹开战,正与称臣之耻密切相关。因此,想要称帝的安重荣一反石敬瑭对契丹屈节的做法:"每见蕃使,必以箕踞慢骂。"③并指责石敬瑭:"诎中国以尊夷狄,困已敝之民,而充无厌之欲,此晋万世耻也!"④安重荣通过对契丹强硬,标榜"中国"代言人立场,为"汉人"伸张民意,虽只是故作姿态⑤,目的却很明确,即与称臣契丹的石敬瑭划清政治界限,为起兵寻求合法性。故王夫之称安重荣是"欲为天子,而思反敬瑭之为,拒契丹以灭石氏者"⑥。

石敬瑭称臣于契丹,以"中国"事"夷狄",使石晋政权建立的合法性大打折扣。因此,尽管后晋时侍卫亲军已足够强大,分割藩镇也取得了一定成效,石敬瑭面对藩镇挑战时,仍缺乏自信,对藩镇多采取姑息政策。赵翼认为,就姑息藩镇而言,"石晋尤甚,几有冠履倒置之势"⑦。而节帅对石敬瑭,则充满了鄙夷与艳羡的复杂心态:鄙夷其称臣契丹,艳羡其由此得登大位。在这种情况下,后晋的统治十分不稳。石敬瑭在位七年,反者六起,政局始终处于动荡之中。

石敬瑭称臣契丹之事,学者多从石敬瑭个人种族身份进行解读,认为出自沙陀的石敬瑭并不以称臣契丹为耻⑧。这种解读有助于丰富我们

---

① 《宋史》卷二五五《郭崇传》,第8901页。
② 《旧五代史》卷九二《王权传》,第1423页。
③ 《旧五代史》卷九八《安重荣传》,第1522页。
④ 《新五代史》卷五一《安重荣传》,第658页。
⑤ 安重荣本人亦曾"阴遣人与幽州节度使刘晞相结",试图谋求契丹援助。《新五代史》卷五一《安重荣传》,第659页。
⑥ 王夫之:《读通鉴论》卷三〇《五代下》七,第923页。
⑦ 赵翼撰、王树民校证:《廿二史札记校证》卷二二《五代姑息藩镇》,第473页。
⑧ 吕思勉:《吕思勉读史札记》丁帙"唐高祖称臣于突厥"条,上海:上海古籍出版社,1982年,第992~993页;傅乐成:《沙陀之汉化》,《汉唐史论集》,第333~336页。

对这一问题的认识，却无意间遮蔽了更重要的史实：称臣契丹主要取决于政治形势而非种族①；同时，石晋作为华夏王朝的代表，称臣契丹是以中国事"夷狄"，"朝野咸以为耻"，严重影响后晋政权的合法性。契丹称石晋为"汉"、将其视为中原王朝的现象，学者已注意到，并从沙陀汉化和契丹作为新的外族威胁崛起两个角度进行解读②。不过后唐、后晋之时，沙陀汉化并未完成③，统治者亦不以汉人自居，沙陀王朝能够被视为中原华夏王朝，一是由于李存勖父子刻意塑造的唐室继承人的政治形象，二是因为他们占据了华裔语境下华夏一方的核心区域中原。随着契丹作为新的外族威胁的崛起，将沙陀王朝视为华夏王朝的政治认同又得到强化。由此后晋称臣于契丹，以华夏事"夷狄"，就成为严重的政治问题，导致后晋政权合法性不足，引发持续不断的藩镇动乱。

五代时期，契丹是影响政权稳定的关键因素之一。这可以从几个方面来理解。第一，契丹对中原的军事行动导致的政权易代，如后晋之亡。第二，契丹资助五代政权的外部敌对势力以牵制五代王朝，如对北汉的援助。第三，契丹资助五代政权的内部反叛势力给中原王朝制造麻烦，如军事援助后唐义武节度使王都和河东节度使石敬瑭，对石敬瑭的援助直接导致晋唐易代。第四，后晋时期，契丹不断引诱藩帅和禁军将领，挑拨政权内部矛盾，从中渔利，杨光远、杜重威之叛均与此密切相关，杜重威之叛直接导致后晋灭亡。第五，契丹摧毁后晋后带来的权力真空，给了河东节度使刘知远崛起的机会，后汉由此得以建立。第六，契丹与五代王朝的持续军事对抗，容易使中原王朝北边将领拥兵自重，石敬瑭、刘知远、郭威之得国均与此相关，这一点邢义田已着重指出。第七，石

―――――――――

① 桑维翰在给石敬瑭的上书中，详细解释了后晋无法与契丹相争的七方面因素。《旧五代史》卷八九《桑维翰传》，第1354~1356页。

② 邓小南：《试谈五代宋初"胡/汉"语境的消解》，《朗润学史丛稿》，第74~94页；刘浦江：《正统论下的五代史观》，《唐研究》第11卷，第89~93页。

③ 王义康认为五代沙陀虽然开始汉化，但汉化完成要到北宋中期以后。《沙陀汉化问题再评价》，《陕西师范大学学报》1995年第4期，第132~137页。

敬瑭得契丹援助建国的经历,一方面引起不少武将效仿;另一方面,其称臣契丹之举,在当时的政治语境中,又是以华夏事"夷狄",举国以为耻,导致后晋建立的合法性不足。因此,石敬瑭的政治威信一直无法确立,而藩镇、武将则对石敬瑭充满了鄙夷与艳羡的复杂心态,放手一搏、举兵叛乱者不断出现。尽管由于后晋侍卫亲军的强大和分割藩镇的成功,这些叛乱均被镇压,但类似问题一直是后晋政权的沉重负担,是后晋败亡的关键因素之一。其中一至四点系契丹方面的主动行动,五至七点则是五代王朝与契丹对抗或"亲善"的影响。学界对前者关注较多,对后者的重视稍显不够,本节对安重荣的考察所补充的正是第七点内容。

后唐庄宗以降,中央对地方的军事优势已完全确立,但由于禁军军乱和契丹影响,五代政权并未就此稳定。李从珂由禁军军乱、石敬瑭由契丹援助得登大位的经历,使当时不少武将产生觊觎之心。正是在这种背景下,实力平平的安重荣发出了"天子,兵强马壮者当为之,宁有种耶"的狂言。

禁军军乱和契丹成为影响政权稳定的主要因素,也就意味着只有解决这两个问题,中原王朝政权才能真正稳定下来。后汉以降,中原王朝内部不复有效法石敬瑭者,契丹对五代政权更迭的影响下降,禁军成为更关键的因素。周世宗高平之战后对禁军的整顿,缓解了骄兵问题;后周宋初对禁军统辖机关的改革和禁军将领调整,又基本解决了"国擅于将"的问题。由此,北宋政权基本稳定下来,开启了统一全国的进程。

第四节 政权更迭在地方的完成

五代政权、皇位更迭频繁,短短五十三年,历五朝八姓十四帝。在这种情况下,新政权如何处理与藩镇的关系,既影响到政权稳定,也关系到对地方控制的强弱。对藩镇而言,政权频繁更迭,意味着他们每几年甚至一两年就要面对突然崛起的新皇帝。如何处理好与新政权的关系,保证自身的权势地位和本地局势不因政权更迭受到太大影响,也是他们面临的重要问题。与中国古代大多数政权更迭常伴随大规模动乱不同，五代宋初易代之际，除了契丹灭晋，地方局势相对平稳，这与当时易代之际的朝藩关系惯例关系密切。这一惯例的形成，使新朝既可以迅速稳定新政权，亦能保证对地方的控制不至因政权更迭受到严重影响，使首都的政权更替在地方顺利完成。这套惯例由以下几部分构成。

一、新朝布告诸道与诸道上表臣服

中国历代皇帝登基，均要昭告天下。唐后期藩镇设置普遍化后，诸道节度、观察、防御、团练使等就成为被昭告的对象之一。建隆元年（960）正月初五，宋太祖即位当日就颁布《即位谕郡国诏》，次日颁布《即位赐诸戎帅诏》，向诸州和诸镇昭告即位之事①。陈师道（1053—1101）《后山谈丛》记载了宋太祖派遣使者昭告诸道时的生动画面：

> 太祖既受位，使告诸道。东诸侯坐使者而问："故宰相其谁乎？枢密使副其谁乎？军职其谁乎？从官其谁乎？"皆不改旧，乃下拜。②

使者向节帅宣布新朝建立之时，节帅也会询问朝廷的最新人事任命，从中预测政治动向。当听说宰相、枢密、禁军将领等"皆不改旧"之后③，意识到新朝会继续任用胜朝臣僚，自己的前途亦有保障，方才下拜。

向诸道派遣使者，既是为了宣布新朝建立，也可以藉此观察节帅对新朝的态度，据此采取下一步的行动。宋太祖代周后，遣使告昭义节度使李筠：

> 谕以受周禅。筠即欲拒命，左右为陈历数，方俯俯下拜，貌犹

---

① 佚名编：《宋大诏令集》卷一八七《政事四十》，北京：中华书局，1962年，第682页。

② 陈师道撰、李伟国点校：《后山谈丛》卷四，北京：中华书局，2007年，第59页。

③ 北宋代周后，枢密使副、禁军军职并非"皆不改旧"，只有宰相为原班人马。

不恭。及延使者升阶，置酒张乐，遽索周祖画像悬壁，涕泣不已。宾佐惶骇，告使臣曰："令公被酒，失其常性，幸勿为讶。"①

李筠勉强下拜、貌犹不恭、公然怀念前朝的举动，无疑是宋太祖不满意的，令其大生戒心，随即开始着手应对可能的反叛。李筠叛乱之所以能在两个月左右轻易平定，与使者及时回报、宋廷早作准备密切相关。

新皇登基，诸道照例要上表称贺，以表臣服。如契丹灭晋后，"契丹主分遣使者，以诏书赐晋之藩镇；晋之藩镇争上表称臣，被召者无不奔驰而至"②。不过，五代宋初藩帅面临突然崛起的新皇帝时，并非所有人都会迅速进献贺表。上表及时与否，往往反映着节帅对新皇帝的态度。清泰三年(936)十一月十二日，河东节度使石敬瑭称帝，闰十一月二十六日占领洛阳，二十九日大赦，正式昭告诸道，晋唐易代。当时魏博节度使范延光贺表"颇后诸侯至"③，显示出对石敬瑭新政权的不满，这一点石敬瑭也心知肚明。次年，范延光最终起兵反叛。

贺表是否及时上达朝廷，是节帅政治态度的反应。由于可能引发与朝廷的战争，本镇将吏也十分关心。石敬瑭占据洛阳后，青州平卢军节度使房知温"尚不即进献，耀兵于牙帐之下"，幕僚颜衍进谏曰：

清泰帝富有天下，多力善战，岂明公之比，而天运有归，坐成灰烬。今青州迁延不贡，何以求安，千百武夫，无足为恃，深为大王之所忧也。

颜衍指出，房知温"迁延不贡"，很可能召来后晋朝廷讨伐，即使有"千百武夫"，也不足为恃。房知温听到后，"遂驰表称贺，青人乃安"④。当时

---

① 《宋史》卷四八四《李筠传》，第13973页。
② 《资治通鉴》卷二八六《后汉纪一》，天福十二年正月，第9330页。
③ 《新五代史》卷五一《范延光传》，第653页。范延光贺表之所以后至，一是因其此前正与石敬瑭对垒，二是因为其女嫁唐末帝子重美，故与石敬瑭关系不睦。
④ 《旧五代史》卷九一《房知温传》，第1395页。

邠州节度使李德珫态度与房知温类似,"不即献诚",僚佐边蔚劝曰:

> 清泰运去,新主勃兴。两都衣冠归之,大器在手矣。公宜表率西诸侯入觐,何持疑若此?稍稍达于外,则后悔无及矣。

边蔚指出,李德珫犹豫遣使入觐之事,假如"达于外",为后晋朝廷所知,易召来朝廷征讨,"则后悔无及矣"。李德珫"然之,乃驰使入贡"①,上表称贺。

二、新朝加恩节帅

与布告诸道相伴随的,是加恩节帅,授予新官。胡三省言:"自唐以来,新君践阼,则遣使加恩于诸镇。"②授予新官之后,胜朝旧臣就成为新朝大臣,重新确立起新帝与节帅的君臣关系。五代首次面临这一问题的是唐庄宗。

同光元年庄宗灭梁后,"遣使宣谕谕诸道,梁所除节度使五十余人皆上表入贡。"③后梁藩镇表示臣服后,庄宗下制:"应旧伪庭节度、观察、防御、团练等使及刺史、监押、行营将校等,并颁恩诏,不议改更,仍许且称旧衔,当俟别加新命。"④允许后梁节帅等暂时以旧官系衔,等待新官委任。但新官迟迟未下,宰相郭崇韬提醒庄宗:"河南节度使、刺史上表者但称姓名,未除新官,恐负忧疑。"在郭崇韬的提醒下,十一月,庄宗"始降制以新官命之"⑤。授予新官之后,新的君臣关系确立,后梁旧臣成为后唐大臣,河南地区节度使、刺史的地位得到保障,也有利于

---

① 《宋本册府元龟》卷七一七《幕府部·智识》,第2508页。
② 《资治通鉴》卷二八七《后汉纪二》,天福十二年六月胡注,第9368页。
③ 《资治通鉴》卷二七二《后唐纪一》,同光元年十月,第8902页。后唐灭梁时,后梁节镇仅二十余,藩镇五十余人除节度使外,还应包括防御使、团练使乃至刺史等。
④ 《旧五代史》卷三〇《唐庄宗纪四》,同光元年十月己丑条,第474页。
⑤ 《资治通鉴》卷二七二《后唐纪一》,同光元年十一月,第8904页。

新朝的政治稳定和后梁旧地的稳定。

　　由于梁晋为世仇，后唐以后梁为"伪朝"，后唐建立后，后梁法统和后梁旧官均不被承认。因此，后梁百官需要"待罪于朝堂"，等到庄宗"宣敕赦之"①以后，才可以服务新朝；后梁节度也需要委任新官之后才能成为后唐藩帅。后唐以降的诸政权均出自同一统治集团，前朝法统得到新朝承认，就毋须如此麻烦了。此后，新朝委任新官的方式主要是加检校官或使相，用以提升节帅身份待遇，比较常见的加官是侍中、中书令、太保、太傅、太尉等。这种加官是普遍的，几乎所有节帅都会因新朝建立加官进爵。这种通过改转官资提高节帅身份待遇、不易其任的做法，一方面重新确立了君臣关系，另一方面，基本不改变节帅原有职位，保障其权益，更容易得到节帅对新朝的认可。

三、节帅入朝和贡献

　　上表称贺虽表示节帅对新朝的服从，但这种做法的仪式性要大于实际意义。就五代来说，向新朝表示臣服的最重要做法是主动入朝。节帅一旦入朝，对节帅新官的任命乃至对节帅个人的处置就掌握在新朝手中，是还镇、改镇还是罢镇，朝廷都拥有自主权。不过假如节帅入朝长期不能还镇，或者入朝之后罢镇，也会影响到其他未入朝节帅的忠诚和地方稳定。新朝也会考虑这些因素，以决定对节帅的处置方式。节帅入朝之时，往往携带大量财赋进献朝廷，贿赂皇帝左右，希望可以藉此还镇。五代首先面对这一问题的，是后梁节帅。同光元年十月，唐庄宗灭梁后：

　　　　梁诸藩镇稍稍入朝，或上表待罪，帝皆慰释之。宋州节度使袁象先首来入朝，陕州留后霍彦威次之。象先辇珍货数十万，遍赂刘夫人及权贵、伶官、宦者，旬日，中外争誉之，恩宠隆异。②

---

① 《资治通鉴》卷二七二《后唐纪一》，同光元年十月庚辰条，第8900页。
② 《资治通鉴》卷二七二《后唐纪一》，同光元年十月，第8901页。

后梁宋州宣武军节度使袁象先和陕州镇国军节度使霍彦威率先入朝，向唐廷表示忠诚。袁象先携带大批珍货，贿赂刘夫人及伶官宦官等，由此得到庄宗恩宠。最后袁象先被庄宗赐名李绍安，霍彦威被赐名李绍真，均列假子，得以还镇。后梁西都留守、河南尹张全义亦携带"币马千计"①入朝贡献，深得庄宗、刘夫人之欢心，继续为河南尹。许州匡国军节度使盗墓贼温韬入朝，"赐姓名曰李绍冲。绍冲多赍金帛赂刘夫人及权贵伶宦，旬日，复遣还镇"②。

袁象先、霍彦威、张全义、温韬入朝之后得以还镇，与其积极向新朝靠拢的姿态和大批贡献密切相关。除了这些相对恭顺的藩镇之外，对新朝不满或与新帝不协的节帅，也有可能入朝，以示归顺。唐末帝李从珂与河东节度使石敬瑭"心竞，素不相悦"，李从珂即位后，石敬瑭被迫入朝。李从珂藩邸之臣多劝留石敬瑭不遣，韩昭胤和李专美则指出，留石敬瑭会使其他藩镇尤其是汴州宣武军节度使赵延寿心生疑惧，反而会影响到藩镇对新朝的向心力和地方稳定③。李从珂遂遣石敬瑭还镇。宋太祖即位后，扬州淮南节度使李重进自请入朝。宋太祖拒绝了这一要求，使李重进"愈不自安，乃招集亡命，增陴浚隍，阴为叛背之计"④。假如李重进顺利入朝，淮南之叛当可避免，宋太祖之拒，可谓失策。

藩镇入朝后，多希望能够还镇；改镇或留之不遣，则易生死由人，是他们最担心的。新朝立国未稳之时，留置藩镇不遣，往往会使地方乏人镇守，反而容易导致地方动乱，对于巩固新朝统治不利。契丹灭晋后，"契丹主分遣使者，以诏书赐晋之藩镇；晋之藩镇争上表称臣，被召者无不奔驰而至"⑤。但契丹对入朝节帅大多留之不遣，导致地方动乱频发。如相州彰德军因节度使高唐英不在镇，"积兵器，无守备"，澶阳贼帅梁

---

① 《资治通鉴》卷二七二《后唐纪一》，同光元年十月乙酉条，第8902页。
② 《资治通鉴》卷二七二《后唐纪一》，同光元年十一月，第8906页。
③ 《资治通鉴》卷二七九《后唐纪八》，清泰元年五月，第9119~9120页。
④ 《长编》卷一，建隆元年九月戊申条，第23~24页。
⑤ 《资治通鉴》卷二八六《后汉纪一》，天福十二年正月，第9330页。

晖仅率数百人就袭取相州①。大同元年(947)四月，耶律德光听闻河阳军乱，感叹自己占领中原后有三失，其中之一就是"不早遣诸节度使还镇"②。

一般而言，新朝肇建之初，对于入朝节帅，多会允其还镇，以树立导向，增强藩镇对新朝的向心力。待到政权逐渐巩固，则多改镇或罢镇。胡三省总结道："五代以来，方镇入朝者，或留不遣，或易置之。"③乾祐三年(950)三月，后汉邺都留守高行周、郓州天平节度使慕容彦超、兖州泰宁节度使符彦卿、潞州昭义节度使常思、安州安远节度使杨信、邢州安国节度使薛怀让、镇州成德节度使武行德、相州彰德节度使郭谨、鄜州保大留后王饶、西京留守白文珂、府州永安军节度使折从阮等十余名节帅皆入朝，赴嘉庆节为汉隐帝上寿。后汉朝廷趁机移易藩镇，徙高行周为天平节度使，符彦卿为平卢节度使，慕容彦超为泰宁节度使，薛怀让为匡国节度使，折从阮为武胜节度使，杨信为保大节度使，镇国节度使刘词为安国节度使，永清节度使王令温为安远节度使，王饶改华州镇国军节度④。后汉朝廷一次移易九名节帅，涉及十余镇，力度可谓空前。

四、节帅叛乱与新朝平叛

新朝建立后，与新朝皇帝有过矛盾冲突，或与前朝皇帝关系密切尤其是前朝皇室成员出任的节帅，经常心怀疑惧，担忧自己的前途命运。对此，有的节帅选择主动入朝以示恭顺，有的则缮甲治兵，以备非常。对于缮甲治兵者，新朝首先尽量促使节帅入朝，避免直接的军事冲突。北宋代周后，周世宗潜邸旧臣陕州保义军节度使袁彦，就"日夜缮甲治

---

① 《资治通鉴》卷二八六《后汉纪一》，天福十二年二月丁丑条，第9343页。
② 《资治通鉴》卷二八六《后汉纪一》，天福十二年四月辛未条，第9354页。
③ 《资治通鉴》卷二九三《后周纪四》，显德三年十月胡三省注，第9560页。
④ 《资治通鉴》卷二八九《后汉纪四》，第9421页；《旧五代史》卷一〇三《汉隐帝纪下》，第1594～1595页。《资治通鉴》言王饶改镇护国，误。护国军节帅时为扈从珂。

兵"。宋太祖对此极为担忧，命潘美监其军，允许潘美趁机杀掉袁彦。潘美"单骑入城，谕令朝觐，彦即治装上道"。宋太祖听闻此事顺利解决，也很高兴，对左右说："潘美不杀袁彦，成我志矣。"①随后，袁彦改曹州彰信军节度。由此一场可能的叛乱得以成功化解。

不过，对于要求入朝的诏令，并非所有缮甲治兵者都会服从。在这种情况下，新朝就必须着手应对可能的叛乱了。后梁、后唐以降，随着中央军事优势的确立和扩大，除非得到契丹全力援助或禁军兵变，地方藩镇已不可能推翻新朝，叛乱迟早会被平定。但新朝初立，正是"群心未尽归附，诸侯坐看兴亡"②之时，假如平叛时间拖得过长，会影响新朝的政治威望，引起其他藩镇效法。天福二年（937）六月，魏博节度使范延光起兵，并招诱东都巡检使张从宾等共反。七月张从宾之乱被平定后，范延光知事不济，"遣使奉表待罪"③。但石敬瑭不许，必欲攻下魏州，希望树立新朝强势的政治形象。但到第二年七月，魏州仍然未能攻下，石敬瑭被迫与范延光和解。在得到石敬瑭保障其人身安全并移大藩的许诺后，九月范延光出降，改镇郓州天平军。对魏州用兵岁余而未能攻下，最后以和解告终，平叛的无能严重影响后晋朝廷的政治威望。石敬瑭"在位七年，而反者六起"④，与此密切相关。

易代之际，迅速强硬平叛，对于维护新朝政治威望十分重要。建隆元年四月，昭义节度使李筠叛起兵反，宋太祖先遣侍卫亲军副都指挥使石守信、殿前副都点检高怀德率军进讨，五月又下诏亲征。六月初一，到达泽州城下后，仅十余日便攻下泽州，李筠赴火死，随后潞州亦降。同年九月，淮南节度使李重进反，宋太祖先以石守信、殿前都指挥使王审琦等进讨，十月，再次下诏亲征。十一月刚刚抵达扬州城下，扬州城破，李重进赴火死。昭义、淮南二叛，宋太祖本不必亲征，二镇亦不难

---

① 《长编》卷一，建隆元年八月丙子条，第20页。
② 柳开：《河东先生集》卷一〇《乞驾幸表》，第11a页。
③ 《资治通鉴》卷二八一《后晋纪二》，天福二年七月戊寅条，第9180页。
④ 《新五代史》卷五一《安从进传》，第660页。

平定。其亲征之目的，在于加速平叛进程，树立新朝强势的政治形象，防止其他藩镇效法。快速平定二叛后，宋朝对各地的统治迅速稳定下来。

新朝建立后，遣使宣告诸道，既可以昭告天下，也可以观察节度使对新朝的态度。节度使上表称贺，一来祝贺新帝登基，二来表示臣服。朝廷加恩节度使，授予新官，重新确立起君臣关系，使前朝旧帅成为新朝藩臣。部分节度使会选择入朝以示恭顺，对于入朝节度使，朝廷会综合考虑节度使与皇帝个人关系、节度使贡献、对其他藩镇影响等因素，选择还镇、改镇或罢镇的处理方式。对于叛变的节度使，则快速进讨，以维护新朝的政治威望。通过这一系列措施，政权更迭在地方得以顺利完成，五代宋初朝廷对地方的控制，也并未因政权频繁更迭受到严重影响，也有利于减轻政权更迭对地方局势带来的震荡。

本章小结

方镇为国是五代十国诸政权建国的主要模式，后梁、后唐是其中典型代表。后梁、后唐建国前，朱温、李存勖所统藩镇可分为直辖镇、属镇、附镇三种，直辖镇由主帅朱温、李存勖统辖，属镇由部将、子弟统辖，附镇节帅选任则不受朱温、李存勖控制。直辖镇、属镇、附镇构成圈层结构，由内而外，主帅的控制力递减。但二者建国史亦有明显差别。直辖镇方面，朱温直辖四镇，以元帅府统率四镇军事力量，由裴迪统一管理四镇军事以外的大多数事务。将四镇力量凝聚起来，既便于强化对内控制，也有利于对外扩张。同时四镇内部集权体制的建立，为代唐建国提供了条件。李存勖虽同样直辖四镇，但并未建立起跨使府机构和管理人员，只有后勤供给在支度务使孔谦的统筹下，有一体化管理的趋势。属镇方面，朱温属镇节帅来源多元，任期较短；李存勖父子属镇则以子弟、亲将为主，选任相对保守，任期终身，节帅对属镇控制力较强。附镇方面，朱温努力变附镇为属镇或直辖镇，李存勖父子对此则不甚积极。后梁、后唐建国道路的不同，对两朝的朝藩关系有深刻影响。

方镇为国的建国模式和直辖镇、属镇、附镇圈层结构的出现，与唐后期的藩镇格局和唐末群雄混战的形势密切相关。唐后期藩镇林立的情况下，唐廷为强化地方控制，努力削弱强藩，构建藩镇之间的均势和相互制衡。唐末大乱，唐廷失去了对全国大多数区域的控制，强藩成为中央和地方政治的决定力量，由强藩局部统一、建立新政权，就成为必由之路，这是五代十国诸政权方镇为国的基本历史背景。但由于藩镇均势和制衡格局的存在，单个强藩相对周边藩镇最初并无绝对优势，因此对强藩而言，要想扩大领地，一方面要努力消灭对手，增加直辖镇和属镇；另一方面则要让尽可能多的藩镇加入己方阵营，成为附镇。对于相对弱小的藩镇而言，依附强藩以应对其他势力威胁，也是乱世生存之道。由此唐末就形成了多个由直辖镇、属镇、附镇组成的藩镇圈层结构，且附镇往往摇摆不定，处于不同势力的缓冲地带，典型如河北成德、义武镇在梁、晋之间多次摇摆。但当强藩力量足够强大，对附镇形成绝对优势后，变附镇为属镇或直辖镇以强化地方控制，就成为主帅的必然选择。也正是在这一过程中，唐后期割据自治的河朔藩镇渐次瓦解，重新成为中原王朝的核心区域[1]。因此，唐末五代方镇为国的过程，既是再造统一、建立新政权的过程，也是解决唐后期藩镇问题的过程。

后梁、后唐方镇为国的完成，使中央确立起对藩镇的军事优势。此后禁军军乱和契丹成为影响五代政权稳定的两大因素。李从珂由禁军军乱、石敬瑭得契丹援助偶然得国的经历，使不少武将产生觊觎之心，这也是安重荣名言"天子，兵强马壮者当为之，宁有种耶"的"今世"背景。禁军军乱与藩镇军队禁军化密切相关。藩镇兵禁军化后，士兵与地方的关系被切断，生活来源只能依靠朝廷军饷和军赏，军赏成为稳定军心乃至维系政权的必要手段。同时，随着侍卫司崛起，军司长官亦可通过军赏与士兵结成紧密关系，增强自身权势，甚至改朝换代。解决这一问题，

---

[1] 河北重新被纳入中原王朝核心区域的过程参何天白：《重塑河朔：五代至北宋前期河北的军事态势(907—1048)》。

成为五代宋初禁军改革的主要方向；骄兵问题则一直未能根治。石敬瑭得契丹援助建国的经历，一方面引起不少武将效仿；另一方面，其称臣契丹之举，在当时的政治语境中，又是以华夏事"夷狄"，举国以为耻，导致后晋建立的合法性不足，引发持续不断的动乱，成为后晋败亡的关键因素之一。

方镇为国对五代宋初历史的影响并不仅仅表现在建国道路一个方面。首先，对朝藩关系而言，由强藩发展而来的五代政权从根本上扭转了唐后期中央、地方力量对比失衡的问题，立国伊始就确立了对地方的军事、财政优势。这使五代的藩镇问题逐渐变为肢体之患，为宋初彻底解决藩镇问题提供了条件。其次，方镇为国给五代宋初的政治史、人事带来了深刻影响。学者们注意到，五代宋初的文武官员具有连续性，历仕多朝者甚多，但他们并非政权核心决策层，五代政权核心成员始终在变动，每一次政权乃至皇位更迭，都会使皇帝潜邸即幕府僚佐成为新的朝廷重臣，新旧臣僚的交替、政争，是五代宋初政治史线索之一。第三，方镇为国给五代北宋的政治体制、财政体制等影响甚大，五代宋初的禁军、枢密院、三司等，均源于后梁、后唐建国前的藩镇体制。对藩镇体制的吸收改造，是五代宋初朝藩关系的重要方面。第四，方镇为国也使五代北宋的都城变化巨大。唐后期藩镇军事力量多集中于治州，以保证对支郡的武力优势。方镇为国过程中，由治州发展而来的都城开封，遂成为全国军事力量的最大屯驻地，使开封的居民结构、粮食供给、都市景观等呈现出与汉唐都城明显不同的特点①。值此之故，尽管后晋以降诸政权建国道路与后梁、后唐不同，但仍在方镇为国的延长线上。可以说，方镇为国既展现了持续百余年的藩镇体制对五代北宋政权的改造和影响，也是藩镇州郡化的政治史背景。

---

① 关于五代北宋开封的情况参久保田和男撰、郭万平译：《宋代开封研究》，上海：上海古籍出版社，2010年。后梁、后唐都洛时，洛阳也因屯驻大量军队带来了沉重的粮食供给压力。参闫建飞：《后唐洛阳城的粮食供给》，《唐研究》第25卷，2020年，第665～679页。

第二章　由藩而州：地方行政层级的调整

自秦兼天下、六合一统，如何加强对广袤帝国的控制，即成为中国历史上的重要问题。加强地方控制，最主要的是依靠地方行政组织。根据周振鹤的总结，自秦以降至民国，地方行政组织的层级变化可分为三阶段。第一阶段是秦汉魏晋南北朝，地方行政组织从郡、县二级制变为州、郡、县三级制；第二阶段是隋唐五代宋辽金时期，从州、县二级制向道（路）、州、县三级制转变；第三阶段是元明清民国，从省、路、府、州、县多级制向省、县二级制的简化[①]。

在地方行政层级变迁脉络中，唐后期和北宋均为三级制，但二者高层政区与统县政区的关系大不相同。唐后期的行政运作中，"君之命行于左右，左右颁于方镇，方镇布于州牧，州牧达于县宰，县宰下于乡吏，乡吏传于村胥，然后至于人焉"[②]。在州郡与朝廷之间的政务沟通中，方镇处于枢纽地位，州郡与朝廷的直接沟通反遭隔断。这种现象，被后唐君臣理解为"制敕不下支郡，牧守不专奏陈"，奉为"本朝旧规"[③]。作为州郡上级，方镇对于州郡"兵甲、财赋、民俗之事，无所不领"[④]，而州郡对于"州司常务，巨细取裁，至使官吏移摄、将士解补、占留支用、刑

---

① 周振鹤：《中国地方行政制度史》，第58~80页。
② 白居易撰、谢思炜校注：《白居易文集校注》卷二六《人之困穷由君之奢欲》，北京：中华书局，2011年，第1427页。
③ 《资治通鉴》卷二七三《后唐纪二》，同光二年十月辛未，第8925页。
④ 洪迈撰、孔凡礼点校：《容斋三笔》卷七《唐观察使》，北京：中华书局，2005年，第509页。

狱结断，动须禀奉，不得自专"①。方镇对州郡事务的干预十分严重，影响到刺史独立行使职权。虽然朝廷不断强调"刺史职在分忧，得以专达。事有违法，观察使然后举奏"②，但事实上刺史事事受制于节度观察使。而在北宋，知州既能独立行使职权，中央与州郡的联系也从未被监司阻断过。这一转变的关键在于唐末至宋初对地方行政体制的调整，行政层级的调整是其中重要一环。

唐末五代宋初地方行政层级调整的趋势，是从唐后期的道、州、县三级制，向宋初路、州、县三级制转变。这一过程包括道级方镇的瓦解和路级监司的兴起两个前后相继的阶段。本章主要从支郡专达、裂地分镇、直属州三方面讨论藩镇瓦解这一问题。至于监司的兴起，将主要借鉴学界既有研究，进行简单勾勒。藩镇瓦解后，节度使、观察使、防御使等虚衔化，形成宋代的正任和遥郡，成为高阶武官的身份标识。其中正任学界讨论较多，本书第三章也有部分涉及，本章将主要讨论遥郡序列的形成过程。

讨论行政层级，需要引入与之相对的行政学概念——行政幅度。行政幅度又称行政控制幅度、管理幅度，指的是一个层次的行政机构或一位行政领导所能直接、有效控制的下级机构或人员的数目③。在其他条件相同的情况下，行政幅度越大，行政层级越少；反之亦然。行政幅度越大，上级直接控制的机构、人员越多，上下级权力差距越大，越有利于上级集权；但假如超出有效管理的限度，反而会导致事务稽缓，行政效率低下，达不到集权的效果，这时就需要增加行政层级。就中国古代来说，地方行政二级制下，朝廷直接控制全部统县政区，经常超出朝廷有效控制的限度，因此朝廷又设置高层政区以管理统县政区，朝廷直接控制数目大大减少的高层政区。假如高层政区行政幅度较大，又容易导

---

① 宋敏求编：《唐大诏令集》卷七一《典礼·南郊五·大和三年南郊赦》，北京：中华书局，2008年，第398页。
② 《唐大诏令集》卷七一《典礼·南郊五·大和三年南郊赦》，第398页。
③ 竺乾威主编：《公共行政学》，上海：复旦大学出版社，2011年，第39页。

致地方尾大不掉，形成割据；这时朝廷又会通过拆分高层政区，增加其数量，缩减其行政幅度，使高层政区与统县政区的差距缩小，最终导致高层政区或统县政区被废①，地方行政回归二级制②。藩镇州郡化表现在行政层级上，正是高层政区藩镇不断被拆分，直至被废、混同于州郡的历史过程。

第一节　唐后期五代的支郡③专达

唐前期州、县二级制下，如何加强对三百多个州郡的监察和控制，是朝廷面临的重要问题。为此，唐廷经常派遣巡察、按察、采访等使"廉按州部"④，"分命巡按，以时纠察"⑤。这种情形，在唐中期后渐渐发生变化。天宝年间，采访使职权已不限于"采访"，逐渐参与、干预地方事务，甚至有"专停刺史务"之权。安史乱后，唐肃宗废采访使，改为观察处置使⑥。与诸道使府势力上升的过程相应，兼具监察、行政职能的观察处置使，多由地方节度使兼任，原本由朝廷派遣专员以上莅下巡行诸

---

① 隋朝即废除统县政区郡，而以原来的高层政区州直接统县，使之成为新的统县政区；宋初则是废除高层政区藩镇，依旧以州统县。
② 但这并非简单的循环。比如唐前期州、县二级制下朝廷对地方的控制，比西汉郡、县二级制下要严密得多。这是因为隋唐时期，州县大小之官，皆由朝廷除授、考课；西汉郡佐则由太守辟署，隋唐朝廷的行政幅度比西汉朝要大得多。
③ 一般而言，研究者将藩镇治州之外的藩镇辖州称为支郡，但这并不准确。胡三省言："节镇为会府，巡属诸州为支郡。"（《资治通鉴》卷二七三《后唐纪二》，同光二年十月辛未，第8925页。）因此，支郡是相对于节度观察等使而言的，而非治州，节度观察使所统全部郡包括治州均为支郡。不过由于节度观察使兼任治州刺史，治州并不存在刺史无法专决州务、无法直达朝廷的问题，因此本文要讨论的"支郡"并不包括治州。
④ 《唐大诏令集》卷一〇三《政事·按察上·遣十使巡察风俗制》，第525页。
⑤ 《唐大诏令集》卷一〇四《政事·按察下·遣御史大夫王晙等巡按诸道制》，第532页。
⑥ 王溥：《唐会要》卷七八《诸使中·采访处置使》，上海：上海古籍出版社，2006年，第1681页。

道的按察方式逐渐被地方观察使取代①。观察使与节度使的结合，也使藩镇成为州郡之上集军政、民政职权于一身的高层政区②。由此，朝廷、藩镇、支郡的关系成为唐后期历史的重要问题。

对这一问题的探讨中，支郡专达是学者经常关注的问题。其研究出发点在于，唐后期的藩镇割据是建立在藩镇对支郡的牢固掌控基础上的，要想打破藩镇割据，就必须打破藩镇对朝廷与支郡公务往来渠道的垄断，建立起朝廷与支郡的直达。因此，对支郡直达的研究就成为学者们关注藩镇问题的重要切入点。基于此，日野开三郎较早讨论了支郡直达和直属州在解决藩镇问题上所起的作用③。郑炳俊从行政、财政等方面力图呈现支郡直达的实态，是目前关于支郡直达最全面的研究④。陈志坚、张达志对唐后期的支郡直达亦有论述⑤。山崎觉士讨论了五代支郡的直达情况⑥。

总的来说，以上研究有两点值得补充：第一，学者所论"直达"在唐后期五代史料中经常表述为"专达"，但专达除直达之义外，尚有专决之义，这一点学者少有注意，支郡直达与刺史专决之间的关系，更未曾论及；第二，学者们对直达的研究往往基于朝藩对立的思路，忽略了藩镇与支郡在地方行政中的分工合作。因此，关于唐后期五代的支郡专达，仍

---

① 邓小南：《从"按察"看北宋制度的运行》，收入氏著《宋代历史探求》，北京：首都师范大学出版社，2015年，第252～255页。

② 需要说明的是，就唐后期五代的行政层级来说，州郡上级为观察使，而非节度使，节度使必须兼观察使才有统辖支郡的权力，故唐后期节度使例兼观察使。后文所引大量诏敕仅提及观察使，正源于此。

③ 日野开三郎：《藩鎮體制と直屬州》，《东洋学报》第43卷第4号，1961年，第485～520页。

④ 郑炳俊：《唐後半期の地方行政體系について——特に州の直達・直下を中心として——》，《东洋史研究》第51卷第3号，1992年，第378～412页。

⑤ 陈志坚：《唐代州郡制度研究》，上海：上海古籍出版社，2005年，第138～147页；张达志：《唐代后期藩镇与州之关系研究》，北京：中国社会科学出版社，2011年，第52～71页。

⑥ 山崎觉士：《五代の道制——後唐朝を中心に——》，《东洋学报》第85卷第4号，2004年，第519～552页。

有继续探讨的价值。在论述前,有必要先释义"专达",以纠学界认识偏差。

一、"专达"释义

以往学者在关于支郡直达的讨论中,一般默认专达为直达之意,实际上专达有专决、直达两种含义。先说专决。《唐六典》云:

> (太子左右卫率府)长史掌判诸曹及三府、五府之贰。凡府事,大事则从其长,小事则专达。①

太子左右卫率府长史对于率府之事,大事需要遵从长官率府率的意见;小事"专达",自己专决即可。又大历十四年(779)十二月二日敕:

> 南选已差郎官,固宜专达。自今已后,不须更差御史监临。②

敕令强调,南选由郎官负责的情况下,不再差御史监临,由郎官专决即可。又元和十三年(818)正月,户部侍郎孟简奏:

> 天下州府常平、义仓等斛斗,请准旧例减估出粜,但以石数奏申,有司更不收管,州县得专达以利百姓。③

唐廷从之。此后常平、义仓减估出粜的粮食,州县只需向有司上奏数目,具体事务则专决以利百姓。以上"专达"均为专决之意,支郡专达即刺史专决州务。

再说直达。唐代宗朝颜真卿上言:"诸司长官皆达官也,言皆专达于天子也。"④宋初"诸州各置进奏官,专达京师"⑤,州郡直接与朝廷公务

---

① 李林甫等撰、陈仲夫点校:《唐六典》卷二八《太子左右卫及诸率府》,北京:中华书局,1992年,第716页。
② 《唐会要》卷七五《选部下·南选》,第1622页。
③ 《旧唐书》卷四九《食货志下》,第2127页。
④ 《旧唐书》卷一二八《颜真卿传》,第3593页。
⑤ 王栐撰、诚刚点校:《燕翼诒谋录》卷四,北京:中华书局,1981年,第41页。

往来。宋仁宗景祐三年(1036)，诏"怀远军本隶宜州，自今奏事毋得专达"①。以上"专达"均为直达之意。从这个层面说，支郡专达亦指支郡不通过观察使直接与中央沟通，即支郡直达。

刺史专决针对的问题是使府过分干预支郡事务，支郡直达则是使府垄断朝廷与支郡的沟通渠道，因此刺史专决、支郡直达都与藩镇问题密切相关。但从另一个方面说，即使刺史专决完全实现，州务也不可能全部由刺史处理；支郡直达完全实现，州务也不可能事无巨细上报中央。因此，刺史所专决的只是自己职权之内的日常公务，其他部分则需上申观察使或朝廷，此即支郡直达所对应的公务。同时需要指出的是，刺史专决的部分处理结果也要上报朝廷，刺史专决与支郡直达的主要区别在于州郡事务处理的决定权在州郡还是朝廷，而非是否上奏。刺史专决和支郡直达对应的是州郡不同公务的处理方式，二者是相互配合的。这种地方事务的分层处理，是支郡专达的核心内容，也是本节讨论的重点。

二、唐后期的刺史专达

从地方事务分层处理的角度来看，使府、州、县三级只有各司其职，地方行政才能正常运转。但唐后期地方行政的实态，却并不完全如此。唐宪宗元和初年(805)白居易言："今县宰之权受制于州牧，州牧之政取则于使司，迭相拘持，不敢专达，虽有政术，何由施行？"②表明当时州、县两级都没有完全做到刺史、县令专决州县事务。类似问题，唐文宗时依然存在，《大和三年南郊赦》言：

> 刺史职在分忧，得以专达。事有违法，观察使然后举奏。顷年赦令，非不丁宁。如闻远地多未遵守，州司常务，巨细取裁，至使官吏移摄、将士解补、占留支用、刑狱结断，动须禀奉，不得自专。虽有政能，无所施设，选置长吏，将何责成？宜委御史台及出使郎

---

① 《长编》卷一一九，景祐三年十一月乙亥条，第2810页。
② 《白居易文集校注》卷二六《牧宰考课》，第1475页。

官、御史严加察访，观察使奏听进止。本判官不得匡正，及刺史不守朝章，并量加贬降。①

敕书指出，支郡日常事务，包括"官吏移摄、将士解补、占留支用、刑狱结断"等本应由刺史专决；处置不当时，观察使才能"举奏"。但偏远地区观察使对这些支郡常务也处处干预，导致刺史难以正常履职。从敕书来看，唐廷对地方行政的层级区分为：刺史专决支郡常务，观察使对刺史有监察权。这与唐前期唐廷对按察、采访等使的要求类似。

支郡常务由刺史专决，观察使不得干预，这符合我们对地方行政的一般认识。而当申奏的部分，假如刺史专决，则会受到唐廷处分。元和四年闰三月敕云：

> 如刺史不承使牒，擅于部内科率者，先加惩责，仍委御史台、出使郎官、御史察访闻奏。②

该敕指出，刺史科率必须"承使牒"，即由观察使下发牒文；若无牒文，则要受到惩责。换言之，科率并非刺史能够专决的州务。又大中三年（849）二月，中书门下奏：

> 诸州刺史到郡，有条流须先申观察使，与本判官商量利害，皎然分明，即许施行。③

可见支郡刺史到任后，有新的举措（条流），也必须征得观察使的同意。

如果我们扩大材料范围，会发现朝廷对观察使的要求不止于此。相关诏令颇多，仅以《唐会要》卷六八、六九而言，即有以下几例：

a. 元和二年正月制度支："如刺史于留州数内，妄有减削，及

---

① 《唐大诏令集》卷七一《典礼·南郊五·大和三年南郊敕》，第398页。
② 《唐会要》卷六八《刺史上》，第1423页。
③ 《唐会要》卷六九《刺史下》，第1432页。

非理破使，委观察使风闻按举，必当料加量贬，以诫列城。"

b. 大和三年五月中书门下奏："……刺史在任政绩尤异、检勘不虚者，观察使具事状及所差检勘判官名衔同奏。若他时察勘不实，本判官量加削夺，观察使奏听进止。所陈善状，并须指实而言……"敕旨依奏。

c. （大和）七年七月中书门下奏："……伏请自今已后，刺史得替代，待去郡一个月后，委知州上佐及录事参军各下诸县取耆老、百姓等状。如有兴利除害、惠及生民、廉洁奉公、肃清风教者，各具事实申本道观察使检勘得实，具以事条录奏，不得少为文饰……仍望委度支、盐铁分巡院内官同访察，各申报本使录奏。如除授后访知所举不实，观察判官、分巡院官及知州上佐等并停见任，一二年不得叙用。如缘在郡赃私事发，别议处分，其观察使奏取进止。"勅旨依奏。

d. 其年（开成元年）八月中书门下奏："……从今已后，望令诸观察使每岁终具部内刺史、县令司牧方策、政事工拙上奏……请颁示四方，专委廉察，仍令两都御史台并出使郎官、御史及巡院法宪官常加采访，具以事状奏申。中书门下都比较诸道观察使承制勤惰之状，每岁孟春分析闻奏，因议惩奖。"勅旨依奏。

e. （会昌）六年五月敕："诸州刺史……增加一千户以上者，超资迁改。仍令观察使审勘，诣实闻奏。如涉虚妄，本判官重加贬责。"①

五条材料中，a 朝廷要求观察使对刺史非法使用留州钱进行按举；b、c、d、e 则是观察使对支郡刺史政绩进行核实，包括兴利除害、惠及生民、廉洁奉公、肃清风教、户口增加等。从材料来看，当时参与刺史政绩考核的除了观察使，还有两都御史台及出使的郎官、御史，盐铁、度支巡

---

① 《唐会要》卷六八《刺史上》、卷六九《刺史下》，第 1422～1432 页。

院的法宪官等；刺史替代，参与刺史政绩核查者尚有代理州务的知州上佐、录事参军等。假如政绩不实，这些参与的地方官员都要受到处罚。这表明当时唐廷对支郡刺史监督、考核的信息来源于多个渠道，这些不同渠道的信息需要汇总到中书门下比较分析，再做出裁断。同时需要指出，这些信息渠道中，作为刺史上级的观察使，不论在信息搜集还是政绩核实方面，都有其他渠道无可比拟的优势，是朝廷最重要的地方信息来源。考虑到支郡常务之外的州务也需要上申观察使同意，足证观察使居于地方公务处理的核心，这对朝廷强化支郡控制无疑是不利的。

要改变这种情况，必须加强对支郡信息的搜集，除了上述渠道，来自支郡的上奏无疑是更直接有效的信息，因此唐后期多次下诏刺史上奏。唐宪宗元和十二年（817）四月敕："自今已后，刺史如有利病可言，皆不限时节，任自上表闻奏，不须申报节度观察使。"①在该敕鼓励下，长庆三年（823），夔州刺史刘禹锡上表论列夔州"利害及当州公务"②。唐穆宗长庆四年正月一日德音云："宜令诸道观察使、刺史，各具当处利害，其有弊事可革、有益于人者，并言何术可以渐致富庶，附驿以闻。"③准此德音，刘禹锡再次上表论列夔州利害④。唐文宗开成五年（840）三月，户部侍郎崔蠡奏："天下州府应合管系户部诸色斛斗，自今已后刺史、观察使除授，到任交割后，并须分析闻奏。"勅旨依奏⑤。唐宣宗大中六年（852）十二月，中书门下奏："今请观察使、刺史到任一年，即悉具厘革、制置诸色公事，逐件分析闻奏，并申中书门下。"敕旨依奏⑥。

如果仔细观察以上敕令、德音，会发现除元和十二年敕书外，其他命令有两个特点：第一，朝廷有比较明确的上奏要求，包括当处利害、

---

① 《唐会要》卷六八《刺史上》，第1423页。
② 刘禹锡撰、卞孝萱校订：《刘禹锡集》卷一四《表章四·夔州论利害表》，北京：中华书局，1990年，第178～179页。
③ 《唐大诏令集》卷八五《政事·恩宥三·长庆四年正月一日德音》，第486页。
④ 《刘禹锡集》卷一四《表章四·论利害表》，第179～180页。
⑤ 《唐会要》卷五八《尚书省诸司中·户部侍郎》，第1189页。
⑥ 《唐会要》卷六九《刺史下》，第1434页。

兴利除弊、州府应合管系户部诸色斛斗、厘革、制置诸色公事等；第二，上奏有特定的时间要求，如到任交割、到任一年等。可见唐后期支郡刺史并非可以随时上奏，上奏事务也有明确范围，上奏地方公务应是刺史一时一事之权，而非稳定职权。另外，除了元和十二年敕，其他敕令德音都是要求刺史、观察使将管内事务上申中书门下。观察使要申报管内事务，必然要帖下诸州搜集信息，即刺史仍要向观察使申奏。可见以上敕令、德音并不排斥刺史向观察使申奏，只是要求刺史同步向朝廷汇报。因此，唐后期朝廷要求刺史上奏，最主要的目的是为了获取支郡信息，并对前任、现任刺史进行考核，而非排斥观察使对地方行政的干预。至于元和十二年敕令规定刺史上奏可以"不限时节"、"不须申报节度观察使"，应与唐宪宗时削藩战争比较顺利，朝廷处于强势地位有关。但元和中兴昙花一现，该敕也不可能得到长期落实。

以上主要就诏敕规定讨论了唐后期支郡的直达情况，那么支郡直达的实态如何呢？首先唐后期支郡刺史上奏例子并不少见，但就上奏事务而言，最多的则为符瑞，仅《册府元龟·帝王部·符瑞四》所见就有33例。地域上以南方州郡为主，但也有一些北方州郡，如关中坊州、宁州，河东泽州、晋州、岚州，河南亳州、汝州，河北冀州[①]。这说明在符瑞方面，支郡刺史是有比较通畅的申奏权的。不过符瑞与地方公务关系不大，那么支郡公务的上奏情况如何呢？本文整理了所见22例上奏情况，列表如下，以备讨论。

表 2.1　唐后期支郡公务上奏表

序号	时间	支郡	方镇	奏请事宜	出处
1	791.8	商州刺史李西华	金商	请广商山道	《唐会要》卷八六
2	792.12	汝州	东都畿	所辖七县复置县尉一员	《唐会要》卷六九

---

① 《册府元龟》卷二五《帝王部·符瑞四》，第265～271页。

续表

序号	时间	支郡	方镇	奏请事宜	出处
3	796.5	信州刺史姚骥	江西	举奏员外司马卢南史赃犯	《唐会要》卷五九
4	796.10	虢州刺史崔衍	陕虢	请求蠲免旧额赋税	《唐会要》卷八三
5	802.7	蔡(治州)申光	淮西	春大水、夏大旱	《册府》卷四九一
6	811.1	衡州刺史吕温	湖南	据所检隐户调整征课	《唐会要》卷八五
7	816.9	饶州	江西	本州水灾及漂没户口数	《旧唐书》卷一五
8	819.7	湖州刺史李应	浙西	罢当州官酤	《唐会要》卷八八
9	820.7	歙州	宣歙	移开元寺玄宗真容于龙兴寺,并交换寺额	《册府》卷三十
10	820.9	宋州	宣武	雨败田稼六千顷,请免今年租	《册府》卷四九一
11	822	朗州刺史温造	荆南	奏开后乡渠	《唐会要》卷八九
12	822.4	江州刺史李渤	江西	请求蠲免逋赋	《通鉴》卷二四二
13	822.6	盐州	朔方	北界党项被夏州遣兵劫掠杀戮,其都督拓拔万诚请降	《册府》卷九七七
14	822.7	宋、亳、颍刺史	宣武	汴州军乱,请别命帅	《通鉴》卷二四二
15	823.11	夔州刺史刘禹锡	荆南	夔州利害及当州公务	《刘禹锡集》卷一四
16	824.5	夔州刺史刘禹锡	荆南	夔州利害	《刘禹锡集》卷一四
17	824.8	龙州刺史尉迟锐	东川	补塞牛心山掘断处	《通鉴》卷二四三
18	828.2	郑州刺史杨归厚	义成	请求改驿路于城西	《唐会要》卷八六
19	829.7	齐、德州	平卢、横海	请赐百姓麦种、耕牛等	《册府》卷一〇六

续表

序号	时间	支郡	方镇	奏请事宜	出处
20	830.8	舒州	淮南	当州太湖、宿松、望江等县水灾，没百姓产业	《册府》卷一〇六
21	834.11	滁州	淮南	本州水灾及漂没户口数	《旧唐书》卷一七下
22	840.7	潮州刺史林郁阳	岭南	本州州县官由吏部注拟	《唐会要》卷七五

说明：该表参考了郑炳俊、陈志坚的研究，并排除了其误列的非支郡上奏例子或无法确定直达朝廷的例子。为求简洁，上奏时间转换为公元年，月份则为农历，《资治通鉴》《册府元龟》使用简称，上奏事宜亦有删节。

尽管本文统计当有缺漏，但从表 2.1 也可以看出唐后期百余年间支郡公务上奏例子并不多。从上奏区域来看，以唐廷控制最强的南方藩镇支郡为主，有少数河南支郡，看不到河北三镇支郡上奏例子，这显示出支郡刺史上奏的多少与朝廷对藩镇的控制强弱有一定相关性。从上奏事务来看，包括水灾赈灾(5、7、10、19、20、21)、租课(4、6、8、10、12)、官员(2、3、22)、道路(1、18)、军政(13、14)、水利(11)等方面。这些事务看起来颇为庞杂，但多为突发事件(如自然灾害、军乱等)，或刺史甚至观察使职权之外的事情(如蠲免赋税、官员设置调整等)，因此需要上申中书门下，请求处理办法。结合前文所论，可以更加确信，唐后期支郡刺史的上奏权只是一时一事之权，支郡与朝廷能通过这一渠道沟通的公务信息是相当有限的。

支郡上奏事务到达中书门下后，不同事务的处理方式并不相同：或由中书门下直接处理，或由中书门下下观察使处理。其中例 2、8、9、10、12、17、18、22 等八例，刺史上奏时均提出了解决方案，朝廷直接同意即可，故处理意见多为"依奏"、"许之"、"从之"等。例 1、11 虽未见朝廷处理意见，亦应为直接同意。而例 5、6、19、20 四例则需要中书门下有具体的处理意见,故例5"诏其当道两税除当军将士春、冬衣赐及支用外,各供上都钱物已征及在百姓腹内者,量放二年"①;例6下敕"宜付有司"②,由相关部门拿出处理方案;例19"量赐麦三千石,牛五百头,共给绫一万匹充价直,仍各委本州自以侧近市籴分给"③;例20"有诏以义仓赈给"④。另外,例13盐州上奏夏州攻杀党项之事,事务本身与盐州无关,所以最后朝廷的处理也是给夏州,诏"夏州节度使李祐,其党项勿令侵扰"⑤。以上支郡刺史上奏均由中书门下直接处理。

此外,尚有一些上奏事务,尤其涉及州郡特殊情况、兴利除弊等,朝廷掌握信息有限,就需要将相关事务下观察使处理。如唐宣宗大中四年正月诏书云:

> 应天下州县,或土风各异,或物产不同,或制置乖宜,或章条舛谬,或云施之岁久,或缘碍于敕文,有利于人而可举行者,有害于物而可革去者,并委所(任)〔在〕县令、录事参军备论列于刺史,具以上闻,委中书门下据事件下观察使。详言列奏,当与改更,各从便安,自当苏息。⑥

该诏发布的对象是"天下州县"。诏令言,假如本地有特殊情况以及利弊之事,县令、录事参军可以条列于刺史,由刺史上申中书门下,而中书门下则将事件下观察使处理。根据大中诏书,推测例15、16刘禹锡所上夔州利害亦当由中书门下下荆南节度观察使处理。

如何理解支郡刺史上奏与支郡公务上申观察使之间的关系呢?简单

---

① 《册府元龟》卷四九一《邦计部·蠲复三》,第5871页。
② 《册府元龟》卷四八六《邦计部·户籍》,第5813页。
③ 《册府元龟》卷一〇六《帝王部·惠民二》,第1267~1268页。
④ 《册府元龟》卷一〇六《帝王部·惠民二》,第1268页。
⑤ 《册府元龟》卷九七七《外臣部·降附》,第11483页。
⑥ 《宋本册府元龟》卷一五五《帝王部·督吏》,第305页。据《全唐文》卷八〇唐宣宗《敕州县条奏利弊诏》校,第839页。

来说，前者偏重于刺史个人职权，后者是对支郡行政机构公务处理的要求。唐后期刺史上奏朝廷只是一时一事之权，大多数公务则是直接上申观察使。即使刺史有不受限制的上奏权，也不意味着支郡公务可以不经观察使，如宋太宗太平兴国二年(977)，怀州刺史高保寅在给皇帝的上奏中，就抱怨怀州上申公务经常被河阳三城节度使赵普所抑，"乞罢节镇领支郡之制"①。该例虽为宋初之事，但仍足以说明刺史上奏朝廷与支郡公务申奏观察使并不矛盾，我们不能将刺史个人的职权推演到州郡公务处理的层面。

综上可知，唐后期朝廷对支郡专达政策的变化基本是在藩镇、州、县三级制的框架内做出的调整：支郡常务由刺史专决，观察使不得干预；其他部分则必须上申，征得观察使同意；观察使对刺史有监督和考课之权。与此同时，刺史个人则有一定的上奏权，可以在一定时间就某些公务或州郡信息上申中书门下。这些上申公务和信息，视具体情况，或由中书门下直接处理，或下发观察使处置。尽管支郡刺史的上奏权并不稳定，但仍对朝廷、藩镇、州三者的关系有一定影响。在三级制县申州、州申使府、使府申奏中书门下的情况下，观察使因垄断支郡和朝廷的公务及信息渠道，实际上居于地方公务处理的核心；刺史上奏中书门下，假如公务由中书门下直接处理，等于部分排除了观察使的影响，即便据事件下观察使，中书门下亦掌握了支郡事务处理的部分主导权。可见刺史上奏权会带来地方行政流程和重心的变化，进而影响到朝藩关系。但同时需要说明的是，由于刺史上奏权只是一时一事之权，能够上申中书门下的公务、信息有限，加上不少州郡上申事务最后仍要交由观察使处理，因此刺史上奏的意义、对朝藩关系的影响，都不应夸大。而学者们关于唐后期支郡直达的研究中，常常夸大支郡直达的程度和效果②，这

---

① 《长编》卷一八，太平兴国二年八月，第410页。
② 前引郑炳俊、陈志坚、张达志论述。相比之下，日野开三郎对州郡直达的估计比较符合唐后期实际情况，可惜学界对此未给予足够重视。

是由三方面因素导致的。首先，他们忽视了"专达"有专决之意，将所有"专达"都默认为支郡直达，通过对材料的误读"扩大"了材料来源。其次，他们并未区分刺史上奏权和支郡事务处理两个层面，将刺史个人职权与支郡行政机构职权混同起来，仅仅从刺史上奏这一点，就推演到支郡事务亦可不经使府，明显不当。再次，以往研究多是基于朝藩对立的思路，将支郡直达视为朝廷化解藩镇问题的措施，忽视了地方行政中的分工合作。由此得出的结论，自然与史实有一定距离。

三、五代的支郡专达

唐末大乱，唐廷中央与地方统治秩序崩溃，诸割据势力多自除管内刺史以下官，刺史专决、支郡直达朝廷都难以落实。朱温建国过程中，逐渐掌握了境内刺史委任权[1]，为后梁的支郡专达提供了基础。后梁开平四年(910)九月，朱温下诏要求刺史专决：

> 魏博管内刺史，比来州务，并委督邮。遂使曹官擅其威权，州牧同于闲冗，俾循通制，宜塞异端。宜依河南诸州例，刺史得以专达。[2]

督邮为汉晋郡之佐官，此处代指录事参军[3]，"比来州务，并委督邮"，即节度使以录事参军理事，导致"州牧同于闲冗"。唐后期五代，河北藩镇常以幕职官兼录事参军代理州务[4]，以剥夺刺史职权，直接控制支郡。可见，朱温此诏主要是减少使府对支郡的过度干预，增强刺史处理支郡

---

[1] 刘波：《唐末五代华北地区州级军政之变化研究——基于军政长官的探讨》第一章，华东师范大学硕士论文，2013年。
[2] 《旧五代史》卷五《梁太祖纪五》，第98页。
[3] 白居易：《白氏六帖事类集》卷二一《录事》，北京：文物出版社，1987年，第59b页；《唐六典》卷三〇《三府督护州县官吏·司录参军事》，第741页。
[4] 唐明宗天成二年(927)颁布敕令："限诸藩镇幕职不得兼录事参军，邺都管内诸州录事参军不得兼防御判官。"可见河北藩镇中幕职官兼录事参军之事，到了后唐仍未止绝。《册府元龟》卷七一六《幕府部·总序》，第8517页。

事务的独立性,重新厘清使府与支郡的关系。从诏书规定魏博诸州"依河南诸州例"来看,此前河南诸州刺史专决就已实现。当然,与唐后期相同,刺史所专决的也只是州郡常务,重要事务应仍需向观察使或朝廷申奏。

除了刺史专决,后梁支郡直达也得到落实,这主要表现为租庸使直帖支郡。不过史料对此记载不详,后唐同光二年(924)藩镇与租庸使的争执,为我们提供了线索:

> 冬十月辛未,天平节度使李存霸、平卢节度使符习言:"属州多称直奉租庸使帖指挥公事,使司殊不知,有紊规程。"租庸使奏,近例皆直下。敕:"朝廷故事,制敕不下支郡,牧守不专奏陈。今两道所奏,乃本朝旧规;租庸所陈,是伪廷近事。自今支郡自非进奉,皆须本道腾奏,租庸征催亦须牒观察使。"虽有此敕,竟不行。①

李存霸、符习控诉"属州多称直奉租庸使帖指挥公事,使司殊不知",可见当时租庸使孔谦是越过观察使、直帖诸州调发租税钱粮的。对此孔谦的辩解是"近例皆直下",后唐朝廷认为"租庸所陈,是伪廷近事",可见所谓"近例"即后梁租庸使的运作方式。后唐君臣的说法,可从梁末帝贞明六年(920)四月己亥制书中得到印证:

> 用兵之地,赋役实烦,不有蠲除,何使存济。除两京已放免外,应宋、亳、辉、颍、郓、齐、棣、滑、郑、濮、沂、密、青、登、莱、淄、陈、许、均、房、襄、邓、泌、随、陕、华、雍、晋、绛、怀、汝、商等三十二州,应欠贞明四年终已前夏秋两税,并郓、齐、滑、濮、襄、晋、辉等七州,兼欠贞明四年已前营田课利物色等,并委租庸使逐州据其名额数目斟放。②

---

① 《资治通鉴》卷二七三《后唐纪二》,同光二年十月辛未,第8925页。
② 《旧五代史》卷一〇《梁末帝纪下》,第164页。

该制书涉及众多州郡，其情况如下：

表2.2 贞明六年四月己亥制书所涉州郡情况表

节镇	治州	支郡	节镇	治州	支郡
宣武军	宋州	亳、辉、颍州	天平军	郓州	齐、棣州
宣义军	滑州	郑、濮州	泰宁军		沂、密州
平卢军	青州	登、莱、淄州	匡国军	许州	陈州
山南东道	襄州	均、房州	宣化军	邓州	泌、随州
镇国军	陕州		感化军	华州	商州
永平军	雍州		定昌军	晋州	绛州
河阳三城		怀州	西都		汝州

说明：军号、支郡情况据闫建飞《唐末五代宋初北方藩镇州郡化研究》附表《唐末五代宋初北方方镇军号支郡表》，第243～287页。

从表2.2可以看出，租庸使放免以上诸州所欠两税及营田课利物色时，是"逐州据其名额数目矜放"的，同一节镇内，可以与治州、支郡同时公务往来，与支郡的沟通并不通过使府。可见"租庸使帖下诸州调发，不关节度观察使"的"直下"①，在后梁确存在。后梁租庸使"负有全境两税与营田课利的征收与放免之责"②，这也意味着，在两税征收和营田课利这样最基本的州郡事务上，朝廷与支郡的公务直达有了实质进展。与唐后期支郡刺史上奏、由下达上不同，后梁租庸直帖是中央财政机构直接指挥支郡事务。显然，后梁直帖模式下，朝廷对支郡事务的干预比唐后期强得多。

后唐庄宗朝的支郡直达，仍然表现在租庸使直帖支郡。与后梁相比，后唐租庸使发生了巨大变化。后梁时期，租庸司和由宰相分判的三司并

---

① 《资治通鉴》卷二七三《后唐纪二》，同光二年十月辛未胡三省注，第8925页。
② 陈明光：《五代财政中枢管理体制演变考论》，《中华文史论丛》2010年第3期，第111页。

存，共同负责境内财政事务。后唐同光二年正月，唐庄宗下敕，"盐铁、度支、户部三司并隶租庸使"①，"凡关钱物，并委租庸使管辖"②，由此三司不论在组织还是业务上，均为租庸司兼并，租庸司成为全国最高财政机构③。在支郡直达上，租庸使也变得更为强势。从前引孔谦与藩镇的争执中可以看出，尽管庄宗弟弟李存霸、旧将符习对直帖支郡表达了强烈不满，庄宗亦下诏支郡上奏（进奉除外）和租庸使催征都需要经过观察使，最后却并未得到落实。

同光四年，洛下兵变，庄宗被杀，唐明宗即位。稍后，以聚敛著称的孔谦被杀④，租庸使被废，直帖支郡的做法也被废除。但支郡刺史上奏是否能直达中书门下，则视具体事务而定。唐明宗天成元年（926）八月甲午诏："如刺史要奏州县官，须申本道请发表章，不得自奏。"⑤可见刺史申奏州县官需要通过观察使。长兴二年（931）八月丙寅诏云："百官职吏应选授外官者，考满日，并委本州申奏，追还本司，依旧执行公事。"⑥京城百司吏员外放州郡任职满任后，则由州郡申奏回京任职，并不通过观察使。从二诏亦可见使府与支郡在地方人事权方面的某些分工：州县官奏荐权在使府；与地方人事权无关的官员变动（在京百官职吏）则可由支郡刺史直接申奏。

后汉乾祐三年（950）五月敕同样对支郡上申朝廷和观察使事务进行了区分：

---

① 《资治通鉴》卷二七三《后唐纪二》，同光二年正月戊午条，第8913页。
② 《旧五代史》卷一四九《职官志》，第2322页。
③ 陈明光：《五代财政中枢管理体制演变考论》，《中华文史论丛》2010年第3期，第101～136页；张亦冰：《唐宋之际财政三司职掌范围及分工演进考述》，《唐史论丛》第28辑，2019年，第1～26页。
④ 孔谦之聚敛，并非如传统所谓为了满足庄宗私欲，而是为了供给洛阳地区庞大的军人及其家属。参阅建飞：《后唐洛阳城的粮食供给》，《唐研究》第25卷，2020年，第665～679页。
⑤ 《旧五代史》卷三七《唐明宗纪三》，第580页。
⑥ 《旧五代史》卷四二《唐明宗纪八》，第666页。

诸防御、团练州申奏公事，除朝廷以军期应副，则不及闻于廉使。如寻常公事，不得自专，须先申本管斟酌以闻。今后州府不得违越。①

据敕书，此敕发布的对象是藩镇支郡中带防御、团练使者，从禁令来看，当时防御州、团练州有越过使府直接向朝廷申奏公事之举。后汉时期，外与契丹对峙，内则李守贞等三叛连横，戎马不息，而防御、团练州有较强的军事职能，与朝廷有不少直接公务往来。乾祐三年，三叛已次第平定，国内少安，此时朝廷再次下诏限制防御使、团练使的上奏权。但对"军期应副"和"寻常公事"仍然做了区分，假如是军需征调，防御使、团练使依然可以奏事朝廷，寻常公事则必须通过观察使申奏。

可以看出，与唐后期支郡刺史上奏局限于特定事件不同，五代支郡刺史在某些领域如"军期应副"等方面已获得比较稳定的日常奏事权。五代戎马倥偬、政权皇位更迭频繁，也给了掌握支郡军权的武将刺史们更多活动的空间，史料中所见支郡公务上奏的例子较唐后期大为增加。据本文不完全统计，所见已达46例。为便于省览，列表如下：

表 2.3 五代支郡刺史上奏表

序号	时间	支郡	节镇	上奏事宜	材料来源
1	911.10	贝州	天雄	晋兵寇东武	《通鉴》卷二六八
2	912.8	郑州	宣义	怀州屯驻龙骧骑军溃散	《通鉴》卷二六八
3	925.9	卫州	邺都	水入城，坏庐舍	《薛史》卷三三
4	926.5	商州	镇国	当管水银五窟，乞依旧管系	《册府》卷四九四
5	927.10	贝州	邺都	请制置盐州乌、白两池	《册府》卷四九四
6	928.1	陈州	忠武	奏开颖河	《册府》卷四九七

---

① 《五代会要》卷二四《诸使杂录》，第392页。

续表

序号	时间	支郡	节镇	上奏事宜	材料来源
7	928.4	复州	山南东道	湖南大破淮贼于道人矶	《薛史》卷三九
8	928.8	房州	山南东道	新开山路四百里	《薛史》卷三九
9	928.9	密州	泰宁	辅唐县民华延福事父母至孝	《册府》卷一四○
10	931.4	卫州	天雄	黎阳大火	《薛史》卷一四一
11	932.4	棣州	天平	水坏其城	《薛史》卷一四一
12	932.6	卫州	天雄	河水坏堤，东北流入御河	《薛史》卷四三
13	934.4	卫州	天雄	刺史王弘贽奏，闵帝以前月二十九日至州	《薛史》卷四六
14	934.4	卫州	天雄	此月九日鄂王薨	《薛史》卷四六
15	934.11	蔚州	北京	经契丹踩践处，乞蠲除差税	《册府》卷四九二
16	936.7	沂州	泰宁	诛都指挥使石敬德，并族其家，敬瑭之弟也	《薛史》卷四八
17	936.7	洺州	安国	擒获魏府作乱捧圣指挥使马彦柔以下五十八人	《薛史》卷四八
18	936.12	慈州	建雄	草寇攻城，三日而退	《薛史》卷七六
19	937.9	贝、卫	天雄	河溢害稼	《薛史》卷七六
20	940.7	宿州	武宁	收到南唐牒文	《薛史》卷七九
21	943.6	宿州	武宁	飞蝗抱草干死	《薛史》卷八一
22	943.8	泾、青、磁、邺都		共奏逃户凡五千八百九十	《薛史》卷八二
23	943.11	单州	归德	军事判官赵岳奏刺史杨承祚出奔青州，赵岳代行知州	《薛史》卷八二
24	943.12	淄州	平卢	青州节帅杨光远反，遣兵取淄州，刺史翟进宗入青州	《薛史》卷八二

续表

序号	时间	支郡	节镇	上奏事宜	材料来源
25	944.2	易州	义武	刺史安审约奏，战契丹于北平，断祁沟关桥梁而还	《薛史》卷八二
26	944.2	冀州	永清	败贼军于城下	《薛史》卷八二
27	944.3	齐州	天平	青州贼军寇明水镇	《薛史》卷八二
28	944.4	陇州	凤翔	饿死者五万六千口	《薛史》卷八二
29	945	商州	镇国	刺史李俊奏元随吴汉筠监军资库擅用官钱，已处斩	《册府》卷四四九
30	945.2	府州	北京	防御使折从阮奏，部领兵士攻围契丹胜州，降之，见进兵趋朔州	《薛史》卷八三
31	945.3	易州	义武	刺史安审约奏差壮丁斫敌营，杀贼千余人	《薛史》卷八三
32	945.3	易州	义武	郎山寨将孙方简破契丹千余人	《薛史》卷八三
33	946.5	沂州	泰宁	淮南遣海州刺史领兵一千五百人，应接贼头常知及	《薛史》卷八四
34	947.12	宿州	武宁	部民饿死者八百六十有七人	《薛史》卷一○○
35	948.4	郢州	威胜	刺史尹实奏，荆南起兵欲攻城	《薛史》卷一○一
36	949.5	兖、郓、齐州		奏蝗生	《薛史》卷一○二
37	949.6	滑、濮、澶、曹、兖、淄、青、齐、宿、怀、相、卫、博、陈等州		有蝗虫	《薛史》卷一○二
38	949.9	邺都、磁、相、邢、洺等		霖雨害稼	《薛史》卷一○二
39	949.12	颍州	归德	破淮贼于正阳	《薛史》卷一○二

续表

序号	时间	支郡	节镇	上奏事宜	材料来源
40	950.1	密州	泰宁	刺史王万敢奏,奉诏领兵入海州界	《薛史》卷一〇三
41	951.2	隰州	建雄	刺史许迁奏,河东刘筠自晋州来攻,寻以州兵拒之,贼军伤死者五百人,信宿遁去	《薛史》卷一一一
42	952.8	颍州	镇安	送还所俘淮南孳畜	《薛史》卷一一二
43	952.9	易州	义武	契丹武州刺史石越来奔	《薛史》卷一一二
44	953.4	陇州	凤翔	刺史石公霸控诉凤翔府越级指挥陇州属县公事	《册府》卷六六
45	955.12	淄州	平卢	前宰相景范卒	《薛史》卷一一五
46	958.2	隰州	建雄	北汉军队遁逃	《薛史》卷一一八

说明：以上不包括符瑞等与地方公务无关的上奏。支郡所属藩镇据闫建飞《唐末五代宋初北方藩镇州郡化研究》附表《唐末五代宋初北方方镇军号支郡表》，第243~287页。为求简洁，《资治通鉴》《册府元龟》《旧五代史》使用简称，上奏事宜亦有删节。治州、支郡同时上奏时，下划线者为治州。

五代五十余年，只有唐后期的三分之一；所辖州郡不过百余，也只有唐廷的三分之一；但所见支郡公务上奏例子却是唐后期的两倍多。尽管有记载方面的部分因素，依然可以说明五代支郡刺史上奏频率比唐后期大为增加。上奏区域囊括了河南、河北、河东、关中诸州，说明五代支郡刺史上奏权应是普遍存在的。上奏事务以军政最多，有例1、2、7、17、18、24、25、26、27、30、31、32、33、35、39、40、41、42、46，共十九例，另外，例16、23分别与石敬瑭、杨光远叛乱相关，亦可归入军政事务。军政事务占支郡刺史上奏公务近半数，这与五代戎马不息的时代背景密切相关。此外，自然灾害也是支郡上奏的重要内容，有例3、10、11、12、19、21、36、37、38，共计九例。五代自然灾害频发，加上战乱、官府聚敛、救灾不力等因素，部民饿死、户口流失情况较多，除了节镇上报的情况外，支郡上报者有例22、28、34。此外还有州郡民政事务，包括例4、5、6、8、15、44，涉及道路、租税、榷货、日常公务等；另有一些外事活动或政治人物活动信息的上报，如例13、14、20、43、45等。可见，五代支郡刺史上奏范围是比较广泛的，在军政、自然灾害等方面应已获得比较稳定的奏事权，个别上奏甚至涉及他郡事务，如例5贝州刺史窦廷琬所论便为盐州盐池事宜。这是唐后期所无法比拟的。

这些上奏事务，多由朝廷直接下发处理意见。如例5天成二年(927)十一月，"贝州刺史窦廷琬上便宜状，请制置盐州乌、白两池，逐年出绢十万匹、米五万石"，唐明宗遂"升庆州为防御使，便除廷琬为使"①。例37乾祐二年(949)六月，滑、濮等州奏蝗，汉隐帝"分命中使致祭于所在川泽山林之神"②。

需要说明的是，尽管五代支郡刺史在不少方面获得了稳定奏事权，且这些事务多由朝廷直接处理。但就日常公务而言，应还是以申奏观察使为主，这从广顺三年(953)四月陇州防御使石公霸的上奏可以看出：

> (陇州)元管三县五镇，自秦州阻隔，废定戎、新关两镇。唯汧源皆称直属本府，及官吏批书历子、考校课最、贼盗寇攘、户民减损，又责州司职分，何以检校？昨汧阳令李玉上府，主簿林荨下乡，州司不曾指挥，本县亦无申报。每有提举，皆称本府追呼，无以指纵，何能致理？其间户口多有逃亡。预虞大比之时，恐速小臣之罪。伏睹近敕，凡有诉讼，尚委逐处区分，不得蓦越。岂可本属县镇，每事直诣凤翔？望降新规，以涤旧弊。

汧源、汧阳均为陇州辖县，理应由陇州指挥，但汧源等县"皆称直属本府"，"汧阳令李玉上府，主簿林荨下乡，州司不曾指挥，本县亦无申报"。陇州为凤翔节度使支郡，但凤翔府直接指挥陇州属县公事的做法并

---

① 《册府元龟》卷四九四《邦计部·山泽二》，第5909页。
② 《旧五代史》卷一〇二《汉隐帝纪中》，第1584页。

不合乎朝廷规定，这引起防御使石公霸的强烈不满。① 为此周太祖下敕：

> 凤翔属郡宜令依诸道体例指挥。今后凡诸县公事、征科诉讼，并委逐州官员区分。于事或有疑误须禀使府者，则县申州，州申使府，不得蓦越。其李玉、林莩专擅上府下乡，本州勘罪奏闻。②

从敕令来看，周太祖将县级公务分为两类，一是诸县公事、征科诉讼，由逐州官员处分；二是有疑误须禀使府者，则县申州、州申使府，逐层申报。这一"诸道体例"说明，当时支郡一方面可以专决辖县的公事和征科诉讼；另一方面，有疑误者仍需上申使府，这与陇州刺史个人拥有上奏权并不矛盾。

总的来看，除了后梁、唐庄宗时短暂出现的租庸使直帖支郡，五代地方日常公务的处理，总体上维持"诸道体例"：刺史专决州郡常务，其他部分需要申奏观察使，观察使对刺史有监督考课之权。但相比唐后期，支郡刺史个人在诸多领域获得了稳定奏事权，朝廷对支郡公务的直接参与也在加深，这是五代朝藩力量对比转变给地方行政带来的影响。

根据以往学者的理解，支郡专达尤其是支郡直达是解决藩镇问题的重要措施，前引日野开三郎、郑炳俊等学者的研究出发点正在于此。但经过上文的追索可以发现，唐后期五代朝廷对支郡专达的政策，是在承认藩镇、州、县三级制的前提下，在地方行政系统内部进行的调整，虽与藩镇问题密切相关，但主要目的是为了维持地方行政的正常运转。以往学者关于支郡专达的研究与唐后期五代的史实有一定偏差。这种偏差与我们的思维定式有关。讨论朝藩关系时，学者们倾向于将藩镇视为朝

---

① 石公霸选择广顺三年四月上奏，应与该月凤翔节度使人选变更（河中节度使王景移镇凤翔，原凤翔节度使赵晖改镇宋州）、便于调整使府与支郡关系有关。朱玉龙：《五代十国方镇年表》，北京：中华书局，1997年，第222页。

② 《册府元龟》卷六六《帝王部·发号令五》，第743页。案，"四月"《册府元龟》误作"四年"。

廷对立面，主要关注朝藩对抗和朝廷削藩这一层面，忽视了日常行政中二者的分工合作。安史之乱以降至宋初的"藩镇时代"长达两个半世纪，朝藩对抗不可能始终是朝藩关系的主流，地方行政的分工合作才是朝藩关系的日常。这种分工合作，从根本上说，是地方行政的需求导致的。唐前期州、县二级制下，朝廷需要直面三百多个州郡，以当时帝国之广袤，加之行政技术和信息传递的局限，实际上很难快速有效地处理州郡尤其是边郡的上申公务，对州郡的监察亦困难重重。观察使的出现，恰好满足了朝廷的这一需求。同时，从加强地方治理和提高行政效率的角度考虑，地方事务的分层处理亦不可或缺。朝廷在强调刺史专决州郡常务的同时，要求其他事务申奏观察使，观察使有监督和考课刺史之权，对应的正是不同层次公务的处理需要。与此同时，出于获取支郡信息、考核刺史的需求，朝廷亦会临时或在某些规定时间，要求支郡刺史上奏当州利害和公务，五代刺史的上奏频率大为增加，在不少领域获得稳定奏事权。但总的来说，支郡刺史个人的奏事权并未打破观察使对支郡公务的主导地位，多数支郡上申公务仍由观察使处理，或通过观察使上达中书门下。直到宋太宗太平兴国二年废藩镇支郡前夕，怀州刺史高保寅尚在给皇帝的上奏中抱怨怀州上申公务多为河阳三城节度使赵普所抑。①五代支郡多数上申公务处理更不可能越过观察使，这与刺史个人拥有稳定上奏权并不矛盾。因此，我们对唐后期五代的州郡专达尤其是州郡直达的落实情况和效果不应夸大。学者们注意到宋太宗废藩镇支郡后，支郡专达尤其是支郡直达基本得到落实，就误以为支郡专达是解决藩镇问题的重要措施，实际上是倒果为因，并非支郡专达解决了藩镇问题，而是藩镇问题的解决带来了支郡专达的落实。

唐后期五代关于支郡专达的政策调整，尽管主要目的并非直接为了解决藩镇问题，但与朝藩关系密切相关。关于支郡专达的讨论，补充了朝廷、藩镇、州郡在地方事务处理中分工合作的一面，丰富了我们对朝

---

① 《长编》卷一八，太平兴国二年八月，第410页。

藩关系的认识，为我们理解朝廷、藩镇、州郡的关系提供了一个有益的观察视角。

第二节　道级方镇的瓦解

从瓦解方镇的角度来说，裂地分镇和直属州是其中两项主要措施。唐后期五代，朝廷主要通过裂地分镇缩小方镇行政幅度，使方镇地盘与州郡逐渐趋同；后周宋初直属州数量的迅速增长成为更引人注目的现象。

一、裂地分镇

安史之乱后，为应对大河南北强藩的挑战，唐廷经常采取裂地分镇的策略削弱藩镇实力，典型如唐宪宗元和十四年(819)淄青平卢镇一分为三，平卢、天平、兖海三镇由此建立。元和中兴后，唐廷与藩镇的军事冲突减少，朝藩关系趋于稳定，藩镇数量维持在五十个左右。

与唐后期相比，唐末五代方镇分合更为频繁。广明中和年间，唐帝国陷入全面动乱。各地武装纷纷割据自立，大者跨州连镇，小者仅据一州之地。割据称雄的地方势力纷纷向唐廷邀求节钺，不仅道级观察使、都防御使基本升为节度使，不少州郡亦建为节镇。这些变化李晓杰《中国行政区划通史·五代十国卷》述之已详，读者可参看。此处仅讨论两个相对重要的问题。

（一）两昭义军问题

中和二年(882)，出自邢州的昭义节度使孟方立考虑到"潞州地险人劲，屡篡主帅"[1]，迁昭义治所于邢州，引起潞州将吏不满。次年十月，河东节度使李克用趁机占据潞州。中和四年八月，潞州建为昭义军，"由是昭义分为二镇"[2]。大顺元年(890)，李克用占据邢州，据有泽潞邢洺

---

[1] 《资治通鉴》卷二五五《唐纪七十一》，中和三年九月，第8299页。
[2] 《资治通鉴》卷二五六《唐纪七十二》，中和四年八月，第8313页。

磁五州之地，但并未合潞州昭义、邢州昭义于一镇，而是将邢州昭义改为邢洺镇。天复元年(901)，朱温占领泽潞邢洺磁五州，《新唐书·方镇表》言："二昭义军节度合为一，复领泽州。"①这一说法多为学者沿袭②，但并不准确。《旧唐书·昭宗纪》言：

> (天复元年)闰六月辛巳朔，制以河阳节度丁会依前检校司徒，兼潞州大都督府长史、昭义节度等使，代孟迁；以迁检校司徒，为河阳节度。全忠奏也。仍请于昭义节度官阶内落下邢洺磁三州，却以泽州为属郡，其河阳节度只以怀州为属郡，从之。③

唐后期昭义军领泽潞邢洺磁五州。会昌四年(844)平定刘稹之乱后，唐武宗采取宰相李德裕建议，"以泽州隶河阳节度"④，使"太行之险不在昭义，而河阳遂为重镇"⑤。此后昭义军只辖潞邢洺磁四州。朱温占领昭义后，以丁会为节度使，"官阶内落下邢洺磁三州"，说明邢洺磁三州正式脱离昭义军；"以泽州为属郡"，表明泽州再隶昭义。此后昭义只辖泽潞两州。可见，朱温并非合两昭义为一镇。但邢洺磁三州当时并未建镇，应是成为直属州。开平二年(908)六月，三州方才建为保义军⑥。

(二)河北藩镇的分合

唐末除了邢洺磁三州从潞州昭义军分出、独立成镇之外，河北地区藩镇格局变化不大。后梁贞明元年(915)，魏博节度使杨师厚去世后，梁末帝尝试对魏博进行分割：

---

① 《新唐书》卷六六《方镇表三》，第1859页。
② 李晓杰：《中国行政区划通史·五代十国卷》，上海：复旦大学出版社，2014年，第487页。
③ 《旧唐书》卷二〇上《昭宗纪》，第773页。
④ 《资治通鉴》卷二四八《唐纪六十四》，会昌四年九月，第8010页。
⑤ 《资治通鉴》卷二四七《唐纪六十三》，会昌三年九月丙午条，第7991页。
⑥ 《五代会要》卷二四《诸道节度使军额》，第382页。磁州，天祐三年因与慈州同音改惠州，天祐十三年复名磁州。见乐史撰、王文楚等点校：《太平寰宇记》卷五六《河北道五·磁州》，北京：中华书局，2007年，第1160页。

> 初，师厚握强兵，据重镇，每邀朝廷姑息。及薨，辍视朝三日，或者以为天意。租庸使赵岩、租庸判官邵赞献议于帝曰："魏博六州，精兵数万，蠹害唐室百有余年。罗绍威前恭后倨，太祖每深含怒。太祖尸未属纩，师厚即肆阴谋，盖以地广兵强，得肆其志。不如分削，使如身使臂，即无不从也。陛下不以此时制之，宁知后人之不为杨师厚耶！若分割相、魏为两镇，则朝廷无北顾之患矣。"帝曰："善。"

后梁君臣认为魏博实力强大，容易导致节帅跋扈，分两镇可以有效解决这一问题。分镇要迁魏州军队、府库半数于相州，引起牙兵不满："况我六州，历代藩府，军门父子，姻族相连，未尝远出河门，离亲去族，一旦迁于外郡，生不如死。"①由此发生军乱，乱兵向李存勖求助，投向河东，导致后梁很快丧失整个河北。

后唐时期河北地区最重要的变化，是卢龙镇中析出了新州威塞军，支郡为儒、武、妫三州。新儒武妫四州即唐末五代卢龙镇"山后八军"之区域②。唐武宗以降，由于回鹘、沙陀、契丹等外族的南下，这一地区成为卢龙边防重地，宿将雄兵多屯驻于此③。李存勖时代契丹南下常以这一地区为突破口，新州等地在李存勖与契丹之间反复易手④。李存勖以新州建威塞军，一方面是因为统辖十余州的卢龙镇过于强大，担心形成割据；另一方面也是为了加强山后八军之边防。事实上，同光二年（924）七月新州建军后，至后晋割让幽蓟十六州，这一带未再失陷于契

---

① 《旧五代史》卷八《梁末帝纪上》，贞明元年三月己丑条，第138～139页。
② 胡三省言："卢龙以妫、檀、新、武四州为山后。"（《资治通鉴》卷二六六《后梁纪一》，开平元年四月，第8672页）可知山后为卢龙镇辖区之内，山指燕山，山后即燕山以北。不过檀州（今北京密云）位于燕山以南，儒州（今北京延庆）位于燕山以北，从唐末五代诸事实来看，山后八军区域应该包括儒州不包括檀州。另参李翔：《关于五代"山后八军"的几个问题》，《中南大学学报》2016年第4期，第187～192页。
③ 李碧妍：《危机与重构：唐帝国及其地方诸侯》，第341～349页。
④ 李晓杰：《中国行政区划通史·五代十国卷》，第510～512页。

丹。这表明，威塞军的建置，的确有效增强了该地区的边防。

后唐河东节度使石敬瑭以称臣、称子、割地、岁贡为代价，换来契丹援助，代唐立晋。称臣契丹在当时是以"中国"事"夷狄"，导致后晋建立的合法性不足。这样一种建国背景，一方面使石敬瑭自信不足，对藩镇多姑息；另一方面对藩镇又防范备至，对于分割、削弱强藩不遗余力，后晋是五代政权中分镇力度最大的一朝。天福三年(938)九月，石敬瑭平定魏博节度使范延光之乱。十一月迫不及待地对历史悠久、实力雄厚的魏博、成德两镇进行了分割：

> 辛亥，建邺都于广晋府；置彰德军于相州，以澶、卫隶之；置永清军于贝州，以博、冀隶之。①

此次分镇后，天雄军支郡尽失，只剩下治州魏州；成德军丧失支郡冀州，余镇、深、赵三州。传统强藩河朔三镇中，卢龙镇已割属契丹，魏博、成德遭到严重削弱，河北地区藩镇实力一落千丈。

这次分镇相对于后梁贞明元年(915)对魏博的分割可谓相当成功，分镇并未引起动乱，这与石敬瑭对魏博军队的措置有关。镇压范延光之乱后，魏博"牙兵皆升为侍卫亲军"②。牙军是魏博割据叛乱的基础，牙军升为禁军后，被调离魏博本地，或屯驻洛阳、汴州，或驻防边地。魏博自身军力大为削弱，此后不仅节度使无力反抗中央，地方军乱也很少发生了。

后晋时期，幽蓟十六州割属契丹，中原失险，契丹铁骑可以轻易直抵黄河岸边，控制黄河渡口的澶州、卫州、滑州战略地位凸显。天福三年十一月，石敬瑭"虑契丹为后世之患，遣前淄州刺史汲人刘继勋徙澶州跨德胜津"③，以控制黄河渡口。晋少帝与契丹开战后，开运元年(944)，

---

① 《资治通鉴》卷二八一《后晋纪二》，第9194页。
② 《资治通鉴》卷二八一《后晋纪二》，天福三年九月己巳条，第9190页。
③ 《资治通鉴》卷二八一《后晋纪二》，第9194页。

遂建澶州为镇宁军,以濮州为支郡;相州彰德军支郡卫州改隶滑州义成军①。由此,义成、镇宁二镇均跨黄河两岸,控制德胜、黎阳等渡口,防范契丹。此后除了后周显德元年(954)贝州永清军被废外②,五代河北方镇的分合基本结束。

唐末五代的藩镇分合十分频繁。总体而言,藩镇数量呈现出越来越多的趋势,从乾符元年(874)到建隆元年(960),北方藩镇数量增加了三分之一左右③。藩镇数量的增加,减少了单个藩镇能动员的资源,对于加强中央对地方的控制有重要作用。但并非所有分镇都是以削藩为目的,防御契丹北汉、奖励军功安置武将也是重要原因。以削藩为目的者主要是河朔三镇之分割。后晋时随着强藩魏博、成德的分割以及卢龙的外属,除河东镇外,政权内部已无能撼动时局之强藩。因此,后汉后周对分镇已不再那么热心。后周虽新建了陈州镇安(952年)、曹州彰信(952年)、府州永安(954年)三镇,却废除了兖州泰宁(952年)、华州镇国(954年)、贝州永清(954年)、安州安远(954年)、同州匡国(958年)五镇,不计周世宗新征服地区,后周藩镇数量反在减少。削藩之外,契丹是影响五代方镇分合的重要因素。新州威塞军、澶州镇宁军之肇建,均与防御契丹密不可分。奖励军功、安置武将,也是新镇设立的重要原因。延州保塞军之设(883年)是为了赏保大军行军司马、延州刺史李孝恭参与"破黄巢、复京城之功"④;晋州定昌军之建(910年)是因为"晋州刺史下邑华温琪拒晋兵有功",朱温"欲赏之"⑤;天祐十二年(915)六月云州大同军之设,是为了安置归附晋国的原后梁天雄军节度使贺德伦⑥。

经过唐末五代的分合,宋初藩镇的平均辖州数已经不多,最普遍的

---

① 李晓杰:《中国行政区划通史·五代十国卷》,第478、348页。
② 《五代会要》卷二四《诸道节度使军额》,第384页。
③ 由于乾符元年唐朝的北方境土与北宋代周时的区域差别不小,三分之一只是大致比例。
④ 《资治通鉴》卷二五五《唐纪七十一》,中和三年五月,第8295页。
⑤ 《资治通鉴》卷二六七《后梁纪二》,开平四年四月壬申条,第8722页。
⑥ 《旧五代史》卷二八《唐庄宗纪二》,第439~440页。

是只辖两州之小镇。在这种情况下，升支郡为节镇或将支郡变为直属州，其结果都是藩镇只余治州，导致统辖州郡的藩镇体制瓦解，使地方行政层级从道、州、县三级制回归州、县二级制。延续唐末五代裂地分镇的趋势，宋初两朝仍有不少州郡建为节镇①，但更引人注目的是直属州的大量出现。

二、直属州

直属州即不隶藩镇、直属中央的州郡。直属州与藩镇一样，可以在京师设置进奏院。五代直属州长官与节度使一样，也有奏荐权。观察直属州的实施情况，对了解藩镇体制的瓦解有重要作用。

（一）唐后期五代的直属州

唐前期州、县二级制之下，所有州郡都是直属州；后期藩镇设置普遍化、观察使成为州郡上级后，直属州就非常少见了。日野开三郎在《藩鎮體制と直屬州》一文中，仅找出同、华、盐、楚四个直属州②。陈志坚补充了泗州、陇州，并根据《唐两京城坊考》中州进奏院的记载，发现商州、汝州、齐州也曾为直属州③。以上诸州，同州(798—894年)、华州(793—890年)直属京百年左右④，时间最长；陇州(850—901年)五十年左右，亦颇长；盐州(803—807年)、泗州(875—883年)、齐州(895—

---

① 北宋代周后，后周所废的安州安远、华州镇国、兖州泰宁、贝州永清、同州定国均恢复节镇。见吴廷燮撰、张忱石点校：《北宋经抚年表》卷一，北京：中华书局，1984年。此外所见有随州升崇义军(968年)，金州升昭化军(968年)，麟州升建宁军(968年)，密州升安化军(972年)，耀州升感义军(972年)，宿州升保静军(972年)，房州升保康军(984年)。宿州据《长编》卷一三，开宝五年八月癸卯条，第288页。其他州据李攸：《宋朝事实》卷一八《升降州镇一》，《丛书集成初编》据聚珍版排印，上海：商务印书馆，1936年，第278、280、286、289页。
② 日野开三郎：《藩鎮體制と直屬州》，《东洋学报》第43卷第4号，第495～499页。
③ 陈志坚：《唐代州郡制度研究》，第35～40页。
④ 郭声波：《中国行政区划通史·唐代卷》，上海：复旦大学出版社，2012年，第47～48、50页。

901年)只有短短数年①；商州、汝州、楚州时间不详。唐后期州郡数量不下三百，所见直属州不及十个；直属时间较长的只有同、华、陇三州，因此，日野开三郎指出，唐后期朝廷并未将直属州作为抑制藩镇的政策，只是为了控制个别战略要地②。诚为确论。这些直属州中，同州蒲津关控制着唐廷通往河东的要道，华州潼关是唐廷通往河南、河北的主要出口，二州得失事关唐廷安危，故长期直属中央。

五代时期，直属州同样存在。唐明宗长兴二年(931)七月乙未诏：

> 诸道奏荐州县官，使相先许一年荐三人，今许荐五人；不带使相先许荐二人，今许荐三人；直属京防御、团练使先许荐一人，今许荐二人。③

这表明后唐存在直属京防御、团练州，其长官防御、团练使与节帅一样有奏荐权。这说明除了直达朝廷外，奏荐权也是直属州相对于藩镇支郡的重要特权。

五代不同朝代所见直属州的数量相差甚大：后梁、后唐、后汉很少，日野开三郎未见；后晋、后周略多，日野氏分别找到七个、八个④。他对五代直属州的搜讨，主要是依据《五代会要》。如果扩大材料面，我们会发现更多直属州。

邢、洺、磁三州。已见前述。天复元年(901)至开平二年(908)为直属州。

---

① 陇州、泗州直属时间据陈志坚：《唐代州郡制度研究》，第37~38页。盐州据郭声波：《中国行政区划通史·唐代卷》，第112页。《新唐书》卷六五《方镇表二》，乾宁二年："析齐州置武肃军防御使。"(第1827页)《旧唐书》卷二〇上《昭宗纪》，天复元年闰六月辛巳朔："全忠又奏请以齐州隶郓州，从之。"(第773页)可知齐州在乾宁二年(895)至天复元年(901)直属京。
② 日野开三郎：《藩鎮體制と直屬州》，《东洋学报》第43卷第4号，第499页。
③ 《旧五代史》卷四二《唐明宗纪八》，第665页。
④ 日野开三郎：《藩鎮體制と直屬州》，《东洋学报》第43卷第4号，第499~511页。

郑州。龙德元年(921)正月,梁末帝以许州匡国军节度使王彦章为"宣义军节度副大使知节度事、郑滑濮等州观察处置等使,依前北面副讨使。"①说明当时郑州为宣义军支郡。天成元年(926)十一月,唐明宗以卢文进为"同中书门下平章事、使持节滑州诸军事、守滑州刺史、充义成军节度、滑濮管内观察处置等使"②。说明天成元年郑州已经脱离义成军(宣义军改),成为直属州。郑州此后一直为直属州③。

陇州。应顺元年(934)三月,凤翔节度使李从珂起兵:

> 时潞王使者多为邻道所执,不则依阿操两端,惟陇州防御使相里金倾心附之,遣判官薛文遇往来计事。④

陇州与"邻道"并称,表明其不隶于藩镇,为直属州。

凤州。长兴三年(932)七月"废凤州武兴军节制为防御使,并所管兴、文二州并依旧隶兴元府"⑤。凤州废为防御州后,成为山南西道支郡。清泰元年(934)四月,山南西道节度使张虔钊与洋州武定军节度使孙汉韶"举两镇之地降于蜀"⑥。山南西道降蜀后,凤州依然留在后唐、后晋,成为直属州。天福十二年(947)四月,"凤州防御使石奉頵举州降蜀"⑦。显德元年(954),后周攻取后蜀秦凤成阶四州。李晓杰认为后周取得四州后,废凤州威武军,其说可从,但认为凤州就此隶属于秦州雄武军⑧,则不准确。《吴廷祚墓志》言:"(建隆二年)乃授公持节秦州诸军事、秦州

---

① 《旧五代史》卷一〇《梁末帝纪下》,第167页。
② 《宋本册府元龟》卷一六六《帝王部·招怀四》,第382页。
③ 李晓杰:《中国行政区划通史·五代十国卷》,第347~348页。
④ 《资治通鉴》卷二七九《后唐纪八》,清泰元年三月,第9106页。
⑤ 《旧五代史》卷四三《唐明宗纪九》,第681~682页。
⑥ 《资治通鉴》卷二七九《后唐纪八》,第9115页。
⑦ 《资治通鉴》卷二八六《后汉纪一》,天福十二年四月乙亥条,第9356页。
⑧ 李晓杰:《中国行政区划通史·五代十国卷》,第599页。

刺史，雄武军节度、秦成阶等州观察处置押藩落使。"①建隆二年(961)吴廷祚结衔中只有秦成阶三州，说明凤州不隶于秦州雄武军，当为直属州，直属京时间当自周世宗收复四州始。

复州。"晋天福五年七月直属京，升为防御。"②

安州、申州。安州原为安远军节度。"天福五年七月，降为防御使，所管(新)〔申〕州割隶许州，以李金全叛命故也。至汉天福十二年六月，复为安(怀)〔远〕军节度。至周显德元年十月，又降为防御州。"③天福五年(940)安远军废，申州割属许州忠武军，安州当直属京；显德元年，安远军再废，安、申二州均直属京。

襄州。原为山南东道节度。"晋天福七年，降为防御州，直属京，所管均、房二州割隶邓州，以安从进叛命初平故也。至汉天福十二年六月，复旧为山南东道使。"④

青、登、莱、淄四州。青州原为平卢军节度。"晋开运元年十二月，降为防御州，与登、莱、淄三州并属京，以杨光远叛命初平故也。至汉天福十二年六月，复旧为平卢军节度。"⑤

府州、胜州。后汉天福十二年(947)四月："升府州为永安军，析振武之胜州并沿河五镇以隶焉，授(折)从阮光禄大夫、检校太尉、永安军节度、府胜等州观察处置等使。"⑥乾祐三年(950)四月癸未"府州永安军额宜停，命降为团练州"⑦。永安军废后，府州、胜州并未归属临近的河东镇，次年北汉建国时所辖州郡无此二州，可资证明，二州为直属州。

----

① 拓片见《北京图书馆藏中国历代石刻拓本汇编》第37册，第30页；录文见曾枣庄、刘琳编：《全宋文》卷五四，上海：上海辞书出版社，合肥：安徽教育出版社，2006年，第3册，第288页。
② 《五代会要》卷二〇《州县分道改置》，第332页。
③ 《五代会要》卷二四《诸道节度使军额》，第383页。
④ 《五代会要》卷二四《诸道节度使军额》，第383页。
⑤ 《五代会要》卷二四《诸道节度使军额》，第384页。
⑥ 《旧五代史》卷一二五《折从阮传》，第1915页。
⑦ 《旧五代史》卷一〇三《汉隐帝纪下》，第1595页。

显德元年五月,府州永安军复建①。

解州。汉乾祐元年(948)九月:"升解县为州,割河中府闻喜、安邑、解三县为属邑。"②李晓杰认为解州新建后,隶河中护国军节度③,当不确。乾祐元年三月,护国节度使李守贞叛变,九月后汉朝廷割河中府属县置解州,正为剥夺李守贞盐池之利,又岂会隶于护国军?解州当为直属州。

沂州、密州。广顺二年(952)正月,泰宁军节度使慕容彦超叛变后,周太祖"敕沂、密二州不复隶泰宁军"④。

兖州。原为泰宁军节度。"周广顺二年五月,降为防御州,以慕容彦超叛命初平故也。"⑤兖州降为防御州后,当直属京。

麟州。麟州原属北汉。广顺三年正月乙卯,"麟州刺史杨重训叛于汉,来附"⑥。麟州隔北汉、夏州定难军与中原相望,周围无藩镇可隶,当为直属州。显德四年十月癸亥,"北汉麟州刺史杨重训举城降,(胡注:太祖广顺二年,杨重训以麟州归款,中间必又附北汉也。)以为麟州防御使。"⑦麟州再次归附后,李晓杰认为其当为同年五月新建的府州永安军支郡⑧,应不确。就周宋与北汉的战事来看,麟州防御使杨重勋(即杨重训)和府州节度使折从阮基本是独立作战,并无统辖关系,麟州当为直属州。

贝、博、冀三州。"贝州,晋天福三年十二月,升为永清军节度,以博、冀二州隶之。至周显德元年十月,降为防御州。"⑨永清军被废后,

---

① 《五代会要》卷二四《诸道节度使军额》,第384页。
② 《五代会要》卷二〇《州县分道改置》,第330页。
③ 李晓杰:《中国行政区划通史·五代十国卷》,第416页。
④ 《资治通鉴》卷二九〇《后周纪一》,广顺二年正月甲子条,第9472页。
⑤ 《五代会要》卷二四《诸道节度使军额》,第384页。
⑥ 《新五代史》卷一一《周太祖纪》,第134页。
⑦ 《资治通鉴》卷二九三《后周纪四》,第9573页。
⑧ 李晓杰:《中国行政区划通史·五代十国卷》,第440页。
⑨ 《五代会要》卷二四《诸道节度使军额》,第384页。

李晓杰推测贝、博二州还隶天雄军，冀州还隶成德军①，并无依据。从周世宗时华州、同州、安州等废镇的情况来看，三州当为直属州。

华州。原为镇国军节度。"显德元年八月降为刺史，直属京"②。

滨州。"周显德三年六月，以瞻国军升为州，其地望为上，直属京。割棣州勃海、蒲台两县隶之。"③

同州。显德五年正月乙酉，"降同州为郡"④。同州匡国军降为刺史州以后，当直属京师。

黄州、蕲州。黄、蕲二州原属南唐。显德五年二州归属后周之后，并未建镇，当直属京师。

雄、霸、瀛、莫四州。显德六年，周世宗北征，收复关南地。"以瓦桥关为雄州，割容城、归义二县隶之；益津关为霸州，割文安、大成二县隶之，地望并为中州。时初平关南故也。"⑤瀛、莫二州原为卢龙节度使支郡，雄、霸为新建州郡，周世宗取得关南之地后，四州并未建镇，均直属京师。

棣州、齐州。显德六年，周恭帝即位后，加恩百官，其中韩通：

> 授检校太尉、同中书门下平章事、使持节郓济等州观察处置等使、兼侍卫亲军马步军副都指挥使、仍加食邑五百户、食实封贰伯户，功臣如故。⑥

齐州、棣州原为天平军支郡，此时韩通官衔内只有郓、济二州，说明棣州、齐州在后周已成为直属州。

---

① 李晓杰：《中国行政区划通史·五代十国卷》，第476页。
② 《五代会要》卷二四《诸道节度使军额》，第382页。
③ 《五代会要》卷二〇《州县分道改置》，第328页。
④ 《旧五代史》卷一一八《周世宗纪五》，第1819页。
⑤ 《五代会要》卷二〇《州县分道改置》，第331页。
⑥ 陈保衡：《韩通墓志》，拓片据《北京图书馆藏中国历代石刻拓本汇编》第37册，第1页；录文据《全宋文》卷四一，第3册，第49页。

以上直属州可以分为三类①。一是削夺藩镇支郡产生的直属州，包括郑、复、沂、密、棣、齐等州。二是废藩镇产生的直属州。值得注意的是，后晋后周常废叛乱藩镇为直属州，如后晋安、襄、淄、青、登、莱州和后周兖州均是如此。三是以新征服地区州郡为直属州，主要见于周世宗时期，包括凤、黄、蕲、雄、霸、瀛、莫等州。这一举措启发了宋太祖。宋初统一的过程中，新获州郡基本直属京。

五代诸朝中，后梁仅见邢、洺、磁3州短暂直属中央，后唐所见有郑、陇、凤3州，后晋有郑、凤、复、安、襄、淄、青、登、莱9州，后汉有郑、府、胜、解4州，后周有郑、凤、府、胜、麟、贝、博、冀、华、同、兖、沂、密、滨、安、申、黄、蕲、瀛、莫、雄、霸、棣、齐24州。北宋代周时"有州百一十一"②，其中后周直属州的数量已超过五分之一。如果加上不见于记载者，比例会更高。这表明后周已经有意将直属州作为削弱藩镇、加强中央集权的重要措施。至宋初，这一措施被发扬光大，最终瓦解了藩镇体制。

(二)太平兴国二年废方镇支郡之内涵

北宋代周后，直属州的数量开始稳定持续增长，向着最终彻底瓦解藩镇体制迈进。宋太祖时有不少州郡直属京师，马端临总结道：

> 唐及五代节镇皆有支郡。国初平湖南，始令潭、朗数郡直属京，长吏得自奏事。乾德元年，以陇州、义州直属京。二年，又以阶、成、乾三州属京。其后，大县屯兵亦有直属京者，兴元府三泉县是也。五年，又析庆州、商州，开宝二年，又析归、峡，四年，又析泽州、通远军，并属京。③

---

① 三类划分参考了日野开三郎：《藩鎮體制と直屬州》，《东洋学报》第43卷第4号，第499~511页。
② 《宋史》卷八五《地理志一》，第2093页。
③ 马端临撰，上海师范大学古籍研究所、华东师范大学古籍研究所点校：《文献通考》卷三一五《舆地考一》，北京：中华书局，2011年，第8535页。

需要指出的是，泽州、通远军直属京师是在开宝三年(970)①，而非四年；义州后来避赵光义讳改仪州。以上诸州中，潭州、朗州比较特殊，二州分别为武安、武平二镇治州，而非支郡。这一点日野开三郎已经注意到，他指出二州直属京意味着武安、武平二镇彻底瓦解②。宋平诸政权的过程中，新入州郡基本与谭、朗等州一样，成为直属州，南方直属州的数量远超北方③。其他州中，陇、乾、义州为凤翔支郡，阶、成州为秦州雄武军支郡，庆州为邠州静难军支郡，商州为永兴军支郡，归、峡州为荆南支郡，泽州为潞州昭义军支郡，通远军隶于灵州朔方军，以上州军直属京师后，凤翔、永兴、荆南、昭义、雄武五镇仅余治州，静难军余邠、宁二州，朔方军余灵、盐二州。显然，宋太祖时直属州发展的方向是废除藩镇全部支郡，仅余治州，这样的藩镇与普通州郡已相差不大。

宋太宗即位后，怀州刺史高保寅诉河阳三城节度使赵普、虢州刺史许昌裔诉陕州保平军节度使杜审进之事，为最终废藩镇支郡提供了契机：

> 上初即位，以少府监高保寅知怀州。怀州故隶河阳，时赵普为节度使，保寅素与普有隙，事颇为普所抑，保寅心不能平，手疏乞罢节镇领支郡之制。乃诏怀州直属京，长吏得自奏事。
>
> 于是虢州刺史许昌裔诉保平节度使杜审进阙失事，诏右拾遗李瀚往察之。瀚因言："节镇领支郡，多俾亲吏掌其关市，颇不便于商贾，滞天下之货。望不令有所统摄，以分方面之权，尊奖王室，亦强干弱枝之术也。"④

---

① 《长编》卷一一，开宝三年三月庚午条、五月丁卯条，第245、246页。
② 日野开三郎：《藩镇體制と直屬州》，《东洋学报》第43卷第4号，第512页。
③ 参本书第三章第一节。
④ 《长编》卷一八，太平兴国二年八月戊辰条，第410～411页。高保寅知怀州《宋史》本传始于开宝五年(973)(《宋史》卷四八三《高保寅传》，第13955页)，《长编》始于宋太宗即位。案：赵普开宝六年八月甲辰罢相，出为河阳节度(《长编》卷一四，第306页)，若高保寅开宝五年已知怀州，至太平兴国二年，二人为上下级已四年，不应到太平兴国二年方起争执。《长编》当是。

第二章　由藩而州：地方行政层级的调整／127

就争执双方来说，支郡刺史一方高保寅为归降的前荆南节度使高继冲叔父，许昌裔为归降的南唐鄂州州将①；节帅一方赵普是宋廷开国元勋，杜审进是宋太宗母杜太后之弟。双方身份地位悬殊，若非宋太宗有意利用，支郡刺史很难在两场争执中占据上风②。在这两起偶发事件的推动下，宋太宗接纳了李瀚建议：

> 诏邠、宁、泾、原、〔渭〕、鄜、坊、延、丹、陕、虢、襄、均、房、复、邓、唐、澶、濮、宋、亳、郓、济、沧、德、曹、单、青、淄、兖、沂、贝、冀、滑、卫、镇、深、赵、定、祁等州并直属京，天下节镇无复领支郡者矣。兴国三年复镇，盖遥领也。（原注：按此时已尽罢节镇所领支郡矣，而《实录》兴国七年五月辛亥又书诏以泾州直属京，不知何也。今削去不著，然更须考之。）

这段材料出自《宋会要辑稿》，点校者认为抄自李焘《长编》③，其说可从。只有"兴国三年复镇，盖遥领也"一句不见于《长编》，点校者亦不详所出。以上四十州，分属十八镇，既有节镇治州又有支郡，隶属情况如下：

表 2.4　太平兴国二年所废方镇支郡表

节镇	治州	支郡	节镇	治州	支郡
静难军	邠州	宁州	彰化（彰义）军	泾州	原、渭州
保大军	鄜州	坊州	彰武军	延州	丹州
保平（保义）军	陕州	虢州	山南东道	襄州	均、房、复州

---

① 《宋史》卷三〇一《张秉传》，第 9995 页。
② 郑庆寰：《体制内外：宋代幕职官形成述论》，第 72~73 页。
③ 徐松辑、刘琳等点校：《宋会要辑稿》职官三八之一至二，上海：上海古籍出版社，2014 年，第 3969~3970 页。渭州据孙逢吉《职官分纪》卷三九"节度使"补，《景印文渊阁四库全书》，台北：商务印书馆，1986 年，第 923 册，第 717 页。《长编》卷一八，太平兴国二年八月戊辰条，第 411 页。

节镇	治州	支郡	节镇	治州	支郡
武胜军	邓州	唐州	镇宁军	澶州	濮州
归德军	宋州	亳州	天平军	郓州	济州
横海军	沧州	德州	彰信军	曹州	单州
平卢军	青州	淄州	泰宁军	兖州	沂州
永清军	贝州	冀州	武成(义成)军	滑州	卫州
成德军	镇州	深、赵州	定武(义武)军	定州	祁州

需要说明的是，以上十八镇并非北方全部方镇，宋初北方有三十余镇；以上四十州，也非北宋建国时十八镇所辖全部州郡，如武胜军之郢州、平卢军之登州莱州、永清军之博州、定武军之易州均不在其中。这些州镇之所以略而不书，当是因为在太平兴国二年以前已直属京。如平卢军之登州、莱州。建隆元年(960)九月二十六日《削夺李重进官制》：

> 推诚奉义翊戴功臣、新授平卢军节度、淄青等州观察处置押新罗渤海两番等使、开府仪同三司、检校太师兼中书令、使持节青州诸军事、青州刺史……李重进在身官爵并宜削夺。①

李重进官衔中，平卢军所辖只有淄、青两州，而无登、莱，说明二州已脱离平卢军，成为直属州。二州直属的时间应在建隆元年九月十一日李重进自淮南节度使改平卢军节度之时。李重进为周太祖外甥，代周而立的宋太祖不欲其领大藩，故授平卢帅时削其支郡。博州、郢州、易州何时直属京，限于材料，无法确知。

十八镇之外，太平兴国二年以前，凤翔、永兴、荆南、昭义、雄武、河阳六镇仅余治州，已见前述；魏州天雄、相州彰德亦无支郡；徐州武宁军唯一支郡宿州开宝五年(972)升为保静军。此外河中、晋州建雄、邢

---

① 《宋大诏令集》卷二〇三《政事五十六·贬责一》，第753页。

州安国、陈州镇安、许州忠武等数镇情况不详。唯夏州定难军依旧辖夏绥银宥静五州。

以上考察显示，至太平兴国二年八月，除定难军五州外，宋境内应只剩下四十个藩镇支郡，其他州郡均已直属京。废支郡后，"天下节镇无复领支郡者矣"。

此外，需要注意的是，以上四十州中有十八州为藩镇治州，藩镇治州被称为支郡、"直属京"是就何种层面而言呢？这就涉及如何界定支郡了。一般而言，研究者将藩镇治州之外的其他州郡称为支郡，严格来说并不准确。朱子言："唐制，节度观察处置等使，即节镇也；使持节某州诸军事某州刺史，即支郡也。"①胡三省言："节镇为会府，巡属诸州为支郡。"②因此，支郡是相对于节度观察等使而言的，而非治州，藩镇所统全部州郡包括治州均为支郡。藩镇治州直属京，也就意味着节度、观察二使失去了对所有支郡包括治州的控制，成为虚衔。

节度、观察二使的虚衔化从节度州用印亦可进行观察。大中祥符九年(1016)七月，宋真宗与宰相王旦有段对话值得注意：

> 上览河西节度使、知许州石普奏状用许州观察使印，以问宰臣。王旦曰："节度州有三印，节度印随本使，使阙，则纳有司；观察印则州长吏用之；州印昼则付录事掌用，暮则纳于长吏。凡节度使在本镇，兵仗则节度掌书记、推官署状，用节度使印；田赋则观察判官、支使、推官署状，用观察使印；符刺属县，则本使判署，用州印。故命帅必曰某军节度、某州管内观察等使、某州刺史，言军则专制其军兵，言管内则总察其风俗，言刺史则莅其州事。石普独署奏章，当用河西节度使印也。"③

---

① 黎靖德编：《朱子语类》卷一一〇《朱子七·论兵》，第2707页。
② 《资治通鉴》卷二七三《后唐纪二》，同光二年十月辛未条，第8925页。
③ 《长编》卷八七，大中祥符九年七月甲寅条，第1999~2000页。

河西节度使、知许州石普奏状用许州观察使印，真宗就此事是否合乎"规矩"向王旦咨询。王旦指出，节度州有三印，节度印"随本使"，由节度使个人掌管；观察印由知州掌管；州印白天由录事参军事掌管，晚上交由知州。石普以河西节度使知节度州许州，手中掌管河西节度使印、许州观察使印、许州州印三方；忠武军节度使印"随本使"，由当时的许州忠武节度使、判天雄军魏咸信掌管①。石普独自上奏状，应该用代表个人身份、"随本使"的河西节度使印，而非许州观察使印，因此其做法并不合乎规矩。节度州三印，正与节度使结衔"某军节度、某州管内观察等使、某州刺史"对应。王旦着重指出"节度使在本镇"时的用印情况："兵仗则节度掌书记、推官署状，用节度使印；田赋则观察判官、支使、推官署状，用观察使印；符刺属县，则本使判署，用州印。"即节度印、观察印使用时，只有僚佐签署，在镇的节度观察使无权签署；使用州印时，刺史可以签署。也就是说，太平兴国二年废支郡之后，节度、观察二使成为虚职，刺史职权依然保留。马端临《文献通考》引东莱吕氏之语云，废支郡之后，"边防、盗贼、刑讼、金谷、按廉之任，皆委于转运使"②。边防、盗贼涉及"兵仗"，为节度使职掌；刑狱、金谷、按廉为观察使职掌，二使职掌并非"皆委于转运使"，但脱离二使当无疑问。

由上可知，太平兴国二年废藩镇支郡，其实质在于收回节度、观察二使的职权，使二使成为虚衔，刺史职权则暂时保留。此后，节度使赴本镇，所履行的只是刺史职权；节度使不再赴本镇，是刺史亦沦为虚衔，而非节度、观察二使。以往学者讨论节度使虚衔化时，常以是否赴本镇作为标准③，实际上并不准确。太平兴国二年所废除的不仅是藩镇支郡，同时也彻底废除了藩镇制度。吴廷燮《北宋经抚年表》对北宋节度使人选

---

① 《宋史》卷二四九《魏咸信传》，第 8806 页。据本传，魏咸信大中祥符四年（1011）至天禧初年（1017）为忠武军节度使。
② 《文献通考》卷六一《职官考十五》，第 1848 页。
③ 聂崇岐：《论宋太祖收兵权》，《宋史丛考》，第 280～281 页；王曾瑜：《辽宋金之节度使》，原载《大陆杂志》第 83 卷第 2、3、4 期，1991 年，收入氏著《点滴编》，保定：河北大学出版社，2010 年，第 169 页。

的考察止于太平兴国二年,是非常准确的止点。《宋会要辑稿》中点校者认为来源不详"兴国三年复镇,盖遥领也",恰恰是点睛之笔。"复镇"即复来本镇者;"遥领"是相对于赴任莅职而言的。废支郡以后,即使节帅再赴本镇,也只能履行刺史之职;节度、观察二使已无职事,成为虚衔,无法莅职,因此赴本镇者也不过是"遥领"罢了。

三、方镇瓦解后宋代的州郡专达

太平兴国二年废支郡,导致统辖州郡的藩镇体制瓦解。但地方行政并未就此回归州县二级制。方镇消失不久,转运使司(漕司)、提点刑狱司(宪司)、安抚使司(帅司)、提举常平司(仓司)等新的高层政区先后发展起来①。其中漕、宪、仓司有督查地方之责,合称"监司"。

我们注意到,唐后期的高层政区是单一机构(使府),单一长官(观察使);北宋的高层政区则有帅、漕、宪、仓四个平行机构,机构内部也并非均为单一长官②,宋廷直接统辖的高层政区数目、官员数量比前代明显增多,行政幅度大幅增加。唐后期高层政区集权色彩明显,长官集民政、军政、财政、司法等大权于一身,容易尾大不掉,形成割据;北宋的高层政区则分权分工色彩明显,机构之间甚至机构内部相互制衡、互相监察,大大加强了中央对高层政区的控制③。此外,宋代监司和州郡

---

① 转运使司正式形成于至道三年(997),提点刑狱使司确立于景德四年(1007),提举常平司确立于熙宁二年(1069),安抚使司在北宋主要设置于北方诸路、荆湖和广南,东南诸路和川峡到了南宋才普遍设置。《长编》卷四二,至道三年末,第901页;《长编》卷六六,景德四年七月癸巳条,第1477页;《宋会要辑稿》职官四三之二,第4111页;李昌宪:《宋代安抚使考》,济南:齐鲁书社,1997年,第19~33页。
② 一般情况下,帅司、仓司长官一人,即安抚使、提举常平茶盐公事(或为提举常平司勾当公事);转运司长官有使、副使、判官三人,三者之差别在任职者之资历,常不并置;提点刑狱司长官为一人或二人,一人则文臣为之,二人则文正武副。
③ 宋代高层政区的分权、集权与中央集权的关系,以余蔚的论述较好。参余蔚:《完整制与分离制:宋代地方行政权力的转移》,《历史研究》2005年第4期,第118~130页。

的关系如何呢?

首先,监司有监察州郡之责。转运使"掌经度一路财赋,而察其登耗有无,以足上供及郡县之费;岁行所部,检察储积,稽考帐籍,凡吏蠹民瘼,悉条以上达,及专举刺官吏之事"①。即掌管一路财赋和监督州县是转运使的两项基本职责。提点刑狱"掌察所部之狱讼而平其曲直,所至审问囚徒,详覆案牍,凡禁系淹延而不决,盗窃逋窜而不获,皆劾以闻,及举刺官吏之事"②。知提刑掌管一路刑狱、盗贼之事,并有"举刺官吏"之责。提举常平司"掌常平、义仓、免役、市易、坊场、河渡、水利之法……皆总其政令,仍专举刺官吏之事"③。常平司职掌较杂,亦有"举刺官吏"之权。从"检察"、"稽考"、"悉条以上达"、"举刺"等用语可以看出,监司只有监察州郡之权,无权直接处理,发现问题需"条以上达",由朝廷处理;亦无权干涉州郡事务,事实上监司也很少受到严重干涉州郡事务的指责。

其次,宋代州郡与朝廷的直达也一直畅通无阻。这与宋廷对地方行政体制的多方面措置有关,州郡进奏院的设置是其中一个重要因素:

> 唐藩镇皆置邸京师,以大将领之,谓之"上都留后",后改为"上都知进奏院"。五代以来,支郡不隶藩镇者听自置邸,隶藩镇者则兼领焉。国初缘旧制,皆本州镇署人为进奏官;其军监场务,转运使则差知后官或副知掌之。及支郡不复隶藩镇,遂各置邸。而外州将吏多不愿久住京师,故长吏募京师人或以亲信为之。晨集右掖门外廊,受制敕及诸司符牒,将午,则各还私居,事颇稽缓泄漏。是月,始令供奉官张文璨等简阅进奏官、知后官、副知等凡二百余人,得一百五十人,并补进奏官,每人掌二州或三州军监事。其不中选者

---

① 《宋史》卷一六七《职官志七》,第3964页。
② 《宋史》卷一六七《职官志七》,第3967页。
③ 《宋史》卷一六七《职官志七》,第3968页。

为私名副知，去知后之名。置都进奏院于大内侧近，文璨等领之。①

安史之乱爆发后，藩镇设置普遍化。为了保证唐廷与藩镇的信息沟通，"藩镇皆置邸京师，以大将领之，谓之'上都留后'"。上都即长安。大历十二年(777)五月十一日，中书门下奏："诸道先置上都邸务，名留后使，宜令并改为上都进奏院官。"②唐后期五代，"支郡不隶藩镇者听自置邸，隶藩镇者则兼领焉"。支郡不隶藩镇者即直属州，可见直属州与藩镇一样有在京师设置进奏院的权力，如唐长安务本坊有齐州进奏院，崇仁坊有商州、汝州、盐州进奏院③，四州均曾为直属州。进奏院是藩镇与朝廷沟通的枢纽，朝廷公文下达、藩镇及其支郡公文上行、节帅奏章、藩镇进奉等几乎都需要经过进奏院，进奏院也是藩镇刺探京师和他镇消息的重要渠道④。进奏院职能通过进奏官来完成。唐五代进奏官由藩镇直接补授，与藩镇利益高度一致。宋太宗令张文璨拣选进奏官，将进奏官委任权收归中央，同时又设置都进奏院，将朝廷与州郡的信息渠道牢牢掌控在朝廷手中。张文璨拣选的进奏官共150人，远少于当时的府州军监数，故"每人掌二州或三州军监事"。每人所分之州未必相邻，杭州博物馆藏有一枚太平兴国年间的"并州蔡州进奏院"朱记铜印。

进奏院制度的存在，使州郡长官、公务均可直达中央，保证了州郡直达的落实；进奏官由朝廷选任，保障了朝廷掌控与州郡的信息渠道。州

图 2.1 并州蔡州进奏院印，闫建飞摄

---

① 《长编》卷二三，太平兴国七年十月，第529页。
② 《唐会要》卷七八《诸使杂录上》，第1702页。
③ 徐松撰、李健超增订：《增订唐两京城坊考》卷二、卷三，西安：三秦出版社，2019年，第59、97页。
④ 张国刚：《唐代藩镇研究》(增订本)，第121~131页；王静：《朝廷和方镇的联络枢纽：试谈中晚唐的进奏院》，收入邓小南主编：《政绩考察与信息渠道——以宋代为重心》，北京：北京大学出版社，2008年，第235~273页。

郡在京师有进奏院，监司并没有；州郡只是受监司监督，州郡事务则由知州专决。因此监司设置并未阻碍宋代州郡专达的落实。

宋代州郡专达的落实，不仅使单一高层政区无法拥有相对完整的地方权力，即使帅、漕、宪、仓四个机构相加，其权力也无法与藩镇匹敌。宋廷在高层政区分权的同时，亦保持着对州郡的直接控制，因此，宋廷的行政幅度，不仅远远超过道、州、县三级制之下的唐后期，亦超过州、县二级制之下的唐前期。多个高层政区的存在，一方面可以代替朝廷担负起监察州郡之责，另一方面为地方事务的分工、分层处理提供了保障。通过对地方行政的调整，宋廷的有效行政幅度大大扩张，中央集权空前强化，对地方的控制远迈前代。

第三节　宋代遥郡序列的形成

宋初藩镇瓦解后，并没有消失于历史长河，而是演变成宋代的正任、遥郡序列。南宋尤袤有言："武臣诸司使八阶为常调，横行十三阶为要官，遥郡五阶为美职，正任六阶为贵品，祖宗待边境立功者。"[1]属于常调的诸司使尚可累年资而得，横行则须有阙方迁，久待无阙乃加遥郡[2]，正任官则是"祖宗待边境立功者"，往往需要战功或特旨才能获得[3]。

上述序列中，正任和遥郡经常被合称"牧伯"。牧伯者，牧养下民，

---

[1]《宋史》卷三八九《尤袤传》，第11927页。需要指出的是，尤袤提到的阶级是南宋绍兴厘定新官阶以后的情况，且横行仅指横行正使，与政和改制以前的武阶有较大差异。参看《宋史》卷一六九《职官志九》，第4054～4058、4066～4069页。

[2] 仁宗嘉祐三年（1058）八月诏："内有任东、西上阁门使或四方馆使及七年无私罪、未有员阙迁补者，与加遥郡。其改正任者，须授引进使及四年转充团练使，客省使四年转充防御使。其战功并殊常绩效非次拔擢者，勿拘。"《长编》卷一八七，第4521页。

[3]《宋史》卷一五八《选举志四》："仁宗时尝著令，正任防御、团练以上，非边功不迁。"第3706页。特旨改正任见前注引《长编》卷一八七嘉祐三年八月规定。

为一州之长也①。唐代的节度使、刺史等职掌地方军政大权，是真正的方镇牧伯。到了宋代，节度使、刺史等虚衔化，成为单纯的品位符号，形成正任、遥郡序列，但"牧伯"称谓依然保留。正任包括节度使、节度观察留后（政和七年改承宣使）、观察使、防御使、团练使、刺史六级，如果他官加领刺史至节度观察留后则为遥郡②。所谓他官，主要指武阶中诸司使与横行使、军职中军（班）都指挥使以上③。显然，相比正任，遥郡的情况更为复杂，十分值得注意。

有关宋代遥郡，学界已有一些研究。梅原郁《宋代の武阶》是研究宋代武阶的重要文章，其中有一节论述宋代的遥郡和正任，惜篇幅不大，且重在遥郡、正任在宋代的使用情况，对其形成过程涉及很少④。赵冬梅曾专门讨论遥郡、正任形成过程。她将这一问题分解为两个层面：一是节度使至刺史是如何品位化的，二是节度使至刺史是如何与内职——武选官发生关系的⑤。不过其文讨论重点在正任而非遥郡。曹杰亦曾专文讨论宋代武阶的变迁，不过其文重点在诸司使副和横行，对正任和遥郡涉及较少⑥。因此遥郡序列的形成仍值得进一步探讨。

与遥郡相比，正任的形成并不复杂。唐中后期节度使等军政使职兴起后，取代原来的武职事官。唐末至宋初，节度使等军政使职和刺史阶官化，正任序列正是这一阶官化的成果。遥郡的形成与此密切相关，不

---

① 《尚书正义》卷一七《立政》孔颖达疏，阮元校刻《十三经注疏》，中华书局，1980年，第230页。

② 王益之：《历代职源撮要》"官称"条，《续修四库全书》影印民国三年张氏刻适园丛书本，上海：上海古籍出版社，2002年，第746册，第51页。

③ 此外，宦官昭宣使以上、宗室诸卫大将军以上、徽宗朝以后的医官阶亦可加遥郡。由于他们对遥郡序列的形成并无影响，本文不拟讨论。

④ 梅原郁：《宋代の武阶》，原载《东方学报》第56期，1984年3月，收入氏著《宋代官僚制度研究》，京都：同朋舍，1985年，第99～184页。

⑤ 赵冬梅：《文武之间：北宋武选官研究》，北京：北京大学出版社，2010年，第135～151页。

⑥ 曹杰：《宋代武阶的演生》，北京大学博士论文，2020年。

同之处在于，遥郡必须考虑到军职和内职诸使①是如何与刺史至节度观察留后结合起来的。想要解释这一问题，还须从遥郡的前身——遥领说起。

一、唐末五代的武将遥领

（一）武将遥领的出现

晚唐至宋初，根据是否莅职，刺史至节度使的任命可以分为实任与遥领两种。实任者，在其位而谋其政；遥领者，一般另有他职，并不之任。唐代"京兆、河南牧、大都督、大都护，皆亲王遥领。两府之政，以尹主之；大都督府之政，以长史主之；大都护府之政，以副大都护主之，副大都护则兼王府长史"②。唐代遥领节度始于开元四年（716）："以鄫王嗣真为安北大都护，安抚河东、关内、陇右诸蕃大使，以安北大都护张知运为之副；陕王嗣昇为安西大都护、安抚河西四镇诸蕃大使，以安西都护郭虔瓘为之副。二王皆不出阁。诸王遥领节度自此始。"③开元十五年，亲王遥领节度大使者骤增④。黄巢起义前，遥领节度者多为亲王，宰相遥领主要见于玄宗时⑤，武将遥领只见于安史之乱至德宗时，所领

---

① 从遥郡阶官的角度考虑，文中的内职诸使仅指诸司使和横行使，不含枢密、宣徽二使。
② 《新唐书》卷四九下《百官志四下》，第1310页。
③ 《资治通鉴》卷二一一《唐纪二十七》，开元四年正月丙午条，第6715~6716页。
④ 《旧唐书》卷八《玄宗纪上》，开元十五年五月癸酉条，第190~191页；《册府元龟》卷二八一《宗室部·领镇四》，第3317页。
⑤ 《唐会要》卷七八《诸使中》"亲王遥领节度使"、"宰相遥领节度使"条，第1696~1699页。《唐会要》所举宰相遥领节度使仅萧嵩、李林甫、杨国忠三人。此外，尚有牛仙客，开元二十四年领朔方节度使（《资治通鉴》卷二一四《唐纪三十》，第6825页）；韩滉，贞元二年（786）十一月入朝为相后继续领镇海军节度使（《旧唐书》卷一二《德宗纪上》，第355页）。

为当时唐廷已不通音讯的安西北庭镇①。黄巢起义后,这种情况开始改变。黄巢起义和随后的藩镇混战,基本瓦解了唐朝的统治,导致节镇的任命也出现变化,武将遥领大量出现。唐僖宗光启二年(886),以"随驾五都"之一的王建遥领壁州刺史,史称"将帅遥领州镇自此始"②。晚唐的遥领分两类,一类是皇帝在与宦官集团的斗争中,为了拉拢或赏赐禁军将领任命的。如龙纪元年(889)以神策军天武都头李顺节领镇海军(治润州,今江苏镇江)节度使③;天复元年(901)神策军将领孙德昭、孙承诲、董从实诛杀宦官刘季述等,昭宗复辟,"即日议功,以德昭为检校太保、静海军节度使,承诲邕州节度使,从实容州节度使,并同平章事"④。昭宗任命李顺节、孙德昭等为节度使,其意图并非让他们赴任离开京师,而是希望在与宦官集团的斗争中能借助其力。另一类是因应强藩巨镇的要求而任命的,受任对象一般为强藩手下亲信、将官。如乾宁二年(895),河东节度使李克用立功唐室,昭宗"以河东大将盖寓领容管观察

---

① 《旧唐书》卷一二《德宗纪上》,建中二年七月戊子条言:"自河、陇陷虏,伊西北庭为蕃戎所隔,间者李嗣业、荔非元礼、孙志直、马璘辈皆遥领其节度使名。"(第329页)唐肃宗即位灵武后,追安西、北庭军赴行在,参与平定安史之乱,李嗣业、荔非元礼等正是这支部队的统帅,所以会被授予安西北庭节度使名。因此,严格说来,他们并不属于遥领。又,"伊西"当改为"安西"。唐安西节度统龟兹、焉耆、于阗、疏勒四镇,故常称安西四镇;北庭节度屯伊州、西州,又称伊西北庭节度(《资治通鉴》卷二一五《唐纪三十一》,天宝元年正月壬子条,第6847~6848页)。安史之乱后,被吐蕃隔绝的为安西、北庭二节度,并非仅为伊西北庭,李嗣业等所授也是安西北庭节度。至德二载(757),"更安西曰镇西"(《资治通鉴》卷二二〇《唐纪三十六》,第7051页),大历二年(767)"复以镇西为安西"(《资治通鉴》卷二二四《唐纪四十》,第7197页),故史料中亦常见"镇西北庭"的名称。

② 《资治通鉴》卷二五六《唐纪七十二》,光启二年三月,第8333页。王建领壁州刺史的时间《旧唐书》一九下《僖宗纪》系于中和四年九月(第719页),今从《通鉴》。壁州治今四川通江。案:唐末遥所系州郡多不常见,五代均位于境外,为与实任区分,遥领州镇标注治所今地名,实任则否。

③ 《资治通鉴》卷二五八《唐纪七十四》,龙纪元年十一月,第8391页。

④ 《旧五代史》卷一五《孙德昭传》,第241页。静海军治交州(今越南河内),邕州治今广西南宁,容州治今广西北流。

使"①；天复三年（903），朱温部将张归弁在齐州抵御王师范有功，遥领爱州（治今越南清化）刺史②；天复三年，范居实随朱温征李茂贞，迎昭宗还长安，遥领锦州（治今湖南麻阳）刺史③。

以上遥领所系州郡虽仍在唐境，但多数区域唐廷已无法实际控制，遥领者亦不之任，与所领州郡并无实际职任联系，遥领仅具身份标识的意义。仅就身份标识而言，唐末遥领与实任的差别并不明显，这从孙惟晟的经历中可以看出：

> 朱玫乱京师，僖宗幸兴元，惟晟率兵击贼。累迁鄜州节度使，留京师宿卫。鄜州将吏诣阙请惟晟之镇，京师民数万与神策军复遮留不得行，改荆南节度使，在京制置，分判神策军，号"扈驾都"。④

孙惟晟因光启年间（885—887）参与平定朱玫叛乱有功，升任鄜州（治今陕西富县）节度使，却留京师宿卫，说明最初任命为遥领，皇帝并无意让其赴任。但从鄜州将吏请其赴任来看⑤，遥领者亦可能赴任成为实任。由于京师百姓和神策军均不愿孙惟晟离开京师，只好改遥领荆南（治今湖北荆州）⑥，依旧留在京师。孙惟晟开始遥领鄜州却可以赴任成为实任，无法赴任时又以遥领荆南来补偿，这说明就官员的身份、待遇而言，当时遥领并非低实任一等，二者作为身份标识时意义是等同的。

时入五代，遥领也在发生变化：随着中央军事优势的重建，应强藩

---

① 《资治通鉴》卷二六〇《唐纪七十六》，乾宁二年十二月乙未条，第8480页。
② 《旧五代史》卷一六《张归弁传》，第258页。
③ 《旧五代史》卷一九《范居实传》，第305页。
④ 《新五代史》卷四三《孙德昭附父惟晟传》，第541页。
⑤ 据《新唐书》卷二二一上《党项传》（第6218页）、《新五代史》卷四〇《李仁福传》（第495页），朱玫乱京师时，鄜州处于党项李思孝掌控之下。
⑥ 据吴廷燮：《唐方镇年表》卷五"荆南"，光启年间荆南节度为张瓌，第703页。

要求授予的遥领大为减少①；中央禁军势力的勃兴，使禁军将领成为遥领的主体；唐末遥领所系州郡多位于岭南、江南、剑南等地，到了五代，这些地方均成为境外。后梁时遥领授予较少，后唐复又增多。随着授予的增多，遥领也逐渐与实任牧伯、军职一起构成武将的迁转序列。如梁汉璋：

> 少以勇力事唐明宗，历突骑、奉德指挥使。（晋）高祖即位之二年，遥领钦州刺史。三年，加检校司空，改护圣都指挥使。七年，迁检校司徒，遥领阆州团练使。八年，授陈州防御使。从少帝澶州还，改检校太保、郑州防御使，充侍卫马军都指挥使。旋除永清军兵马留后，俄正授节制。②

后唐时梁汉璋为奉德指挥使，后晋天福二年（937）遥领钦州（治今广西钦州）刺史，三年军职升为护圣都指挥使，七年遥领升为阆州（治今四川阆中）团练使。八年，授陈州防御使，成为实任牧伯。梁汉璋初任实任牧伯就能从防御使做起，正是因为之前遥领过钦州刺史和阆州团练使。

梁汉璋的仕宦经历在五代是普遍存在的。又如刘词：

> 后从马全节伐安陆，败淮贼万余众，晋祖嘉之，授奉国都校，累加检校司空。又从杜重威败安重荣于宗城……以功加检校司徒、沁州刺史。时王师方讨襄阳，寻命词兼行营都虞候，襄阳平，迁本州团练使……及汉有天下，复为奉国右厢都校，遥领阆州防御使……乾祐初，李守贞叛于河中，太祖征之，朝廷以词为侍卫步军

---

① 但并未止绝。如后晋彰德军节度使马全节之子马令琮，"累授彰德牙内都指挥使、检校尚书左仆射，领勤州刺史。"（《宋史》卷二七一《马令琮传》，第9283页。）又，山南东道节度使安审琦之子安守忠"在周太祖朝历襄州衙内都指挥使，俄领绣州刺史"。（张宗海：《安守忠墓志》，拓片见《北京图书馆藏中国历代石刻拓本汇编》第38册，第4页；录文见《全宋文》卷二六九，第13册，第311页。）

② 《旧五代史》卷九五《梁汉璋传》，第1471页。

都指挥使，遥领宁江军节度使，充行营马步都虞候……河中平，太祖嘉之，表其功为华州节度使。①

后晋天福五年(940)，刘词追随马全节平定安州安远军节度使李金全之乱，因功迁奉国都校(即都指挥使)。天福七年，追随杜重威平定成德节度使安重荣之乱，以功改沁州刺史。同年追随高行周平定山南东道节度使安从进之乱，升沁州团练使。后汉初，入为奉国右厢都指挥使，遥领阆州防御使。之后从郭威征河中节度使李守贞，升步军都指挥使，遥领宁江军(治夔州，今重庆奉节)节度使。平李守贞后，郭威表其功，改华州节度使。与梁汉璋不同，牧伯迁转序列中，刘词从实任刺史开始做起，遥领则是从防御使开始。刘词首次遥领能从防御使做起，是因为之前做过实任刺史和团练使。

梁汉璋和刘词的仕履表明，尽管当时的牧伯有遥领与实任之别，但仅就身份标识、升迁阶梯而言，二者又并无差别，二人均是沿着刺史、团练使、防御使、(节度观察留后、)节度使的序列迁转的。遥领和实任都反映着武将升迁过程中的某一阶段。这也表明，当时遥领序列与实任序列并非截然两分，遥领序列尚未从实任序列中分化出来。

(二)遥领与军职的对应关系

五代后期，禁军将领②的等级可分为四层：最高层为侍卫亲军司和殿前司的军司长官；其次为左右厢都指挥使；再次为厢都指挥使和都虞候，都虞候比较少见；第四层为军(班)都指挥使和都虞候③。随着遥领的增多，到了后周，军职与遥领之间有了大致的对应关系：军(班)都指挥使一般遥领刺史；初授厢都指挥使一般遥领团练使，在厢都指挥使一级继续转迁，遥领往往会升为防御使；军司长官所领一般为节度使，殿前都虞候领防御使。以下试申论之。

---

① 《旧五代史》卷一二四《刘词传》，第1891页。
② 从遥领的角度来说，文中的禁军将领仅指军(班)都指挥使以上。
③ 五代禁军职级参看齐永峰：《五代禁军初探》，《唐史论丛》第三辑，1987年，第185~192页；杜文玉：《五代十国制度研究》，第435~438页。

军(班)都指挥使遥领刺史、厢都指挥使遥领团练使的迁转惯例大致在后周形成。如高怀德：

> (高)行周卒，召怀德为东西班都指挥使，领吉州刺史，改铁骑都指挥使……高平克捷，以功迁铁骑右厢都指挥使、领果州团练使。①

又慕容延钊：

> 世宗即位，为殿前散指挥使都校、领溪州刺史。高平之战，督左先锋，以功授虎捷左厢都指挥使、领本州团练使。②

又王审琦：

> 从世宗征刘崇，力战有功，迁东西班都虞候，改铁骑都虞候，转本军右第二军都校……俄领勤州刺史。亲征淮南……世宗嘉之，授散员都指挥使。又破南唐军于紫金山，先登，中流矢，转控鹤右厢都校、领虔州团练使。③

又王彦升：

> 累转铁骑右第二军都校、领合州刺史。世宗征淮南……改散员都指挥使……(宋)建国之始……拜恩州团练使、领铁骑左厢都指挥使。④

---

① 《宋史》卷二五〇《高怀德传》，第8821页。吉州治今江西吉安，时属南唐；果州治今四川南充，时属后蜀。
② 《宋史》卷二五一《慕容延钊传》，第8834页。溪州治今湖南永顺，时属湖南节度。
③ 《宋史》卷二五〇《王审琦传》，第8815页。勤州治今广东阳春，时属南汉；虔州治今江西赣州，时属南唐。
④ 《宋史》卷二五〇《王彦升传》，第8828~8829页。合州治今重庆合川区，时属后蜀；恩州治今广东恩平，时属南汉。

高怀德、慕容延钊、王审琦、王彦升的官职迁转中，均经历了军（班）都指挥使遥领刺史、厢都指挥使遥领团练使的升迁惯例。这一升迁惯例在宋初继续强化，最终积淀为制度规定：

> 凡军校迁至军都指挥使，又迁则遥领刺史，又迁为厢都指挥使、遥领团练使。员溢，即从上落军职，为正团练使、刺史之本任，或为他州部署、钤辖。①

从真宗乾兴元年（1022）的规定来看，宋代普通军校是沿着军都指挥使——军都指挥使遥领刺史——厢都指挥使遥领团练使的轨迹升迁，军职与遥领一起构成武将的迁转序列。这正是承继五代而来。

初任厢都指挥使后，往往需要在厢都指挥使一级继续改转，如从都虞候转都指挥使，或从右厢迁左厢、从步军迁马军，这时遥领也会从团练使升防御使。比如高平之战后高怀德"以功迁铁骑右厢都指挥使、领果州团练使"，从征淮南时则迁龙捷左厢都指挥使、领岳州（治今湖南岳阳）防御使②；韩令坤高平之战后"为龙捷左厢都虞候、领容州团练使"，不久军职迁为本厢都指挥使，遥领升为泗州（治今江苏盱眙）防御使③。

五代禁军"诸军皆分左、右厢，厢各有主帅"④，少数主力部队还设有左右厢都指挥使，但职位较少，龙捷（侍卫马军）、虎捷（侍卫步军）、铁骑（殿前马军）、控鹤（殿前步军）等禁军主力部队的厢都指挥使往往会直接迁殿前都虞候或马、步军都指挥使等军司长官。当时军司长官中以殿前都虞候地位最低，故任职者多从厢都指挥使、遥领团练使改转，如王审琦原为铁骑右厢都校、领虔州团练使，周恭帝即位后，迁殿前都虞候、领睦州（治今浙江建德）防御使；慕容延钊则在高平之战后迁虎捷左

---

① 《长编》卷九九，乾兴元年七月癸巳条，第 2295 页。
② 《宋史》卷二五〇《高怀德传》，第 8821～8822 页。
③ 《宋史》卷二五一《韩令坤传》，第 8832 页。
④ 《资治通鉴》卷二九一《后周纪二》，显德元年三月庚子条胡三省注，第 9508 页；王曾瑜：《宋朝军制初探》（增订本），北京：中华书局，2011 年，第 33 页。

厢都指挥使、领溪州团练使，不久迁殿前都虞候、领睦州防御使①。马、步军都指挥使一般由厢都指挥使、遥领防御使改转。如郭威临终前：

> 以龙捷左厢都指挥使、睦州防御使樊爱能为侍卫马军都指挥使、洋州节度使，加检校太保；以虎捷左厢都指挥使、果州防御使何徽为侍卫步军都指挥使、利州节度使，加检校太保。②

樊爱能、何徽均以厢都指挥使、遥领防御使分别迁为马、步军都指挥使，并遥领节度使。类似经历的如高怀德原为龙捷左厢都指挥使、领岳州防御使，周恭帝即位后，迁为侍卫马军都指挥使、领宁江军节度使③。

以上讨论了军职与遥领的对应情况④。当然，军职与遥领并不一定同时迁转。根据军职与遥领的对应关系，我们可以利用遥领反观武将所带军职之重要程度。比如后周殿前都指挥使，广顺三年（953）殿前都指挥使李重进遥领泗州防御使，说明其地位与厢都指挥使相当；显德元年（954）遥领武信军节度（治遂州，今四川遂宁），说明其地位已与马、步军都指挥使相当。从遥领亦可观察到殿前司在后周的崛起过程⑤。

唐末武将遥领出现于黄巢起义后，是唐廷为了笼络武将采取的重要赏功酬勋手段。之所以采取这种方式，与时局密不可分。一方面，黄巢

---

① 《宋史》卷二五〇《王审琦传》，第8815~8816页；卷二五一《慕容延钊传》，第8834页。

② 《旧五代史》卷一一三《周太祖纪四》，显德元年正月壬辰条，第1749页。洋州治今陕西西乡，利州治今四川广元，均属后蜀。

③ 《宋史》卷二五〇《高怀德传》，第8822页。宁江军原作江宁军，据本卷校勘记〔五〕、卷一《太祖纪一》校勘记〔三〕改，分见第8830、19页。

④ 除了军职层级与遥领的对应情况，部分军职与所领节镇也有相对稳定的对应关系。如侍卫亲军步军都指挥使初授时，唐明宗、末帝时期多遥领寿州（治今安徽寿县）忠正军节度，后晋、后汉多领夔州宁江军，后周则多领利州昭武军。例证参看张其凡：《五代禁军初探》，第50~66页。军职与遥领的对应可以细化到职位和州镇，且有所变化，说明二者关系已十分复杂。

⑤ 参看张其凡：《五代禁军初探》，第33~34页；陈志坚：《唐代州郡制度研究》，第67~68页。

起义后，唐中央实际控制的区域有限，能够任命的实任牧伯数量大为减少，赏功或面对强藩要求之时，不得不以遥领代之；另一方面，唐中央以禁军将领遥领牧伯，其本意也并非令其赴任，而是为了能在与宦官集团的斗争中借助其力。因此，唐末武将遥领的兴起，是唐廷在帝国失控的情况下有意为之的结果。到了五代，天子奔波流离的日子结束，中央集权再次建立，但五代的帝王们依然延续了这种做法，应与五代遥领主体为禁军将领有关。五代禁军将领或布防京师，或出征前线，授予遥领可使其分享牧伯头衔的同时，又能继续留在京师或边疆服务。因此，五代封疆不广、州郡有限并非遥领授予的主要原因。天福三年，司天少监赵仁奇上言："伏见近年酬赏在京诸指挥使，皆遥授刺史，得非朝廷以贵其地望、优其禄利乎？"正道出禁军遥领之功用。在赵仁奇看来，遥领的优厚俸禄已经影响到国家财政，他提出以环卫官赏功[1]。不过环卫官贬值严重，早已不被时人所重，该建议自然也不会得到当政者认可。

二、宋初对遥领的调整与遥郡五阶的形成

到了宋初，随着内外形势的变化，遥领也发生改变。宋朝的统一导致原来遥领的大多数州郡从境外变成境内（幽蓟地区除外），但新拓境土多以知州为一州之长[2]，遥领其地者并不赴任。遥领依旧保留着虚衔的性质。

不独遥领，原来的实任牧伯也在虚衔化。在赵普"稍夺其权，收其精兵，制其钱谷"[3]的政策指导下，宋廷在三四十年间内彻底解决了藩镇问题，实任牧伯也成为单纯的身份标识[4]。这就带来一个问题。唐末五代遥领与实任的差别在于是否赴任，宋初实任牧伯虚衔化以后，也逐渐不

---

[1] 《册府元龟》卷四七六《台省部·奏议》，第5683页。
[2] 参本书第三章第一节。
[3] 司马光撰，邓广铭、张希清点校：《涑水记闻》卷一《杯酒释兵权》，北京：中华书局，1989年，第11页。
[4] 参本书第二章第二节、第三章第一节和第四节。

赴本镇，这就使原来的区分失去意义。为了彰显二者的差别，原来的实任牧伯开始被称为"正任"，遥领牧伯开始改称"遥郡"。因此，真宗朝知州制彻底取代刺史制、牧伯序列虚衔化是遥郡、正任序列确立的根本原因，也意味着遥郡、正任序列的形成。

从"遥领"到"遥郡"的名称变化，也反映出遥郡的形成过程。记载五代史事的旧、新《五代史》中，"遥领"、"领"某州者比比皆是，"遥郡"则无一例。记载北宋历史的《续资治通鉴长编》中，"遥郡"之称始见于真宗景德元年（1004）①，之后大量出现。这与遥郡序列确立于真宗朝是一致的。

遥郡序列形成的过程中，层级也逐渐确定。五代时期，遥领只有刺史、团练使、防御使、节度使四级，看不到遥领观察使者，遥领节度观察留后者也很少，却有不少遥领节度使的例子。这都是与宋代遥郡五级的差异之处。观察使在五代使职单授序列中的"缺席"，前人已经注意到。曾我部静雄就指出，唐后期，职掌民政的观察使逐渐获得兵权，汲汲谋求升格为节度使，到了五代，节度使府已成为州郡之上的唯一行政单位②。天福四年（939），契丹主欲以王威为定州节度，石敬瑭辞以"中国将校自刺史、团练、防御使序迁，方授旄节，请遣威至此任用，渐令升进，乃合中土旧规"③，其中亦无观察使。由于节度使例兼观察处置等使，故虽无观察使单授之事，诏书中仍会经常提到"诸道节度、观察、防御、团练使、刺史"的序列④。唐后期五代"节度之职掌兵，观察之职掌

---

① 《长编》卷五七，景德元年八月辛酉条，第1252～1253页。需要说明的是，文献中对"遥领"、"遥郡"的区分并不严格，宋人记载五代史实亦会偶尔出现"遥郡"，所指实为"遥领"；记载宋代史实时，以"遥领"代指"遥郡"者更是常见。本文对"遥领"、"遥郡"的使用则以真宗朝为界。

② 曾我部静雄：《中国律令史の研究》，东京：吉川弘文馆1971年，第479～484页。

③ 《旧五代史》卷八八《王庭胤传》，第1337页。

④ 如后唐同光二年（924）八月辛巳诏令（《旧五代史》卷三二《唐庄宗纪六》，第501页）、同光三年太常礼院奏议（《五代会要》卷八《服纪》，第130页）。

民",故处理境内民政事务时,节度使亦会自称观察使。如天福八年(943)恒、定二州大饥,恒帅杜威却大括民谷,获利巨大,"阖境苦之。定州吏欲援例为奏,义武节度使马全节不许,曰:'吾为观察使,职在养民,岂忍效彼所为乎!'"①节度、防御、团练、刺史的四等授予也影响到州格的设置,有宋一代,州有节度州、防御州、团练州、军事(刺史)州,而无观察州,正是承继五代而来。当时遥领牧伯尚未从实任牧伯序列中分化出来,因此实任授予中观察使的缺席必然导致遥领序列中也无观察使。乾德初年,宋太祖以党进为龙捷左厢都虞候、领利州观察使②,为宋代观察使单授之始。后周宋初,厢都指挥使一级最高遥领防御使,太祖令党进遥领观察使,显属优待。此后受任观察使的例子不断增多。太祖朝武将曹翰、李汉琼、刘遇、杨美等均在开宝年间(968—976)遥领观察使;赵廷溥、米信、刘廷翰、李汉超、郭进、马仁瑀以及太祖三驸马魏咸信、石保吉、王承衍均在太宗太平兴国年间(976—984)遥领观察使③。可以说,到了太平兴国年间,观察使已经基本成为防御使升节度使的必经阶段。

与观察使类似,节度观察留后在唐末五代的遥领序列里也十分少见,本文所见仅王全斌一例。显德三年(956)周世宗"以亳州防御使王全斌为陇州防御使,遥领利州昭武军两使留后"④。唐后期节帅去世后,其亲信将帅或子弟往往自称留后,以待朝廷承认,授予节钺,故留后相当于"准节度使"或代理节度使。五代时期,实授留后已比较常见,宋初这种情况更为普遍。乾德五年(967)三月乙巳,"诏诸道节度使、留后、观察使各举部内才识优长、德行尤异者二人,防御、团练使、刺史各一人"⑤。知

---

① 《资治通鉴》卷二八三《后晋纪四》,天福八年末及胡三省注,第9258页。
② 《宋史》卷二六〇《党进传》,第9018页。
③ 以上参看《宋史》卷二四九《魏咸信传》;卷二五〇《石保吉传》、《王承衍传》;卷二五四《赵廷溥传》;卷二六〇《曹翰传》、《李汉琼传》、《刘遇传》、《米信传》、《刘廷翰传》;卷二七三《杨美传》、《李汉超传》、《郭进传》、《马仁瑀传》。
④ 《旧五代史》卷一一六《周世宗纪三》,显德三年六月甲子条,第1796页。
⑤ 《长编》卷八,第191页。

此时留后已与节度等正官无异。禁军将领遥领留后的例子，宋太祖时也开始出现。建隆四年，龙捷右厢都指挥使、彭州（治今四川彭州）防御使王继勋迁保宁军（治阆州）节度观察留后，领虎捷左右厢都虞候、权侍卫步军司事①。王继勋为孝明王皇后同母弟，宋初短短三四年间就从供奉官都知、溪州刺史做到军司长官，遥领留后，完全靠的是外戚身份，纯系太祖特恩。由此留后也正式进入遥领序列。

遥领观察、留后最初都是对个别禁军将领的优宠授予的，但进入牧伯序列之后，反而延长了禁军将领获得节钺的时间，导致后来节钺的获取日渐困难。在宋初着意抑制禁军将领权势的时代背景下，此举显然并非无的放矢。

与观察使、留后在宋初进入遥领序列不同，五代宋初遥领节度使一直存在，但在遥郡序列里，却并没有节度使。这与遥郡、正任序列确立后，二者差距拉大有关。就官员的身份、待遇而言，唐末遥领出现时，与实任差别并不大。五代后期，遥领开始低于同级实任，比如军司长官初领节镇，往往先遥领境外节度，再次升迁时才会转为境内实任节帅②。如高怀德在陈桥兵变后，军职从侍卫马军都指挥使迁殿前副都点检的同时，所领节镇也从境外的宁江军转为内地的义成军（治滑州）③。遥郡、正任序列形成以后，遥郡开始整体居于正任之下，遥郡"不得正官班列，以至赐与进献颇甚殊绝，唯正刺史已上，凡遇宴会，坐次方许列在殿上"④。朝会也无遥郡位⑤。宋代节度使地位崇高，"恩数与执政同"，

---

① 《宋史》卷四六三《王继勋传》，第13542页。
② 宋代"凡初除节度使，必先历化外"（《长编》卷一二八，康定元年八月戊子条，第3032页），正是承袭这一惯例而来。宋代化外州一般指被外族政权占领或降为羁縻州的唐代正州（参李伟：《披图则思祖宗疆土：北宋的化外州与历史中国》，《中国边疆史地研究》2021年第2期，第36~50页），化外节镇五代宋初均在境外。
③ 《宋史》卷二五〇《高怀德传》，第8822页。
④ 《长编》卷一六五，庆历八年十一月戊戌条，第3973页。
⑤ 《宋史》卷一六八《职官志八》，第3987~3996、4010~4013页。

任命时甚至需要锁院降麻，告于外廷，几与宰相同体①，若与其他遥郡官一样居于正刺史至下，显然不妥。出于相似考虑，遥郡观察、留后亦不轻除。蔡惇《官制旧典》云：

> 祖宗时留后惟宗室、国戚，自当叙迁；若外官，唯马、步军都指挥使方就除焉，马军带留后，步军带观察，余无至者。独内臣任都知久次，官至延福宫使、景福殿使者方带留后、观察，皆为遥郡。其外官遥郡止于防御使而已。②

可见，遥郡观察、遥郡留后一般只授予资深宦官，一般武臣遥郡则止于防御使，再迁即落阶官为正任防御使③。只是蔡惇所谓"祖宗时"指元丰改制以前④，所论未必合于元丰以后。

三、内职诸使遥领与遥郡阶官的定型

前面提到，他官加领刺史至留后为遥郡。所谓的"他官"包括军职，但最主要的是武阶。可以加遥郡的武阶包括诸司使和横行两部分，文中一般以内职诸使称之。那么内职诸使是如何与遥郡产生关系的呢？

内职诸使基本产生于唐玄宗以后，主要由宦官担任，所掌既有宫禁事务，也有部分涉及外朝者如军器制造、马政等，还负责内外朝之间的

---

① 《宋史》一六六《职官志六》，第3946页。节度使除授锁院降麻，并非宋初之制，始于北宋中期，见宋敏求撰、诚刚点校：《春明退朝录》卷下，北京：中华书局，1980年，第39页。

② 谢维新：《古今合璧事类备要·后集》卷六三《节使门》"承宣使"条引蔡元道《官制旧典》，《中华再造善本》影宋刻本，北京：北京图书馆出版社，2003年，第1a页。

③ 《长编》卷二〇五，治平二年五月庚申条，第4962页；《宋史》卷一六九《职官志九》，第4032页。

④ 陈振孙撰，徐小蛮、顾美华点校：《直斋书录解题》卷六《职官类·祖宗官制旧典》，上海：上海古籍出版社，1987年，第178页。

通进①。朱温消灭宦官集团的同时，也废除了诸道宦官监军制度。由此，原来主要服务内廷的内职诸使，改由帝王亲信将官充使后，被授予兵马都监、兵马监押等职，成为新的地方监军。内职诸使开始走出内廷，或衔命出使，或监军董戎，与军事活动的关系日趋密切②，成为日后诸使从内职向武阶转变的重要步骤。五代诸使虽多系帝王亲信，但除了枢密、宣徽之外，总体亲而不贵，因此五代以诸使遥领牧伯者很少。本文所见有贞明六年（920）储德源以内园使领贵州刺史③；天成元年（926）十月庚寅，李严以客省使领泗州防御使④；天福八年（942），史彦容以宫苑使遥领溱州刺史⑤；后周广顺二年（952）郑仁海以内客省使领恩州团练使⑥；安守忠"在周太祖朝历襄州衙内都指挥使，俄领绣州刺史，入朝改鞍辔库使，遥郡如故"⑦。泗州时属杨吴，溱州时属后蜀，贵州、恩州、绣州时属南汉，储德源、李严、史彦容、郑仁海、安守忠均为遥领。

宋太祖朝内职遥领仍然比较罕见。李心传言太祖时"横行诸使尚未有遥郡之名"，"禁军将校有带遥郡者"，"指禁军指挥使带防、团、刺史者

---

① 唐长孺：《唐代的内诸司使及其演变》，收入氏著《山居存稿》，北京：中华书局，2011年，第252～282页；赵冬梅：《文武之间：北宋武选官研究》，第32～71页。

② 赵冬梅：《文武之间：北宋武选官研究》，第88～103页；赵雨乐：《唐宋变革期之军政制度——官僚机构与等级之编成》，台北：文史哲出版社，1994年，第113～160页。

③ 周阿根：《五代墓志汇考》四一《储德充墓志》，第91页；墓志石藏美国洛杉矶艺术博物馆，https://collections.lacma.org/node/184448。贵州治今广西贵港。

④ 《旧五代史》卷三七《唐明宗纪三》，第583页。

⑤ 《全唐文》卷八六三《义成军节度使赠太保史匡翰碑铭并序》，第9053页。"溱州"原作"凑州"，然唐五代并无凑州，据《资治通鉴》卷二六四《唐纪八十》，天祐元年正月乙巳条胡三省注更正，第8624页。溱州治今重庆綦江。

⑥ 《资治通鉴》卷二九〇《后周纪一》，广顺二年三月戊辰条，第9475页。

⑦ 张宗海：《安守忠墓志》，拓片见《北京图书馆藏中国历代石刻拓本汇编》第38册，第4页；录文见《全宋文》卷二六九，第13册，第311页。安守忠去世于咸平三年（1000），当时遥郡序列已基本形成，故称遥领绣州刺史为遥郡。

耳"①。直到开宝年间，内职诸使遥领的例子才渐渐多起来。兹举数例：

> 太祖尝召功臣子弟询以时事，保兴年最少，应对明白，太祖奇之，拜如京使。开宝中，领顺州刺史。②

> （开宝九年二月）庚戌，以宣徽南院使、义成节度使曹彬为枢密使、领忠武节度使。枢密领节度自彬始。山南东道节度使潘美为宣徽北院使。节度领宣徽自美始。侍卫马步军都虞候李汉琼领振武节度使，步军都虞候刘遇领大同节度使，贺州刺史、判四方馆事田钦祚领汾州防御使，东上阁门使梁迥领汾州团练使，西头供奉官李继隆为庄宅副使，赏江南之功也。③

> 初，上即位，召供备库副使魏丕，谓曰："作坊久积弊，尔为我修整之。"即授作坊副使。丕在职甚尽力，居八年，乃迁正使……三月己巳，以丕领代州刺史，仍典作坊。④

> （慕容）延钊卒，授（慕容德丰）如京使……征南唐，为洞子都监……俄领蔚州刺史。⑤

以上数例加遥领的原因，除了石保兴靠出身之外（开国功臣石守信之子），均以功劳升迁。同样是赏江南之功，不同层级的官员所赏也不同：统帅曹彬改镇的同时从宣徽升枢密；副帅潘美则是加宣徽使；军职不变的李

---

① 李心传撰、徐规点校：《建炎以来朝野杂记》乙集卷一一《刺史以上无阶级法》，北京：中华书局，2000 年，第 681 页。
② 《宋史》卷二五〇《石保兴传》，第 8811 页。顺州治今北京顺义，时属契丹。
③ 《长编》卷一七，开宝九年二月庚戌条，第 364 页。忠武军（治陈州）、山南东道（治襄州）、贺州在宋境内；振武军（治单于都护府，今内蒙古和林格尔）、大同军（治云州，今山西大同）时属契丹；汾州治今山西汾阳，时属北汉。
④ 《长编》卷一七，开宝九年三月乙巳条，第 365 页。代州治今山西代县，时属北汉。
⑤ 《宋史》卷二五一《慕容延钊附子德丰传》，第 8835 页。蔚州治今河北蔚县，时属辽。

汉琼、刘遇从遥领洮州观察使升遥领节度①；使职不变的田钦祚和梁迥是迁遥领；李继隆则是迁使职。可以看出，对中高级官员来说，遥领升迁是十分重要的赏赐。李汉琼、刘遇加领节镇的同时，军职却并未升迁，应是二人军职已高、帝王提防禁军将领的结果；田钦祚、梁迥升遥领时，使职亦未升迁，应与当时使职员额有限、迁转困难有关（见后）。可见，在军职和使职不变的情况下，遥领成为重要的补偿手段。五代遥领所系州郡均在境外，而田钦祚原领之贺州位于宋境内，表明宋太祖时遥领所系州郡已从境外扩展到境内，这是宋朝统一带来的结果；五代遥领所系州郡罕有相同者，而李汉琼、刘遇原领均为洮州，被赏后的田钦祚、梁迥所领均为汾州，说明遥领的虚衔化程度进一步加深。太宗时期，内职诸使遥领者继续增多。到了真宗朝，遥郡序列确立的同时，内职磨勘法也确立②，内职演变为武阶③，内职诸使顺理成章成为遥郡阶官。

　　内职诸使遥领是帝王借鉴军职遥领，为了赏功酬勋有意为之的结果。五代宋初，禁军军职、地方牧伯、内职诸使是三个不同的职位序列，其中以地方牧伯最为时人看重。天成四年（929）十月，后唐明宗对阆州节度使李仁矩言："卿今为节度使，人臣之贵，不此过矣。"长兴元年（930）七月，对北京（太原府）留守冯赟母言："吾顷事先朝，为将帅，视节度使富贵极矣。"④宋太祖微时曾"占己之名位"，当时"自小校而上（自）〔至〕节度使，一一掷之皆不应。忽曰：'过是则为天子乎？'一掷而得圣签"⑤。均表明时人眼中，节度使为武臣最高职位。赵匡胤虽以殿前都点检夺得帝位，但国号为"宋"，却是因为潜藩之地为宋州（归德军），而他本人基本没有在宋州主持过公务。这说明所带牧伯头衔对于身为禁军将领的赵匡

---

① 二人所领均为洮州（治今甘肃临潭）观察使，见《宋史》卷二六〇《李汉琼传》、《刘遇传》，第9019、9021页。
② 赵冬梅：《文武之间：北宋武选官研究》，第115～116、330～333页。
③ 内职如何演变为武阶，仍有待进一步研究。
④ 《册府元龟》卷一五八《帝王部·诫励三》，第1914～1915页。
⑤ 叶梦得撰、宇文绍奕考异、侯忠义点校：《石林燕语》卷一，北京：中华书局，1984年，第1页。

胤来说，是十分重要的。五代宋初禁军将领多加遥领，亦可由此获得解释。到了开宝年间，禁军将领、藩镇牧伯的权势均得到抑制，在此情况下，让多为帝王亲信的内职诸使遥领牧伯，在提高诸使身份待遇的同时，显然是希望诸使能填补禁军将领和地方牧伯职权削弱后带来的权力空缺。事实上，开宝以后，诸使也的确在军政领域和地方事务中发挥起越来越大的作用。

此外，内职诸使遥领也与当时诸使员额有限、迁转困难有关。五代后期，诸使的迁转已经比较困难。后汉时"内客省使阎晋卿次当为宣徽使，久而不补；枢密承旨聂文进、飞龙使后匡赞、翰林茶酒使郭允明皆有宠于帝，久不迁官"，因此"共怨执政"①，可见内职诸使迁转之停滞，实为后汉政变一大诱因。宋初诸使有实职者已不多，但员额并没有随之增加。景德年间（1004—1007），诸司使共27人，副使63人②，基本上每使正使一人，副使二人。宋太祖时人数应更少。在员额有限的情况下，加遥领成为重要的赏功手段。田钦祚、梁迥预平江南，使职不迁只迁遥领，正与此相关。

与军职遥领不同，诸使与遥郡之间的关系看起来混乱许多。庆历八年（1048），因宫廷宿卫之变处罚主管官员，降官情况如下：

> 甲子，降勾当皇城司、建宁军留后杨景宗为徐州观察使、知济州；皇城使、康州刺史、入内副都知邓保吉落副都知，为颍州钤辖；左藏库使、通州团练使、入内副都知杨怀敏为文思使、贺州刺史；北作坊使、廉州团练使刘永年为洛苑使、英州刺史、蔡州都监；洛苑使、眉州防御使赵从约领陵州团练使，为濮州都监；供备库使、荣州刺史、带御器械王从善落带御器械，为曹州都监。③

---

① 《资治通鉴》卷二八九《后汉纪四》，乾祐三年十一月，第9430页。
② 苏辙：《栾城后集》卷一五《收支叙》，陈宏天、高秀芳点校：《苏辙集》，北京：中华书局，1990年，第1052页。
③ 《长编》卷一六二，庆历八年闰正月甲子条，第3909页。按，杨怀敏前官《长编》作左藏库副使，低于贬降官文思使，当误。据《宋会要辑稿》职官三四之二三（第3861页），左藏库副使当为左藏库使，在文思使之上，当是，据以删"副"字。

责降六人中，杨景宗为正任官，其余均为遥郡官。遥郡官中，领遥郡刺史者既有诸司使最高阶皇城使（第一阶），也有最低阶供备库使（第二十一阶）；同为洛苑使（第十三阶），既有领遥郡刺史者，亦有领遥郡防御使者；皇城使所领为遥郡刺史，左藏库使（第六阶）、北作坊使（第八阶，熙宁三年改西作坊使）所领却为遥郡团练使，洛苑使甚至领遥郡防御使。从这样一份责降名单中，想要找出诸使与遥郡的对应关系，基本不可能。

造成这种情况的主要原因在于内职诸使结构的扁平化：阶数过多，阶差过小。从历史渊源来看，唐内职诸使产生后，除了枢密使、宣徽使高居诸使之上外，其他诸使的高下等级并不明显。五代时期，在升迁到宣徽使、枢密使的道路上，产生了宫廷礼仪使职（阁门使、引进使、客省使、内客省使）和宫廷宿卫使职（宫苑使、皇城使、武德使）两个系统。后晋以后，客省使、内客省使地位进一步上升，成为升任宣徽、枢密的必经阶段①。发展到宋代，以内客省使为首的宫廷礼仪诸使成为横行，居于诸司使之上；诸司使之中，则以皇城使、宫苑使最为重要，分别为东、西班之首。其他使职的等级差异并不明显。诸使的扁平化表现在官品上，是一品之内等级过多：诸司使二十一阶，均为正七品，副使二十一阶，均为从七品②；表现在俸钱上，皇城使以下诸司使俸钱完全相同，月俸均为 25 千，横行副使和诸司副使，均为 20 千③；表现在朝班上，皇城以下诸使朝会中处于同一班序④。因此，诸司使内部从身份到待遇几无差别。正因差别过小，所以诸司使副迁转时，并非逐阶改转。熙宁五年

---

① 柳浚炯：《试论唐五代内职诸使的等级化》，《史学集刊》2010 年第 3 期，第 107～117 页；赵雨乐：《唐宋变革期之军政制度——官僚机构与等级之编成》，第 173～176 页。

② 《宋会要辑稿》职官八之三引《神宗正史·职官志》，第 3232 页。需要说明的是，现存史料中诸司使副有品始见于《神宗正史·职官志》，宋初诸司使副并无官品。但《神宗正史·职官志》的品位设置应是承自宋初实际情况，仍足以说明宋初诸司使副结构的扁平化。

③ 《宋史》卷一七一《职官志十一》，第 4104 页。

④ 《宋史》卷一六八《职官志八》，第 3990 页。

神宗下诏："自今诸司使、副磨勘，历任中尝以战功改官者转七资，余五资。"①基于同样考虑，政和年间（1111—1118）官制改革时，诸司使的二十一阶被厘为八阶；但这又导致武阶级数减少，故原来阶差略大的横行使六阶、副使四阶均改为十三阶②。阶差过小的情况下，诸使加遥郡时对使职的考虑就不会太多，确定使职与遥郡的对应关系意义也不大。因此，尽管宋廷试图对遥郡授予做出"规范"，强调"其皇城使改官及七年，如曾历边任，有本路监司、总管五人以上共荐者，与除遥郡刺史，至遥郡防御使止"③，但整个宋代，皇城使以下使职甚至最低阶供备库使加遥郡者依然比比皆是。诸司使阶差很小，所加遥郡却差别甚大。以俸钱来说，遥刺每月 50 千，遥团 100 千，遥防 150 千④，远高于诸司使。显然，遥郡对于区分诸司使的待遇更为重要。

北宋前期，东、西班诸使和横行乃至副使都可以加遥郡，随着对遥郡的整理，先是副使退出遥郡阶官序列，仁宗皇祐四年（1052）"诏自今（技）〔伎〕术官勿除遥郡"⑤，翰林使以下东班诸使也退出。这样最终形成了西班二十使、东班皇城使、横行六使共计二十七使的遥郡阶官序列。政和二年（1112）徽宗下诏改定武选官名，六年又增设横行使副阶级：原来的横行正使六阶被厘定为横行大夫十三阶，诸司使二十一阶定为正使大夫八阶。由此，遥郡阶官序列从二十七级变为二十一级，并一直延续到宋亡。

从遥领到遥郡，每一步的发展都与当时的时代背景密切相关。唐末大乱中的皇帝，授予禁军将领遥领是希望能在与宦官集团的斗争中借助

---

① 《长编》卷二四〇，熙宁五年十一月辛未条，第 5867 页。
② 《宋大诏令集》卷一六三《政事十六·官制四·改武选官名诏》，第 620～625 页；《宋史》卷一六九《职官九》，第 4054～4058 页。
③ 《长编》卷二〇五，治平二年五月庚申条，第 4962 页。
④ 梅原郁：《宋代官僚制度研究》，第 155 页。
⑤ 《长编》卷一七二，皇祐四年四月，第 4142 页。

其力，授予藩镇亲信则是迫不得已。五代中央集权重新建立，禁军成为最重要武力，禁军将领也成为遥领授予主体。后晋时期，"中国将校自刺史、团练、防御使序迁，方授旄节"的"中土旧规"形成，遥领也开始沿着刺史、团练、防御、节度的序列迁转，并在后周时与军职形成对应关系。"中土旧规"的出现、军职与遥领对应关系的形成，彰显了五代政权整合禁军、藩镇等问题能力的提高。宋太祖时，在收兵权的时代背景下，禁军将领、藩帅牧伯的权势都得到抑制，此时让内职诸使遥领，显然是希望其在军政领域能发挥更大的作用。随着"削藩"的进展，真宗时牧伯序列虚衔化，遥领与实任有了区分的必要，遥郡、正任序列最终得以形成。

遥郡序列的形成是牧伯序列虚衔化的结果，但其前身遥领，却并不是为了解决藩镇问题出现的。唐末不论，五代遥领所系州郡均在境外，正说明遥领的授予并不触动政权内部地方的原有秩序，武臣的身份、待遇一直是考虑的核心因素。禁军将领遥领牧伯是为了"贵其地望、优其禄利"，诸使遥领亦是如此。不同之处在于，后周军职就与遥领有了比较明确的对应关系，而诸使由于结构的扁平化，与遥郡之间并未形成类似关系。遥郡在区分官员身份、待遇上发挥着重要作用，因此这种看似"临时措置"的制度在宋代一直得以保留，成为武臣的"美职"。

本章小结

唐后期五代宋初，支郡专达、裂地分镇、直属州经常被学者们视为瓦解方镇的重要措施。以往关于支郡专达，学者仅从直达层面理解。实际上专达有两种含义：一是刺史专决支郡常务；二是刺史越过观察使，上奏公务直达朝廷。二者相互配合，对应的是支郡不同层级公务的处理方式。唐后期五代朝廷对地方行政的分工是：支郡常务由刺史专决，观察使不得干预；其他部分则必须上申，征得观察使同意；观察使对刺史有监督和考课之权。同时，刺史个人有上奏权，五代刺史上奏频率较唐后期大为增加。这些上申公务和信息，视具体情况，或由中书门下直接处理，或下发观察使处置。唐后期五代朝廷的支郡专达政策，是在承认藩镇、州、县三级制的前提下，在地方行政系统内部进行的调整，虽与藩镇问题密切相关，但主要是为了维持地方行政的正常运转，这是由地方公务分层处理的根本需求决定的。

唐后期五代朝廷瓦解藩镇的主要措施是裂地分镇。但并非所有分镇都以削藩为目的，防御契丹北汉、奖励军功安置武将也是重要原因，以削藩为目的者主要是河朔三镇之分割。经过唐五代的分镇，宋初藩镇的平均辖州数已经不多，此后直属州迅速增加，向着废除所有藩镇支郡的方向前进。太平兴国二年（977），宋太宗下诏废除所有藩镇支郡，藩镇制度瓦解。真宗即位后，知州制全面取代刺史制，刺史亦成为虚衔，最终促成宋代遥郡、正任序列的形成。

遥郡源于遥领。出于笼络禁军将领和强藩的需要，唐末帝王开始授予武将遥领。五代时期，遥领被纳入武将升迁序列，并在后周与军职形成对应关系。到了宋初，随着削藩的进展，一方面牧伯序列逐渐虚衔化，另一方面为提高内职诸使身份待遇，解决诸使迁转问题，宋太祖时诸使亦加遥领。真宗时遥郡、正任序列正式形成，遥郡五阶也确定下来，使职遥郡和军职遥郡成为遥郡的两种主要类型。由于诸使结构的扁平化，诸使与遥郡并未形成明确的对应关系。从遥领到遥郡的变迁过程中，武臣的身份、待遇一直是考虑的核心因素。

方镇瓦解后，宋代的地方行政并未回归二级制，监司帅司作为新的高层政区机构又先后发展起来。但监司和州郡的关系，与方镇和州郡的关系大不相同。藩镇体制下，刺史专决和州郡直达均受到严重干扰；宋代监司则很少有严重干预州郡事务之举，州进奏院的设置也保障了州郡直达。州郡、监司均有直达朝廷的权力，朝廷、监司、州郡三者形成"三角关系"，而非严格的三级制。由此宋廷有效行政幅度大幅扩张，大大强化了对地方的控制。

第三章 缔造分权：州郡权力结构的变化

藩镇州郡化过程中，藩镇要趋同的"州郡"并非唐前期州、县二级制下的州郡，而是随着藩镇州郡化进展，内部权力结构不断调整、最终确立起分权体制的宋代州郡。州郡权力结构的调整是藩镇州郡化的核心内容，调整方向是从唐代的集权体制向宋代的分权体制转变。这一转变既是宋初"稍夺其权、制其钱谷、收其精兵"政策的结果，也需要追溯到唐后期五代朝廷的不断努力。

第一节 知州制的实施过程

唐五代宋初，州郡长官正官为刺史，全称是"使持节某州诸军事某州刺史"。与正官相对的是代理官，包括检校刺史、摄刺史、权知刺史、知州事等①，其中知州事、摄刺史在唐后期最为常见。知州事进一步发展为"权知某州军州事"，即知州，宋初去"权"字，取代刺史成为州郡长官。

州郡长官由刺史而知州的转变，经历了漫长曲折的过程，对此学界已有一些研究。清木场东指出五代时期只有文臣知州和内职知州才能真正起到限制节度使权力的作用，故他的研究以后晋、后周的文臣和内职知州为重点②。邓小南指出京朝官知州、知县发展过程中，朝廷逐渐掌

---

① 陈志坚：《唐代州郡制度研究》，第42～44页。
② 清木场东：《五代の知州に就いて》，《东方学》第45辑，1973年，第44～56页。

握了地方的人事权力,知州、知县的普及在宋代官与差遣分离过程中发挥了重要作用①。李昌宪追溯了知州制在唐五代的实施情况,指出到了太宗端拱以后至真宗咸平二年(999),知州制才彻底取代刺史制②。陈志坚讨论了唐五代的知州,指出知州制问题上,五代朝廷最重要的进展是掌握了知州的委任权,南方知州制已向着取代刺史制迈进③。可以看出,知州制的不少问题,既有研究已经解决,但尚有一些问题未得到彻底厘清。由刺史而知州,不仅是名称的改变,更根本的是州郡长官职权以及州郡权力结构的调整。在这一过程中,知州的委任权是本文始终关注的问题;知州制与刺史制的差别、知州在不同时期的变化、不同区域的差异等,也将在讨论中尽量予以呈现。

一、唐后期的知州事和摄刺史

早在唐初,代理性质的知州事就已出现。武德二年(619)刘武周南下,唐并州总管齐王李元吉弃并州奔长安,总管府司马刘德威"总知留府事"④,是所见较早的知府(州)事例子。唐前期刺史暂缺时,例由别驾、司马等上佐知州事;亲王为都督、刺史,州府之务亦常委之上佐⑤。

自隋以降,州县"大小之官,悉由吏部,纤介之迹,皆属考功"⑥,州县官均由朝廷委任。安史之乱后,为加强管内控制,藩镇常以亲信僚佐、部将、子弟等代理支郡州务。同时为避免与朝廷直接冲突,藩镇所

---

① 邓小南:《宋代文官选任制度诸层面》,北京:中华书局,2021年,第20~30页。
② 李昌宪:《略论宋代知州制的形成及其历史意义》,《南京大学学报》1996年第4期,第73~76页。
③ 陈志坚:《唐代州郡制度研究》,第41~65页。
④ 《旧唐书》卷七七《刘德威传》,第2676页。
⑤ 严耕望:《唐代府州僚佐考》,原载《唐史研究丛稿》,香港:新亚研究所,1969年,收入《严耕望史学论文集》,第343~344页。
⑥ 魏徵、令狐德棻:《隋书》卷七七《儒林·刘炫传》,北京:中华书局,1973年,第1721页。

委州郡长官并不称正官刺史,而多以"知某州事""摄某州刺史"等名义代理州务。

(一)委任知州事、摄刺史的两种情况

唐后期藩镇所委知州事、摄刺史主要有两种情况:一是州郡长官缺人时临时委任;二是擅停刺史职务,另委人权知。

除了刺史卒于任上外,唐代刺史暂缺多见于新旧长官交替之际。除了古代交通条件下赴任需要一定时间这一基本因素外,不少士人因除授州郡偏远,不乐赴任,常常"或称敕牒不到,或作故滞留",导致"向外除授刺史,多经半年已上方至本任"①。新刺史虽未到达,中书门下敕牒下发州郡后,旧刺史却必须停任,由知州事署理州务。旧刺史停任后并不能马上离职,又必须等待新刺史到达方能正式交割职事。开成三年(838)山南道奏:"刺史得便令牒州停务,别差官知州事,待到交割,方可东西。"②正说明这一点。因此,新旧刺史交接之际,常须以知州过渡。

刺史空缺时,唐前期例由上佐知州事,唐后期朝廷依然如此强调。如大历十二年(777)五月一日敕:"刺史有故及缺,使司不得差摄,但令上佐依次知州事。"③不过,类似敕令在当时很难得到落实。这主要由两方面原因造成的。一是藩镇为强化管内控制,常以使府僚佐等取代上佐知州事。德宗时崔衍为宣歙观察使(796—805年在任),"歙州阙刺史,府中宾皆愿去",最后崔衍以崔倰"摄理之"④。这种临时代理有时还会影响正官到任。广德元年(763)九月,元结被授予道州刺史,"属西戎侵轶,至十二月臣始于鄂州(授)〔受〕敕牒,即日赴任",但在之前"节度使已差官摄刺史,兼又闻奏"。元结无奈,只好等待朝命,最终湖南观察使孟士

---

① 《唐会要》卷六九《刺史下》,第1431页。
② 《唐会要》卷六八《刺史上》,第1428页。
③ 《唐会要》卷六八《刺史上》,第1424页。
④ 元稹撰、周相录校注:《元稹集校注》卷五四《有唐赠太子少保崔公(倰)墓志铭》,上海:上海古籍出版社,2011年,第1326页。

源之奏被驳回，广德二年五月二十二日元结到任道州①。二是唐后期在四等官中处于通判官位置的上佐实际职能消失，趋于闲散②，主要用以优宗室、备贬谪、寄俸禄、位闲员③，任职者常"多非其才"。因此唐廷强调上佐知州事的同时，亦希望藩镇对上佐"精加铨择，不胜任者，具以状闻"④。这实际上给了藩镇舍弃上佐、另差使府僚佐知州的理由。元和四年(809)岭南观察使杨于陵就以岭南州郡上佐"悉是贬人，若遣知州，必致挠败"为由，请求继续差摄判官知州，"量才差择，以便荒隅"。"敕旨依奏"⑤。另外，唐后期也存在"刺史未至，上佐阙人，及别有句当处"的情况。大和四年(830)池州阙刺史，其"长史、司马并在上都守职"，宣州观察使于敖遂差周墀(身份不详)知池州。这种情况下，中书门下同意"许差录事参军知州事，如录事参军又阙，则任别差判官"⑥。大中八年(854)冬处州阙刺史，浙东观察使李讷委录事参军姜肃"知军州事"⑦，正是录事参军知州之例。

除了刺史缺人时委任知州事，藩镇还会直接擅停刺史职务，另委人代理州郡事务。唐玄宗"开元末，置诸采访使，许其专停刺史务，废置由己"⑧。安史之乱后，藩镇成为州郡上级，由采访使演变而来的观察使，具有监督、考课州县官员之责，甚至一度拥有专停刺史之权。永泰二年(766)九月二十二日敕：

---

① 元结：《唐元次山文集》卷一〇《谢上表》(广德二年道州进)，《四部丛刊》景印傅增湘双鉴楼藏明正德郭氏刊本，第4b页。
② 李锦绣：《唐后期的官制：行政模式与行政手段的变革》，收入黄正建主编：《中晚唐社会与政治研究》，第35~49页。四等官即长官、通判官、判官、主典，见长孙无忌撰、刘俊文笺解：《唐律疏议笺解》卷五《名例·同职犯公坐》，北京：中华书局，1996年，第396~400页。
③ 严耕望：《唐代府州僚佐考》，《严耕望史学论文集》，第345~348页。
④ 《唐会要》卷六八《刺史上》，第1424页。
⑤ 《唐会要》卷六八《刺史上》，第1423页。
⑥ 《唐会要》卷六八《刺史上》，第1424~1425页。
⑦ 《全唐文》卷七三二，张磻《新移丽阳庙记》，第7556页。
⑧ 《唐会要》卷七八《诸使中·采访处置使》，第1681页。

> 诸府刺史、都护大都督府长史有犯者,自今已后,降鱼书停务讫,然后推勘闻奏;如未降鱼书,不在推限。①

鱼书者,鱼为铜鱼符,"所以起军旅,易守长"②,分为两半,右鱼在州,左鱼在朝,新任刺史必须携带左鱼与州的右鱼合符,方能上任;书为敕牒,由中书门下颁降。唐代委任刺史,"左鱼之外,又有敕牒将之,故兼名鱼书"③。铜鱼符和敕牒均出自朝廷,"降鱼书停务",说明刺史由朝廷免官;"未降鱼书",说明是观察使停刺史职务。这表明永泰时观察使仍有停刺史职务之权。此后亦然,如大历三年(768):

> 颍州刺史李岵以事忤滑亳节度使令狐彰,彰使节度判官姚㥄按行颍州,因代岵领州事,且曰:"岵不受代,即杀之。"岵知之,因激怒将士,使杀㥄,与㥄同死者百余人。岵走依河南节度使田神功于汴州。④

令狐彰之所以能明目张胆地派姚㥄取代李岵代理颍州事务,正是由于其有停刺史职务之权。大历十二年五月十日,唐廷下敕:

> 诸州刺史替代及别追,皆降鱼书,然后离任,无事不得辄追赴使及出境。⑤

唐廷强调刺史替代或停务必须降鱼书,实质是表明只有朝廷有权任免刺史,正式收回观察使专停刺史之权。贞元三年(787)十月,唐廷再次重申:"刺史停务,则降鱼书。"不过,"此制自广德已后多不施行,又节将

---

① 《唐会要》卷六九《都督刺史已下杂录》,第1436~1437页。
② 《唐六典》卷八《门下省·符宝郎》,第253页。
③ 程大昌撰,许沛藻、刘宇整理:《演繁露》卷一《左符鱼书》,收入上海师范大学古籍整理研究所编:《全宋笔记》第4编第8册,郑州:大象出版社,2008年,第151页。
④ 《资治通鉴》卷二二四《唐纪四十》,大历三年十月乙巳条,第7203页。
⑤ 《唐会要》卷六九《都督刺史已下杂录》,第1437页。

怙权，刺史悉由其令，鱼书皆废"①，大历、贞元敕令并未得到完全落实。

(二)知州事、摄刺史的空间分布

总体而言，唐后期知州事、摄刺史是普遍存在的。但在不同区域，情况并不相同，其中以长期割据的两河地区和情况特殊的岭南地区最为常见。

安史乱后，两河藩镇长期割据，为重振中央集权，代德宪三朝与两河强藩发生了剧烈冲突。但这些冲突焦点在于节度使委任权，即节度使是否受代、其子弟部将是否可以承袭。元和中兴前，在尚未完全掌握节度使委任权的情况下，对于等而次之的州县官任命，唐廷更是无能为力。因此当时两河地区州郡长官，多为藩镇委任的知州事、摄刺史。

先说河北。贞元三年，权知沧州刺史程怀直奏请置景州，并请朝廷除授刺史，史称"河朔刺史不廷授几三十年"②，说明安史之乱爆发后，唐廷就失去了河北地区州郡长官委任权。宪宗元和七年(812)，河北依然"不申吏员"③。河朔三镇中，幽州卢龙镇"贞元初，本军之事，有大者合议于天子，自管内二千石已下择贤能"④，二千石即刺史，说明德宗时卢龙镇自除州郡长官。长庆元年(821)，节度使刘总归唐廷，唐廷颁布的德音提到卢龙"管内州县官吏肃存古等二百余人，悉是刘总选任材能，久令假摄，并与正授，用奖勤劳"⑤，可见穆宗时卢龙州县官依然由节度使除授，长期为假摄官，此时方改正官。开成二年(837)，节度使史元忠向朝廷奏请新铜鱼符时提到："当管八州准门下牒，追刺史右鱼各一只。臣勘自天宝末年，频有兵戈，并多失坠，伏乞各赐新铜鱼。"⑥如前所述，铜

---

① 《唐会要》卷六九《都督刺史已下杂录》，第1437页。
② 《新唐书》卷二一三《程怀直传》，第5996页。
③ 《宋本册府元龟》卷三七四《将帅部·忠五》，第946页。
④ 欧阳詹：《欧阳行周文集》卷四《大唐故辅国大将军兼左骁卫将军御史中丞马公(实)墓志铭并序》，《四部丛刊》景平湖葛氏传朴堂藏明刊本，第7b页。
⑤ 《元稹集校注》卷四〇《处分幽州德音》，第1013页。
⑥ 《册府元龟》卷六一《帝王部·立制度二》，第681页。

鱼符分为两半，右鱼在州，左鱼在朝，新任刺史必须携带左鱼与州的右鱼合符，方能上任。卢龙镇右鱼自天宝末失坠，开成二年方才请授，说明这八十二年间一直没有朝廷除授的正官刺史到任。魏博镇亦不申阙，元和七年田兴被牙兵拥立后，为获得朝廷支持，方才"申版籍，请官吏"①。同年十二月，魏博奏："管内州县官二百五十三员，内一百六十三员见差假摄，九十员请有司注拟。"②魏博管内三分之二的州县官见差假摄，表明这些官员由节度使委任，且未被奏请为正官。由卢龙、魏博情况推知，河朔三镇州郡长官，应以知州事、摄刺史为主。

次说河南。宪宗以前，河南割据藩镇管内刺史，不少亦为知州事或摄刺史。大历十一年(776)李灵曜为汴宋节度留后，"悉以其党为管内八州刺史、县令，欲效河北诸镇"③。八州刺史之一的高凭，事迹见于其子《高沐传》："父凭，从事于宣武军，知曹州事。李灵曜作乱，凭密遣使奏贼中事状，诏除曹州刺史。"④可见李灵曜委任高凭的职位实为知曹州事，高凭归降唐廷后，才除曹州刺史。石隐金原为李灵曜所委摄郓州刺史，归顺唐廷后正授郓州刺史⑤。其他六州刺史亦当为知州事或摄刺史。又淄青平卢镇元和以前"不申阙员"，元和十四年(819)节度使李师道被诛灭后，郓曹濮等十二州官员方归吏部除授⑥。

两河地区知州事、摄刺史的增多是因藩镇割据，岭南、桂管、容管、黔中、安南等镇则属于另一种情况。这些地区地处偏远，环境恶劣，州小俸薄，常为贬官之所，待选者视为畏途，刺史缺额严重，故代理现象比较常见。李商隐在桂管观察使郑亚(847—848年在镇)幕府时，所作

---

① 《资治通鉴》卷二三八《唐纪五十四》，元和七年八月，第7694页。
② 《唐会要》卷七五《选部下·杂处置》，第1615页。
③ 《资治通鉴》卷二二五《唐纪四十一》，大历十一年八月，第7238页。
④ 《旧唐书》卷一八七下《忠义下·高沐传》，第4911页。
⑤ 《宋本册府元龟》卷一六四《帝王部·招怀二》，大历十一年九月条，第370页。
⑥ 《宋本册府元龟》卷六三一《铨选部·条制三》，元和十四年三月条，第2034页。

《为荥阳公桂州署防御等官牒》共计十九道，其中四道为州郡长官，分别为差知蕃州事凌绰、知环州事林君霈、摄严州刺史李遇、知古州事秦轲①。贞元中，岭南观察使李复上奏："南方事宜素异，地土之卑，上佐多是杂流，大半刺史见阙，请于判官中拣择材吏，令知州事。"宪宗即位后，禁止藩镇以判官知州。岭南观察使杨于陵以岭南"州县雕残，刺史阙员，动经数岁。至于上佐，悉是贬人，若遣知州，必致挠败"为由，请求继续差摄判官知州，"量才差择，以便荒隅"。"敕旨依奏"②。

除了以判官知州外，岭南等镇亦采取先以散试官及州县官充司马，然后根据上佐知州事的规定，再以司马知州事的变通方法，来委任州郡代理官。开成四年（839）三月，中书门下奏：

> 岭南小州，多是本道奏散试官及州县官充司马知州事，不三两考便请正除。侥幸之门，莫甚于此。须作定制，令其得中。应奏授上佐知州事，起今已后，一周年在本任无破缺，即任奏请充权知刺史。宦途之内，犹甚径捷，仍须事一周年考，不得将两处相续。③

由于岭南刺史缺额严重，唐廷并不反对使府以散试官及州县官充司马知州事的做法，但反对由司马知州事直接改正官刺史。中书门下强调，上佐知州事必须任满一周年且本任无破缺的情况下，先"奏请充权知刺史"，再由权知刺史改正官刺史，"不得将两处相续"，即知州不得直接改刺史，以防官员升迁过快。这同时表明知州事低于权知刺史。

唐后期州郡长官由刺史还是知州事、摄刺史担任，实质是州郡长官委任权问题。唐廷拥有州县官法定除授权，正常情况下委任刺史；藩镇则只能以知州事、摄刺史控制支郡。因此，唐后期知州事、摄刺史主要

---

① 李商隐：《樊南文集补编》卷八《为荥阳公桂州署防御等官牒》，冯浩详注，钱振伦、钱振常笺注：《樊南文集》，上海：上海古籍出版社，1988年，第778～786页。
② 《唐会要》卷六八《刺史上》，第1423页。
③ 《唐会要》卷六八《刺史上》，第1429页。

由藩镇委任。但这并不意味着所有的知州事、摄刺史都是由于藩镇跋扈导致的。岭南等道的情况表明，在刺史阙员严重的情况下，为了保证地方行政的正常运转，唐廷允许节度、观察使选用合适人选代理州务，且称职者可以转为正授。其他非割据藩镇同样存在知州事、摄刺史，亦可由此获得解释，只是不及两河地区和岭南等道普遍而已。

唐后期州郡代理官中，以知州事和摄刺史最常见，二者亦有差别。前引桂管观察使郑亚所差州郡长官中，李商隐称摄刺史李遇为"使君"，指出李遇"代绪清华"，出身高贵，材质卓著，观察使郑亚礼遇贤才，"请摄严州刺史"；知蕃州事凌绰、知环州事林君需、知古州事秦轲三人均为军将，李商隐牒文中称其为"尔"，强调观察使对他们的知遇之恩，告诫语气亦相对严厉①。这表明知州事任职者身份地位低于摄刺史。不过由于二者职任无别，史籍中又常常混用。如兴元元年(784)五月，义武军节度使张孝忠以程华(即程日华)任沧州，其职《通鉴》作"摄沧州刺史"，《旧唐书·程日华传》为"知沧州事"②。贞元十年(794)七月，昭义军节度使李抱真部将元谊叛，其职《旧唐书》作"权知洺州事"，《通鉴》作"摄洺州刺史"③。

知州事、摄刺史等均可正授为刺史。唐代宗大历八年(773)相卫节度使薛嵩卒，其族子薛雄"知卫州事"，"特诏授卫州刺史"④。又：

> (建中二年)十二月，以淄青李纳之降将摄密州刺史马万通为密州刺史、兼御史中丞……(三年)三月，田悦将摄洺州刺史田昂以州降，授检校右常侍、兼洺州刺史、御史中丞，实封一百户。四月，

---

① 《樊南文集补编》卷八《为荥阳公桂州署防御等官牒》，《樊南文集》，第778～786页。
② 《资治通鉴》卷二三一《唐纪四十七》，第7433页；《旧书》卷一四三《程日华传》，第3904页。
③ 《旧唐书》卷一三《德宗纪下》，第380页；《资治通鉴》卷二三五《唐纪五十一》，第7562页。
④ 《旧唐书》卷一二四《薛嵩附族子雄传》，第3527页。

李纳将摄德州刺史李士真、摄棣州刺史李长卿皆以州降，因授士真兼御史中丞、德州刺史，长卿检校秘书监、兼为棣州刺史，各实封一百户。①

马万通、田昂、李士真、李长卿皆因归顺唐廷，从摄刺史正授刺史。又长庆初年(821)，白居易曾草权知巴州刺史乔弁、权知陵州刺史李正卿、权知朔州刺史乐璘正授刺史制②，三人均自权知刺史正授本州刺史。

二、唐末五代的权知军州事

(一)唐末的权知军州事

与唐后期相比，唐末州郡代理官最大的变化是"权知军州事"的大量出现。权知军州事，包括知军事和知州事，"军谓兵，州谓民政焉"③。州郡代理官从"知州事"转变为"权知军州事"，意味着州郡事务中军政事务凸显，州郡长官军权增强，这与唐玄宗时刺史兼军事使职、元和十四年(819)增加刺史军权的改革和黄巢起义密切相关。唐前期刺史军权十分有限，仅统辖州兵④，虽全称为"使持节某州诸军事某州刺史"，"而实无节，但颁铜鱼符而已"⑤。唐玄宗时部分刺史开始兼军使，但尚不普遍，主要见于边境九节度⑥。如"横海、高阳、唐兴、恒阳、北平等五军皆本州刺史为使。(原注：其兵各一万人)"，分别由沧州、瀛州(易州)、莫

---

① 《宋本册府元龟》卷一六五《帝王部·招怀三》，第371页。
② 《白居易文集校注》卷一五《乔弁可巴州刺史制》，卷一六《权知陵州刺史李正卿正除刺史制》《权知朔州刺史乐璘正授兼御史中丞制》，第764、841、865页。
③ 《文献通考》卷六三《职官考十七》，第1896页。
④ 马俊民：《唐朝刺史军权考》，收入南开大学历史系编：《南开大学历史系建系七十五周年纪念文集》，天津：南开大学出版社，1998年，第61~68页；夏炎：《唐代刺史的军事职掌与州级军事职能》，《南开学报》2006年第4期，第58~65页。
⑤ 杜佑撰、王文锦等点校：《通典》卷三三《职官十五》，北京：中华书局，1988年，第908页。
⑥ 孟宪实：《唐代前期的使职问题研究》，收入吴宗国主编：《盛唐政治制度研究》，上海：上海辞书出版社，2003年，第191~198页。

州、恒州、定州刺史兼任①。刺史兼军使后军权大增。贞元二年(786)六月癸未,"横海军使、沧州刺史程日华卒,以其子怀直权知军州事"②。程怀直所任权知军州事,知州事为知沧州,知军事即知横海军。元和十四年四月,在横海军节度使乌重胤建议下,唐廷下诏:

> 诸道节度、都团练、防御、经略等使,所管支郡除本州军使外,别置镇遏、守捉兵马者,并令属刺史。如刺史带本州团练、防御、镇遏等使,其兵马名额便隶此使;如无别使,即属军事。其有边于溪洞、接连蛮蕃之处,特建城镇不关州郡者,则不在此限。③

诏书规定藩镇治州之外的外镇兵,改由支郡刺史统辖。这对于增强支郡力量以制衡使府,实为关键措施。此前不少支郡刺史就兼团练、防御、镇遏等使,这次改革使支郡刺史军权普遍化,为唐末"权知军州事"的大量出现提供了条件。黄巢起义导致唐帝国统治秩序崩溃。为应对世乱,唐末刺史基本由武人出任,州郡军事力量明显增强,南方不少割据势力如钱镠、杨行密等甚至以州发家,军政事务在州郡事务中重要性凸显,"知军事"、维持本地秩序成为州郡长官首要职能。由此"权知军州事"迅速取代知州事、摄刺史等,成为最主要的州郡代理官。

胡三省指出:"未有朝命为刺史,止称知州事。"④知州事与刺史的差别在于是否正式得到朝命,权知军州事与刺史之别亦在于此。黄巢起义

---

① 《唐六典》卷五《兵部·兵部郎中》,第158页。高阳军始置于瀛州,开元二十年(732)移易州,由易州刺史兼任。《唐会要》卷七八《诸使中·节度使》,第1691页。

② 《旧唐书》卷一二《德宗纪上》,第353页。《旧唐书》系此事于贞元二年五月,后接七月,六月无纪事。案,贞元二年五月己丑朔,无癸未;六月戊午朔,癸未二十六日,知《旧唐书》该条辛酉(初四日)前漏"六月"二字。又贞元二年沧州尚未建节,三年方升为横海军节度使(《新唐书》卷六六《方镇表三》,第1846页),程日华所任横海军使并非横海军节度使之省称。

③ 《册府元龟》卷六〇《帝王部·立制度一》,第676页。

④ 《资治通鉴》卷二六四《唐纪八十》,天复三年四月,第8606页。

后,唐廷虽然失去对大多数地区的控制,但暂时无力取代唐廷的割据势力仍然表面上遵奉中央,甚至打着唐廷旗号进行兼并。这种情况下,先委任亲信部将为权知军州事,再向唐廷请朝命,就成为唐末常见的州郡长官任用模式①。

唐末的州郡代理官以权知军州事为主,但知州事和摄刺史并未彻底消失。如中和年间(881—884)诸道行营都统、淮南节度使高骈所委州郡代理官,就有摄和州刺史赵词②、知和州梁缵③、知舒州事高湿④。另外,唐末不少"知州事"实为"权知军州事"省称。据《桂苑笔耕集》,中和三年,高骈所委杨行密之职为"知庐州军州事",《通鉴》则省作"知庐州事"⑤。又据《吴越备史》,光启二年(886)十二月,浙西节度使周宝承制以钱镠为"权知杭州军州事",《通鉴》省作"知杭州事"⑥。

(二)五代朝廷委任权知军州事的两种情况

五代州郡长官中刺史仍占据绝对优势,权知军州事则成为与刺史相对的主要代理官,史籍中所见五代"知州"基本为权知军州事简称。唐后期知州事、摄刺史以及唐末权知军州事主要是在藩镇推动下发展起来的;随着五代中央军事优势的重建,朝廷重新掌握了境内节帅和州郡长官委任权,权知军州事基本改由朝廷除授,仅在特殊情况下才会有自行权知或藩镇委任者。晋汉之际,契丹入寇,中原板荡。天福十二年(947),濮州就粮归捷指挥使张建雄、金州守御指挥使康彦环皆"因乱害本州刺史,

---

① 陈志坚:《唐代州郡制度研究》,第54页。
② 崔致远撰、党银平校注:《桂苑笔耕集校注》卷一三《赵词摄和州刺史》,北京:中华书局,2007年,第446~447页。
③ 《资治通鉴》卷二五七《唐纪七十三》,光启三年四月,司马光《考异》引《广陵妖乱志》:"中和三年,高骈差梁缵知和州。"第8356页。
④ 《资治通鉴》卷二五五《唐纪七十一》,中和四年三月,第8303页。
⑤ 《桂苑笔耕集校注》卷四《奏杨行敏知庐州军州事状》,第109页;《资治通鉴》卷二五五《唐纪七十一》,中和三年三月,第8290页。
⑥ 钱俨撰、李最欣点校:《吴越备史》卷一,收入傅璇琮等主编:《五代史书汇编》,杭州:杭州出版社,2004年,第10册,第6176页;《资治通鉴》卷二五六《唐纪七十二》,第8341页。案,当时授杭州于钱镠者实为董昌。

自知州事"①，是时局动荡时自行权知者。显德五年（958）二月，隰州刺史孙议暴卒，建雄节度使杨廷璋对都监李谦溥言："今大驾南征，（泽）〔隰〕州无守将，河东必生心；若奏请待报，则孤城危矣。"即牒谦溥"权隰州事"②。杨廷璋委支郡知州，情况特殊。从"奏请待报"来看，一般情况下，节帅并无委任支郡知州的权力。

唐末权知军州事与刺史之别在于是否有朝命，五代二者均由朝廷除授，那为何朝廷不直接授予刺史呢？一来州镇长官移代之际，若一时未有合适人选，以知州代理比较方便；二来节帅不在镇时，不便另委正官，以避免与现任节帅冲突。知州任期可长可短，任职者资历可深可浅，亦比任命刺史灵活。

总的来看，五代知州主要有两种情况：一是节帅不在镇时由僚佐（主要是节度副使）知州；二是州镇长官缺人时由知州临时代理。

五代节帅不在镇时，朝廷一般不委任他官知州，而是由使府僚佐权知，以避免与节帅直接冲突。唐庄宗时"诸藩府连帅或屯师于边，或在阙下"，朝廷"皆遣人权典后事"③。后唐以降，随着禁军势力的勃兴，军司长官领境内节镇者日多。禁军将领或在京师掌宿卫，或出征前线，在镇者反而是少数。这种情况下，另委僚佐知州就变得十分必要。天成四年（929）以前，权知者身份比较多元。如同光元年（923）十一月庚申，以任圜"充成德军节度使行军司马，知军府事"④，当时成德节度使宰相郭崇韬正在汴州。同光三年九月，"华方阙帅，（边）蔚为记室，诏令权领军府事"⑤，当时华州节度使毛璋为征蜀行营左厢马步都虞候⑥。可见天成四年前，行军司马、记室参军等在节帅不在镇时，均可权知军府事。天成

---

① 《旧五代史》卷一〇〇《汉高祖纪下》，天福十二年六月丙寅条，第1558页。
② 《资治通鉴》卷二九四《后周纪五》，显德五年二月丙子条，第9579页。
③ 《册府元龟》卷三一四《宰辅部·谋猷四》，第3705页。
④ 《旧五代史》卷三〇《唐庄宗纪四》，同光元年十一月庚申条，第478页。
⑤ 《旧五代史》卷一二八《边蔚传》，第1968页。
⑥ 《旧五代史》卷三三《唐庄宗纪七》，同光三年九月庚子条，第521页。

四年六月，唐明宗对僚佐知州做出重要规定："诸道节度行军司马，名位虽高，或帅臣不在，其军州事节度副使权知。"①此后所见就基本为节度副使知州了。如后晋颜衎为河阳三城节度副使、知州事②；不久改天平军节度副使，节度使景延广在朝"掌卫兵，颜衎知州事"③。安审琦后晋时"授河阳节度副使、知军府事"，"改定州节度副使、知军府事"，后汉"授郓州节度副使、权知军府事"④。王璘（字匡时）后晋时授"义成军节度副使、权知军州事"，"连改兖、宋、郓等州节度副使，皆权知军州事"⑤。天福十二年（947）二月，"建雄留后刘在明朝于契丹，以节度副使骆从朗知州事"⑥。

五代州镇长官缺人时，常以知州过渡。与唐代强调上佐知州不同，五代基本由朝廷委任新官充任，任职者既有使府僚佐，也有他镇节度、他州刺史，还有朝廷文臣朝官和内职。如后唐汴州宣武军缺帅时，由汴州知州掌军府事，任职者有宣武节度副使王瓒、翰林学士承旨户部尚书卢质、租庸副使孔循、宣武节度推官高逊韦俨、枢密使孔循、陕州节度使石敬瑭、枢密使赵敬怡、端明殿学士赵凤⑦，任职者身份相当多元。需要说明的是，这些过渡性质的知州任期较短，一般只有数月甚至数天。

节度副使知州时，节镇有正官节度使，虽不在任，仍可遥控节镇。如长兴四年（933），滑州节度使李赞华朝见，久留京师，唐明宗言："卿

---

① 《五代会要》卷二五《幕府》，第 396 页。
② 《宋史》卷二七〇《颜衎传》，第 9254 页。
③ 《宋史》卷二六三《窦仪传》，第 9092 页。
④ 李擢：《大宋故武宁军节度副使光禄大夫检校司徒兼御史大夫上柱国安定郡开国侯食邑一千户安府君（审韬）墓志铭并序》。拓片及录文参洛阳市文物考古研究院：《河南省洛阳市北宋安藩（审）韬墓发掘简报》，《洛阳考古》2015 年第 1 期，第 52～58 页。案，录文将志题"武宁军节度副使"误作"武宁军节度使"。
⑤ 王光乂：《王匡时墓志》，录文及拓片见章红梅校注、毛远明审定：《五代石刻校注》一六七，南京：凤凰出版社，2017 年，第 539～540 页。志主名原书误作"舜"。
⑥ 《资治通鉴》卷二八六《后汉纪一》，天福十二年二月庚辰条，第 9344 页。
⑦ 朱玉龙：《五代十国方镇年表》，第 1～3 页。

离镇累月,往来申报,劳扰民吏,宜早归镇。"①表明节帅不在镇时,节镇事务也需要"往来申报"节帅。后汉史弘肇"领宋州节,而掌侍卫,留京师,使节度副使治府事",又"委亲吏杨乙收属府公利,乙依势骄横,合境畏之如弘肇;副使以下,望风展敬,乙皆下视之,月率钱万缗以输弘肇,士民不胜其苦"②。可见,对于节帅委任的亲吏,知州事的副使也要"望风展敬"。这种情况下,知州能否有效掌控军府事务,尚取决于是否得到节帅信任与支持,遑论触动节帅利益。文臣朝官和内职知州则不同,他们知州时,本州镇一般处于阙帅状态,他们不仅能有效掌控本州镇事务,也更倾向于维护朝廷利益,是宋初"坐销外重分列之势"③的知州之前身。这一点清木场东在对五代知州的研究中,已着重指出④。如后晋成德节度使杜重威(即杜威)在恒州(即镇州)"重敛其民,户口凋敝,又惧契丹之至"⑤,开运二年(945)擅自离镇。朝廷以:

> 殿中监王钦祚权知恒州事。会乏军储,诏钦祚括籴民粟。杜威有粟十余万斛在恒州,钦祚举籍以闻。威大怒,表称:"臣有何罪,钦祚籍没臣粟!"朝廷为之召钦祚还,仍厚赐威以慰安之。⑥

王钦祚知恒州时,将前节帅杜重威聚敛所得举籍以闻,显然是维护朝廷利益的。不过当杜重威抗议时,"朝廷为之召钦祚还"。广顺三年(953)正月,阁门使、知青州张凝奏陈八事,皆为"于人不便,积久相承"之弊政,其中不少为之前节帅设立的苛捐杂税,如刘铢为青州帅时(947—950年),"于苗亩上每亩征车脚钱,每顷配柴炭"。后周朝廷规定这些弊政并

---

① 《册府元龟》卷四八《帝王部·从人欲》,第546页。
② 《资治通鉴》卷二八八《后汉纪三》,乾祐元年十一月及胡三省注,第9403页。
③ 《宋会要辑稿》职官一之七四引《神宗正史·职官志》,第2978页。
④ 清木场东:《五代の知州に就いて》,《东方学》第45辑,1973年,第44~56页。
⑤ 《新五代史》卷五二《杜重威传》,第670页。
⑥ 《资治通鉴》卷二八五《后晋纪六》,开运二年九月,第9297页。

令止绝，青州"属郡淄、登、莱等州，如有前项旧弊，亦依青州例施行"①。张凝之举，对于限制节帅聚敛，维护朝廷利益，实有裨益。

三、宋初知州制的实施方式及地域差别

（一）宋初知州制的实施方式

五代朝廷掌握知州委任权后，知州逐渐被用来限制藩镇权力。到了宋初，这一制度被发扬光大，成为解决藩镇问题的重要措施。马端临言：

> 宋太祖开基，革五季之患，召诸镇会于京师，赐第以留之，分命朝臣出守列郡，号"权知军州事"，"军"谓兵，"州"谓民政焉。其后，文武官参为知州军事。②

藩镇问题的解决，并非"召诸镇会于京师，赐第以留之，分命朝臣出守列郡"这么简单，这种直接替换在任节帅、容易与节帅冲突的方式，恰恰是宋初刻意避免的。宋初知州制的实施，多是选择节帅不在镇、离任或死亡之际，以相对弹性的方式，化解来自藩镇的阻力。

五代节帅不在镇时，多以节度副使权知，宋初则"稍命文臣权知"③。建隆四年（963），"贝州节度使张光翰来朝，遣（给事中刘）载权知州事。光翰归镇，载还，知贡举"④。同年"襄州节度慕容延钊征湖南，以（太常卿边）光范权知州事……是冬郊祀，召还。会延钊卒，复知襄州"⑤。节度州如此，普通州郡亦如此。太平兴国五年（980）七月，"命知莱州殿中丞郑浚文、知单州左赞善大夫刘原德并通判本州事，以刺史太原杨重进、卢汉赟赴本任故也"⑥。可见郑浚文、刘原德均是在刺史不在任时知州

---

① 《册府元龟》卷四八八《邦计部·赋税二》，第5843页。
② 《文献通考》卷六三《职官考十七》，第1896页。
③ 《长编》卷六，乾德三年三月，第152页。
④ 《宋史》卷二六二《刘载传》，第9081页。
⑤ 《宋史》卷二六二《边光范传》，第9080页。
⑥ 《长编》卷二一，第477~478页。点校本标点有误。

的，刺史赴本任后改本州通判。

五代节帅移代时，常以知州过渡，任职者身份多元，但任期较短。宋初节帅移镇或死亡时，朝廷依然遣人知州。不同之处在于，宋初主要以内职和文臣充任，文臣知州越来越多；且任期明显变长，不少州镇在委任知州后，逐渐不再除授正官节度、刺史。如秦州，宋初长官分别为雄武节度使王景（956—961年，正帅）、武德使王仁赡（961年，知州）、尚书左丞高访（961—962年，知州）、雄武节度使吴廷祚（962—964年，正帅）、刑部侍郎刘熙古（964—968年，知州），其中吴廷祚是秦州最后一任正官节帅，刘熙古以降，秦州长官均为知州[1]。

秦州的例子在宋初具有普遍性。节帅移镇或死亡之际，往往成为州郡长官改知州的契机。开宝二年（969），灵州朔方军节度使冯继业改邠州静难军节度使，考功郎中段思恭知灵州[2]；开宝三年四月，潞州昭义军节度使李继勋徙镇魏州天雄军，内客省使丁德裕权知潞州[3]；端拱元年（988）八月，邓州武胜军节度使钱俶薨[4]，右骁卫大将军赵延进知邓州[5]；冯继业等改镇、钱俶去世后，灵州、潞州、邓州长官均改为知州。节度州如此，普通州郡亦如此。如和州，咸平六年（1003），在任十七年的刺史钱俨去世后[6]，长官改为知州。本节下文考察了北方80个府州军知州制确立的时间节点，并观察了节点之前任职的节帅、刺史等，发现他们基本属于成长于五代和宋太祖时的武将群体，取代他们的知州主要为宋代培养的文臣京朝官和内职武臣。这表明宋初知州制的推行过程中，采用了新人新办法（知州）、老人老办法（刺史）的方式，尽量不直接损害

---

[1] 李之亮：《宋川陕大郡守臣易替考》"秦州"条，成都：巴蜀书社，2001年，第450~451页。

[2] 《长编》卷一〇，开宝二年八月庚辰、九月庚戌条，第230~232页。

[3] 《长编》卷一一，开宝三年四月乙亥条，第245页。

[4] 慎知礼：《钱俶墓志》，拓片见《北京图书馆藏中国历代石刻拓本汇编》第37册，第193页；录文参《全宋文》卷四二，第3册，第67页。

[5] 《宋史》卷二七一《赵延进传》，第9300页。

[6] 《宋史》卷四八〇《钱俨传》，第13914页。

原来武将群体的利益，等到他们改任或自然死亡之后，再以知州取而代之。这对于减少知州制推行的阻力，起到了重要作用。

除了文臣、内职知州，宋初亦有不少他镇节度使、他州刺史知州。如开宝四年宋平南汉，为奖军功，"以潭州防御使潘美领山南东道节度使，朗州团练使尹崇珂领保信节度使，同知广州如故"①。潘美、尹崇珂均以他镇节帅知广州。又开宝七年，"德州刺史郭贵权知邢州"②，是他州刺史知州之例。潘美、尹崇珂在广州任期两年（971—973年）③，郭贵权知邢州三年（973—976年）④，均非临时代理。这种情况下，潘美、尹崇珂的节度使之职和郭贵的刺史之职，均成为身份标识，与本镇、本州职务逐渐疏离。这种方式，一方面原来节帅、刺史的身份地位得到保障，另一方面又获得实际差遣，并未投闲，大大减少了知州制推行的阻力。在知州制的实施过程中，这种武官身份与差遣分离的做法，重要性仅次于宋初的文臣知州，却更容易为节帅、刺史接受，更利于减少知州制实施的阻力。随着他镇节度、他州刺史知州的增多，知州制全面铺开，节度、防御、团练使和刺史则逐渐虚衔化，与本州镇脱离关系，形成宋代武阶的正任序列⑤。

以上是宋初知州制实施的几种主要方式。可以看出，类似做法五代多已出现，经过宋太祖的改造和变通，知州开始长期任职，大大加速了取代刺史的进程。因此，尽管知州制度并非宋太祖的"发明"，但这一制度真正用来取代刺史节帅、削弱藩镇势力，却主要是宋太祖的贡献。不过，正如邓小南所言，宋初的知州制"不是赵匡胤们预先设计好统一向全国各地推行的，而是在由个别到普遍的实施过程得到了肯定"⑥。开宝五

---

① 《长编》卷一二，开宝四年五月丁酉条，第265页。
② 《长编》卷一五，开宝七年二月甲申条，第317页。
③ 李之亮：《宋两广大郡守臣易替考》，成都：巴蜀书社，2001年，第1～2页。
④ 李之亮：《宋河北河东大郡守臣易替考》，成都：巴蜀书社，2001年，第198页。
⑤ 赵冬梅：《文武之间：北宋武选官研究》，第135～151页。
⑥ 邓小南：《宋代文官选任制度诸层面》，第24页。

年，宋太祖以左补阙、知彭州辛仲甫为西川兵马都监，召见曰："汝见王明乎？朕已用为刺史。汝颇忠淳，若公勤不懈，不日亦当为牧伯也。"①宋太祖之言表明，他心中理想的州郡长官仍是刺史，只是牧伯不可轻授，需待有功者。这导致实任刺史逐渐减少，知州则愈加普遍。

（二）宋初知州制实施的地域差别

宋初知州制的实施是有地域差别的，大致上，南方早于北方②。那么南方和北方内部是否有差别呢？我们可以利用学界已有的成果，进行相对全面的考察。

乾德元年，宋平荆南，得州3；平湖南，得州14③。李之亮列出了其中9州当年的州郡长官：

表3.1 乾德元年荆湖州郡长官表

州郡	长官	官与差遣	页码	州郡	长官	官与差遣	页码
荆南	王仁赡	枢密承旨权知④	2	朗州	薛居正	枢密直学士、户部侍郎权知	115
澧州	白全绍	澧州刺史	141
潭州	吕余庆	户部侍郎权知	230	衡州	李昉	给事中权知	274
道州	王继勋	先权知；后真拜道州刺史	309	全州	药继能	先权知，后真拜全州刺史	401
永州	安守忠	永州刺史	340	郴州	张继勋	郴州刺史	370

说明：1. 本表据李之亮《宋两湖大郡守臣易替考》（成都：巴蜀书社，2001年）制。

2. 材料出处与李之亮相同者，不另外出注；不同者出注。下同。

3. 州郡入宋第一年任职无考者不计；不足一月者不计，列下一人。下同。

---

① 《长编》卷一三，开宝五年底，第293页。宋平南汉时，右补阙王明为随军转运使，"数万众仰给无阙。每下郡邑，必先收其版籍，固守仓库，颇亦参预军画"，宋太祖以之为"秘书少监，领韶州刺史、广南诸州转运使"。《长编》卷一二，开宝四年五月，第265页。

② 此处南方、北方是就宋初的政治版图而言的，并非纯粹的地理区位。南方指的是平定南方诸政权的区域，北方指北宋继承的后周旧境，不包括北汉。

③ 《长编》卷四，乾德元年二月壬辰、三月壬戌条，第85、87页。

④ 王仁赡枢密承旨据《长编》卷四，乾德元年二月庚子条，第86页。

乾德三年，宋平后蜀，得州46①，李之亮列出当年6州长官，本文补汉州、阆州。

表3.2 乾德三年蜀地州郡长官表

州郡	长官	官与差遣	页码	州郡	长官	官与差遣	页码
成都	吕余庆	枢密直学士、兵部侍郎权知②	1	梓州	冯瓒	枢密直学士权知③	59
利州	张秉	内酒坊使权知④	153	兴元	安守忠	知兴元府，武臣	132
夔州	李光睿	内衣库使权知	201	兴州	赵彦韬	兴州刺史，后蜀官	167
阆州	张秉⑥	右赞善大夫		汉州	王晋卿⑤	汉州刺史	

说明：据李之亮《宋川陕大郡守臣易替考》制。

开宝四年，宋平南汉，得州60⑦，李之亮列出了其中13州当年的州郡长官，本文另补崖、儋、振、万安4州。

表3.3 开宝四年两广州郡长官表

州郡	长官	官与差遣	页码	州郡	长官	官与差遣	页码
广州	潘美、尹崇珂	山南东道节度使、保信军节度使权知	1—2	韶州	王明	韶州刺史，文臣	40
				潮州	唐杲	知州	71
连州	李吉	知州	105	南雄	田继勋	太子中允权知	135
英州	王元吉	太子洗马权知	168	端州	韩溥	承议郎行监察御史知	212

---

① 《长编》卷六，乾德三年正月丁酉条，第146页。
② 吕余庆本官据《长编》卷五，乾德二年四月乙丑条，第125页。
③ 冯瓒枢密直学士据《长编》卷六，乾德三年二月癸卯条，第148页。
④ 宋玄庆：《张秉墓志》，拓片见《北京图书馆藏中国历代石刻拓本汇编》第37册，第54页；录文见《全宋文》卷六一，第3册，第436页。
⑤ 《长编》卷七，乾德四年十月乙丑条，第180页。
⑥ 《宋史》卷三〇一《张秉传》，第9995页。此为文官张秉，原为南唐降将，与内酒坊使张秉非一人。
⑦ 《长编》卷一二，开宝四年二月，第260～261页。

第三章 缔造分权：州郡权力结构的变化 / 177

续表

州郡	长官	官与差遣	页码	州郡	长官	官与差遣	页码
康州	李浚	知州	236	惠州	赵鼎崇	知州	263
桂州	药继能	全州刺史权知	286	邕州	范旻	度支员外郎权知	325
雷州	檀道懿	大理评事权知	372	琼州	周仁俊	太子中允权知①	399
万安	朱光毅	原南汉官权知		崖州	骆崇璨	原南汉官权知	
儋州	谭崇	原南汉官权知		振州	杨舜卿	原南汉官权知	

说明：据李之亮《宋两广大郡守臣易替考》制。

开宝八年，宋平江南，得州19，军3②，李之亮考出其中13州军当年长官。

表3.4　开宝八年江南旧地州郡长官表

州郡	长官	官与差遣	页码	州郡	长官	官与差遣	页码
昇州	杨克让	左补阙权知	1	宣州	李干	殿中丞知	43
歙州	李度	知州	86	池州	樊知古	右赞善大夫权知③	117
南平	李雅	虞部员外郎权知	206	洪州	王明	黄州刺史权知，文④	291
江州	张霁	右补阙权知⑤	336	袁州	王漙	殿中丞权知	431
抚州	刘觉	侍御史权知	468	筠州	郑菁⑥	赞善大夫权知	
润州	马处璘	太子洗马	133	建州	骆仲舒	给事郎权知⑦	40
剑州	郭玭	知州	119				

---

① 《宋会要辑稿》职官四七之一，第4265页。崖、儋、振、万安4州出处同。
② 《长编》卷一六，开宝八年十二月己亥朔条，第353页。
③ 樊知古右赞善大夫据《宋史》卷二七六《樊知古传》，第9394页。
④ 王明黄州刺史据《宋史》卷二七〇《王明传》，第9266页。
⑤ 《长编》卷一七，开宝九年四月丁巳条，第370~371页。
⑥ 雍正《江西通志》卷四六《秩官一》，《景印文渊阁四库全书》第514册，第501页。
⑦ 光绪《湖南通志》卷一三四《选举志二》，《续修四库全书》第664册，第401页。

说明：润州据李之亮《宋两浙路郡守年表》（成都：巴蜀书社，2001年），建州、剑州据李之亮《宋福建路郡守年表》（成都：巴蜀书社，2001年），其他据李之亮《宋两江郡守易替考》（成都：巴蜀书社，2001年）。

太平兴国三年四月，平海军节度使陈洪进献漳、泉二州。① 宋太宗以陈洪进二子"平海节度副使文显为通州团练使，仍知泉州；泉州衙内都指挥使文颢为滁州刺史，仍知漳州"②。"五月一日，洪进入朝请吏，遂以卫尉寺丞刘援来知（漳）州事。"③

同年五月，吴越纳土，得州13，军1④，李之亮考出其中12州当年长官。

表3.5　太平兴国三年吴越旧地州郡长官表

州郡	长官	官与差遣	页码	州郡	长官	官与差遣	页码
杭州	范旻	郎中权知	2	越州	李准	起居郎权知	48
苏州	阎象	殿中丞权知	90	湖州	王洞	将作监丞权知	175
婺州	阎象	殿中丞权知	215	常州	丁德裕	内客省使权知	296
温州	何士宗	知州，文臣	359	台州	毕士安	右赞善大夫权知	398
衢州	张守则	殿中丞权知	463	睦州	李继敏	殿中丞权知	502
秀州	元秀文	知州	534	福州	侯赟	右卫将军权知⑤	1

说明：福州据李之亮《宋福建路郡守年表》，其他据李之亮《宋两浙路郡守年表》。

太平兴国四年五月，平北汉，得州10，军1。随后宋太宗命户部郎中"刘保勋知太原府"，"分命常参官八人知忻、代等州，右赞善大夫臧丙

---

① 《长编》卷一九，太平兴国三年四月己卯条，第426页。
② 《长编》卷一九，太平兴国三年四月癸未条，第427页。
③ 朱熹：《晦庵先生朱文公文集》卷八〇《漳州守臣题名记》，《四部丛刊》景明嘉靖刊本，第4a页。
④ 《长编》卷一九，太平兴国三年五月乙酉朔条，第427页。
⑤ 《宋史》卷二七四《侯赟传》，第9361页。

知辽州，秘书丞马汝士知石州"①。

以上所列州郡并非南方诸州和北汉州郡的全部，但其代表性是毋庸置疑的，这为我们了解宋平诸国后的政策提供了丰富的信息。首先，宋新入疆土并未除授节度使，基本以知州为之，宋平诸国的过程与知州制的展开是同步的，新入州郡基本为直属州。随着统一的进展，南方直属州数量远远超过北方。其次，宋廷委任的州郡长官中，文臣京朝官知州占据绝对优势，且越往后比例越高。可见宋初用以限制藩镇的文臣京朝官知州，最初主要实施于南方州郡和北汉旧境，而非藩镇势力最强的后周旧境。由易而难，逐渐推向全国。第三，关于诸国旧臣的处置。宋平诸国后，经常颁布文武官员留任诏令。如乾德元年平荆湖，德音称荆南、潭朗州"管内文武官吏并依旧"②；开宝四年平南汉，诏书言广南管内州县"伪署官并仍旧"③；开宝八年平江南，规定江南管内州县"伪署文武官吏见厘务者并仍其旧"④；太平兴国四年平北汉，诏"诸州县伪署职官等并令仍旧"⑤。从这些诏书、德音来看，似乎南方和北汉的州县官在入宋后大多留任。但结合以上州郡长官表可以发现，就州郡长官而言，南方诸州和北汉旧地基本未留任，而是被宋廷委派的文臣京朝官知州替代。少数"伪官"即使出任当地州郡长官，也是由他官重新委任，而非原州郡长官留任。宋初允许留任的"伪官"并不包括州郡长官，应是州郡僚佐和县官。诸国高级官员包括州郡长官大多被宋廷征赴阙，如灭蜀后，"诏伪蜀文武官并遣赴阙"⑥；吴越纳土后，"诏两浙发淮海王俶缌麻以上亲及管内官吏悉归阙"⑦。这些被征召的官员重新被宋廷委任，不少出任后周

---

① 《长编》卷二〇，太平兴国四年五月甲申、乙酉条，第452页。
② 《长编》卷四，乾德元年四月甲申条，第88页。
③ 《长编》卷一二，开宝四年二月辛卯条，第261页。
④ 《长编》卷一六，开宝八年十二月辛丑条，第354页。
⑤ 《长编》卷二〇，太平兴国四年五月乙酉条，第452页。
⑥ 《长编》卷六，乾德三年二月丙午条，第149页。
⑦ 《长编》卷一九，太平兴国三年八月丙辰条，第433页。

旧境的州郡长官。赵翼注意到，宋初降王子弟臣僚布满中外，却忽视了他们的任职区域基本在后周旧境①。宋初统一过程中，南北州郡长官经历了大范围的对调流动。这对于快速整合新征服地区、加强南北交流融合，起了重要作用。

通过以上诸表，可以发现，南方知州实施顺序与宋廷统一过程是一致的，即荆湖、蜀地、广南、江南、漳泉、吴越。那么北方内部是否有区域差异呢？我们可以继续利用州郡长官表进行观察。

本文根据李之亮《北宋京师及东西路大郡守臣考》《宋河北河东大郡守臣易替考》《宋两淮大郡守臣易替考》《宋两湖大郡守臣易替考》《宋川陕大郡守臣易替考》②所列州郡长官信息，以最后一任可考节度、防御、团练使、刺史被知州取代的时间作为知州制确立的时间节点③，整理了北方80个府州军知州制确立的时间。这一节点之前，多数州郡已有知州莅任；之后则完全以知州为长官。这80个府州军超过北宋代周时州郡总数（111州④）的三分之二，用来讨论宋初知州制在北方的实施情况，样本已经足够。本文将其分为淮南、关中、河东、河南、河北五个区域，分别列表说明。

---

① 赵翼撰、王树民校证：《廿二史札记校证》卷二四《宋初降王子弟布满中外》，第520~521页。
② 均为成都：巴蜀书社，2001年出版。
③ 时间节点的判定主要是从统一标准、便于操作的角度考虑的，会有以下问题：第一，不少州郡长官不详；第二，节点前后个别长官无法判定是知州还是刺史；第三，有些州郡最后一任节度、刺史到任前，已经稳定实行了相当长的知州制。如镇州，开宝元年(968)成德节度使韩令坤去世后，至淳化三年(992)田重进改成德节帅，中间24年镇州长官均为知州(李之亮：《宋河北河东大郡守臣易替考》，第131~134页)。不过由于样本量较大，以上问题并不影响整体结论。
④ 《宋史》卷八五《地理志一》，第2093页。

表 3.6　淮南 15 州知州制确立时间表

州郡	时间	州郡	时间	州郡	时间	州郡	时间	州郡	时间
扬州	960	通州	960	楚州①	960	舒州②	962	泰州	964
滁州③	966	泗州④	967	寿州	970	庐州	970	海州	974
濠州	985	蕲州⑤	987	黄州	990	光州	993	和州	1003

表 3.7　关中 14 府州军知州制确立时间表

州郡	时间	州郡	时间	州郡	时间	州郡	时间	州郡	时间
秦州	964	渭州	967	灵州	969	凤翔	969	庆州	974
金州	976	泾州	976	鄜州	977	邠州	977	同州	980
通远军	981	华州	986	延州	989	京兆府	997		

---

① 李之亮《宋两淮大郡守臣易替考》据《淮安府志》，于 960—970 年列楚州团练使梁周翰（第 83～84 页）。案：据《宋史》卷四三九《文苑·梁周翰传》，梁周翰太祖朝从未任职楚州（第 13000～13005 页），《淮安府志》误。又，李之亮据徐铉《徐公文集》卷七《楚州刺史刘彦贞可本州观察使》（《四部丛刊》景印黄丕烈校宋本，第 13a 页），于 979—982 年列楚州刺史刘彦贞（第 85 页）。案：徐铉为南唐知制诰，刘彦贞为南唐官员，李之亮误。

② 962 年后，李之亮《宋两淮大郡守臣易替考》据徐铉《徐公文集》卷八《前舒州刺史李匡明可中书侍郎》（第 12b～13a 页），于 976—980 年列李匡明为舒州刺史（第 427 页）。误同楚州。

③ 966 年后，李之亮《宋两淮大郡守臣易替考》据徐铉《徐公文集》卷八《筠州刺史林廷皓责授制》（第 14a～14b 页），于 975—979 年列滁州刺史林廷皓（第 188～189 页）。误同楚州。

④ 967 年后，李之亮《宋两淮大郡守臣易替考》据徐铉《徐公文集》卷八《左领军将军孔昌祚可泗州刺史》（第 10b～11a 页），于 980—984 年列泗州刺史孔昌祚（第 169 页）。误同楚州。

⑤ 蕲州长官，李之亮《宋两淮大郡守臣易替考》979—1000 年阙考（第 373 页）。据《宋史》卷二七五《谭延美传》（第 9372 页），太平兴国初至雍熙四年，谭延美先后为蕲州刺史、防御使，为最后一任可考正官。

表 3.8　河东 8 府州知州制确立时间表

州郡	时间	州郡	时间	州郡	时间	州郡	时间	州郡	时间
潞州	970	麟州	972	绛州	973	晋州	975	府州	995
解州	995	河中府	1003	丰州	1012				

表 3.9　河南 29 州知州制确立时间表

州郡	时间	州郡	时间	州郡	时间	州郡	时间	州郡	时间
兖州	966	蔡州	968	宋州	973	郑州	974	齐州	977
安州	977	许州	978	孟州	979	汝州	979	复州	979
单州	980	虢州	980	颍州	983	登州	984	陕州	984
郓州	986	滑州	987	曹州	987	邓州	988	襄州	988
宿州	988	均州①	991	亳州	991	鄆州	994	徐州	996
青州	997	济州	999	密州	1003	陈州	1010		

表 3.10　河北 14 府州知州制确立时间表

州郡	时间	州郡	时间	州郡	时间	州郡	时间	州郡	时间
雄州	969	怀州	969	大名府	977	沧州	977	贝州	977
定州	979	澶州	983	冀州	986	瀛州	986	邢州	989
镇州	993	相州	1002	赵州②	1002	洺州③	1021		

① 均州最后一任正官解晖，李之亮《宋两湖大郡守臣易替考》系其任职时间为 976—981 年（第 514 页），据《宋史》卷二七一《解晖传》，均州团练使解晖至淳化二年 (991) 卒任，第 9294 页。

② 赵州长官，李之亮《宋河北河东大郡守臣易替考》（第 235～240 页）所据隆庆《赵州志》卷六《官师》（收入《天一阁藏明代方志选刊》，上海：上海古籍书店，1962 年，第 1b～2a 页）不区分知州、刺史，一概列为赵州刺史。所列诸人中，咸平四年 (1001) 至五年在任的张凝，是最后一位可确认为刺史者（《长编》卷四八，咸平四年四月乙巳条，第 1055～1056 页），故以咸平五年为赵州知州制确立的时间节点。

③ 洺州最后一任正官，李之亮《宋河北河东大郡守臣易替考》列李斌 (995—997 年)。据《长编》卷九七，天禧五年八月甲寅条，洺州团练使、驸马都尉王贻贞在任，第 2252 页。

从以上诸表可以看出，至宋太祖去世的开宝九年(976)，淮南15州有10州、关中14府州军有7州、河东8府州有4州、河南29州有4州、河北14府州只有2州确立了知州制。太祖时淮南地区知州制的实施进展最快，其次是关中和河东，河南、河北地区最为缓慢。至宋太宗去世的至道三年(997)，只剩下淮南和州、河东河中府丰州、河南济州密州陈州、河北相州赵州洺州尚未完全确立知州制。因此，整体而言，北方地区知州制的实施中，距政权核心较远的淮南地区最早，宋太祖时就基本确立了知州制；关中、河东地区次之；政权核心区河南、河北最晚，主要在太宗朝确立了知州制。河南、河北差别不明显，其中河北缘边相对较晚，咸平四年(1001)，宋真宗尚且一次任命了保州团练使杨嗣、莫州团练使杨延朗、赵州刺史张凝三位河北缘边州郡牧伯①。

北方知州制实施的区域差别，与不同区域的藩镇实力密切相关。淮南为周世宗新征服地区，原有藩镇实力较弱，推行知州制的阻力较小，知州制完成最早。河南、河北地区为宋初的政权核心区，是禁军将领出镇和旧有节帅的主要分布区，该地区推行知州制阻力最大，知州制完成最晚。关中、河东地区藩镇实力介于淮南与河南河北之间，知州制实施时间晚于淮南，早于河南河北。

讨论完宋初知州制的实施方式与区域差别，要回答的问题是宋初知州制何时取代刺史制的。对于这一问题，实际上很难有明确的时间节点。不过，如果我们从政策转换的角度来说，太宗、真宗之际应是知州制取代刺史制的历史节点。

咸平二年京西转运副使朱台符上疏：

> 顷者不除刺史，止以知州代之，其差委也，上自仆射、尚书，下至京官、奉职，率多轻授，未尽当任。权不足以威吏民，禄不足以惠穷乏，政皆苟且，事出因循。意者，国家以刺史之官为武夫之

---

① 《长编》卷四八，咸平四年四月乙巳条，第1055~1056页。

任，有支赐公使之费、奏荐僧尼之例，重其事而不以授人乎？①

朱台符上疏言"顷者不除刺史，止以知州代之"，说明此时宋廷从政策上已放弃了刺史制，全面改为知州制。当时，真宗仅仅即位两年，因此所谓"顷者"当即真宗即位伊始。

真宗即位后，很少再除授刺史等正官。咸平二年二月诏言："知州军、通判、本判官、录事参军、诸县令佐到任日，交管户籍，新旧逃户数目书于印纸历子。"②八月诏言："诸州新给职田，其知州、通判自今须及三周年方替。"③二诏均未提及刺史，说明咸平二年刺史群体已经从地方官员序列中消失，这再次证明真宗即位是知州制全面取代刺史制的时间节点。

知州全面取代刺史之后，赴本任者职权也发生变化。天圣三年（1025），新授虢州团练使田敏差知隰州，当时中书门下言："故事，防、团、刺史赴本任及知州，无同判处，并权置同判，候差朝臣及内职知州即省罢。"由此仁宗"诏隰州权置同判"④。同判即通判，避垂帘听政的刘太后父刘通讳改。当时仁宗即位不过三年，因此所谓"故事"，必为真宗朝之惯例。之所以如此，是因为真宗认为"武人多不阅政理，非通判廉干，则民受弊"⑤。可见真宗朝以降，节度、刺史等不论赴本任还是知州，实际上都再不处理州郡民政事务，而是由通判代理。赴本任者有名无实而已，知州制已完全取代刺史制。

四、知州制取代刺史制的意义

自安史之乱至真宗即位，经过两个半世纪左右，知州最终取代刺史成为州郡长官。这一过程可分为唐后期五代、宋初两个阶段。前一阶段

---

① 《长编》卷四四，咸平二年闰三月，第938～939页。
② 《宋会要辑稿》职官五九之五，第4638页。
③ 《宋会要辑稿》职官五八之三，第4616页。
④ 《长编》卷一〇三，天圣三年五月己酉条，第2382页。
⑤ 《长编》卷六〇，景德二年六月，第1349页。

知州制问题的实质是州郡长官委任权。安史之乱以降,唐廷中央集权衰落,藩镇为强化管内控制,维持地方行政正常运转,委任了大量知州事、摄刺史;五代知州制最大的变化在于朝廷基本掌握了知州委任权。宋初承袭五代之制,知州任命普及,并开始长期任职,知州正官化,知州制得以确立。不过宋初知州制并非对五代制度的简单继承,其实施是当时州郡权力结构调整的一部分。宋初知州权力和州郡权力结构相较于五代发生了明显变化。

学者常常强调,知州制是为了瓦解藩镇体制,实际上不止于此。咸平五年十月,"洛苑使李继和言镇戎军控扼边要,望择防御、团练使莅之",真宗曰:

> 屡有人言缘边州军宜如往制,止除牧守。朕熟思之,但得其人,斯可也。前代兵权、民政悉付方伯,其利害亦见矣。①

真宗此言点出了知州制与刺史制(牧守)之区别。刺史制下,"兵权、民政悉付方伯",即刺史等集州郡军政、民政大权于一身,知州则只有民政权。宋太祖对赵普言:"五代方镇残虐,民受其祸,朕〔令〕〔今〕选儒臣干事者百余,分治大藩,纵皆贪浊,亦未及武臣一人也。"②其言重点显然不在臣僚清廉与否,而是说武臣为郡守,集军政、民政权力于一身,有起兵作乱之能力;文臣为知州,只掌民政,无力为乱,即使百余人皆贪浊,危害亦不及武臣一人叛乱。这点十分值得注意。唐后期"知州事"向"权知军州事"的转变,本是随着州郡长官军权增强、州郡军政事务重要性凸显发生的。知州制取代刺史制后,虽然州郡长官正式名称是"知某州军州事",军政事务却从州郡长官职权中基本剥离出去③。这主要与藩镇军队"禁军化"和兵马都监的演进相关,详见本章第四节,此不赘述。

---

① 《长编》卷五三,咸平五年十月癸未条,第1156~1157页。
② 《长编》卷一三,开宝五年底,第293页。此处"大藩"并非指藩镇,宋初藩镇数量距离"百余"相去甚远,"大藩"应指重要州郡。
③ 这只是整体而言,部分边境武臣知州仍有一定统兵权。

由上可知，宋初知州制的实施，主要是为了瓦解地方军政、民政合一的权力结构，既包括藩镇体制，也包括刺史制。对此，朱子总结道：

> 然自唐末，大抵节镇之患深……故太祖皇帝知其病而疏理之，于是削其支郡，以断其臂指之势；置通判，以夺其政；命都监监押，以夺其兵；立仓场库务之官，以夺其财。向之所患，今皆无忧矣。①

叶适亦言：

> 艺祖思靖天下，以为不削节度则其祸不息，于是始置通判，以监统刺史而分其柄；命文臣权知州事，使名若不正、任若不久者以轻其权；监当治榷税；都监总兵戎；而太守者块然徒管空城，受词诉而已。②

朱子、叶适均指出，宋初削藩过程中，以知州通判同掌民政、兵马都监掌州兵、监当掌榷税，造就了军政、民政分立的分权体制③，知州、通判、都监并立，互不统属。知州制取代刺史制后，州郡权力结构实现了从集权向分权的转变，知州、通判、都监等共同构成宋代州郡权力结构的新秩序。由此宋人强调地方长官选任时，亦常三者并称。如庆历年间（1041—1048）包拯在《请选雄州官吏》中指出：

> 若知州、通判、驻泊都监等各得其人，则责以抚驭守边之术，凡事递相关防，必无他虞。万一轻授，即未免为朝廷之忧。④

在包拯看来，只有知州、通判、驻泊都监各得其人，"凡事递相关防"，

---

① 黎靖德编：《朱子语类》卷一一〇《论兵》，第 2707 页。
② 叶适：《水心别集》卷一四《纪纲二》，《叶适集》，第 813 页。
③ 这种分权，主要是事务分工型分权，而非现代政治学中"三权分立"之分权。
④ 包拯撰、杨国宜校注：《包拯集校注》卷一，合肥：黄山书社，1999 年，第 55 页。

相互制衡，才能保雄州无虞。这与唐代只强调地方治乱系于刺史①，相去已不可道里计。呈现州郡从集权到分权的变化，正彰显了知州制研究的意义。

第二节　宋代幕职州县官体系之形成

唐后期地方官员除了州镇长官外，其余可分为幕职官和州县官两部分。州县官原则上由朝廷除授，幕职官基本由节度使、观察使、（都）防御使、（都）团练使、刺史辟署，朝廷很少干预。由唐到宋，地方官员最引人注目的变化之一，就是幕职官从节度使、刺史等辟署的个人僚佐转变为朝廷委任的州郡佐官，形成宋代的幕职州县官体系。探讨这一变化发生的过程，对于我们理解唐代藩镇体制的瓦解、州郡权力结构的变化、宋代地方行政体制的形成等问题，有重要意义。

就学界研究来说，不论是唐代的幕职官还是宋代的幕职州县官，既有研究都相当丰富②；宋代幕职州县官的形成也有专文论述③。不过他们对幕职州县官形成的关键时期——五代的重视并不够，只有片山正毅曾专文讨论五代幕职官的情况。他认为五代对幕职官的措置是宋代幕职州县官体系形成的主要原因，不过他并未清楚指出哪些措施怎样导致了

---

① 贞观二年（627），唐太宗云："朕居深宫之中，视听不能及远，所委者惟都督、刺史，此辈实理乱所系，尤须得人。"大和二年（828），刘蕡举贤良方正能直言极谏策云："臣以为刺史之任，治乱之根本系焉"。吴兢撰、谢保成集校：《贞观政要集校》卷三，北京：中华书局，2009年，第157页；《旧唐书》卷一九〇下《文苑·刘蕡传》，第5075页。

② 唐代幕职官研究的代表性论著如严耕望：《唐代方镇使府僚佐考》，收入《严耕望史学论文集》，第406～452页；石云涛：《唐代幕府制度研究》，北京：中国社会科学出版社，2003年等。宋代幕职州县官的研究成果回顾可参看郑庆寰：《体制内外：宋代幕职官形成述论》，第4～9页。

③ 彭慧雯：《宋代幕职州县官之研究》，台北：花木兰出版社，2011年，第34～59页；陈文龙：《北宋本官形成述论》，北京大学博士论文，2011年，第153～162页；郑庆寰：《体制内外：宋代幕职官形成述论》。

这一结果，对宋初幕职官的变化亦未交待①。因此，关于宋代幕职州县官体系的形成过程，仍有诸多晦暗不明之处。基于以上情况，本节关于幕职州县官的研究将以五代为重心，借鉴学界既有研究，尽量呈现宋代幕职州县官体系的形成过程。

一、州县摄官与奏荐问题

安史之乱爆发后，为平定叛乱，逃往四川途中的唐玄宗在普安郡下制：

> 其诸路本节度、采访、度支、防御等使、虢王巨等，并依前充使。其署官属及本路郡县官，并各任便自简择。②

《普安郡制》不仅允许诸道自辟幕职官，还明确授予诸道自署州（郡）县官的权力。这对于加强诸道应变能力、集结平叛力量、迅速稳定局势，起了重要作用，但也带来地方权力过大的后遗症。随着局势日渐好转，唐廷开始努力收回州县官的委任权，限制诸道以摄官代正官。不过这一努力始终未能完全奏效，州郡长官中知州事、摄刺史尚屡见不鲜，州郡僚佐和县官中藩镇所差更是比比皆是。黄巢起义后，唐廷统治秩序崩溃，诸道自除刺史以下州县官，直到后梁、后唐建立，州郡长官的委任权才重新收归中央③。但州郡僚佐和县官中摄官仍大量存在，诸道长官也通过奏荐与中央争夺州县官的人事权。因此，朝廷要想掌握州县官的委任权，就必须解决摄官和奏荐问题。

（一）摄官：以后唐同光二年的铨选风波为中心

五代宋初州县摄官问题一直存在，后唐尤其严重，这与同光二年

---

① 片山正毅：《宋代幕職官の成立について》，《東洋史学》第27辑，1964年，第58～74页。
② 《文苑英华》卷四六二，贾至《玄宗幸普安郡制》，第2352页。
③ 参看刘波：《唐末五代华北地区州级军政之变化研究——基于军政长官的讨论》第一章。

(924)铨选风波密切相关。同光四年二月,左拾遗李慎仪、吏部员外郎王松上表:

> 诸道州县,皆是摄官,诛剥生灵,渐不存济。此盖郭崇韬在中书日,未详本朝故事,妄被闲人献疑,点简选曹,曲生异议,行矫枉过直之道,成欲益反损之文。其选人凡关一事阙违,并是有涉逾滥,或告赤欠少,或文字参差。保内一人不来,五保皆须并废;文书一纸有误,数任皆不勘详。且自天下乱离将五十载,无人不遇兵革,无处不遭焚烧,性命脱免者尚或甚稀,文书保全者固应极少。其年选人及行事官一千二百余员,得官者才及数十,皆以逾滥为名,尽被焚毁弃逐。遂令选人或毙踣于旅店,或号哭于行途,万口一词,同为怨酷。臣等恳曾商议,坚确不回。以至二年已来,选人不敢赴集,铨曹无人可注,中书无人可除。去年阙近二千,授官不及六十,乃致诸道皆是摄官。朝廷之恩泽不行,缙绅之禄秩皆废。衔冤负屈,不敢申陈,列局分曹,莫非侥幸。且摄官只自州府,多因贿赂而行,朝廷不知姓名,所司不考课绩,皆无拘束,得恣贪残。及有罪名,又不申奏,互相掩蔽,无迹追寻。遂使人户流移,州县贫困,日甚一日,为弊转多。若不直具奏闻,别为条制,不惟难息时病,兼且益乱国章。①

李慎仪、王松的表文针对当时"诸道州县,皆是摄官"的情况而发。造成这种局面的原因被归结为同光二年南郊大礼之后的转官中,宰相郭崇韬严格勘验文书所致。同光二年九月,郭崇韬上奏:

> 应三铨注授官员等,内有自无出身入仕,买觅鬼名告敕;及将骨肉文书,揩改姓名;或历任不足,妄称失坠;或假人荫绪,托形势论属,安排参选,所司随例注官。如有人陈告,特议超奖;其所犯人,检格处分;若同保人内有伪滥者,并当驳放。应有人身死之

---

① 《宋本册府元龟》卷六三二《铨选部·条制四》,第2043~2044页。

处，今后并须申报本州，于告身上批书身死月日分明付子孙。今后铨司公事，至春末并须了毕。①

从郭崇韬奏请来看，此次检覈主要涉及告身敕牒买卖、涂改告身姓名、妄称丢失文书、假托荫补等几个方面，凡是告身、敕牒有欠缺，或文字有差误，或保人内有伪滥者，皆予以黜落。这次文书检覈十分严格，"时有选人吴延皓取亡叔告身，改旧名求仕，事发，延皓付河南府处死"，负责检覈的"尚书左丞、判吏部尚书铨事崔沂贬麟州司马，吏部侍郎崔贻孙贬朔州司马，给事中郑韬光贬宁州司马，吏部员外卢损贬府州司户"，"宰相豆卢革、赵光裔、韦说诣閤门待罪"②。可见对此事之重视。当时"天下乱离将五十载，无人不遇兵革，无处不遭焚烧，性命脱免者尚或甚稀，文书保全者固应极少"，严格勘验文书，导致当年"选人及行事官一千二百余员，得官者才及数十"。从"诸道州县皆是摄官"来看，这次铨选风波利益受损的主要是州县官。唐庄宗同光元年十月方才灭梁，次年南郊大礼转官，是新朝第一次加恩百官。这本是趁机笼络官心、加强地方对中央向心力的绝好机会，但这次铨选失败无疑使大量地方官对新朝大为失望，官怨沸腾，严重削弱对新朝的向心力。同时，由于授官数量极为有限，导致"诸道州县，皆是摄官"，对于强化中央集权相当不利。更严重的是，这次铨选风波带来连锁效应，次年铨选"选人不敢赴集"，以至于"铨曹无人可注，中书无人可除，去年阙近二千，授官不及六十"。假如这种情况持续下去，后唐对地方的控制将大为削弱。

文书是朝廷铨选的基本依据，转官中勘验文书本是题中应有之意。只是郭崇韬检覈过严，"行矫枉过直之道，成欲益反损之文"，反而导致铨选失败。于是李慎仪、王松建议：

> 伏请特降敕文，宣布远迩，明言往年制置，不自于宸衷，此日焦劳，特颁于睿泽。兼以选曹公事，情伪极多；中书条流，亦恐未

---

① 《旧五代史》卷三二《唐庄宗纪六》，第503页。
② 《旧五代史》卷三二《唐庄宗纪六》，同光二年十一月壬寅条，第505页。

尽。望以中书所条件及王松等所论事节,并与新定选格有轻重未尽处,并委铨曹子细点检酌量。但可以去其逾滥,革彼弊讹,不失本朝旧规,能成选曹永例者,务在酌中,以为定制,别具起请条奏。

庄宗"从之"①。不过稍后洛阳兵变,庄宗被杀,该奏并未落实。唐明宗即位后,于天成元年(926)八月下敕:

> 先朝以选门兴讼,剥放极多,近年以来,铨注无几,遂致诸道州县,悉是摄官。既无考课之规,岂守廉勤之节。而况多因荐托,苟徇颜情,替罢不常,送迎为弊,残民害物,以日系时,言念所深,焦劳何已。宜令三京及诸道州府,据见任摄官,如未有正官到间,(且)〔具〕差摄月日录名申奏。如已后或为公事及月限已满,要行替换,即须具因由,并选差摄官自来历任姓名闻奏,贵免无故频有替换。如有内外臣僚辄行荐托,并不得应副。傥闻违越,当举宪章。②

明宗要求三京及诸道州府将现任摄官姓名及差摄月日录名申奏,先摸清摄官情况;等到因公事或月限已满,再行替换,而未直接罢免摄官,以免对在任摄官和地方行政造成大的影响。同时为了防止同光二年铨选风波再现,明宗大大放宽了文书检覈要求。天成三年正月十七日,吏部格式司申:

> 当司先准敕及堂帖指挥:应焚毁告身勘同及坠失文书等,请重给告身,仍先检敕甲。如无敕甲,即取同敕甲告身,勘验同即与出给。若是本朝授官,及同光元年后授官,勘验同即与告身;如是伪朝授官,勘验不虚,亦与出给公凭,便同告身例处分者。③

---

① 《宋本册府元龟》卷六三二《铨选部·条制四》,第2044页。
② 《宋本册府元龟》卷六三二《铨选部·条制四》,第2044页。据《全唐文》卷一〇八,后唐明宗《严诫摄官敕》校,第1106页。
③ 《五代会要》卷二一《选事下》,第337页。

吏部格式司申奏中所准"敕及堂帖指挥",正是李嗣源即位后出台的,主要是为了应对郭崇韬铨选失败。新规定对文书的检覈大为宽松,应焚毁及失坠告身,只要勘验与敕甲同,即重新颁赐。敕甲即尚书省制敕甲库,主要负责除官制敕的保存①。不论是李唐(本朝)、后唐还是后梁所除官员,只要敕甲勘验不虚,均重新给予告身、公凭。通过颁赐告身公凭,将部分摄官重新纳入了铨选系统。

经过李嗣源的调整,同光二年的铨选风波基本平息,但州县摄官的问题并未得到完全解决。此后五代宋初政府主要通过两条途径应对摄官问题。一是禁止诸道差摄官代正官。天成四年十一月敕:"应诸道见任州县官自在任之时,若时违犯,本道非时冲替,宜却勒赴任,考满即罢,其本判官当行责罚。"史言:"时藩镇帅臣不识国体,妄罢邑宰,欲署其假官。朝廷知之,故有是命也。"②敕令严禁藩镇"非时冲替"、以假摄官取代现任州县官的行为,要求被罢的州县官"宜却勒赴任",考满之后再行罢免。显德五年(958)正月周世宗诏:"诸道幕职州县官,并以三周年为考限,闰月不在其内,州府不得差摄官替正官。"③在规定幕职州县官考课年限时,同时强调"州府不得差摄官替正官"。

摄官不少产生于州县官交接之时。为减少这种摄官,显德元年十一月二十一日周世宗下诏:

> 起今后,诸处州县官考限已满、替人未到间,宜令且守本官,执行公事,仍令依旧请俸,不得擅离任所,州府亦不得差署摄官替下。如有遭忧停任、身故、假满百日及非时阙官之时,祇可差人承摄。④

---

① 庞元英撰、金圆整理:《文昌杂录》卷三,朱易安、傅璇琮等主编:《全宋笔记》第 2 编第 4 册,郑州:大象出版社,2006 年,第 144 页。
② 《宋本册府元龟》卷六三二《铨选部·条制四》,第 2047 页;《册府元龟》卷六三二《铨选部·条制四》补正,第 7585 页。影宋本漫漶,影明本有误,据二本互校。
③ 《旧五代史》卷一一八《周世宗纪五》,显德五年正月戊子条,第 1819 页。
④ 《五代会要》卷一七《试摄官》,第 281 页。后汉乾祐元年(948)七月吏部员外郎常准已有同样建议,见《宋本册府元龟》卷六三四《铨选部·条制六》,第 2059 页。

周世宗规定，州县官满任后，如果替官未到，继续任职至新官到达，在这期间，诸道州府不得以摄官替下；特殊情况阙官时，才可以差摄官。唐制六品官一般需要守选，五代稍有变化①。州县官除了刺史、上佐外，基本为六品以下官，因此满任后需要守选的州县官，自然乐于继续任职至新官到达。此举对于减少摄官数量实有裨益。

二是允许奏荐摄官，争取将摄官纳入铨选部门，成为朝除正官。唐明宗长兴四年（933）八月下敕：

> 应诸道藩镇、防御、团练使旧奏荐，并前资州县官等，准敕许奏荐见在幕中摄职，及见摄管内州县官。据合奏人数，皆正所摄，不许横荐，及不得荐外管前资州县官。②

前资官，为官员守选期间之称③；横荐，指藩镇奏荐非管内员阙。④ "不许横荐"即不允许藩镇奏荐官员出任其他州镇官员；"不得荐外管前资州县官"即藩镇亦不得奏荐其他州镇前资官出任本州镇官员。该敕只允许藩镇等奏荐使府、州县见任摄官，正是为了将现任摄官重新纳入铨选系统。后周显德六年七月二十三日，朝廷针对摄官"转正"亦出台规定：

> 摄官承乏，或久罄于公勤；因时侧扬，宜特行于旌录。诸处自前应有摄官曾经五度者，与一时出身，仍先令所司磨勘。须得亲任

---

① 王勋成：《唐代铨选与文学》，北京：中华书局，2001年，第102~137页。六品以下官中拾遗、补阙等常参官、供奉官以及地方官带省衔（如检校员外郎）或供奉官者不必守选。五代凡曾为常参官、供奉官者，即使为地方官时不带省衔、供奉官，亦不必守选。

② 《宋本册府元龟》卷六三四《铨选部·条制六》，第2058页。

③ 前资官称呼类似于前进士，前进士即及第之后、释褐之前处于守选期间的进士，前资官即处于守选期间的官员。前进士参王勋成：《唐代铨选与文学》，第34~38页。

④ 《旧五代史》卷八四《晋少帝纪四》，开运三年六月乙丑条："诏诸道不得横荐官僚，如本处幕府有阙，即得奏荐。"（第1295~1296页）可知横荐指奏荐非管内员阙。

公事，文书解由分明，每摄须及半年已上，方得充为任数，仍令所司引验人材，及考试书判的然堪录用者，方得施行。①

根据规定，摄官五次可以获得出身，经过有司磨勘、考试等程序，得到录用者，可以转为正官，为摄官"转正"提供了一条可行的路径。

五代应对摄官问题的努力为宋初解决摄官问题提供了基础。开宝四年（971）正月，宋太祖下诏："诏诸道州县自今并不得更差摄官，凡有阙员即具闻奏，当旋与注授。前所差摄官皆罢之，职事以见任官权管。"②下令摄官全部罢去，由此"诸道幕职州县官阙八百余员"，可见此时摄官数量已不多。为填补阙额，"诏除已授西川官未赴任、并西川前任归明、及两经发遣不赴京、兼敕赐及第人外，自今日以前罢任诸色选人并特放选，令于南曹投状，判成送铨司依次注拟"③。即通过"放选"，减少选人守选年限，增加流内铨可以除授的选人数量，以解决罢免摄官后产生的缺官问题。至此，五代宋初州县摄官问题基本得到解决④。

（二）州县官的奏荐名额及资格要求

除了委任摄官，藩镇亦通过奏荐与朝廷争夺州县官的委任权。奏荐州县官，指藩镇根据管内州县官阙额，向朝廷提出指定人选，请求朝廷批准。从程序上来说，奏荐是得到朝廷认可的任官方式；但由于人选出自藩镇，与节帅等个人关系密切，朝廷对此又常多加限制。一般而言，藩镇只能奏荐本州镇官员填补本州镇官阙；奏荐本州镇官员任职其他州镇即"横荐"，或者奏荐其他州镇官员填补本州镇官阙，朝廷均严厉禁止⑤。

---

① 《五代会要》卷一七《试摄官》，第281页。
② 《长编》卷一二，开宝四年正月丙午条，第258页。
③ 《长编》卷一二，开宝四年二月，第261~262页。
④ 五代宋初摄官问题解决之后，摄官在宋代依然长期存在，尤以广南、四川边远地区为多。与五代宋初不同之处在于，宋代的摄官得到朝廷认可，有一系列相关制度规定。虽由地方差摄，朝廷亦相当程度参与其中。苗书梅：《论宋代的权摄官》，《河南大学学报》1995年第3期，第14~20页。
⑤ 《宋本册府元龟》卷六三四《铨选部·条制六》，长兴四年（933）八月敕明确规定藩镇等"不许横荐，及不得荐外管前资州县官"。第2058页。

后梁时期奏荐相关材料较少,暂时阙而不论。后唐建国后,同光二年三月,中书门下奏:

> 近日诸道多是各列官衔,便指州县,请朝廷之正授,树藩镇之私恩,颇乱规程,宜加条制。自今后大镇节度使管三州已上者,每年许奏管内官三人;如管三州以下者,许奏管内官二人。仍须有课绩尤异,方得上闻。若止于检慎无瑕,科征及限,是守常道,只得书考旌嘉,不得特有荐奏。其防御使每年只许奏一人,若无尤异,不得奏荐。刺史无奏荐之例,不得辄乱规程。①

诸道"各列官衔,便指州县",即诸道向朝廷奏荐州县官。州县官本应由朝廷"正授",诸道却通过奏荐私人,"树藩镇之私恩"。为此中书门下建议限制藩镇奏请州县官的员额:节度使管三州以上许奏三人,管三州以下许奏二人,防御使许奏一人,刺史不得奏荐。所荐官员必须是本州镇管内官。从"仍须有课绩尤异,方得上闻"来看,此次荐举,只针对在任官。

唐明宗天成三年五月,中书门下奏:"诸道荐人,总与不可,全阻又难。今后诸道节度使每年许荐二人,带使相者许荐三人,团练、防御使各一人。"②同光二年对节度使奏荐名额的区分是管州数目,天成三年则是以节度使个人官位,即是否带使相来区分。天成三年的这种区别方式为五代后来沿袭。另外,防御、团练使亦可奏一人。需要说明的是,只有直属京的防御、团练使才有奏荐权,支郡防御、团练使无此权力。这从长兴二年(931)七月敕可以看出:

> 诸道奏荐州县官,各定员数,今宜增益,以广搜扬。使相先许一年荐三人,今许荐五人;不带使相先许荐二人,今许荐三人;直

---

① 《旧五代史》卷一四九《职官志》,第2328页。
② 《宋本册府元龟》卷六三二《铨选部·条制四》,第2045页。

属京防御、团练使先许荐一人，今许荐二人。念应举之流，甚艰难于取事；当及第之后，尚迢递于授官。小而得簿尉者全稀，老不为令录者极众。即不得荐新罢任及（诸）〔过〕格之人。如未曾有官，即许奏初官，已有官者，当别比拟。①

长兴二年敕明确指出"直属京防御、团练使先许荐一人"，即只有直属京州郡的长官才有荐举权，支郡长官无此权力，这一原则贯穿五代。与以往相比，该敕明显放宽了奏荐员额。被荐人资格也有所放宽，同光二年只能奏管内在任官，此次不论是否有官均可以奏荐，"如未曾有官，即许奏初官，已有官者，当别比拟"。同时规定不得横荐，"只得奏巡属阙员，不得荐于别处州府"②，这一原则亦贯穿五代。当时"应举之流，甚艰难于取事；当及第之后，尚迢递于授官"，士人中举艰难，中举后守选期长，为防止人才沉滞，唐明宗特意放宽奏荐名额。该敕发布对象为未及第士人和及第后守选士人，故"不得荐新罢任及过格之人"。该敕关于未曾有官只许奏授初官的规定在长兴三年五月敕中得到重申③。

此外，唐明宗朝对被荐人资格亦有专门规定。长兴元年九月诏："天下诸州府不得奏荐著紫衣官员为州县官。"④唐制，散官三品即银青光禄大夫以上服紫衣、赐金鱼，五品即朝散大夫以上服绯衣、赐银鱼，"州县官若循常例，十六考方得叙绯，倘或已佩金章，固难却为令、录"。该诏主要针对文资官带银青阶者。次年八月二十三日，下敕条理武资带银青阶衔者："宜令诸道州府自此详文资赐紫例，不得更以带武职银青阶衔奏荐为州县官员。"⑤唐后期五代散官贬值严重，散官原来所系等级特权逐

---

① 《宋本册府元龟》卷六三三《铨选部·条制五》，第 2050 页。据《全唐文》卷一一〇，后唐明宗《量增奏荐员数敕》校，第 1130 页。
② 《宋本册府元龟》卷六三四《铨选部·条制六》，第 2058 页。
③ 《宋本册府元龟》卷六三四《铨选部·条制六》，第 2058 页。
④ 《旧五代史》卷四一《唐明宗纪七》，长兴元年九月丁丑条，第 650 页。
⑤ 《五代会要》卷一九《县令上》，第 317 页。

渐向本官迁移①，其中武散官贬值过甚，五代史料已很少记载。五代墓志、史传所见武官系衔，极少提及武散官，基本仅带文散官②。但文武官员带银青阶的意义并不相同，"州郡胥吏、军班校伍，一命便带银青光禄大夫阶，殆与无官者等。明宗长兴二年，诏不得荐银青阶为州县官，贱之至矣"③；而文臣所带散官尚是自低阶逐级迁转④。因此禁止举荐文臣银青阶，因其身份过高，不宜处之于位卑之州县官；禁止举荐武臣银青阶，是因其多为胥吏、低级军校，"贱之至矣"，资格不够为州县官。二者意义并不相同。

后唐末帝时诸道奏荐州县官员额再度缩紧。清泰二年(935)七月，御史中丞卢损上言指出："州县员阙甚少，若容荐举，则每年铨选何以注拟？请特行厘革。"为此朝廷下诏："藩侯郡守荐人，或谙公事，或有裨益，不可全阻，许依天成敕，带使相藩臣岁荐三人，余二人，直属京州郡防御、团练一人。"⑤奏荐员额回归天成之制。后汉乾祐元年(948)诏："所荐州县官，带使相节度使许荐三人，不带使相二人，防御、团练、刺史一人。"⑥直属州刺史获得奏荐权。此后未见奏荐员额规定，当是长期沿袭乾祐之制。

后周广顺元年(951)五月，对被荐人资格与奏荐流程做出调整：

> 今后诸州府不得奏荐无前资及无官并无出身人。如有奇才异行，亦许具名以闻，便可随表赴阙，当令有司考试，朕当亲览。⑦

无出身，指非科举出身者，可见朝廷允许奏荐者为科举出身的前资官。

---

① 陈文龙：《北宋本官形成述论》，第21～81页。
② 所带武散官中，以起复云麾将军居多，似成为武官居丧起复惯例。
③ 洪迈撰、孔凡礼点校：《容斋续笔》卷五《银青阶》，第275页。
④ 陈文龙：《北宋本官形成述论》，第65页。
⑤ 《宋本册府元龟》卷六三三《铨选部·条制五》，第2054页。
⑥ 《旧五代史》卷一〇〇《汉高祖纪下》，乾祐元年正月辛酉条，第1566页。
⑦ 《五代会要》卷二四《诸使杂录附奏荐》，第393页。

不符合条件者，"如有奇才异行，亦许具名以闻"，经过有司考试、皇帝接见，才能任用。与以往相比，此诏主要明确了被荐人资格；奏荐程序上，对不符合条件的"奇才异行"者，增加了有司考试、皇帝接见两个环节。在奏荐官员方面，朝廷的决定权明显增加。

表 3.11　五代藩镇奏荐州县官员额和资格表

时间	带使相/管三州以上节度	不带使相/管三州以下节度	直属京防御使	直属京团练使	直属京刺史	在任官	前资官	无出身人
同光二年	3	2	1			可		
天成三年	3	2	1	1				
长兴二年	5	3	2	2				可
清泰二年	3	2	1	1				
乾祐元年	3	2	1	1	1			
广顺元年						可	可	不可

总体而言，五代地方长官奏荐州县官员额变化不大，基本上是节度使带使相/管三州以上可荐三人，不带使相/管三州以下可荐二人，直属京防御使、团练使、刺史可荐一人。被荐人资格上，除了广顺元年明确规定不许荐举无出身、未守选官员外，其他时间多比较宽松。可以看出，五代政权对荐举这种任官方式是基本认可的，并不像对摄官一样严厉禁止。这是由于奏荐本身有其合理性。五代地方长官只能奏荐管内员阙，属于视阙荐人，有利于选拔合适人材任职，这是深居京师、只能依靠文书的中央铨选部门无法比拟的。荐举之后，需要朝廷同意，朝廷又可以施加一定影响，适应了五代用人权力日渐集中的趋势。因此宋初加强中央集权的过程中，这种视阙荐人之制并未被废罢，而是演化为宋代的辟举，依然长期存在，只是允许辟举的范围和数量大大缩减了①。

---

①　宋代辟举参邓小南：《宋代文官选任制度诸层面》，第 205～220 页。

二、幕职官委任权的变化

与州县官应由朝廷除授不同,唐后期幕职官基本由藩镇辟署。到了五代,朝廷掌握节度使和州郡长官委任权后,扩大朝廷在幕职官任用方面的权力成为五代藩镇政策的重点之一。

(一)朝除、奏荐、自辟:五代宋初幕职官群体的分野及其变化

关于后梁幕职官任用的材料很少,后唐同光二年(924)八月八日中书门下之奏有所涉及:

> 伪庭之时,诸藩参佐,皆从除授。自今后诸道除节度副使、两使判官除授外,其余职员并诸州军事判官,各任本处奏辟,其军事判官仍不在奏官之限。①

中书门下言,后梁(伪庭)时藩镇幕职官皆由朝廷除授。这一表述明显夸大。龙德元年(921)正月癸巳,梁末帝诏:"诸道入奏判官,宜令御史台点检,合从正衙退后,便于中书门下公参辞谢。如有违越,具名衔闻奏。"②可见后梁时藩镇依然可以奏荐判官,我们也能找到后梁节帅辟署僚佐之例。如尹玉羽,"梁贞明中,刘鄩开幕廊坊,辟为保大军节度推官,历雍、汴、滑、兖从事"③;和凝贞明三年(917)登进士第④,滑州宣义军节度使贺瑰"知其名,辟置幕下"⑤;又张锡,"梁末,刘君铎任棣州刺史,辟为军事判官"⑥。说明幕职辟署在后梁一直存在。不过,从龙德元年诏来看,藩镇奏荐的判官需要得到朝廷认可,甚至需要到京"于中

---

① 《旧五代史》卷一四九《职官志》,第2328页。
② 《旧五代史》卷一〇《梁末帝纪下》,第167页。
③ 《宋本册府元龟》卷七二九《幕府部·辟署四》,第2560页。
④ 徐松撰、孟二冬补正:《登科记考补正》卷二五,北京:北京燕山出版社,2003年,第1064页。
⑤ 《旧五代史》卷一二七《和凝传》,第1944页。
⑥ 《宋史》卷二六二《张锡传》,第9068页。

书门下公参辞谢",显然后梁朝廷在幕职官任用上的决定权相较唐廷明显增加。

在后唐君臣看来,幕职官只有"副知己之荐","备悉行藏,习知才行",才能"允奉幕中之画,以称席上之珍"①,即主张幕职官由节帅奏辟。相比后梁,后唐朝廷仅保留行军司马、节度副使、两使判官的委任权,朝廷除授的幕职官大为减少。之所以出现这种变化,根本原因在于后梁在河南的藩镇政策,与后唐建国前在河北、河东的藩镇政策有很大差异。后梁时期朝廷在河南的藩镇政策比较成功②,幕职官多由朝廷除授;后唐建国前,属镇节帅多为终身制,节镇"私有化"程度以及节帅对属镇的控制程度较高,幕职官主要由节帅辟署,附镇更是自除管内刺史以下所有官员。因此,同光二年后唐扩大幕职官奏辟范围,其实质是唐庄宗以河北、河东之制规范朱梁河南之制,是两种政治传统的碰撞。

同时值得注意的是,同光二年敕一方面指出"其余职员并诸州军事判官,各任本处奏辟",另一方面又说"其军事判官仍不在奏官之限"。可见"奏辟"与"奏官"有别,奏辟为奏荐和自辟,奏官即奏荐。奏荐部分幕职官需要朝廷批准,藩镇自辟部分则毋须如此,军事判官"不在奏官之限",属于藩镇自辟范围。因此同光二年敕实际上将当时的幕职官分为三类:行军司马、节度副使、两使判官等高层幕职官由朝廷除授,是为朝除;"其余职员"即两使判官以下、军事判官以上的中层幕职官由藩镇奏荐;军事判官以下"不在奏荐之限",由藩镇自辟,无须朝廷同意。

幕职官中朝除、奏荐、自辟的分野,在五代长期存在。后唐清泰二年(935)八月,中书门下言:"诸道除两使判官外,书记已下任自辟请……诸州防御、团练判、推官,并请本州辟请,中书不更除授。"③后汉乾祐元年(948)正月,朝廷亦颁宣类似诏令:

---

① 《五代会要》卷二五《幕府》,第 395 页。
② 后梁藩镇政策参王赓武:《五代时期北方中国的权力结构》,第 112～120 页;并参本书第一章第一节。
③ 《旧五代史》卷一四九《职官志》,第 2329 页。

> 其诸道行军副使、两使判官，今后不得行奏荐，委中书门下选。带使相节度使许奏节度掌书记、观察支使、节度推官，不带使相节度使只许奏节度掌书记、节度推官，其防御、团练判官等听奏，仍需精择才能。①

清泰二年和乾祐元年朝廷均强调两使判官等为朝除范围，藩镇不得奏荐，以下由节帅等辟请，即自辟和奏请（奏荐）。后汉明确规定了奏荐幕职官的范围，包括节度掌书记、观察支使、节度推官、防御团练判官等。防御、团练推官应由诸州自辟。

至周世宗时，朝廷大大突破了同光二年敕令中朝除、奏荐、自辟范围的规定。显德二年（955）六月诏云：

> 两京、诸道州府留守判官、两使判官、少尹、防御团练军事判官，今后并不得奏荐。如随郡已历前件官职任者，不在此限。其防御、团练、刺史州各置推官一员。②

留守两使判官、少尹之前就是朝廷除授；防御、团练判官之前由藩镇奏荐；军事判官最初由刺史自辟，清泰二年（935）七月规定由"本州刺史自选择举奏"③，纳入奏荐范围。显德二年之后，以上幕职官均由朝廷除授。防御、团练、军事推官此前在部分州郡已有设置，由防御、团练使、刺史自辟，显德二年诸州开始普遍设置，这些官员此后亦由朝廷除授。由此，幕职官中朝除范围大大扩展。

宋朝建立后，延续了后周扩大幕职官朝除范围的趋势。乾德二年（964），吏部尚书张昭致仕：

> 昭为吏部尚书领选事，凡京官七品以下犹属铨；及昭致仕，始

---

① 《五代会要》卷二五《幕府》，第398页。
② 《五代会要》卷二五《幕府》，第398页。
③ 《宋本册府元龟》卷六三三《铨选部·条制五》，第2053页。

用它官权判，颇更旧制，京官以上无选，并中书门下特除。使府不许召署，幕职悉由铨授矣。①

张昭为吏部尚书，本职就是负责铨选。待到张昭致仕，"始用它官权判"。这是吏部官失其职、官与差遣分离的重要节点。受这次事件影响，京官脱离流内铨，开始由中书门下堂除；"使府不许召署，幕职悉由铨授"，藩镇自辟奏荐的幕职官改为朝除，朝廷实现了对幕职官的全面除授。

表 3.12 五代宋初幕职官的分野及其变化表

时间	朝除	奏荐	自辟
后梁	行军司马，节度副使，留守节度观察判官，防御团练副使，判官，节度推官，军事判官等	不详	不详
同光二年	行军司马，节度副使，留守节度观察判官	节度掌书记，观察支使，防御团练副使、判官，节度推官等	军事判官，防御团练推官，节度观察防御团练巡官、衙推等
清泰二年	行军司马，节度副使，留守节度观察判官	节度掌书记，观察支使，防御团练副使、判官，节度推官，军事判官等	防御、团练推官，节度、观察、防御、团练巡官、衙推等
乾祐元年	行军司马，节度副使，留守节度观察判官	节度掌书记，观察支使，防御团练副使、判官，节度推官，军事判官等	防御、团练推官，节度、观察、防御、团练巡官、衙推等
显德二年	行军司马，节度副使，留守节度观察判官，节度掌书记，观察支使，防御团练副使、判官，节度推官，防御团练军事判官、推官	不详	不详

---

① 《长编》卷五，乾德二年三月，第123页。幕职官悉由铨授后，最初由中书门下除授，雍熙二年（985）后方归流内铨。邓小南：《宋代文官选任制度诸层面》，第58页。

第三章 缔造分权：州郡权力结构的变化 / 203

续表

时间	朝除	奏荐	自辟
乾德二年	行军司马，节度副使，留守两府节度观察判官，节度掌书记，防御团练副使、判官，留守两府节度推官，军事判官，防御团练军事推官，<u>军监判官</u>	无	无

说明：幕职官排列顺序大致遵循从高到低原则。划横线部分表示相对于前一时间节点委任权发生变化的幕职官。由于前引诏敕所列幕职官多有不全，本文根据下文表3.13《新唐书·百官志》所载唐代方镇使府文职僚佐和表3.14《少尹幕职官参选条件》所列宋代幕职官进行了补充。不过五代幕职官设置及其变化史料记载不详，目前亦缺乏细致研究，本文所补未必精确。

以上选择了几个重要节点，对五代宋初幕职官分野及其委任权变化，做了简单梳理。以往关于幕职官的研究，一般只将其分为朝除和辟署两部分。本文根据史料将辟署细化，区分为奏荐和自辟两部分，自辟完全由藩镇辟署，奏荐则需要朝廷批准。五代宋初幕职官从藩镇辟署为主到皆由朝除并非一蹴而就。在这一过程中，朝廷首先要保证朝除的尽量实现，即朝除范围内的幕职官藩镇不得奏荐；其次，将唐后期主要由藩镇自辟的幕职官纳入奏荐范围，增加朝廷批准这一环节，扩大朝廷在幕职官任用方面的决定权；在此基础上，逐渐扩大朝除范围。后梁军事判官以上多由朝除；后唐至后汉朝廷则只掌握高级幕职官委任权；后周显德二年以后，原来藩镇奏荐的中级幕职官和部分自辟的低级幕职官亦被纳入朝除范围；宋乾德二年藩镇自辟的低级幕职官也改由朝廷除授。

需要说明的是，五代宋初朝廷规定的幕职官朝除、奏荐、自辟范围与幕职官群体中朝除、奏荐、自辟的分野并不完全一致。如节度副使一直为朝廷规定的朝除幕职官，但其中亦不乏藩镇奏荐者。如后晋杜重威为成德军节度使时，太府少卿王瑜"诡计干重威，使奏己为恒州节度副使"①。

---

① 《旧五代史》卷九六《王瑜传》，第1487页。

安审琦后周时为朝除的陕州节度副使，广顺二年（952）"属陕帅折公（从阮）自陕治邠，念公之才，恨不同席，遂上章乞请。答诏允俞，移授邠州节度副使"。显德二年折从阮去世后，四年"徐帅相国向公（拱）亦以甘棠曾贰政柄，乞授徐州副使"①。安审琦邠州、徐州节度副使之任均为藩镇奏荐。又诸道节度掌书记以下，后唐应由藩镇奏荐、自辟，但长兴元年（930），为解决到京求官的幕职官仕宦问题，唐明宗下敕"于诸道掌书记已下，据有员阙处，各除授一员"②，将他们纳入朝除幕职官群体。可见，幕职官群体内部的实际情况远比朝廷制度规定复杂。从朝廷规定来看，朝除、奏荐、自辟幕职官界限清楚，实际情况却是三部分中均既有朝廷除授者，亦有藩镇委任者，朝廷与藩镇权力犬牙交错，朝廷在幕职官任用方面的决定权是在艰难曲折中逐渐增加的。随着朝藩力量对比不断向朝廷倾斜，宋初朝廷最终完全掌握了幕职官委任权。

朝除、奏荐、自辟三部分中，奏荐部分情况较为复杂。由于被奏荐者需要得到节帅、朝廷双重许可方能上任，朝廷可以施加一定影响，故五代针对幕职官的诏令多与奏荐相关。除了不断强调藩镇不得奏荐行军司马、节度副使、两使判官外，对被荐者身份也有规定。被荐者需要具备一定资格，无官或无出身人等常常受到限制。如晋高祖天福四年（939）七月敕："今后防御、团练、刺史所奏从事，无官名者不在申荐。"③规定无官者不得被奏荐。然而即使有官，奏荐请求也可能被驳回。天福五年马全节为潞州昭义军节度使，奏荐冀州南宫县主簿李某（字广途）为掌书记，"荐章连上，制命弗临"，李某"知命之不遭，乃谢病而退，闭门却扫，以名教自娱"④。又周太祖广顺元年五月敕："今后诸州府不得奏荐

---

① 洛阳市文物考古研究院：《河南省洛阳市北宋安蕃（审）韬墓发掘简报》，《洛阳考古》2015年第1期，第52~58页。
② 《五代会要》卷二五《幕府》，第396页。
③ 《五代会要》卷二五《幕府》，第397页。
④ 徐铉：《徐公文集》卷二九《大宋故陈留县主簿赠太子中允李府君墓志铭并序》，第13b页。

无前资及无官并无出身人。"①在该敕影响下,河阳节度使刘词奏荐的节度推官马测,因无出身被朝廷驳回,墓志所言"俄抵周祖敕行,方岳罢奏宾从,公醲是勇而告退",正指此事。世宗即位后,马测因献书被赐比学究出身②。

乾德二年"使府不许召署,幕职悉由铨授"后,作为一般原则,幕职官由中央人事部门除授,但辟举并未消失。不过宋代的荐举、辟举与五代的奏荐、自辟有相当大的差异。邓小南总结道:

> 一般说来,荐举的着眼点主要在于拔擢有才干的"人",而不在于某一具体"窠阙"(职任)。辟举则不同,举主原则上是自窠阙需要出发去物色人选,为阙择人、觅人填阙。所奏辟的人选,往往是直接对应着某一具体窠阙提出的。③

大致来说,宋代辟举相当于五代奏荐,"在通常情况下(除军期紧急之外),作为举主的一司长官,必须先具名上奏,得朝廷同意后,才能正式任用被辟者"④。而五代不经朝廷同意的藩镇自辟则在宋代彻底消失。

(二) 随府幕职官

五代宋初幕职官中,与节帅关系最密切的是"随府"幕职官。随府即幕职官个人仕宦追随使府,又称为"随使""随幕""随郡"等。幕职官随府现象自唐代使府产生就已存在,不过唐后期幕职官多由藩镇辟署,随府幕职官与其他幕职官均为节帅"私人",制度上区分的必要不大;五代宋初随着幕职官朝除范围的扩大,随府幕职官与其他幕职官差异增大,制度区分方才变得必要。五代幕职官随府的情况,除了片山正毅有所讨论

---

① 《五代会要》卷二四《诸使杂录奏荐附》,第393页。
② 卫浈:《大宋故承奉郎前守国子四门助教扶风马公(测)墓志铭并序》,拓片见《北京图书馆藏中国历代石刻拓本汇编》,第37册,第27页;录文见《全宋文》卷五一,第3册,第241页。
③ 邓小南:《宋代文官选任制度诸层面》,第177页。
④ 邓小南:《宋代文官选任制度诸层面》,第218页。

外，学界少有注意。他将五代幕职官分为留府的幕职官、朝廷差补的幕职官、特敕除授的幕职官、随府的幕职官、随幕判官五种①。本文要讨论的随府幕职官，包括片山正毅文中随府的幕职官、随幕判官两种。

随府幕职官由节帅奏请或自辟，但与其他幕职官不同之处在于，随府幕职官可以突破朝廷允许奏荐的范围。如周世宗显德二年（955）六月诏书言：

> 两京、诸道州府留守判官、两使判官、少尹、防御团练军事判官，今后并不得奏荐。如随郡已历前件官职任者，不在此限。②

该诏明确规定随府官中曾任留守、两使判官至军事判官等"前件官职任者"，可以奏荐为朝除范围内的幕职官。

随府幕职官仕宦追随使府，其例甚多。如尹玉羽，"梁贞明中，刘鄩开幕廊坊，辟为保大军节度推官，历雍、汴、滑、兖从事"③。桑维翰，后唐时被河阳节度使石敬瑭"辟为掌书记，历数镇皆从"④。赵莹天成初（926）被陕州节度使石敬瑭辟署后，"自陕郊而移汴水，临滹川而镇孟津。魏郡建牙，并门仗钺。十年入幕，从容可以论政经；六镇从军，折冲足以陈兵要"⑤。在石敬瑭幕府十年，转徙六镇。淳于晏在霍彦威幕府"历数镇，皆为判官，军府之事咸取决焉"⑥。宋太祖赵匡胤潜邸中，赵普被赵匡胤"辟为同州节度推官，历滑台、许田、潍阳三镇从事"⑦；沈义伦

---

① 片山正毅：《宋代幕職官の成立について》，《东洋史学》第 27 辑，第 70～73 页。
② 《五代会要》卷二五《幕府》，第 398 页。
③ 《宋本册府元龟》卷七二九《幕府部·辟署四》，第 2560 页。
④ 《旧五代史》卷八九《桑维翰传》，第 1352 页。
⑤ 胡戟、荣新江主编：《大唐西市博物馆藏墓志》第 489《赵莹墓志》，北京：北京大学出版社，2012 年，第 1056～1059 页。
⑥ 《册府元龟》卷七二五《幕府部·尽忠》，第 8631 页。
⑦ 杜大珪：《新刊名臣碑传琬琰之集》上卷一，宋太宗《赵中令公普神道碑》，《中华再造善本》影印国家图书馆藏宋刻元明递修本，北京：北京图书馆出版社，2003 年，第 1b 页。

被赵匡胤辟为同州僚佐，"太祖继领滑、许、宋三镇，皆署从事，掌留使财货，以廉闻"①；吕余庆被赵匡胤奏荐为同州掌书记，"太祖历滑、许、宋三镇，余庆并为宾佐"②：三人皆为随府幕职官。

正因为仕宦追随使府，随府幕职官并无任期要求。天成四年（929）六月二十日关于朝除幕职官任期的规定云：

> 其行军副使、两使判官已下宾僚，及防御团练副使、判官、推官、军事判官并宜以三十个月为限。如是随府，不在此限。③

该敕明确指出随府幕职官不受朝廷任期限制。他们的上任与罢职，均取决于节帅个人。当节帅被征入朝或死亡导致使府被罢时，随府幕职官亦往往去职。乾德二年（964），陶谷等人所上《少尹幕职官参选条件》就规定"随府罢者不在赴集"④。乾德三年，河中护国军节度使杨承信去世，"僚佐并随府罢"⑤，亦说明这一点。倘若未及时去职，还会受到处罚。如乾祐二年（949）八月，西京留守王守恩去职。九月，"西京留守判官时彦澄、推官姜蟾、少尹崔淑并免居官，坐不随府罢职，为留台侍御史赵砺所弹也"⑥。留守判官、少尹本应朝除，时彦澄等随府，再次说明随府官可以

---

① 《宋史》卷二六四《沈伦传》，第9112~9113页。沈义伦避宋太宗赵光义讳，只名伦。
② 《宋史》卷二六三《吕余庆传》，第9098~9099页。
③ 《五代会要》卷二五《幕府》，第397页。
④ 《长编》卷五，乾德二年七月庚寅条，第129页。类似规定唐代就已出现，如《文苑英华》卷四二八《太和三年十一月十八日赦文》言："方镇刺史在京除官，所须收补随从人数，有司即为节限。他时替罢，仍令随使停解。"第2168~2169页。又同书卷四三○《大中元年正月十七日赦文》："近年随使人多，冗食要职，倾夺占位，勋旧无依，虑不均平，例有停解。如闻或有自远招收，或因其投募，人材武艺，要籍辕门，或因类能，擢处右职，军中已著劳绩，选众又合甄升，一例勒停，实乖至当。其应随使军将、及骁勇官健等，有超轶辈流者，并许待使到后选验处分。"第2180页。
⑤ 王禹偁：《小畜集》卷三○《监察御史朱府君（遵式）墓志铭并序》，《四部丛刊》影印江南图书馆藏经鉏堂钞本，第6a页。
⑥ 《旧五代史》卷一○二《汉隐帝纪中》，乾祐二年九月丙午条，第1587页。

突破朝廷规定的奏荐范围。

　　随府幕职官罢职之后，仕宦就成为问题，一个可能是被新节帅辟署。如赵莹，"初依梁将康延孝。延孝奔唐庄宗，同光初用为郑州防御使，表莹为判官。三年延孝为陕帅，又署宾职"，知其为康延孝随府官。不久康延孝叛变被杀，府罢，赵莹罢职。天成元年（926）石敬瑭改陕州保义军留后，"莹时在郡，以前官谒之，一见如旧相识，即奏署官，高祖历诸镇，皆从之"①。受到石敬瑭辟署后，赵莹成为石敬瑭随府官。朱遵式自后周为杨承信随府幕职官，乾德三年，河中节度使杨承信去世，"僚佐并随府罢。新帅汾阳郭公从义素（间）〔闻〕公名，留（戎佐）〔佐戎〕政，辞逊不获，俛俛就位"②。朱遵式随府罢职后，亦得到新帅郭从义辟署。新帅此举，主要是考虑到他们熟悉当镇情况，有利于节帅施政。

　　不过能被重新奏辟者只是少数，到京求官是更多随府幕职官罢职后的出路。长兴元年（930）五月十六日敕：

　　　　去年相次有诸道前资掌书记已下宾从，到京求官，人数极多。或自述行止，或得替节度使论荐，兼有已于郊天行事者。即目朝班中无员阙安排，前件官等皆随府罢职，相次到京。当奏辟之时，慎选尽由门馆；及替闲之后，安排须告朝廷。若不特议区分，即恐久令淹滞。宜令于诸道掌书记已下，据有员阙处，各除授一员。仍自此凡是朝官及诸州府判官，得替一周年后，得求官擢才，特敕不在此限。③

"掌书记已下宾从"，正是朝廷允许节帅奏辟、随府的幕职官，他们"随府罢职"后，幸运者得到了新任节帅辟署；有的虽未被新帅辟署，但"得替节度使论荐"，拿到了旧帅推荐信；有的连旧帅推荐也无法获得，只好到

---

① 《宋本册府元龟》卷七二九《幕府部·辟署四》，第2559页。
② 《小畜集》卷三〇《监察御史朱府君（遵式）墓志铭并序》，第6a～6b页。
③ 《五代会要》卷二五《幕府》，第396页。

京"自述行止",向朝廷求官。敕令指出,随府幕职官"当奏辟之时,慎选尽由门馆",即由藩镇奏荐、自辟;但当随府罢职之后,他们的新职安排却"须告朝廷",最后唐明宗决定"于诸道掌书记已下,据有员阙处,各除授一员",以解决他们的仕宦问题。经过朝廷除授后,原来的随府幕职官成为朝廷官员,与朝廷的关系强化。

随府幕职官是节帅最信任的僚佐,构成藩镇使府的核心。他们长期追随同一节帅,私属性强,在使府运作、地方治理乃至政治斗争中起着重要作用。如:

> 淳于晏在霍彦威幕,相得甚欢,及历数镇,皆为从事。军府之事,至于私门,事无巨细,俱取决于晏。虽为幕宾,有若家宰。尔后公侯门客往往效之,时谓之"效淳"。故彦威所至称治,由晏之力也。①

霍彦威幕府乃至私门之事,均由随府幕职官淳于晏负责;霍彦威地方治理有方,亦与淳于晏密不可分。五代节帅起兵叛变时,随府幕职官多竭力推戴;建国之后,往往成为新朝核心成员。清泰三年(936),河东节度使石敬瑭起兵,随府幕职官桑维翰、赵莹等起了重要作用,后晋建国后得以拜相。河东节度使刘知远建立后汉过程中起重要作用的郭威,为刘知远"随使孔目官,汉祖托之心腹"②,后汉建立后成为枢密副使。赵匡胤陈桥兵变中,随府幕职官赵普发挥了重要作用,宋朝建立后与沈义伦、吕余庆等均得到重用。

从五代宋初朝除、奏荐、自辟的分野及其变化来看,后周时朝廷在幕职官委任权方面已取得很大进展。但随府幕职官的情况表明,这种进展并未完全得到落实。五代朝廷禁止奏荐的幕职官,藩镇依然可以奏荐

---

① 《册府元龟》卷七一六《幕府部·倚任》,第8532页。
② 张齐贤撰、俞钢整理:《洛阳缙绅旧闻记》卷三《向中令徇义》,收入朱易安、傅璇琮等主编:《全宋笔记》第1编第2册,郑州:大象出版社,2003年,第173页。

随府者为之；宋初幕职官皆由铨选后，奏荐随府幕职官的现象仍然存在。这种情况并不能简单地用藩镇跋扈来解释。幕职官随府一方面是汉唐千余年来辟召、辟署制度的惯性使然；另一方面在古代人治的条件下，节帅等的确需要一批自己熟悉、长期追随自己的僚佐帮助其处理军政、民政事务。不过，随着朝廷允许藩镇奏荐、自辟范围的逐渐缩小，幕职官随府者也不断减少。太平兴国二年(977)废支郡、节度观察使虚衔化、使府消失后，随府幕职官也基本退出历史舞台。可以说，随府幕职官与使府是相始终的。

三、幕职官的"州县官化"与宋代幕职州县官体系之形成

唐后期地方幕职官与州县官分立。因唐前期刺史不掌军权，唐后期州县官亦只处理州县民政、财政事务。幕职官的事任则比较复杂：节度、观察使为道级长官，其僚佐主要处理道级军政、民政、财政事务；防御、团练使为刺史所兼军事使职，其僚佐主要处理州郡军政事务；军事院僚佐职任亦以州郡军政事务为主。以上只是就通常原则而言。实际上唐后期藩镇在与朝廷争夺地方事务掌控权的过程中，不断有意以幕职官侵夺州县官尤其是州官事任，使幕职官对州县事务涉入日深，职任上与州县官逐渐趋同。另外，唐后期原则上州县官由朝廷除授，幕职官由藩镇辟署，五代宋初，幕职官也逐渐改由朝除。随着五代宋初朝除幕职官范围的扩大，朝除幕职官守选、任期等规定相继出台，幕职官在选任管理上也逐渐与州县官趋同。幕职官的这两方面变化，本文称之为幕职官的"州县官化"①，这是宋代幕职州县官体系形成的前提和基础。

(一)幕职官职任的"州县官化"

幕职官职任的"州县官化"是伴随着唐后期藩镇在地方的权力扩张展

---

① 本文之所以用幕职官的"州县官化"，而不用幕职官与州县官的"交汇"、"融合"等表述，是因为唐后期五代幕职、州县官中发生变化的主要是幕职官，其变化方向是职权和选任管理上向州县官靠拢。用"交汇"、"融合"等表述，容易使人产生误解。

开的。在与朝廷争夺地方事务掌控权的过程中,藩镇的不少措施都使幕职官对州县事务的参与加深。第一,另委新官侵夺州县事务。如安史之乱后,藩镇于管内"诸州县各置镇将领事,收刺史、县令之权,自作威福"①。镇将被日野开三郎称为"增强藩镇势力的最大支柱"②,其普遍设置导致县尉在后唐被废③。又五代诸道州府设有马步院,"遂夺州院法曹参军掌刑狱之权"④。第二,以幕职官摄州县官。其例甚多,已见前文,此不赘述。第三,对州县事务的长期侵夺,使幕职官获取了不少州县事务的法定处理权。如天成三年(928)七月十七日敕节文:

> 今后指挥诸道州府,凡有推鞫囚狱,案成后逐处委观察、防御、团练、军事判官,引所勘囚人面前录问,如有异同,即移司别勘。⑤

"推鞫囚狱"本为州县事务,此时敕令反而要求诸判官负责,可见幕职官处理部分州县事务的权力已经得到了朝廷认可。

幕职官对州县事务尤其是州府事务的侵夺,导致"州官事简"⑥。事务减少又使州府官员额设置减少,因此可以通过州府官员额变化来观察幕职官对州府事务的侵夺程度。总体而言,唐后期州府官员额呈现出愈后愈省之趋势,曾数次大幅度减官。元和六年(811)六月,宰相李吉甫奏请减州府职员,九月吏部奏:

---

① 《资治通鉴》卷二四一《唐纪五十七》,元和十四年三月,第7768页。
② 日野开三郎撰、索介然译:《五代镇将考》,收入刘俊文主编:《日本学者研究中国史论著选译》第5卷《五代宋元》,北京:中华书局,1993年,第72页。
③ 《宋本册府元龟》卷六三二《铨选部·条制四》,后唐同光二年四月条,第2043页。
④ 严耕望:《唐代府州上佐与录事参军》,原刊《清华学报》(新竹)第8卷第1·2期合刊,1970年,收入《严耕望史学论文选集》,北京:中华书局,2006年,第472页。
⑤ 《五代会要》卷一〇《刑法杂录》,第160页。
⑥ 《宋本册府元龟》卷六三二《铨选部·条制四》,后唐同光二年四月条,第2043页。

> 准勅并省内外职员,诸州府共八百八员。其中下州文学,中下县丞、市令,一例停减。余官,州量减。①

州府官一次减省808员,力度甚大。会昌四年(844)五月,中书门下再次奏请减少州府官额。六月吏部奏:"今以州府申阙解内户税多少,及州府官员闲剧,类会合减官员一千二百一十四员。"也许是此次减官幅度过大,影响到部分州府事务处理,同年十二月,又添置383员②。除了这两次大规模减官,唐后期州县小范围减官之例更多③。州县官尤其是州府官员额设置的不断萎缩,正是幕职官侵夺州县尤其是州府事务之证明。

时入五代,这种趋势仍在延续。后梁开平二年(908)十月,"省诸道州府六曹掾属,存户曹参军一员,通判六曹"④。后唐同光二年四月,三铨建议:"自后除两京外,都督府及州置户、法二员,余四员并省;县置令、主簿各一员,丞、尉并省者。"⑤此后,六曹中只保留户曹、法曹参军,县官中只保留县令、主簿的设置一直延续到北宋建立。从后梁、后唐的减官来看,州府官的减官幅度大于县官,亦表明幕职官对州府事务的侵夺更为严重。

唐后期五代朝廷减省州县官员额,意味着朝廷已默认幕职官对州县尤其是州府事务的参与,承认州县事务由州县官和幕职官共同处理的现实。随着时间推移,幕职官对州县事务的参与逐渐加深,职任上逐渐"州县官化",向州郡僚佐转变。

不过幕职官职任的"州县官化",并不仅仅是唐后期藩镇权势扩张、幕职官有意侵夺州县事务所致,也是五代宋初朝廷限藩政策的结果。这可从几个方面来理解。第一,五代宋初分割方镇和直属州措施,导致方

---

① 《唐会要》卷六九《州府及县加减官》,第1451~1453页。
② 《唐会要》卷六九《州府及县加减官》,第1453~1454页。
③ 《唐会要》卷六九《州府及县加减官》,第1448~1454页。
④ 《五代会要》卷二〇《中外加减官》,第323页。
⑤ 《宋本册府元龟》卷六三二《铨选部·条制四》,后唐同光二年四月条,第2043页。

镇地盘不断被割裂，管内支郡日益减少，方镇所辖区域逐渐与州趋同。五代已有一些只辖一州的藩镇，宋初更多。在这种情况下，道级军政、民政、财政事务大为减少，节度观察使府僚佐只能转而处理节镇治州事务。第二，五代宋初藩镇军队精锐不断被吸纳为禁军，地方军事力量逐渐被削弱，节度使僚佐能处理的道级军政事务和防御团练使僚佐、军事院僚佐能处理的州郡军政事务均日趋简省。第三，随着中央的强势，唐后期两税三分体制瓦解，两税及附加税、榷税、商税等均被纳入"系省"钱物范畴（参本章第三节），观察使僚佐能处理的道级财政事务大幅减少。在幕职官本职事务即道级军政、民政、财政事务和州郡军政事务不断减少的情况下，幕职官职权只能向州县官尤其是州官负责的州郡民政、财政事务伸展，更多介入州县事务，使其职任与州县官趋同，导致职任上"州县官化"。

五代宋初幕职官本职事务的减少，一方面使幕职官转而侵夺州县事务，职任上"州县官化"；另一方面也使幕职官冗员问题凸显，员额设置被削减。据《新唐书·百官志》，唐后期文职幕职官设置如下：

表3.13 《新唐书·百官志》所载方镇使府文职僚佐表[①]

职官	行军司马	副使	判官	掌书记	支使	推官	巡官	衙推	馆驿巡官	同节度副使	府院法直官	要籍	逐要亲事官	随军	进奏官	总计
节度使	1	1	1	1	1	1	1	1	4	10	1	1	1	4		29
观察使（节度使兼）			1		1	1	1	1								5
观察使			1	1	1	1	1	1	1		1			1	1	10
防御使			1	1		1	1									4
团练使			1	1		1	1	1								5

---

① 《新唐书》卷四九下《百官志四下》，第1309~1310页。

《新唐书·百官志》所载幕职官员额设置并不完全准确，如节度使僚佐无支使，观察使无掌书记；亦不全面，参军、孔目官以及军事院僚佐等均未载①；时间断面也不清楚。但这依然是我们了解唐后期幕职官设置最全面的材料。由上表可知，唐后期幕职官员额颇多，唐廷曾多次下令裁减，但效果不大②。五代宋初，随着朝廷限藩措施的落实，使府事任日削，幕职官员额也逐渐减少③。如果我们将上表与下文表 3.14 所载宋代幕职官对比会发现，观察副使及诸使推官以下均消失不见④，行军司马、节度防御团练副使完全丧失职权，亦被排除在宋代幕职州县官体系之外。五代宋初对幕职官员额的裁减，既减少了冗员，又限制了幕职官对州县事务进一步侵夺，使州县官保留了一定职权，维持了幕职官、州县官两立格局。宋初朝廷收回地方人事权后，两套职官系统均得以保留，形成幕职州县官体系。

（二）幕职官选任管理的"州县官化"

五代宋初，随着幕职官朝除范围的扩展，朝廷对幕职官管理的改革也在进行。与州县官一样，幕职官开始有了任期和守选要求，管理上逐渐"州县官化"。需要指出的是，这只针对朝除幕职官群体，藩镇奏荐和自辟者不在其中。天成四年（929）六月，朝廷首次对朝除幕职官任期作出规定："其行军副使、两使判官已下宾僚，及防御团练副使、判官、推官、军事判官并宜以三十个月为限。"⑤次年五月十六日，朝除幕职官守选亦首次降敕："仍自此凡是朝官及诸州府判官，得替一周年后，得求官

---

① 严耕望：《唐代府州僚佐考》《唐代方镇使府僚佐考》，《严耕望史学论文集》，第 388~395、406~432 页。
② 石云涛：《唐代幕府制度研究》，第 263~274 页。
③ 由于材料有限，幕职官员额减少的具体过程不详，目前学界亦缺乏足够研究。
④ 由表 3.13 可知，观察使由节度使兼任时，不设副使。唐后期观察使在唐末五代均升为节度使，单独的观察使府消失，观察使均由节度使兼任，故观察副使消失不见。参本书第二章第三节。
⑤ 《五代会要》卷二五《幕府》，第 397 页。

擢才，特敕不在此限。"①该敕只规定了诸州府判官（主要指两使判官）的守选时间，即一周年。长兴二年（931）十一月，明宗再次降诏对幕职官守选做出规定，其他朝除幕职官守选时间亦确定下来：

> 阙员有限，人数常多，须以高低，定其等级。起今后两使判官罢任后，宜一年外与比拟；书记、支使、防御团练判官等，二年外与比拟；推巡、防御团练推官、军事判官等，并三年后与比拟。仍每遇除授，量与改转官资，或阶勋，或职资。②

比拟即与同类官比较注拟③，一年、两年、三年为幕职官守选时间。唐代科举及第和六品以下官员多需守选，幕职官守选规定，显然是比拟同类官即州县官制定的。唐明宗时朝除幕职官任期、守选规定相继出台，表明此时朝除幕职官数量已经很多，由于"阙员有限，人数常多"，幕职官任期和守选规定的出台成为必须。由此幕职官和州县官的管理逐渐趋同。随着幕职官朝除范围的进一步扩大，这种趋势更加明显，幕职官和州县官开始不断被同时提及。后周广顺元年（951）二月敕："其行军副使已下幕职、州县官等，得替求官，自有月限，年月未满，一听外居。"④是所见幕职官、州县官最早被同时提及的例子。显德二年（955），周世宗扩大幕职官朝除范围后，幕职官和州县官的管理、荐举政策等往往一起出台，不再刻意区分。显德五年正月诏："诸道幕职、州县官，并以三周年为考限，闰月不在其内。"⑤同年五月诏："在朝文资官各令再举堪为幕职、令录者一人，所举幕职、州县官罢任后便与除官，仍并许赴阙。"⑥可以看出，随着后周朝除幕职官范围的扩大，幕职官管理的"州县官化"趋势日益明显。

---

① 《五代会要》卷二五《幕府》，第396页。
② 《旧五代史》卷一四九《职官志》，第2328页。
③ 王勋成：《唐代铨选与文学》，第128页。
④ 《旧五代史》卷一一一《周太祖纪二》，广顺元年二月戊申条，第1711页。
⑤ 《旧五代史》卷一一八《周世宗纪五》，显德五年正月戊子条，第1819页。
⑥ 《五代会要》卷四《举人自代》，第66页。

宋太祖乾德二年（964）三月，使府不许召署、幕职悉由铨授之后，幕职官参选条件的制定随即成为重要问题。同年七月，中书门下上翰林学士承旨陶穀所议《少尹幕职官参选条件》：

> 应拔萃判超及进士、九经判中者，并入初等职事，判下者依常选。初入防御团练军事推官、军（事）〔监〕判官①者，并授将仕郎，试校书郎。满三周年得资，即入留守两府节度推官、军事判官，并授承奉郎，试大理评事。又三周年得资，即入掌书记、防御团练判官，并授宣德郎，试大理评事兼监察御史。满二年得资，即入留守、两府、节度、观察判官，并授朝散大夫，试大理司直兼监察御史。满一周年，入同类职事、诸府少尹。又一周年，送名中书门下。仍各依官阶分四等。已至两使判官以上，次任即入同类职事者，加检校官，或转宪衔。②

《少尹幕职官参选条件》所列可以下表呈现：

表3.14　少尹幕职官参选条件

幕职官	文散官	试官、兼宪衔	成资时间
留守、两府、节度、观察判官	朝散大夫	试大理司直兼监察御史	一周年
掌书记，防御、团练判官	宣德郎	试大理评事兼监察御史	二周年
留守、两府、节度推官，军事判官	承奉郎	试大理评事	三周年
防御、团练、军事推官，军、监判官	将仕郎	试校书郎	三周年

《少尹幕职官参选条件》规定了参选的幕职官职名，将参选幕职官分为四等③，规定了不同等级幕职官的文散官、试官、宪衔和成资时间，

---

① 郑庆寰认为此处"军事判官"当作"军监判官"，其说可从。参《体制内外：宋代幕职官形成述论》，第97页注释①。
② 《长编》卷五，乾德二年七月庚寅条，第129页。
③ 将幕职官分为四等最早见于显德五年七月后周《刑统》，不过每等内的幕职官与乾德二年规定并不相同。显德之制参看窦仪撰、吴翊如点校：《宋刑统》卷二《名例律》"以官当徒除名免官免所居官"条，北京：中华书局，1984年，第30页。

是对幕职官铨选最详尽的规定。此后这一规定仅有个别调整①,一直沿用到宋徽宗崇宁时选人七阶改制。因此,乾德二年《少尹幕职官参选条件》的出台,标志着幕职官"州县官化"过程的完成,至此宋代幕职州县官体系正式形成②。

表 3.15　宋代幕职州县官四等七资表

	四等	北宋前中期七资(七阶)	崇宁阶	政和阶
幕职官	两使职官	三京府判官,留守判官,节度、观察判官	承直郎	同左
		节度掌书记,观察支使,防御、团练判官	儒林郎	同左
		京府、留守、节度、观察推官,军事判官	文林郎	同左
	初等职官	防御、团练、军事推官,军、监判官	从事郎	同左
州县官	令录	县令、录事参军	通仕郎	从政郎
		试衔县令、知录事参军	登仕郎	修职郎
	判司簿尉	三京军巡判官,司理、司户、司法、户曹、法曹参军,县主簿、县尉	将仕郎	迪功郎

说明:据龚延明《宋代官制辞典》附表11《选人七阶名称变化表》略作调整,北京:中华书局,1997年,第687页。

幕职州县官体系的形成,使随府之外的绝大多数幕职官成为朝廷正官,与节度使、刺史等长官的关系发生质变,幕职官私属性大大降低。幕职官的服务对象不再是具体的节度使、刺史个人,而是州郡长官和朝廷。因此,尽管乾德二年以后使府仍然存在,节度使依然在镇,但为节度使个人服务的藩镇使府从制度上已经瓦解。故当节度使等逐渐虚衔化、与本州镇脱离关系后,幕职官依然留在宋代的地方行政序列中,成为地

---

① 如太平兴国六年(981)十月宋太宗下诏:"诸道节度州依旧置观察支使一员,资考、俸料并同掌书记。自今吏部除拟,以经学及诸色入仕无出身人充。凡书记、支使不得并置。"《宋会要辑稿》职官四八之五,第4311页。

② 不过,幕职官四等与州县官三等在宋初的分立仍比较明显,真正合并成上下有序的体系则是北宋中期以后。参见珂:《另一种阶官:宋代选人七阶研究》,中国人民大学硕士论文,2021年,第11~37页。

方官员的重要组成部分。

幕职官的"州县官化"和幕职州县官体系的形成，并不意味着此后幕职官就等同于州县官。《宋史·职官志》言：幕职官"掌裨赞郡政，总理诸案文移，斟酌可否，以白于其长而罢行之。"从"白于其长"来看，幕职官的职责以协助州郡长官为主，这是使府运作模式的影响。而诸曹官中"录事参军掌州院庶务，纠诸曹稽违；户曹参军掌户籍赋税、仓库受纳；司法参军掌议法断刑；司理参军掌讼狱勘鞫之事"①，其职责以处理本曹事务为核心，仍基本延续唐代诸曹分工模式②。宋徽宗时，在蔡京主持下"分曹建掾"，将幕职官纳入诸曹系统，恰恰表明二者之不同。建炎元年（1127），宋高宗下诏废除"分曹建掾"改革，再度恢复幕职官与诸曹官两立格局③。要之，宋代的幕职官与州县官有同有异，二者分工协作，共同维系着地方行政的正常运转。

幕职州县官体系形成后，其地位逐渐下降。唐五代幕职官和州县官虽非高层官僚，但与在京朝官之间并无不可打破的身份壁垒，不少人在朝藩之间交替任职，五代帝王潜邸旧人甚至可以从幕职官直接出将入相。但宋初幕职州县官体系形成后，幕职州县官的除授机关逐渐与京朝官分离，太宗末年分别由流内铨和审官院负责，京朝官开始整体高于幕职州县官。这是宋初强化中央集权、有意压低外官身份地位的结果。随着时间流逝，幕职州县官与京官差距愈来愈大，最终"悬隔如天壤"，幕职州县官改京官问题，遂成为此后尤其是南宋历史一大问题④。

如果我们把眼光拉长，会发现地方存在两套职官系统，并非唐后期

---

① 《宋史》卷一六七《职官志七》，第3975~3976页。
② 唐代诸曹职掌及运作参严耕望：《唐代府州僚佐考》，《严耕望史学论文集》，第348~381页。
③ 杨仲良：《资治通鉴长编纪事本末》卷一二五《徽宗皇帝·官制》，台北：文海出版社1967年影印广雅书局本，第3774~3790页。关于分曹建掾改革的研究可参张晨光：《论宋徽宗曹掾官改革》，《文史》2020年第1期，第161~188页。
④ 胡坤：《宋代荐举改官研究》，上海：上海古籍出版社，2019年，第65~72页。

五代特有的现象,南北朝地方亦存在军府、州郡两套僚佐系统。至隋代,废州郡僚佐,仅保留军府僚佐;而唐五代幕职官、州县官两套系统的发展趋势则是趋于合一,形成宋代的幕职州县官体系。这种差别,是南北朝和唐后期五代地方行政的不同情况导致的。南北朝时期,州郡僚佐除别驾、治中外,基本由刺史、太守辟用本地人为之;而军府僚佐则由朝廷除授,并无籍贯限制。在长期发展中,军府僚佐逐渐侵夺州郡僚佐职权,使州郡僚佐渐趋冗滥[1]。因此,隋朝废除由刺史、太守辟署的州郡僚佐,既简省了人员设置,节省了行政成本,也将地方人事权力尽数收归中央,使地方"大小之官,悉由吏部,纤介之迹,皆属考功"[2],加强了中央对地方的控制。唐后期五代则不同。唐后期幕职官主要由藩镇辟署,州县官原则上由朝廷除授。朝廷要想强化对地方的控制,首先要从藩镇手中收回州县官委任权,同时尽量限制幕职官对州县事务的侵夺,维持幕职官、州县官两立格局。唐后期五代,虽然幕职官不断侵夺州县事务,导致州县官员额被削减,但在朝廷努力下,州县官又始终保留一定职权,幕职官、州县官两立格局始终存在,幕职官、州县官均是地方事务的重要处理者。因此,宋初幕职官最终改由朝廷除授后,幕职官、州县官均得以保留。乾德二年七月,随着《少尹幕职官参选条件》的出台,幕职官、州县官最终形成宋代的幕职州县官体系。可以看出,南北朝与唐五代地方两套职官系统虽然发展方向并不一致,但最后均指向中央人事权力的扩大、地方控制的强化,可谓殊途同归。

第三节 宋初"制其钱谷"之背景及措施

在宋太祖与赵普制定的削藩政策中,"制其钱谷"是其中重要一环。学界对此虽耳熟能详,却迄今未有专论。学者们在对宋初转运使、通判、

---

[1] 南北朝军府、州郡两套系统情况参严耕望:《中国地方行政制度史》乙部《魏晋南北朝地方行政制度》,上海:上海古籍出版社,2007年,第901~906页。

[2] 《隋书》卷七七《儒林·刘炫传》,第1721页。

监当等的讨论中虽均有涉及①，但由于他们对五代地方财政史关注有限，有些甚至将唐后期作为宋初制其钱谷的历史背景，导致所论有阙。欲讨论宋初制其钱谷，需了解五代地方财政的情况，对此学界已有不少研究。日野开三郎较早对五代藩镇和州郡的财政收支进行了相对全面的讨论，不过其论不少未标明出处，亦有论述不当之处②。彭向前讨论了唐末至宋初中央财政集权的过程，其中与地方财政相关者集中在削夺藩镇征税自主权和上供改革部分③。刘京京从收回地方财政官员人事权、营田和官庄收入管理、盐酒商税管理三方面讨论了五代中央收地方财权的情况，与本文关系颇为密切，但其对五代地方财政的理解和具体论证与本文颇为不同④。陈明光全面细致讨论了五代的财政体制和财政收支情况，是目前关于五代财政史最重要的研究，其中关于"系省钱物"的讨论与地方财政的关系尤其密切⑤。郑学檬、杜文玉关于五代财政史的论述中亦有部分涉及地方财政⑥。总体而言，五代财政史的研究以中央财政为主，

---

① 相关研究甚多，仅举其要。转运司的研究如戴扬本：《北宋转运使考述》，上海：上海古籍出版社，2007年。通判研究参草野靖：《宋の通判と财政》，《东洋史学》第23号，1961年，第41～57页；苗书梅：《宋代通判及其主要职能》，《河北学刊》1990年第2期，第83～89页等。监当官研究，如苗书梅：《宋代监当官初探》，收入程民生、龚留柱编：《历史文化论丛》，开封：河南大学出版社，2000年，第625～648页；雷家圣：《宋代监当官体系之研究》，台北：花木兰文化出版社，2009年等。
② 日野开三郎：《五代史の基調》，《日野开三郎东洋史学论集》第2卷。
③ 彭向前：《唐末五代宋初中央财权集中的历史轨迹》，河北大学硕士论文，2001年，第17～35页。
④ 刘京京：《五代中央收地方财权问题研究》，中山大学硕士论文，2018年。
⑤ 陈明光关于五代财政的论述集中见于陈明光、孙彩红：《隋唐五代财政史》，长沙：湖南人民出版社，2015年，第775～995页。单篇论文有《"检田定税"与"税输办集"——五代时期中央与地方的财权关系论稿之一》，《中国经济史研究》2009年第3期，第15～23页；《从唐朝后期的"省司钱物"到五代的"系省钱物"——五代财政管理体制演变探微》，《魏晋南北朝隋唐史资料》第30辑，2014年，第63～79页以及孙彩虹、陈明光：《唐宋财赋"上供、留使、留州"制度的异同》，《安徽师范大学学报》2004年第6期，第666～671页等。
⑥ 郑学檬：《五代十国史研究》，上海：上海人民出版社，1991年，第114～212页；杜文玉：《五代十国经济史》，北京：学苑出版社，2011年，第242～285页。

地方财政的变化学者们虽有不少涉及，但并非关注重点；讨论宋初制其钱谷的学者对五代地方财政史了解有限。因此，打通唐后期五代宋初研究壁垒，在前贤研究基础上，重新讨论宋初制其钱谷的背景及措施，就成为必要。

一、五代两税三分体制的瓦解

关于宋初制其钱谷，最常见的描述见于李攸《宋朝事实》：

> 唐自开元、天宝以后，藩镇屯重兵，皆自赡租赋所入，名曰送使、留州，其上供者鲜矣。五代疆境逼蹙，藩镇益强，率令部曲主场院厚敛，其属三司者，补大吏以临之，输额之外，颇以入己。太祖历试艰难，周知其弊。及受命，务恢远略，革弊以渐。国初犹循前制，牧守来朝，皆有贡奉以助军实。乾德三年诏诸州度支经费外，凡金帛悉送阙下，无得占留。时藩镇有阙，稍命文臣权知，所在场务或以京朝官、廷臣监临。凡一路之财置转运使掌之，一州之财置通判掌之，为节度、防御、团练、留后、观察、刺史者皆不预签书金谷之事。于是外权削而利归公上矣。①

这段关于制其钱谷的经典论述，与《长编》《宋史·食货志》所述大同小异②，史源应一致。陈傅良在引述李焘、熊克关于此事的记载后，言："盖约本志修入，而《实录》不著。"③知此记载源于《三朝国史·食货志》，

---

① 李攸：《宋朝事实》卷九《职官》，第 154 页。
② 《长编》卷六，乾德三年三月，第 152 页；《宋史》卷一七九《食货志下一》，第 4347 页。
③ 《文献通考》卷二三《国用考一》引止斋陈氏之言，第 694 页。据学者考证，《文献通考》所引止斋陈氏之言均出自陈傅良《建隆编》，故下文直接以《建隆编》概之。参聂文华：《〈文献通考〉所引"止斋陈氏曰"即〈建隆编〉佚文考》，《中国典籍与文化》2015 年第 3 期，第 139～140 页。

反映北宋前期人们的认识①。其中所言唐后期方镇拥有两税送使、留州部分，五代方镇"令部曲主场院，厚敛以自利"，本是符合史实的阶段性叙述。但"藩镇益强"则容易让人误读为藩镇骄横程度的递进：五代藩镇除了拥有送使、留州钱，还通过以部曲主场院敛财。惟其如此，才能彰显出宋太祖、赵普制其钱谷的功绩，五代朝廷收藩镇财权的努力则被选择性忽略。要想澄清宋人叙述带来的误解，必须了解唐后期五代地方财政的真实情况。

唐后期两税法实施后，诸州两税收入分上供（朝廷部分）、送使（节度观察使部分）、留州三部分。根据李锦绣的研究，唐后期地方财政来源除了两税留州和送使法定收入外，还有赋税加征、田产和经商盈利等收入。建中初年（780），天下两税钱收入约 3000 万贯，其中上供 950 万贯，留州、送使约 2050 万贯②。开成二年（837）户部侍郎、判度支王彦威亦提到，天下租赋年收入约 3500 万贯，上供约占三分之一③。税钱之外，地方掌握的斛斗比例更高，建中初年，两税斛斗 1600 余万石，其中 200 余万上供，1400 余万供给地方④。不过这只是法定两税送使、留州的比例，如果考虑到不上供的河北诸道、京西北诸镇等，地方掌握的两税钱物、斛斗更多，李锦绣估计为 2/3～4/5。两税之外的赋税加征、田产、经商盈利等收入总数，亦非常可观，李锦绣认为应不小于两税留州、送使数额。地方财政收入如此充裕，使地方拥有了独立的财政经营权，唐后期外官收入也比同级中央官高很多⑤。

黄巢起义后，唐廷中央和地方统治秩序崩溃，两税三分体制瓦解。

---

① 《三朝国史》中太祖太宗朝部分系真宗朝王钦若、杨亿等人编修，仁宗初年吕夷简等增入真宗朝史实，遂成《三朝国史》，故以上记载反映的是北宋前期人们的认识。《直斋书录解题》卷四《正史类·三朝国史》，第 104～105 页。
② 《通典》卷六《赋税下》，第 111 页。
③ 《旧唐书》卷一七下《文宗纪下》，开成二年正月庚寅条，第 567 页。
④ 《通典》卷六《赋税下》，第 111 页。
⑤ 李锦绣：《唐代财政史稿》，北京：社会科学文献出版社，2007 年，第 5 册，第 406～422、542～546 页。

唐末五代诸政权建国的过程，也是重建财税体制、收地方财权的过程。与唐后期相比，五代地方财政发生很大变化，其中最重要的就是两税及附加税的变化。

开平元年(907)，后梁代唐，史称"两税之法，咸因唐制"①，实际上并非如此，其中最主要的变化是五代不再沿用唐后期上供、送使、留州三分体制。陈明光认为上供有广义、狭义之分，广义指地方调运财赋转输京师的财政调度；狭义指两税三分中"供上都"、归属中央财政的部分。五代仍有"上供"之名，但所指均为前者②。此外，新旧《五代史》《五代会要》及《通鉴》《册府元龟》五代部分均不见"送使"、"留州"之名，仅偶有"留使"之称。它与唐后期"送使"是否相同，需要认真辨析。《旧五代史·张延朗传》云：

> 晋高祖在太原，朝廷猜忌，不欲令有积聚，系官财货留使之外，延朗悉遣取之，晋高祖深衔其事。③

这段材料亦见于《通鉴》：

> 初，帝(石敬瑭)在河东，为唐朝所忌，中书侍郎、同平章事、判三司张延朗不欲河东多蓄积，凡财赋应留使之外尽收取之，帝以是恨之。

胡三省释"留使"云："唐制：诸州财赋为三，一上供，输之京师以供上用也；二送使，输送于节度、观察使府；三留州，留为州家用度。其后天下悉裂为藩镇，支郡则仍谓之留州，会府则谓之留使。"④显然，胡三省认为后唐会府留使、支郡留州，与唐后期留州性质相同，唐后期送使至

---

① 《册府元龟》卷四八八《邦计部·赋税二》，第5839页。
② 陈明光：《从唐朝后期的"省司钱物"到五代的"系省钱物"——五代财政管理体制演变探微》，《魏晋南北朝隋唐史资料》第30辑，2014年，第63~79页。
③ 《旧五代史》卷六九《张延朗传》，第1074页。
④ 《资治通鉴》卷二八〇《后晋纪一》，天福元年闰十一月壬午条，第9164页。

后唐则不复存在。日野开三郎也持类似看法，他认为五代支郡不复送使，地方财赋从原来的上供、送使、留州、留县四分转变为支郡的上供、留州、留县和会府的上供、留使、留县三分①。

如果比较《旧五代史》与《通鉴》之记载，会发现《通鉴》删去了"留使"之前的"系官"二字。"系官"即系省。所谓"省"或"省司"，即中央财政管理机构，包括后梁、后唐租庸司以及后梁至北宋之三司等；"系省钱物"则指所有权归于中央财政管理部门的钱物。钱物"系省"的内涵，包括中央对各项财赋的收入掌控和支出管理两个方面②。也就是说河东镇"留使"钱物本就属于系省钱物，与唐后期两税三分下的送使、留州均不相同，胡三省与日野氏之看法均误。

与胡三省、日野氏不同，陈明光认为五代已不再沿用唐后期两税三分制，送使、留州钱物均已系省。陈明光的结论可从两税收、支两方面得到印证。就收而言，后梁张筠为永平军节度使（918—926年）时，"境内除省赋外，未尝聚敛，遂致百姓不挠，十年小康"③，说明当时后梁两税及附加税等均属"省赋"，即系省钱物。后唐长兴三年（932）四月，义武节度使王都叛变，讨王都制书提到其罪行之一为"赋租罔系于省司"④，可见当时州镇租赋普遍系于省司。长兴三年十二月，三司奏："诸道上供税物，充兵士衣赐不足。其天下所纳斛斗及钱，除支赡外，请依时估，折纳绫罗绢帛。"明宗从之⑤。"天下所纳斛斗及钱"主要指两税钱物，三司均可调拨处置，均属系省钱物。

---

① 日野开三郎：《五代史の基調》，第109～115页；《唐代両税法の研究：本篇》，收入《日野开三郎东洋史学论集》第4卷，东京：三一书房，1982年，第281～284页。
② 陈明光：《从唐朝后期的"省司钱物"到五代的"系省钱物"——五代财政管理体制演变探微》，《魏晋南北朝隋唐史资料》第30辑，2014年，第63～79页。
③ 《旧五代史》卷九〇《张筠传》，第1374页。
④ 《册府元龟》卷一二三《帝王部·征讨三》，第1475页。义武军租赋之所以不系于省司，是因其原为附镇，境内高度自治，与一般州镇本就不同。
⑤ 《旧五代史》卷一四六《食货志》，第2267页。

就支而言，唐后期三分制对应不同财政支出，如藩镇军队、地方官吏俸禄均从留州、送使供军斛斗中支出①。而五代地方正额军队、官俸则由系省钱物支出。如后唐幽州节度使赵德钧在任时，"兵粮皆给于朝廷，而百姓数年不藉租调"②。不独地方正规军，部分藩镇牙军亦是如此。后唐天成元年(926)八月丁未，枢密院条流云："节度、刺史所置牙队，许于军都内抽取，便给省司衣粮。"③地方正额官吏俸禄，亦由系省钱物支出。同光三年(925)二月，租庸院奏："防御、团练除副使、判官外，其余推、巡已下职员，皆是本使自要辟请，圆融月俸赡给，亦乞依旧规绳，省司更不支给钱物。"④四京及诸道"除所置副使、判官、掌书记、推官外，如本处更妄称简署官员，即勒本道节度使自备请给，不得正破系省钱物"⑤。说明当时中高层正额幕职官俸禄均由系省钱物支出，藩镇自辟幕职官俸禄则由节度使、刺史等自筹。供军、官俸原为唐后期送使、留州经费的最大开支，这些开支既然多由系省钱物承担，再次说明五代不再沿用唐后期的送使、留州制。

从收、支两方面而言，五代均不再沿用唐后期两税三分制，两税及附加税均为系省钱物。既然如此，怎么理解前文"留使"呢？这涉及系省钱物的管理制度。系省钱物除上供部分转输京师外，其余仍留在州镇，以应对屯驻地方的军队和正额官俸支出，所谓"留使"，正指留在节度使会府的系省钱物，并非唐后期的送使或留州。甚至部分应上供钱物，也会因赈灾、供军等留存地方。留存地方的系省钱物越多，地方财政自然越宽裕，节度使腾挪的空间也越大，因此张延朗将河东镇"应留使之外"的系省钱物全部支取，招来了节度使石敬瑭的痛恨。这些"留使"钱物朝廷也可以在不同节镇调拨。如后唐同光元年，庄宗正与后梁对垒于河上，

---

① 李锦绣：《唐代财政史稿》第 5 册，第 422~445 页。
② 《宋本册府元龟》卷六八八《牧守部·爱民》，第 2384 页。
③ 《册府元龟》卷六五《帝王部·发号令四》，第 730 页。
④ 《宋本册府元龟》卷五〇八《邦计部·俸禄四》，第 1280 页。
⑤ 《五代会要》卷二七《诸色料钱上》，第 438 页。

"时军前粮饷不充,租庸计度请潞州转米五万贮于相州,(节度使李)继韬辞以经费不足,请转三万"①。清泰二年(935)六月,"朝廷以边储不给,诏河东户民积粟处,量事抄借;仍于镇州支绢五万匹,送河东充博籴之直"②。

从两税三分到两税及附加税全部系省,是唐后期五代地方财政的最大变化,地方政府失去最重要的财政来源,中央对地方的财政控制大大强化。但这一过程如何发生,目前却并不清楚。从后梁、后唐的情况来看,两朝立国伊始就已如此。这应与唐末历史背景相关。黄巢起义后,中央与地方统治秩序崩溃,强藩林立,出于对外竞争和强化内部控制的需要,强藩对辖区内财政集权的要求越来越高,掌握两税及附加税的全部支配权就成为题中应有之义。朱温建国前,属镇"兵赋出入,皆制于全忠,一如巡属"③,正表明这一点。由强藩发展而来的后梁、后唐建国后,承继财政集权的趋势,最终将两税及附加税全部系省,成为扭转唐后期中央与地方财政不平衡的关键。

由于系省钱物很大一部分留在当地,主要用于本地供军、官俸,限于当时政权、皇位频繁更迭的时代乱局及行政管理能力,省司不可能对其收支进行全面有效管理,节度使、刺史等仍有很多腾挪余地。如后周:

> 先是,诸道州府各有作院,每月课造军器,逐季搬送京师进纳。其逐州每年占留系省钱帛不少,谓之"甲料",仍更于部内广配土产物,征敛数倍,民甚苦之。除上供军器外,节度使、刺史又私造器甲,以进贡为名,功费又倍,悉取之于民。帝以诸州器甲造作不精,兼占留属省物用过当,乃令罢之,仍选择诸道作工,赴京作坊,以备役使。④

---

① 《旧五代史》卷五二《李继韬传》,第815页。
② 《旧五代史》卷四七《唐末帝纪中》,清泰二年六月庚辰条,第745页。
③ 《资治通鉴》卷二五八《唐纪七十四》,大顺元年六月,第8400~8401页。
④ 《旧五代史》卷一一二《周太祖纪三》,广顺二年十月庚寅条,第1729页。

当时诸州每月有军器制造配额，所需费用由系省钱物支出。但诸州一方面过量占用系省钱物，另一方面"广配土产物，征敛数倍"，两方面聚敛。同时还私造军器，费用又全部取之民间。类似占用系省钱物又向民间聚敛之事，在当时应有不少，隐没系省钱物者亦所在有之。个别跋扈节度使甚至截留上供。如后晋范延光为魏博节度使，"魏博六州之赋，无半钱上供"①。后汉河东节度使刘崇，因与枢密使郭威不睦，"以备契丹为名"，"选募勇士，招纳亡命，缮甲兵，实府库，罢上供财赋"②，最终积累起北汉建国的资本。

除了占留系省钱物，两税及附加税征收中，额外多收是藩镇更常见的聚敛手段。如后唐汴州节度使符习，"厚赋民钱，以代纳藁，及纳军租，多收加耗"③。后汉青州节度使刘铢则在"沿征钱物"④上动脑筋。广顺二年（952），前任北海县令李元懿上言：

> 臣为北海令时，夏秋苗上每亩麻、农具等钱，省司元定钱十六。及刘铢到任，每亩上加四十五，每顷配柴五围、炭三秤。省条之外，别立使限征促。臣窃闻诸道亦有如刘铢配处，望令禁止。⑤

三司原来规定的每亩麻、农具等钱为 16 文，刘铢新增 45 文，每顷又增

---

① 《旧五代史》卷九七《范延光传》，第 1505 页。

② 《资治通鉴》卷二八八《后汉纪三》，乾祐元年八月庚辰条，第 9395～9396 页。

③ 《旧五代史》卷五九《符习传》，第 917 页。加耗即税户到仓库交纳钱物时，官府借口补贴税物贮存、运输过程中的损耗乃至仓库人员的部分费用，按比例征收的附加税。日野开三郎：《五代の耗について》，收入《日野开三郎东洋史学论集》第 12 卷《行政と财政》，东京：三一书房，1989 年，第 369～392 页；杜文玉：《五代十国经济史》，第 254～256 页；陈明光、孙彩红：《隋唐五代财政史》，第 858～862 页。

④ 沿征钱物即官方对随两税正税额配征或按亩计征的各种合法附加税的概括指称，又称纽配。日野开三郎：《五代の沿徴について》，收入《日野开三郎东洋史学论集》第 12 卷《行政と财政》，第 321～367 页；杜文玉：《五代十国经济史》，第 251～254 页；陈明光、孙彩红：《隋唐五代财政史》，第 851～858 页。

⑤ 《宋本册府元龟》卷五四七《谏诤部·直谏十四》，第 1507 页。

柴五围、炭三秤。这些收入最后自然落到节度使手中，故其"别立使限征促"。符习、刘铢等作为在五代并非个案。《长编》言："藩镇率遣亲吏视民租入，概量增溢，公取余羡，符彦卿在天雄军，取诸民尤悉。"①"概量"为征收粮食的量具，"概量增溢"即用大量具征收，以增加剥削量，中饱私囊。这种现象在五代藩镇中普遍存在，天雄军节度使符彦卿所收尤多。

节度使的这些聚敛行为，五代朝廷并非不知，也多次下诏严禁。如后晋天福四年(939)正月敕："应诸道节度、刺史不得擅加赋役，及于县邑别立监征，所纳田租委人户自量自概。"②是为了防止节度使擅自增大量具，加剧百姓负担，故允许纳税户"自量自概"。天福七年十一月，礼部郎中李为光上奏"诸州府仓场逐年所纳百姓秋、夏租，加耗颇多，乞行条理，庶得远近舒苏"。结果晋高祖只下了一道不痛不痒的敕令，要求各州镇"税额无亏，户口获济"③。周太祖郭威即位制书亦云：

> 天下仓场、库务，宜令节度使专切钤辖，掌纳官吏一依省条指挥，不得别纳斗余、秤耗。旧来所进羡余物色，今后一切停罢。④

亦强调征税过程中，不得在法定附加税之外另纳"斗余、秤耗"。不过，该敕要求节度使监督施行，而节度使恰恰是法外聚敛的最大获益者。可想而知，该敕也不可能得到落实。

总的来说，五代两税及附加税均已系省，由省司掌控收支。但在赋税征收环节，藩镇仍然可以通过征收额外加耗、沿征钱物或增大量具等手段聚敛，亦会通过种种手段占留系省钱物，甚至截留上供。

---

① 《长编》卷二，建隆二年二月，第39页。
② 《五代会要》卷二五《租税》，第401～402页。
③ 《册府元龟》卷四八八《邦计部·赋税二》，第5841页。
④ 《旧五代史》卷一一〇《周太祖纪一》，广顺元年正月丁卯条，第1698页。

二、五代两税之外的地方财政情况

两税及附加税之外,榷酒、商税、省司影占州县税户、公使钱、经商盈利等亦与五代地方财政密切相关。

(一)榷酒与商税

唐宋之际,茶盐酒专卖收入和商税在国家财政中的地位日渐上升,五代正处于过渡阶段。这些在五代亦属于系省钱物①。不过,北方并非产茶区,从南方贩茶收入有限,对五代政府财政影响最大的是盐、酒专卖收入和商税。省司通过盐池上缴盐利、差官置场卖盐、通过折博场院将盐批发给商人、诸州俵配民户盐等方式,征收盐钱。由于盐的产地集中,便于管理,朝廷监管又严,地方政府从中渔利的空间有限②。相比之下,榷酒、商税与地方财政的关系颇为密切。宋人总结道,藩镇"率令部曲主场院厚敛,其属三司者,补大吏以临之,输额之外,颇以入己"③。要理解这句话的确切含义,需要从五代场务的管理制度说起。

五代酒曲、商税收入虽为系省钱物,但酒曲的生产销售和商税征收主要通过各州府曲务、商税务,其中既有藩镇差人掌管者,亦有省司管理者。如商税务,后唐长兴二年八月敕云:

> 应三京、诸道州府商税等,多不系属州府,皆是省司差置场官……向阛阓以肆威,与王公而抗礼。盖已往从权之事,岂将来经久之规!特议改更,贵除繁屑。自今已后,诸商税并委逐处州府扑断,依省司尝年定额勾当(辨)〔办〕集。冀除生事之端,不爽丰财之理。④

---

① 日野开三郎:《五代史の基調》,第109页;陈明光、孙彩红:《隋唐五代财政史》,第862~882页。
② 郭正忠:《中国盐业史·古代编》,北京:人民出版社,1997年,第218~232页;陈明光、孙彩虹:《隋唐五代财政史》,第869~878页。
③ 李攸:《宋朝事实》卷九《职官》,第154页。
④ 《册府元龟》卷五〇四《邦计部·关市》,第6053页。

从明宗诏可知，长兴二年以前，各地商税多是省司直接派遣场务官征收。这些场务官对百姓残暴，与节帅抗礼，引起节度使等不满，故明宗下诏，此后商税务由各州府负责征收，只要按照省司常年定额上缴即可。

又曲务。后梁开封尹王瓒以牙将辛廷尉为汴州都曲务使，廷尉"依瓒势，曲法乱政，汴人深恶之"，天成元年四月被"勒归田里"①。说明后梁汴州曲务由州府长官差人管理。又《宋史·张锡传》云：

> 梁末，刘君铎任棣州刺史，辟为军事判官。棣为郓之属郡，郡有曲务，郓以牙将主之，颇横恣。民有犯曲三斤，牙将欲置于死，君铎力不能救。既而牙将盗麦百斛私造曲，事觉，锡判曰："曲犯三斤，求生不克，麦盗百斛，免死诚难。"时郡吏以使府牙将乞免，锡不允，固置于法。②

首先，"民有犯曲三斤"，主管曲务的牙将就将其处死；牙将盗麦造曲，被棣州军事判官张锡处死，均是因为酒曲专卖。其次，棣州为郓州天平军支郡，棣州曲务军将由天平节度使委任，省司定额之外的收入自然会入节度使之手。这是场务管辖权在藩镇的情况。后汉侍卫亲军都指挥使史弘肇兼归德军节度使，当时：

> 颍州曲场官麹温与军将何拯争官务，讼之三司，三司直温。拯诉之弘肇，弘肇以谓颍已属州，而温不先白己，乃追温杀之，连坐者数十人。③

颍州曲场官麹温与军将何拯争夺曲场控制权，麹温请三司裁决，三司判给麹温，知颍州曲务当属三司。但史弘肇却以颍州为归德军支郡，麹温未先请求自己为由，杀掉麹温。可见即使三司所属场务，跋扈的节度使

---

① 《册府元龟》卷一五四《帝王部·明罚三》，第1865页。
② 《宋史》卷二六二《张锡传》，第9068页。
③ 《新五代史》卷三〇《史弘肇传》，第375页。

第三章　缔造分权：州郡权力结构的变化 / 231

依然有较强的干预。

综上可知，五代曲务、商税务管辖权在藩镇者，藩镇"率令部曲主场院厚敛"；管辖权在三司者，藩镇亦会通过安插官吏，将税额之外收入中饱私囊。史载后唐"诸州皆用武人，多以部曲主场务，渔蠹公私，以利自入"①，正表明这一点。

不过，榷酒、商税属于系省钱物，不论曲务、商税务管辖权在藩镇还是三司，都要定期向省司缴纳税额。税额之外的收入，多被藩镇纳入囊中，即宋人所谓"输额之外，颇以入己"。但场务定期足额缴税，只是理想状态，多数情况下藩镇和三司委任的场务官长年亏欠税额。后晋天福二年四月敕云：

> 盐铁、度支、户部应监临主持场院仓库官吏等，制置场务，总确课程，将期共济于军流，免使偏竭于民力。向者所差官吏，鲜有专勤，省(思)〔司〕录任之时，尽言冰蘖；及郡府主持之后，例纵轻肥，莫济公家，但营私室。所以处处多闻其逋欠，年年空系其征催。固执迁延，坐期蠲放。②

即三司委任的场院仓库官吏"鲜有专勤"，被录用时，个个表现得清正廉洁；但到州府主持场务后，"例纵轻肥，莫济公家，但营私室"，将场务税收中饱私囊。导致"处处多闻其逋欠，年年空系其征催"，场务根本无法足额缴税。宋太宗初年，尚且抱怨"诸州场院皆隐没官钱以千万计"③，五代恐怕更甚。这表明当时影响朝廷场务收入的除了藩镇，场务官即场院仓库官吏也是重要因素。面对亏空，场务官"固执迁延"，坐等蠲放。事实上，五代史籍中也的确多次记载朝廷蠲放场务逋欠的诏令。如后唐

---

① 《新五代史》卷四七《相里金传》，第599页。
② 《册府元龟》卷六六《帝王部·发号令五》，第739页。据《全唐文》卷一一六，晋高祖《论盐铁度支户部等敕》校，第1176页。
③ 《长编》卷二三，太平兴国七年二月癸酉条，第513页。

长兴元年二月南郊诏云："所在仓场，积年损烂，使臣盘覆，欠折尤多。其主持专知官等，据通收到产业物色外，亦与放免。"①

除了插手场务，藩镇还经常通过私自造曲出售获利。后唐天成元年四月甲寅改元赦书云："诸州使造曲，如闻省数之外，长吏私更加造，价钱多入于私门，滞曲常存于省数。"②"州使"即刺史、节度使，他们私造酒曲贩卖，导致系省酒曲滞销，亏损朝廷酒课。后晋开运三年（946），"濮州刺史慕容彦超坐违法科敛，擅取官麦五百斛造曲"，依法应被处死，但宰相李崧言："如彦超之罪，今天下藩侯皆有之。若尽其法，恐人人不自安。"③可见私造酒曲是当时藩镇普遍的敛财行为，罚不胜罚。最后慕容彦超也被免死，削官流放。

此外，藩镇经常额外开征新的商税以增加收入。史载后梁时"有形之类，无税不加"④，其中不少为地方政府开征。天福元年石敬瑭制书云："应诸道商税，仰逐处将省司合收税条例，榜于本院前，榜内该设名目者，即得收税。"⑤即禁止地方在省司规定外，开征新的商税名目，说明类似问题当时仍然存在。后周广顺二年，李元懿亦指出：

> 臣见诸处商税，有越常规，乃至草木虫鱼，无不取税，更有岁定税率。即令儿侄傔从主张，便行枷棒，作事非法，有紊国章。今后请三司差人主持，止绝斯弊。⑥

"诸处商税，有越常规"表明地方政府经常在三司定额外征收商税，其方式既有开征新税目，即"草木虫鱼，无不取税"；亦包括"岁定税率"，不断提高税率。这些商税由藩镇"儿侄傔从主张"，收入自然进入节度使、

---

① 《宋本册府元龟》卷四九二《邦计部·蠲复四》，第1224页。
② 《册府元龟》卷九二《帝王部·赦宥十一》，第1106～1107页。
③ 《资治通鉴》卷二八五《后晋纪六》，开运三年八月甲戌条，第9308页。
④ 《册府元龟》卷九二《帝王部·赦宥十一》，第1103页。
⑤ 《旧五代史》卷七六《晋高祖纪二》，天福元年闰十一月甲申条，第1157页。
⑥ 《宋本册府元龟》卷五四七《谏诤部·直谏十四》，第1507页。

刺史等腰包。李元懿提出改由三司征收，但该建议并未被采纳。宋太祖建隆元年(960)，"诏榜商税则例于务门，无得擅改更增损及创收"①，说明终五代之世，藩镇擅增商税之举始终未能止绝。

综上，藩镇在榷酒、商税方面聚敛途径有：令部曲主场院厚敛；额外多收，甚至长年拖欠省司税额；私造酒曲贩卖；额外开征商税，岁定税率等。这也是李攸等批评五代藩镇跋扈在财政方面的主要表现。

(二)省司对州县税户的影占

除了逐步扩大地方钱物系省范围，省司还通过营田和场院影占州县税户，以增加直接掌控的地方财赋。

营田是唐后期诸道州府重要收入，李锦绣估计每年有数百万石②。五代则不同，《通鉴》云：

> 前世屯田皆在边地，使戍兵佃之。唐末中原宿兵，所在皆置营田以耕旷土，其后又募高赀户使输课佃之。户部别置官司总领，不隶州县，或丁多无役，或容庇奸盗，州县不能诘。③

可知，五代营田的设置主要原因是唐末混战，百姓流徙，中原出现大量旷土，为供给军队设立的。这些营田自始即属省司，由省司置官司管理，收入属于系省钱物，这是与唐后期营田的最大区别。

不过，天成元年四月，唐明宗大赦制书云："诸道营田，租庸司先专差务使，无益劝农，起今后并委州使管系，所纳农具、斛斗据数申省。"④由此，营田管辖权从省司转移到节度使、刺史手中。尽管如此，营田独立于州县之外，"丁多无役，或容庇奸盗"，仍然容易引起节度使、

---

① 《文献通考》卷一四《征榷考一》，第401页。
② 李锦绣：《唐代财政史稿》第5册，第414～416页。
③ 《资治通鉴》卷二九一《后周纪二》，广顺三年正月乙丑条，第9488页。
④ 《册府元龟》卷九二《帝王部·赦宥十一》，后唐明宗天成元年四月甲寅诏，第1106页。

刺史不满；由于管理不当，营田提供的赋税亦不如州县税户，"年课无几"①，其弊日显。到了后周广顺三年，周太祖郭威最终决定废除大多数营田：

> 诸道州府系属户部营田及租税课利等，除京兆府庄宅务、赡国军榷盐务、两京行从庄外，其余并割属州县，所征租税课利，官中只管旧额，其职员节级一切停废。应有客户元佃系省庄田、桑土、舍宇，便赐逐户充为永业，仍仰县司给与凭由。应诸处元属营田户部院及系县人户所纳租牛课利，起今年后并与除放。所有见牛犊并赐本户，官中永不收系。

即将诸州营田及租税课利等割属州府，耕地、舍宇、耕牛等赐给承佃农户，改征两税及附加税，征收旧额不变。据说当时"天下系官庄田仅万计"，废营田后，"是岁出户三万余"②。说明五代营田的规模颇为可观。

营田之外，在京百司亦多有影占州县税户者，唐明宗长兴元年（930）曾下诏禁止③。其中最主要的为三司场院。后唐翰林学士程逊与学士和凝、张砺等上奏提到："臣伏见徐、宿州管内有泗滨院、徐山院、市丘院、白土务，所管人户共数千家，请罢废名额，其户税请还州县。"④仅徐宿二州，三司场院所占民户就达数千家，加上其他州郡，三司场院所影占之税户不在少数。所幸程逊等建议被采纳，泗滨院等所管税户割还州县。

营田和场院等长期影占大量税户，既影响到州县两税及附加税等收入，也减少了可以科敛和差役的民户数。随着周太祖时这些税户割还州县，州县直接掌握的民户、土地增加，对于维持州县行政、财政的正常

---

① 《宋本册府元龟》卷四九五《邦计部·田制》，第1255~1256页。
② 《旧五代史》卷一一二《周太祖纪三》，广顺三年正月乙丑条，第1732~1733页。
③ 《旧五代史》卷四一《唐明宗纪七》，长兴元年八月甲午条，第649页。
④ 《宋本册府元龟》卷五五三《词臣部·献替二》，第1543页。

运转有积极作用。

(三)公使钱和经商盈利收入

两税、专卖、商税等系省后,地方政府拥有的能自由支配的合法收入只剩公使钱和经商盈利收入。公使钱又称公廨钱、公用钱,属于部门行政开支,上自中央各行政部门,下到地方州府、场院,均有公使钱①。州镇公使钱又称"州使钱谷""属府公利"等。唐明宗天成元年八月丁未,枢密院条流云:

> 已前州使钱谷,并系省司。昨遍降德音,特指挥除省元本利润物色,并与拨充公使,兼月支俸料,足以丰盈。访闻州府节度使、刺史内,尚有不守诏条,公行科敛,须议止绝。且如条件,州使所纳军粮,据元纳石斗,不得更要加耗。节度、刺史所置牙队,许于军都内抽取,便给省司衣粮,况已人数极多,如闻更有招置,转生骚扰,速议勘穷。……州使妄称修缮城池廨宇,科赋于人,及兴私宅,自此州使凡有兴修,须先奏取进止。……州府既有利润,兼请俸钱,凡事合遵条宪,不得赊买行人物色,兼行科率。②

该段材料内容丰富。唐庄宗时,租庸使孔谦行聚敛之政,"尽率州使公廨钱"③,将公使钱系省,由租庸使支配,地方州府为应对地方行政开支,只好"公行科敛"和加耗。唐明宗即位后,孔谦被杀,聚敛之举被纠正,原来的州使钱谷,"除省元本利润物色,并与拨充公使",公使钱再度由州镇长官支配。"兼月支俸料"是指地方正额官员俸禄由省司发放,节度使、刺史的牙队也由省司支给衣粮。军费、官俸这两项当时地方最大的开支既然多由省司承担,地方又有公使钱维持日常行政,科敛和加耗就失去必要性和正当性,自应禁止。

---

① 陈明光、孙彩红:《隋唐五代财政史》,第979~986页。
② 《册府元龟》卷六五《帝王部·发号令四》,第730页。
③ 《新五代史》卷二六《孔谦传》,第321页。

李锦绣指出，唐后期公使钱不由两税留州、送使正额，而是源于课配、附加税及本钱、经商、盈利、田地等途径①。五代两税附加税、田地等收入已纳入系省钱物，州镇只能通过课配、非法课敛、经商盈利等途径增加公使钱。后唐天成二年，河南尹朱守殷向枢密使安重诲、宰相任圜多次抱怨"府司无利润，支费不充"，二人"计无从出，即以分割曲钱议闻奏"，明宗同意后，"诸道州使因以为例"，北京（太原府）亦奏"准宣旨于系省卖曲钱上，每贯割留二百文充本府公使"②。由此州镇公使钱来源又增加曲钱一途。后汉青州节度使刘铢在任"请增民租，亩出钱三十以为公用"③，正是通过课配增加公使钱。

公使钱主要用于地方行政开支。唐后期修建廨宇器械、州道长官宾客迎送费、公厨、纸笔等费用均由公使钱支出，这些类目五代大多延续下来。前引唐明宗天成元年八月丁未枢密院条流提到，将系省的公使钱归还州县后，"州使妄称修缮城池廨宇，科赋于人"，许人陈告，表明公使钱可用于修缮城池廨宇。朱守殷之所以屡次向枢密使安重诲、宰相任圜抱怨"府司无利润，支费不充"，正是因为其"与诸贵要近臣、宰执交欢宴会，时集于府第，复又妓侍盈室"④，说明州镇长官宴会钱依然由公使钱支出。另外，五代藩镇辟署的低级幕职官俸料也应从公使钱支出。前引同光三年租庸院奏表明，当时防御推官、防御巡官、团练推官、团练巡官、军事判官及以下的幕职官，系节度使、刺史等"自要辟请"，故须"自备请给，不得正破系省钱物"，其俸料只能从公使钱支出。

公使钱之外，经商盈利收入也是五代地方政府的合法收入。唐后期

---

① 李锦绣：《唐代财政史稿》第5册，第438~442页。
② 《宋本册府元龟》卷一八〇《帝王部·失政》，第447页。
③ 《新五代史》卷三〇《刘铢传》，第379~380页。按，《旧五代史》卷一〇七《刘铢传》云，刘铢"在任擅行赋敛，每秋苗一亩率钱三千，夏苗一亩钱二千，以备公用"（第1646页）。亩增二三千为公使钱，大大超出当时民众负担，绝无可能，《新五代史》所载为是。
④ 《宋本册府元龟》卷一八〇《帝王部·失政》，第447页。

藩镇多设回图务、回易务等，进行商业活动，以增加地方财政收入①。五代依然如此。如赵在礼，"历镇泰宁、匡国、天平、忠武、武宁、归德、晋昌，所至邸店罗列，积赀巨万"②，"家赀为诸帅之最"③。协助节帅等进行贸易的既有军将，也有商人，商人也多带军将头衔。相关问题，学者多有讨论，兹不赘述④。

以上按钱物类型讨论了五代地方财政的基本情况，可知两税及附加税、榷税、商税等大宗收入均已系省，地方政府能够自由支配的合法收入仅有公使钱和经商盈利收入。从税权来说，制税权、钱物处置权和审核权均不在地方政府手中，地方政府仅有征税权，恰恰是这个环节，给了节度使、刺史、场务官等渔利空间。

限于史料，五代藩镇、州、县不同行政层级的财政情况无法一一获知，但藩镇获取的财政资源远大于州县，则是可以肯定的。包伟民指出，宋代地方财政内部由于行政级别的差异，形成"阶层性集权"结构，每一阶层都尽可能地将下一级的财政资源集中到自己手中⑤。五代同样如此，如节度使通过派遣镇将征税，以直接掌控州县税赋，长兴三年（932）二月，秦州上奏后，当州镇将的征税权才被废除⑥。因此，藩镇是五代朝廷收财权的重点。

纵向来看，五代不同时期地方财政的情况又有区别。后唐庄宗时期，财政集权程度最高，当时不仅两税及附加税、榷税、商税均系省，公使

---

① 魏成思：《略论唐五代商人和割据势力的关系》，《学术月刊》1984年第5期，第39～42转50页；张剑光：《唐代藩镇割据与商业》，《文史哲》1997年第4期，第74～80页；周鼎：《晚唐五代的商人、军将与藩镇回图务》，《中国经济史研究》2020年第3期，第109～121页。

② 《新五代史》卷四六《赵在礼传》，第572页。

③ 《资治通鉴》卷二八五《后晋纪六》，开运三年三月庚申条，第9302页。

④ 周鼎：《晚唐五代的商人、军将与藩镇回图务》，《中国经济史研究》2020年第3期，第109～121页。

⑤ 包伟民：《宋代地方财政史研究》，上海：上海古籍出版社，2009年，第163页。

⑥ 《旧五代史》卷一五〇《郡县志》，第2350页。

钱也纳入系省钱物，导致地方只能通过科敛维持行政运转。另外，榷税、商税、营田也是由租庸司直接差官征收管理，租庸司甚至越过观察使，直帖州郡催征租税，引起藩镇强烈不满①。这表明当时地方政府连征税权也不甚完整。这种举措，看起来中央财政集权程度最高，但税收效果不好。它违反了征税的效率原则，不利于调动地方政府的征税积极性，也无法发挥地方政府在税收信息搜集和征收管理方面的优势，导致征税效果大打折扣，因此租庸使孔谦费尽心力，而后唐洛阳城的粮食供给都无法保障②。这也导致地方政府的财权与事权不匹配，严重影响地方政府正常履职，也加重了民众负担。唐明宗即位后，如何调整中央与地方的财政关系是其考虑的重要问题，其主要措施就是恢复地方政府的征税权，商税、营田、两税的征收均交付州镇，公使钱也不再系省，缓和了中央与地方在财政方面的矛盾。到了后周，进一步将营田税户交还州县，地方政府的征税权更加完善。这些都是宋初制其钱谷的历史背景。

三、宋初制其钱谷之措施

据前所论，宋初制其钱谷要解决的问题有二：一是如何解决征税过程中节度使、刺史、场院官等的渔利，宋廷的主要措施是设置监当官，削弱节度使、刺史等的征税权；二是如何理顺中央与地方财政关系，财政集权怎样落实，这一问题在当时集中体现在系省钱物的管理上。

（一）监当官与赋税征收环节的调整

宋初加强赋税征收环节监管的核心措施是监当官的设置。《曲洧旧闻》言：

> 五代以前官制及士大夫碑碣，并不见有场务监官。太祖亲见所在场务多是藩镇差牙校，不立程课法式，公肆诛剥，全无谁何，百

---

① 《新五代史》卷二六《孔谦传》，第321页。
② 闫建飞：《后唐洛阳城的粮食供给》，《唐研究》第25卷，2020年，第661～674页。

姓不胜其弊。故建隆以来，置官监临，制度一新，利归公上，官不扰而民无害，至今便之。①

朱弁指出，五代并无监当官，宋太祖早年亲见藩镇多以牙校主持场务，盘剥百姓；为解决这一弊端，太祖设置监当官。建隆元年（960），宋太祖平李重进后，以"枢密直学士杜韡监州税"。陈傅良评价道："以朝臣监州税始于此，盖收方镇利权之渐，然是时初未以此置官也。"②即虽有常参官监州税的记载，但仅为临时差遣。

不过需要指出的是，以往学者们多认为监当官的设置是为了削藩镇财权，实际上不仅如此；三司场务官渔利、场务税额不充的现象五代一直很突出。因此，宋初监当官的设置始终有削藩、解决场务官渔利（包括管榷官员的渔利和管库官员的贪渎）双重目的③。宋太祖以常参官监在京仓库，就是为了防范管库官员。如建隆元年五月，"上以畿甸委输京师，吏多旁缘为奸，民或咨怨。乙巳，命殿中侍御史王伸、监察御史王祐、户部郎中沈义伦等八人，分领在京诸仓"④。又乾德元年，"上命执政择廷臣董在京诸仓"⑤。以常参官监地方仓场税务则有防范藩镇、场务官双重目的：

> 先是，藩镇率遣亲吏视民租入，概量增溢，公取余羡，符彦卿在天雄军，取诸民尤悉。上闻之，即遣常参官分主其事，民始不困

---

① 朱弁撰、孔凡礼点校：《曲洧旧闻》卷一《太祖设场务监官》，北京：中华书局，2002年，第85页。
② 《文献通考》卷一四《征榷考一》引《建隆编》，第402页。
③ 幸彻、雷家圣指出监当官的设置有收藩镇利权、防范三司专擅财权双重目的。不过从五代宋初史料来看，除了藩镇，监当官要防范的主要是各地仓场库务官，而非朝廷三司。幸彻：《北宋時代に於ける監當官の地位》，《東洋史学》第26辑，1964年，第55页；雷家圣：《宋代监当官体系之研究》，第25～27页。
④ 《长编》卷一，建隆元年五月乙巳条，第15页。
⑤ 《长编》卷四，乾德元年五月戊辰条，第91～92页。

于重敛。①

此为建隆二年以常参官监魏州税收，以削藩镇财权。同年，吏部郎中阎式，"监纳河阳夏税仓"，"所收一斛有五升之羡"，被夺两任官，"其后右卫率府率薛勋、著作佐郎徐雄亦坐监纳民租概量失平，为侦者所告，皆免官"②。乾德三年(965)"遣常参官十八人分往诸道受民租，虑州县官吏掊敛之害也"③。

不过，宋太祖时常参官监仓场库务者多为临时差遣，局面的彻底扭转是到了太宗即位后。陈傅良言："诸州监当分差使臣自太宗始。"④《长编》言："宣徽北院使、判三司王仁赡掌邦计几十年，恣下吏为奸，怙恩固宠，莫敢发者。"太平兴国七年(982)王仁赡被罢后，宋太宗与宰相赵普谈起三司财赋，云：

> 仁赡纵吏为奸，诸州场院皆隐没官钱以千万计。朕初即位，悉令罢去，分命使臣掌其事。仁赡再三言其不便，朕语仁赡："此自朕意，若岁课致亏，不以责卿。"既一岁，旧千缗者为一二万缗，万缗者为六七万缗，为利入数倍，用度皆足，傥遇水旱，即可以免百姓租税。⑤

宋太宗即位之初，因为"诸州场院皆隐没官钱"，下令"罢三司大将及军将主诸州榷课，命使臣分掌"⑥，一年后，"旧千缗者为一二万缗，万缗者为六七万缗，为利入数倍"。考虑到太平兴国二年太宗已下诏废罢所有藩镇支郡，削藩已有明显成效，故此举主要是解决场务官渔利、彻底整顿

---

① 《长编》卷二，建隆二年二月，第39～40页。
② 《长编》卷二，建隆二年六月丁巳条，第48页。
③ 《长编》卷六，乾德三年五月，第154页。
④ 《文献通考》卷一四《征榷考一》引《建隆编》，第402页。
⑤ 《长编》卷二三，太平兴国七年二月辛未、癸酉条，第513页。
⑥ 《宋史》卷一七九《食货志下一》，第4348页。

地方财政秩序的需要。以使臣监仓场库务后，五代场务官渔利问题得到明显缓解，宋代地方监当官体系形成，成为掌管仓库、榷税、商税等的专职理财官。

(二)加强系省钱物的管理

宋初在后周基础上，进一步扩大了钱物系省范围。北宋开宝六年(973)，宋太祖"令诸州旧属公使钱物尽数系省，毋得妄有支费。以留州钱物尽数系省始于此"①。至此，地方主要收入全部系省。钱物系省后，三司面临的核心问题包括：钱物如何分配才能同时满足京师和地方的需求，留存地方的系省钱物如何管理等。其中上供额是成为影响地方财政的关键之一。

1. 上供额的确定

宋初朝廷曾多次要求地方将金帛等转输京师，以增加中央直接支配的财赋。乾德二年(964)末，"始令诸州自今每岁受民租及榷酤之课，除支度给用外，凡缗帛之类，悉辇送京师，官乏车牛者，僦于民以充用"。乾德三年三月"申命诸州，度支经费外，凡金帛以助军实，悉送都下，无得占留"。开宝元年(973)五月乙未，"诏诸道当辇送上供钱帛等舟车，并从官给，勿以扰民"②。类似诏令多次颁布，表明当时上供额并未确定。太宗末年诸州上供制度逐渐完备。陈傅良言：

> 窃考建隆以来，凡上供纲皆有元降指挥，独不见上件条贯，唯至道四年二月十四日，敕川陕钱帛令本路转运司计度，只留一年支备，其剩数计纲起发上京，不得占留，盖平蜀后事也。自余诸州常切约度，在州以三年准备为率外，县镇二年，偏僻县镇一年，河北、

---

① 《文献通考》卷二三《国用考一》，第 693 页。不过这应是削藩镇财权的临时措施，此后宋代公使钱事实上并非系省钱物。参包伟民：《宋代地方财政史研究》，第 58~59 页。

② 《长编》卷五，第 139 页；卷六，第 152 页；卷九，第 202 页。不过，据王育济所论，当时上供并非所有系省钱物，主要为铜钱。王育济：《"乾德二诏令"求是》，《文史哲》1991 年第 4 期，第 61~67 页。

陕西缘边诸州不在此限。①

案，至道仅三年，文中"至道四年"必误，从"平蜀后事"来看，应为至道二年（996）镇压王小波、李顺起义后，"川陕"亦当为"川峡"。据陈傅良所言，当时除了河北和陕西缘边州军，不同州军分别预留了三年、两年、一年的预算准备钱帛，相当于规定了州军预算的范围和周期。预算之外的钱帛则须上供，但上供额度并未确定。到了真宗朝，上供额才确定下来。陈傅良言：

> 国初上供，随岁所入，初无定制，而其大者在粮、帛、银、钱。诸路米纲，《会要》：开宝五年，令汴、蔡河岁运江淮米数十万石赴京充军食；太平兴国六年，制岁运三百五十万石；景德四年，诏淮南、江、浙、荆湖南北路，以至道二年至景德二年终十年酌中之数定为年额，上供六百万石。米纲立额始于此。银纲，自大中祥符元年诏五路粮储已有定额，其余未有条贯，遂以大中祥符元年以前最为多者为额，则银纲立额始于此。钱纲，自天禧四年四月三司奏请立定钱额，自后每年依此额数起发，则钱纲立额始于此。绢绵纲虽不可考，以咸平三年三司初降之数，则亦有年额矣。②

据上，米纲立额始于景德四年（1007），银纲立额始于大中祥符元年（1008），钱纲立额始于天禧四年（1020），绢绵纲早在咸平三年（1000）就已立额。上供额的确定，首先保障了京师供给，其次也给州军编制预算提供了明确的限制条件，有利于地方税收和财政政策的相对稳定③。

---

① 《文献通考》卷二三《国用考一》引《建隆编》，第694页。
② 《文献通考》卷二三《国用考一》引《建隆编》，第691页。点校本标点有误。
③ 从乾德诏令到真宗朝立额对中央与地方财政的影响，可参高聪明：《从"羡余"看北宋中央与地方财政关系》，《中国史研究》1997年第4期，第98～105页；张亦冰：《北宋三司财务行政体制研究》，北京大学博士论文，2017年，第143～149页。

2. 留存地方系省钱物的管理

上供之外，多数系省钱物仍然留存地方。这些物资之管理，分州郡和三司两个层面。州郡层面，宋太祖朝由知州、通判、兵马都监、县令等共同负责。《宋史·食货志》云："市征、地课、盐曲之类，通判官、兵马都监、县令等并亲临之，见月籍供三司，秩满较其殿最，欺隐者置于法。"①可兹为证。其中通判尤为关键，史称赵普建议宋太祖"诸州置通判，使主钱谷"②。当然，通判掌地方财政，并非指通判为州郡最高财政长官，排斥长吏对地方财政的干预，而是通过点检州郡籍帐库务，防止州郡长官在财政上舞弊专权③。宋太宗在各地设立监当官后，监当官也加入征收、管理系省钱物行列中，亦起到财政上牵制州郡长官的作用。

除了州郡长官与财政官员的相互协作和牵制，三司也深度参与到留州系省钱物管理中，核心措施是州郡钱物文帐申省制度的确立。陈傅良总结道：

> 诸州应系钱物合供文帐，并于逐色都数下，具言元管年代、合系本州支用申省。候到省日，或有不系本州支用及数目浩大，本处约度年多支用不尽时，下转运司及本州相度，移易支遣。三司据在京要用金银钱帛诸般物色，即除式样遍下诸州府，具金银钱帛粮草收、支、见在三项单数，其见在项内开坐约支年月，省司即据少剩数目下诸路转运司移易支遣，及牒本州般送上京。如有约度不足去处，许以收至诸色课利计置封桩，以此参考是岁进奉约束。④

从"如有约度不足去处，许以收至诸色课利计置封桩"来看，该段主要讨论的是两税钱物的管理方式。首先，三司根据京城开支需求的诸般物色，

---

① 《宋史》卷一七九《食货志下一》，第 4348 页。
② 《宋史》卷二五六《赵普传》，第 8932 页。
③ 包伟民：《宋代地方财政史研究》，第 47~48 页。
④ 《文献通考》卷二三《国用考一》引《建隆编》，第 694~695 页。

下发样式，要求州郡据此制作并申报钱物帐，其中包含的信息有：金银、钱帛、粮草等物资的收入、支出、见在三项单数，并在见在物资一项内开列预计支出计划。根据诸州所申文帐，三司可以组织州军上供，并在不同路分州郡之间"移易支遣"，损有余补不足。由此，州郡财政高度融入"统收统支"的三司国计体系，成为中央财政的一部分，州郡财政独立性大大削弱，也彻底排除了地方割据的财政基础①。

如果我们将宋初制其钱谷的措施与五代比较，会发现其承袭远大于变革，与后唐庄宗时租庸使孔谦的措施尤其相似：二者均将地方主要收入包括公使钱纳入系省钱物，征税方面均倾向于削弱地方长官的征税权。但二者的结果大相径庭，孔谦之举成为庄宗丧失人心、政权覆亡的重要因素，宋初的举措则将地方财政纳入三司国计体系，成为政权稳固的保障。这一差别的原因其实不在财政而在人事。宋初制其钱谷的措施与稍夺其权、收其精兵是相互配合的，与制其钱谷相伴随的是知州普遍取代刺史、幕职州县官体系之形成、通判和监当官的普遍设置以及中央对地方军事优势的完全确立。宋初的地方官员由清一色的中央委派的流官充任，且分属不同中央部门②，可以相互牵制、分工协作。在这种情况下，依托文帐申报与审核来实现、以供给京师为目标的"统收统支"三司国计体系才有可能真正建立起来，地方财政也成为中央财政的一部分。

"统收统支"体系的建立，也为地方财权与事权的匹配提供了条件。尽管州郡没有制税权、钱物处置权和审核权，但三司可以根据京师所需和州郡所有，确定上供物资的种类和数量，并在不同州郡"移易支遣"，

---

① 宋代"统收统支"体系参杨倩描：《从"系省钱物"的演变看宋代国家正常预算的基本模式》，《河北学刊》1988年第4期，第83～88页；张亦冰：《北宋三司财务行政体制研究》，第143～189页。

② 根据职位和任职者身份不同，北宋前期文官选任机构有中书门下、流内铨、差遣院、考课院等，武官选任机构有枢密院、三班院等。邓小南：《宋代文官选任制度诸层面》，第44～67页；赵冬梅：《文武之间：北宋武选官研究》，第282～286页。

尽量保障京师和州郡用度。因此，转运使在制其钱谷中的作用，并非以往学者经常提到的削夺藩镇财权，而是在三司领导下，将已经收回的地方财政纳入三司国计体系。

以往讨论宋初削藩时，最常见的讨论前提就是藩镇集军政、民政、财政、司法大权于一身。但就财政而言，早在后梁后唐，两税及附加税、榷税、商税等主要收入就基本系省，藩镇能自由支配的合法财赋已十分有限，藩镇割据的财政基础早已不复存在。不过由于五代政权、皇位频繁更迭，政局动荡不安，很多措施无法彻底落实，藩镇非法聚敛屡禁不绝。因此，宋初制其钱谷过程中，设置监当官以加强对赋税征收的监管，并强化对系省钱物的管理，将州郡财政纳入三司国计体系之中，使州郡财政成为中央财政的一部分，彻底瓦解了地方分裂割据的财政基础。专职理财官监当和通判的设置，也使州郡财政职权部分独立于州郡长官，事实上构成宋代地方军政、民政、财政分立的一部分，是唐宋州郡权力结构从集权到分权发展过程中的重要组成部分，是强化中央集权的重要举措。

附论：宋代通判渊源补记

通判始设于南唐，这一点严耕望、李裕民均已指出[①]，毋须赘言。但南唐之制如何被宋太祖采纳，其间环节，二人并未交代。另外，严耕望指出，南唐之外，后周中原地区亦出现通判设置。是否如此，尚有待辨析。王昶《金石萃编》卷四〇《隋三·同州舍利塔额》云：

> 长安香成院主赐紫义省施额
> 　　将仕郎、守同州别驾杨继宗　男将仕郎、守河中府别驾仲元
> 　次男著作郎、通判环州事士元造。[②]

[①] 严耕望：《通判不始于宋说》，原载《新亚生活》双周刊第12卷第2期，1969年，《严耕望史学论文集》，第805～807页；李裕民：《通判不始于宋》，《晋阳学刊》1997年第6期，第46页。

[②] 《石刻史料新编》第1辑第1册，台北：新文丰出版集团，1977年，第683页。

同州舍利塔是为隋文帝所造，有铭文，故王昶将此塔额亦列入隋代。严耕望认为"河中府"、"赐紫"二事绝非隋制所有，塔额必非隋刻。又严耕望认为宋代州府无别驾，故塔额非宋刻。随后他从"环州"州名推测塔额时间。环州原为威州，广顺二年（952）避周太祖郭威讳改环州，显德四年（957）降为通远军，淳化五年（994）复为环州。因后周有环州，他认为此塔额为后周所刻，后周北方亦出现通判。

案：此说不确。宋州府有别驾，史料中比比皆是。如宋仁宗天圣九年（1031）十月诏："（诸州）正员长吏、司马、别驾，在录事参军之上。"① 只是宋代别驾已无职事，主要用来安置贬降官、纳粟授官等②。因此，不能根据别驾排除此塔非宋造，自然也无法从"通判环州事"推断出后周北方已有通判。

又《建隆元年二月 日泰州团练使荆罕儒差卞居让摄长史牒》云：

敕泰州团练使

　　卞居让：

牒奉　处分，前件人搢绅之后，簪组遗芳，虽早著于嘉猷，奈未光于余刃。陈力就列，自媒之志既隆；见善若惊，举直之规斯在。苟非半刺，难屈多能。事须差摄长史，仍牒知者，故牒。

　　建　隆　元　年　二　月　　日牒
　　　　团练推官将仕郎试大理评事赵　押
　　　　通判官兼佥署两监屯田等公事卫　押
　　　　团练副使检校刑部尚书事吴　押
　　　　使兼两监屯田等使检校太尉荆　押③

该牒签押官中有"通判官兼佥署两监屯田等公事卫"，知泰州有通判官。

---

① 《长编》卷一一〇，天圣九年十月壬午条，第2567页。
② 龚延明：《宋代官制辞典》，北京：中华书局，1997年，第538页。
③ 刘昌诗：《芦浦笔记》卷八《卞氏二牒》，《知不足斋丛书》本，第7a～7b页。

案，唐宋皆有通判(官)。唐前期中央和地方机构由长官、通判官、判官、主典四等官构成。就州而言，长官为刺史，通判官为别驾、长史、司马等上佐①。因此，唐代通判官是一个集合概念，并非具体职官，不可能出现在官文书签署上，此处的通判官必然是作为泰州贰官的宋朝通判。建隆元年(960)二月，宋朝建立仅月余，此泰州通判必然是后周所设。通判源于南唐，泰州又是周世宗所取南唐淮南十四州之一，可见周世宗取淮南后，淮南州郡保留了南唐所设通判。乾德元年(963)，宋平湖南，"始置诸州通判，命刑部郎中贾玭等充"②。自此通判开始从淮南地区推广到各地。可见宋代通判虽渊源于南唐，却并非直接取之南唐，而是从后周继承而来，由淮南地区推向全国的。

第四节　兵马都监的演进与地方武力的整合

宋初地方上逐渐形成了都部署、钤辖、都监(监押)、巡检等组成的统兵体制，取代了安史之乱以来的节度使体制。宋初地方统兵体制中，都部署源于行营体制③，钤辖在五代宋初的设置较少，④ 巡检职责偏重边防与治安⑤；它们与藩镇州郡化关系都不大。相比之下，都监演进涉及地方武力整合，与藩镇州郡化密切相关。因此本文将以都监为核心讨论五代宋初地方武力的整合情况。

---

① 李锦绣：《唐后期的官制：行政模式与行政手段的变革》，《中晚唐社会与政治研究》，第35~49页。
② 《文献通考》卷六三《职官考十七》，第1899页。
③ 赵冬梅：《文武之间：北宋武选官研究》，第174~194页。
④ 郭红超：《北宋地方统兵体制中的钤辖制度研究》，河南大学硕士论文，2009年，第6~15页。
⑤ 羽生健一：《五代の巡検使に就いて》，《东方学》第29辑，1965年，第45~55页；刘琴丽：《五代巡检研究》，《史学月刊》2003年第6期，第34~41页；赵冬梅：《文武之间：北宋武选官研究》，第93~96、217~235页；黄宽重：《延唐变制——五代巡检的转型与特色》，收入氏著《政策·对策：宋代政治史探索》，台北：联经出版事业股份有限公司，2012年，第17~66页。

都监(监押)全称为兵马都监(监押),"有路分,有州、府、军、监,有县、镇,有城、寨、关、堡",在宋代设置十分普遍,是宋代地方统兵体制的重要组成部分,也是宋初州郡权力结构中的重要一环。根据任职者资历,武官阁门祗候以上出任都监,三班使臣任职监押;知县监镇时,知县由朝官充任则兼都监,由京官充任则兼监押①。

都监源于唐后期的宦官监军,经过五代的演变,至宋初成为统兵官。这一变化过程,学界已有不少研究。友永植从追溯宋代都监制度的源头入手,讨论了唐五代的行营都监、五代的州县都监,指出宋代禁军的行营都监源于唐代的行营监军,地方常驻的屯驻禁军都监则是五代屯驻禁军监督官和地方藩镇监军使融合而成。行营都监主要由内诸司使和三班使臣充任。州县都监在监视藩镇方面发挥着重要作用②。渡边久论述了北宋都监的起源、宋初的类型、相关制度及变化,是目前关于北宋都监最为全面的研究。不过该文对五代宋初都监演变轨迹仅进行了简单勾勒,并未深论③。李昌宪在讨论宋代地方统兵体制形成时,对都监的变化亦有简要论述④。赵冬梅展示了州都监在北宋前中期地位下降的过程。⑤张萌将五代十国的监军、都监区分开来,分别进行考察,举证颇丰,但她对监军与都监之别,把握并不准确,所举五代监军例子除后唐庄宗时

---

① 《宋会要辑稿》职官四九之一,《续国朝会要》引《两朝国史志》,第 4403 页。此外,尚有度支都监、资善堂都监、群牧都监等,它们与地方武力整合无关,故本书不纳入研究范围。

② 友永植:《宋都监探原考(一)—唐代の行营都监—》,《别府大学纪要》第 37 辑,1996 年,第 28~39 页;《宋都监探原考(二)—五代の行营都监—》,《别府大学アジア歴史文化研究所报》第 14 号,1997 年,第 1~16 页;《宋都监探原考(三)—五代の州县都监—》,《史学论丛》第 34 号,2004 年,第 15~25 页。

③ 渡边久:《北宋时代の都监》,《东洋史苑》第 44 号,1994 年 9 月,第 28~62 页。

④ 李昌宪:《试论宋代地方统兵体制的形成及其历史意义》,《史学月刊》1996 年第 2 期,第 26~31 页。

⑤ 赵冬梅:《文武之间:北宋武选官研究》,第 213~217 页。

期外，均为都监①。可以看出，既有研究已不少。但尚有一些问题未得到彻底厘清，如都监与监军的关系、都监在五代宋初的演进轨迹、都监的演进与地方武力整合的关系等。因此本节欲对都监演进重新进行探讨。

一、唐后期的行营宦官都监

都监源于唐代的宦官监军。杜佑指出，唐前期以御史监军，"时有其职，非常官也。开元二十年后，并以中官为之，谓之监军使"②。安史乱后，内地方镇林立，监军在诸镇普遍设置。由此监军分化为两类：一是"莅戎于征讨"的行营监军，二是"护兵于镇守"的藩镇监军使③。都监的产生主要与行营监军相关④。

行营是唐后期五代宋初大规模征战时军队编制的主要形式。行营军队一般由禁军和藩镇军两部分组成，唐后期以藩镇兵为主，五代宋初以禁军为主⑤。唐后期行营军队主要来源于诸镇，由各镇节度使和监军统率，诸镇节度使之上，又设置行营都统、招讨使等统一指挥作战。与之相应，诸镇监军使之上亦设置"都监军使"为总监军，都监正是都监军使之简称。建中四年(783)泾原之变后，唐德宗"不欲武臣典重兵"⑥，委禁军军权于宦官，行营中亦开始设立都监军使。贞元十六年(800)二月，德

---

① 张萌：《五代十国监军考论》。
② 《通典》卷二九《职官十一•监军》，第805页。杜佑将宦官监军的时间定为开元二十年(732)，恐难定谳。参柳浚炯：《唐代宦官与皇权运作关系研究》，北京大学博士论文，2010年，第105页注释4。
③ 《宋本册府元龟》卷六六七《内臣部•监军》，第2244页。
④ 这并不意味着都监的产生与藩镇监军使无关，我要强调的是，在藩镇监军使和行营监军中，行营监军对都监形成的影响更大。
⑤ 这只是总体而言。唐后期行营亦有以禁军为主者，如元和元年(806)高崇文讨伐西川刘辟，行营便以神策军为主力；五代宋初行营亦有以藩镇兵为主者，如开宝三年(970)宋灭南汉，行营以诸州兵为主。参《旧唐书》卷一五一《高崇文传》，第4051~4052页；《长编》卷一一，开宝三年九月乙亥朔条，第249页。
⑥ 《旧唐书》卷一八四《宦官传序》，第4754页。

宗以夏绥节度使韩全义为"蔡州四面行营招讨使，十七道兵皆受全义节度"①，讨伐蔡州节度使吴少诚。同年七月为吴少诚所败，"全义与都监军使贾（秀英）〔英秀〕、贾国良等夜遁，遂城守溵水"②。这是目前所见最早的都监军使。元和元年（806），唐宪宗以高崇文为左神策行营节度使讨西川节度使刘辟，"以刘贞亮为都监"③；十月，宪宗以西川平，下制曰："其收复成都诸大将、擒获刘辟军将，委崇文与都监军使俱文珍条疏等第闻奏。"④俱文珍即刘贞亮旧名⑤，亦可证都监即都监军使。元和二年，宪宗下诏讨浙西节度使李锜，以"淮南节度使王锷充诸道行营兵马招讨处置使，仍以内官右监门卫大将军薛尚衍充都监招讨宣慰使"⑥。元和十五年十月，吐蕃"侵逼泾州"，唐穆宗"命右军中尉梁守谦充左右神策、京西、京北行营都监，统神策兵四千人，并发八镇全军往救援"⑦。元和以后例子甚多，不枚举。

都监之外，唐末尚有"都监押"和"都都监"。广明元年（880）底，黄巢占领长安。次年二月，"代州北面行营都监押陈景思率沙陀、萨葛、安庆等三部落与吐浑之众三万赴援关中"⑧。为收复长安，中和二年（882），唐廷以宰相王铎"兼中书令，充诸道行营都统"，"以右神策观军容使西门思恭为诸道行营都都监"。当时唐军讨黄巢，"诸将为都统者甚多"⑨，

---

① 《资治通鉴》卷二三五《唐纪五十一》，贞元十六年二月乙酉条，第7586页。
② 《旧唐书》卷一四五《吴少诚传》，第3946页。案，贾英秀之名，据《旧唐书》卷一六二《韩全义传》（第4248页）《新唐书》卷一四一《韩全义传》（第4659页）校正。贾国良，白居易《论（吐突）承璀职名状》作"贾良国"，见《白居易文集校注》卷二二《论（吐突）承璀职名状》，第1240页。
③ 《白居易文集校注》卷二二《论（吐突）承璀职名状》，第1240页。
④ 《册府元龟》卷六四《帝王部·发号令三》，唐宪宗元和元年，第720页。
⑤ 《旧唐书》卷一八四《宦官·俱文珍传》，第4767页。
⑥ 《唐大诏令集》卷一一九《政事·讨伐上·讨李锜诏》，第629页。
⑦ 《旧唐书》卷一九六下《吐蕃传下》，第5263页。
⑧ 《旧唐书》卷一九下《僖宗纪》，中和元年二月，第710页。
⑨ 《资治通鉴》卷二五四《唐纪七十》，中和二年正月辛亥及《考异》、辛未条，第8261、8262页。

故以王铎为"都都统"以统之。与都都统相应，亦出现"都都监"之称。可见都监押、都都监同样产生于行营体制。在监军系统中，二者均比都监高出一个层级①。

由上可知，都监是伴随行营产生的，主要用于监督来自不同节镇以及神策军的行营大军，从职任上与诸道监军使并无实质差异，故都监又常被称为监军。如前引贞元十六年与韩全义一起遁逃的都监军使贾英秀，《旧唐书·韩全义传》、《新唐书·韩全义传》均作"监军贾英秀"②；前引代州北面行营都监押陈景思，《旧唐书·郑从谠传》则作"代北监军使陈景思"③。但都监与监军使又有区别，监军使为正式使职，有相对稳定的任期（一般为三年）④，经常参与藩镇军政、民政事务⑤；都监职权则只涉及军政，为临时差遣⑥，随行营而置罢，任职者需要以他职充任，前引薛尚衍以右监门卫大将军、梁守谦以神策右军中尉、西门思恭以右神策观军容使充任都监。

天复三年（903）正月，朱温从李茂贞手中夺回唐昭宗，随即与宰相崔胤奏请"悉罢诸司使，其事务尽归之省寺，诸道监军俱召还阙下"，之后"以兵驱宦官第五可范等数百人于内侍省，尽杀之……其出使外方者，诏

---

① 都监押的层级参柳浚炯：《唐代宦官与皇权运作关系研究》，第110～111页。
② 《旧唐书》卷一六二《韩全义传》，第4248页；《新唐书》卷一四一《韩全义传》，第4659页。
③ 《旧唐书》卷一五八《郑从谠传》，第4172页。
④ 张国刚：《唐代藩镇研究》（增订本），第109～110页。
⑤ 监军职任参柳浚炯：《唐代宦官与皇权运作关系研究》，第111～114页。
⑥ 大中四年（850），李敬实"除广州都监兼市舶使……秩满朝觐"。从"秩满"来看，李敬实广州都监之任有一定任期，柳浚炯据此认为唐末都监有常设化趋势。但凭此孤证，实难定谳。见中国文物研究所、陕西省古籍整理办公室编：《新中国出土墓志·陕西贰》第272《唐故军器使银青光禄大夫行内侍省内给事赠内侍上柱国陇西县开国男食邑三百户赐紫金鱼袋李府君（敬实）墓志铭》，北京：文物出版社，2003年，上册第272页，下册第226页。柳浚炯：《唐代宦官与皇权运作关系研究》，第109～110页。

所在收捕诛之"①。诸道监军使遭受毁灭性打击,"惟河东监军张承业、幽州监军张居翰、清海监军程匡柔、西川监军鱼全裡及致仕严遵美,为李克用、刘仁恭、杨行密、王建所匿得全"②。随着宦官集团的覆灭,行营宦官都监亦暂时退出历史舞台。

二、五代的行营都监、屯驻都监和宦官监军

五代时期的兵马都监可分为行营都监和屯驻都监两类。与行营都监随行营置罢不同,屯驻都监长期驻扎地方,负责管理分屯各地的禁军和藩镇军,多以"州兵马都监"、"县兵马都监"等系衔,友永植称之为州县都监③。本文之所以不用此称,是基于以下考虑:首先,除了州县都监,五代尚有镇、寨等都监,州县都监之称不足以涵盖所有非行营都监;其次,五代都监的设置取决于屯兵的有无,并非普遍设置于州县,县都监设置很少;第三,五代屯驻都监与宋代的州县都监差别明显,不宜均用州县都监之称(以上三点详后)。屯驻与行营恰好对应,屯驻都监之称可以指称所有非行营都监。五代各朝,后梁、后唐都监的发展情况最值得注意,后唐明宗以降则变化不大,以下将分后梁、唐庄宗时期、唐明宗以降三个时期阐述五代都监、监军的发展情况。

(一)后梁的行营都监

正如学者所强调的,朱温所反对的主要是由宦官充任的诸道监军使④,朱梁时代也的确不再设置宦官监军使。后梁对军队的监督,主要通过内职(包括内诸司使和三班官)充任的行营都监来进行。开平二年(908),朱温因围攻潞州的行营"久无功",削夺行营都统李思安官爵,

---

① 《资治通鉴》卷二六三《唐纪七十九》,天复三年正月庚午条,第8594~8595页。
② 《资治通鉴》卷二六四《唐纪八十》,天复三年二月,第8601页。
③ 友永植:《宋都监探原考(三)—五代の州県都监—》,《史学论丛》第34号,2004年,第15~25页。
④ 张萌:《五代十国监军考论》,第6页。

"斩监押杨敏贞"①。开平三年六月,后梁西路行营都招讨使、同州忠武军节度使刘知俊以同州降岐王李茂贞,"执监军及将佐之不从者,皆械送于岐"②。开平四年冬,朱温"欲兼并镇、定"③,"遣供奉官杜廷隐、丁延徽监魏博兵三千分屯深、冀"④。梁末帝"每一发军,即令近臣监护,进止可否悉取监军处分"⑤。张业"事梁为东头供奉官……频领监护之任,皆立战功"⑥。段凝以庄宅使"监大军于河上"⑦。贞明二年(916),后梁"庆州叛附于岐",梁末帝"以左龙虎统军贺瓌为西面行营马步都指挥使,将兵讨之"⑧,右武卫上将军张筠"权西面行营都监"⑨。贞明六年,"冀王(朱)友谦以河中叛,末帝使段凝领军经略蒲、晋,诏(客省使安)崇阮监军"⑩。龙德三年(923)八月,梁末帝命滑州节度使王彦章率兵万人,"谋复郓州,以张汉杰监其军"⑪,张汉杰时为禁军控鹤指挥使⑫。以上诸例中,行营兵马都监、监押为正式官称,监军则是俗称,后梁只有行营都监,未见地方监军使。行营都监随行营置罢,只是临时差遣,需以他官充任。以上都监中,七人身份可知,五为内职(杜廷隐、丁延徽、段凝、张业、安崇阮),一为禁军将领(张汉杰),一为环卫官(张筠)。可见

---

① 《资治通鉴》卷二六六《后梁纪一》,开平二年三月甲午条,第8692页。
② 《资治通鉴》卷二六七《后梁纪二》,开平三年六月乙未条,第8710~8711页。
③ 《旧五代史》卷二七《唐庄宗纪一》,天祐七年十一月,第425页。
④ 《资治通鉴》卷二六七《后梁纪二》,开平四年十一月,第8728页。
⑤ 《旧五代史》卷二九《唐庄宗纪三》,同光元年八月戊戌条,第463页。
⑥ 路振撰,吴在庆、吴嘉骐点校:《九国志》卷七《后蜀·张业传》,收入《五代史书汇编》第6册,第3303页。
⑦ 《旧五代史》卷九《梁末帝纪下》,贞明六年六月,第165页;《资治通鉴》卷二七二《后唐纪一》,同光元年八月,第8890页。
⑧ 《资治通鉴》卷二六九《后梁纪三》,贞明二年末,第8808页。
⑨ 《旧五代史》卷九《梁末帝纪中》,贞明三年十月壬午条,第151页。
⑩ 《旧五代史》卷九〇《安崇阮传》,第1379页。
⑪ 《资治通鉴》卷二七二《后唐纪一》,同光元年八月,第8891页。
⑫ 《旧五代史》卷一六《张归霸传》,第255页。

内职是行营都监任职主体。下及五代宋初，一直如此①。

后梁行营都监与唐后期行营都监一脉相承，任职者均为皇帝近臣。但二者又有明显差异。唐后期任职者为宦官，后梁则是武将充任的内职。宦官都监虽常干预军事指挥，但较少直接统兵作战②；武将都监则不同，在监察诸将的同时，亦直接参与战斗，兼具监军、将官两种身份，不少人后来改转禁军将领、刺史乃至节帅③。人选的变化使都监逐渐从监军向将官转变。

(二)唐庄宗时期的宦官监军

天复三年朱温诛杀宦官，河东监军张承业、幽州监军张居翰分别为李克用、刘仁恭所匿。天祐元年(904)朱温弑昭宗后，承业、居翰复为二镇监军。三年刘仁恭"遣居翰与书记马郁等率兵助武皇同攻潞州，武皇因留之不遣。李嗣昭节制昭义，以居翰监其军，以燕军三千为部下"④。张承业、张居翰是目前所知后唐建国前仅有的两位藩镇监军使。此外，李存勖亲军银枪效节军亦以宦官监军，任职者为韦令图⑤。

同光元年(923)十月，庄宗灭梁。随后在恢复"本朝旧制"的口号下，开始大规模任用宦官。同光二年正月：

> 敕："内官不应居外。应前朝内官及诸道监军并私家先所畜者，

---

① 友永植《宋都监探原考(二)—五代の行营都监—》(《別府大学アジア歴史文化研究所報》第14号，1997年，第8～12页)指出，五代的行营都监中内职(包括内职诸使和三班官)充任者占71%。行营都监如此，屯驻都监中内职充任者亦占主体，这一点张萌《五代十国监军考论》亦多次指出。

② 柳浚炯指出，唐后期有部分宦官监军使直接指挥军队的例子，见《唐代宦官与皇权运作关系研究》，第112～113页。但柳氏未言都监的情况，我也未见唐后期宦官都监直接统兵作战的记载。

③ 自都监改禁军将领、刺史者甚多，不枚举。直接改节帅者未见五代王朝例子，后蜀则有一例，即李奉虔自利州昭武军都监改昭武军节度使，"自监护拥节旄，自奉虔始，人皆荣之"。路振：《九国志》卷七《后蜀·李奉虔传》，《五代史书汇编》第6册，第3315～3316页。

④ 《旧五代史》卷七二《张居翰传》，第1112页。

⑤ 《旧五代史》卷六五《李建及传》，第1005页。

不以贵贱,并遣诣阙。"时在上左右者已五百人,至是殆及千人,皆给赡优厚,委之事任,以为腹心。内诸司使自天祐以来以士人代之,至是复用宦者,浸干政事。既而复置诸道监军,节度使出征或留阙下,军府之政皆监军决之,陵忽主帅,怙势争权,由是藩镇皆愤怒。①

庄宗下敕,要求各地将宦官遣赴洛阳。他们被庄宗委以腹心,出任内诸司使;不久又充任诸道监军使,引起藩镇强烈不满。从既有材料看,让各地藩镇如鲠在喉的有两个方面:一是"节度使出征或留阙下"不在镇时,"军府之政皆监军决之",造成事实上的监军主留务,节帅在镇时,监军"陵忽主帅,怙势争权";二是监军使在地方获得了一定统兵权,在个别藩镇,所统兵力还相当强,给节度使带来实质威胁。如同光四年二月:

> 平卢节度使符习将本军攻邺都,闻李嗣源军溃,引兵归;至淄州,监军使杨希望遣兵逆击之,习惧,复引兵而西。青州指挥使王公俨攻希望,杀之,因据其城。②

符习奉命讨叛,所统当为青州平卢军精锐,而监军杨希望竟敢于"遣兵逆击之",可见杨希望所统亦非弱旅。不过杨希望对所统兵力的掌控显然并不牢靠,很快就被青州指挥使王公俨所杀。

除了以宦官充内职诸使、藩镇监军使外,唐庄宗朝的行营都监亦改由宦官充任。同光二年正月,为防御契丹,"以天平军节度使李嗣源为北面行营都招讨使,陕州留后霍彦威副之,宣徽使李绍宏为监军,将兵救幽州"③。李绍宏为当时重要宦官。同光三年九月,庄宗遣魏王继岌统兵六万伐蜀,以"宦者供奉官李从袭监中军,高品李廷安、吕知柔为典

---

① 《资治通鉴》卷二七三《后唐纪二》,同光二年正月,第8912页。
② 《资治通鉴》卷二七四《后唐纪三》,天成元年三月,第8967页。
③ 《资治通鉴》卷二七三《后唐纪二》,同光二年正月甲辰条,第8911页。

谒"①。康延孝叛变时,李继岌"令监军使李廷安召任圜,因署为副招讨使,令圜率兵七千骑,与都指挥使梁汉颙、监军李廷安讨之"②。可见行营中宦官都监的设置亦颇为常见。

从后来的结果看,唐庄宗设置的宦官监军使和行营宦官都监对加强地方控制、维护中央集权方面所起的作用并不大。监军使的跋扈反而引起藩镇强烈不满,削弱了对中央的向心力。当时的宦官群体既不掌中央禁军,在地方根基亦浅,其权势之维持,完全仰赖庄宗个人的支持。因此,邺都兵变、庄宗倒台之际,诸道多杀监军使,监军使少有还手之力者。当时"安义监军杨继源谋杀节度使孔勍,勍先诱而杀之。武宁监军以李绍真从李嗣源,谋杀其元从,据城拒之;权知留后淳于晏帅诸将先杀之"③。成德监军使欲杀李嗣源家属,李嗣源部将王建立"杀常山监军并其守兵,明宗家属因得无患"④。李嗣源即位后,诸道监军使再遭诛杀,行营都监亦不再由宦官充任,内职诸使则仍有部分宦官在职⑤,但任职主体已再次转变为武臣。诸道宦官监军使和行营宦官都监经历庄宗朝的回光返照后,基本为五代王朝所摒弃。都监的发展轨迹再次回到朱梁的道路上来。

(三)唐明宗以降五代的屯驻都监与禁军分屯

李嗣源入洛后,于天成元年(926)四月十四日下教"罢诸道监军使;以庄宗由宦官亡国,命诸道尽杀之"⑥。不过李嗣源亦任命过两位藩镇监军,只是不再以宦官充任,亦不取监军使之名,而是以都监名义。一是入洛不久任命的华州都监李冲,是为了应接魏王李继岌的征蜀大军,但

---

① 《新五代史》卷一四《唐家人传·李继岌传》,第179页。
② 《旧五代史》卷七四《康延孝传》,第1130页。
③ 《资治通鉴》卷二七四《后唐纪三》,天成元年三月,第8968页。李绍真即霍彦威。
④ 《新五代史》卷四六《王建立传》,第581页。
⑤ 如宦官孟汉琼在明宗朝"自诸司使累迁宣徽南院使",《旧五代史》卷七二《孟汉琼传》,第1114页。
⑥ 《资治通鉴》卷二七五《后唐纪四》,天成元年四月,第8981页。

因李冲逼华州节度史彦镕入朝，擅杀路过的同州节度李存敬、西川行营都监李从袭，很快被枢密使安重诲召回①。另一位是自请入蜀的西川都监李严。西川节度使孟知祥甚恶李严之来，谓严曰：

> 公前奉使王衍，归而请兵伐蜀，庄宗用公言，遂致两国俱亡。今公复来，蜀人惧矣。且天下皆废监军，公独来监吾军，何也？②

由是孟知祥擅杀李严，与后唐中央矛盾公开化。

唐明宗以降的行营都监亦摒弃了宦官，改由武臣充任。值得注意的是，除了内职之外，节度、防御使等高层武将也开始担任行营都监。如天成三年四月，定州节度使王都反，明宗以郑州防御使张虔钊为"北面行营兵马都监"③。应顺元年（934）二月，唐闵帝以"河中节度使安彦威为西面兵马都监"④，讨凤翔节度使李从珂。清泰三年（936）六月，唐末帝"以西京留守李周为天雄军四面副招讨使兼兵马都监"⑤。人选上的变化加快了都监从监军向将官的转变过程。

行营都监之外，唐明宗以降屯驻都监的发展更值得注意。屯驻都监最早见于唐末河东军，当时康福以军职"充承天军都监"⑥。此后长期未见，唐明宗时再度出现。天成四年十月戊戌，"以襄州兵马都监、守磁州刺史康福为朔方河西等军节度使、灵威雄警凉等州观察使"⑦。唐末帝清

---

① 《资治通鉴》卷二七五《后唐纪四》，天成元年四月，第8981～8982页。
② 《资治通鉴》卷二七五《后唐纪四》，天成二年正月，第8999～9000页。
③ 《旧五代史》卷四〇《唐明宗纪六》，天成四年二月辛亥条，第628页。
④ 《旧五代史》卷四五《唐闵帝纪》，应顺元年二月丁酉条，第710页。
⑤ 《旧五代史》卷四八《唐末帝纪下》，清泰三年六月丙子条，第760页。
⑥ 《旧五代史》卷九一《康福传》，第1398页。大中四年李敬实所任广州都监为藩镇监军使，与五代宋初兵马都监并不相同。《新中国出土墓志·陕西贰》第272《唐故军器使银青光禄大夫行内侍省内给事赠内侍上柱国陇西县开国男食邑三百户赐紫金鱼袋李府君（敬实）墓志铭》，北京：文物出版社，2003年，上册第272页，下册第226页。
⑦ 《旧五代史》卷四〇《明宗纪六》，第635页。康福身份为磁州刺史，是以刺史改节帅，而非都监。

泰初(934)，马全节为金州防御使，"会蜀军攻其城，州兵才及千人，兵马都监陈隐惧，托以他事出城，领三百人顺流而逸"①。清泰二年六月，"螯屋镇将刘赟引军入川界，为蜀将全师郁所败，金州都监崔处讷重伤，诸州屯兵溃散"②。清泰三年八月，云州节度使沙彦珣奏："供奉官李让勋送夏衣到州，纵酒凌轹军都行，劫杀兵马都监张思懿、都指挥使党行进，其李让勋已处斩讫。"③以上襄州、金州、云州兵马都监均为屯驻都监。

友永植指出，州县都监（即屯驻都监）的分布与禁军屯驻密切相关。后晋以降，所见州县都监明显增多，宋初随着禁军屯驻的常态化，州县都监的设置趋于普遍④。诚为确论。不过需要指出的是，屯驻地方的军队，除了禁军外，亦有不少藩镇军。前引清泰二年金州都监崔处讷所统为"诸州屯兵"，可兹为证。又广顺二年(952)，兖州节度使慕容彦超叛乱，二月"以兖州兵士数百人先在金州屯戍，其家口仍在本城中"，周太祖专门下敕就金州抚谕，承诺兖州城破时优先保证其家属安全⑤。可见金州屯有兖州藩镇军队。广顺三年九月，深州"乐寿县兵马都监杜延熙为戍兵所害"。当时"齐州保宁都兵士屯于乐寿，都头刘彦章等杀延熙为乱。时郑州开道指挥使张万友亦屯于乐寿，然不与之同。朝廷急遣供奉官马谔省其事，谔乃与万友擒彦章等十三人斩之，余众奔齐州"⑥。可知乐寿县至少屯有齐州保宁都、郑州开道都两支地方军。正因为屯驻于同一州县的军队既有来自不同州郡的藩镇军，又有禁军，不属于同一编制，朝

---

① 《旧五代史》卷九〇《马全节传》，第1372页。
② 《旧五代史》卷四七《唐末帝纪中》，清泰二年七月丁酉条，第746页。七月丁酉为奏到洛阳日期。
③ 《旧五代史》卷四八《唐末帝纪下》，清泰三年八月己巳条，第762页。
④ 友永植：《宋都监探原考（三）—五代の州县都监—》，《史学论丛》第34号，2004年，第19~21页。
⑤ 《册府元龟》卷一六七《帝王部·招怀五》，第2013~2014页。
⑥ 《旧五代史》卷一一三《周太祖纪四》，广顺三年九月丁酉条，第1744~1745页。

廷才设置都监以统一指挥。这与唐后期行营都监军使的产生原因颇为相似。

唐明宗以降，随着军队屯驻区域的扩展，屯驻都监的设置愈加普遍，后晋以降所见州都监越来越多，县都监也开始出现。如开运三年（946）九月，深州乐寿县都监王峦"继有密奏，苦言瀛、郑可取之状"①。同年十二月，定州"博野县都监张鹏入奏蕃军事势"②。二者均为县都监。不过这并不意味着县都监已普遍设置，只有屯兵之县才有都监。乐寿、博野均为边境县，有禁军、藩镇军屯驻，故设置都监管理。

县都监之外，亦有镇都监和寨都监。后晋时"李建福为凤州固镇兵马都监，为递马铺卒所杀"③。显德四年（957）五月，"权知府州事折德愿上言，败河东贼军五百余众于（夹）〔沙〕谷砦，斩其砦主（都）〔郝〕章、都监张钊等，玺书褒美之"④。同理，固镇都监和沙谷寨都监的设置亦因屯兵，并不意味着镇、寨中都监的设置已比较普遍。

学者们在讨论禁军分屯时指出，五代禁军分屯是普遍存在的，屯驻区域既有边境亦有内地；屯驻军队以中央禁军为主，亦有部分藩镇军。为了防止屯驻军叛变作乱，同一区域往往驻扎多支部队以互相牵制，出屯士兵不得携带家属⑤。可以看出，关于禁军分屯的基本情况前人已大致梳理清楚。但仍有一些重要问题未解决，如屯驻禁军与本地藩镇的关系、兵马都监在当时地方统兵体制内中的位置等，这正是本文关注的重点。

长兴三年（932），唐明宗对屯驻禁军与本地藩镇的关系做了重要

---

① 《旧五代史》卷一三七《契丹传》，第2137页。
② 《旧五代史》卷八五《晋少帝纪五》，开运三年十二月壬戌条，第1305页。
③ 《宋本册府元龟》卷九三一《总录部·枉横》，第3715页。
④ 《册府元龟》卷四三五《将帅部·献捷二》，第5174页。据《宋史》卷二五三《折德扆传》校，第8861页。
⑤ 菊池英夫：《五代禁军の地方屯驻に就いて》，《东洋史学》第11辑，1954年，第19~41页；陈长征：《唐宋地方政治体制转型研究》，第138~149页。其中陈长征的总结较为全面。

规定：

> 帝谓范延光曰："如闻禁军戍守，多不禀藩臣之命，缓急如何驱使？"延光曰："承前禁军出戍，便令逐处守臣管辖断决，近似简易。"帝曰："速以宣命条举之。"①

从枢密使范延光之言可知，此前禁军出戍，"令逐处守臣管辖断决"，即由本地节帅、刺史统一管辖。但由于禁军由朝廷派出，与本地藩镇相处并不融洽，"多不禀藩臣之命"，明宗令范延光以枢密院宣重申这一规定。那么这道枢密院宣是否得到落实呢？后唐禁军分屯的重点区域有两个，一是幽州并州一带，主要为防御契丹，由幽州卢龙军节度使赵德钧和河东节度使石敬瑭统辖。《通鉴》言："时契丹屡寇北边，禁军多在幽、并，敬瑭与赵德钧求益兵运粮，朝夕相继。"②可资为证。赵德钧自天成四年（929）"兼北面行营招讨使"③，石敬瑭自长兴三年以河东节度使"兼大同、彰国、振武、威塞等军蕃汉马步总管"④，正是为了便于统辖屯驻边地的禁军和藩镇军。对边防重兵的掌握，是清泰三年石敬瑭起兵叛乱和赵德钧拥兵自重的资本。另一重点区域是蜀地，主要是为了制衡西川节度使孟知祥和东川节度使董璋。当时枢密使安重诲"疑知祥有异志，听言事者，用己所亲信分守两川管内诸州，每除守将，则以精兵为其牙队，多者二三千，少者不下五百人，以备缓急"⑤。从"精兵为其牙队"来看，屯驻四川的禁军显然是由两川管内节帅、刺史等统辖。

可以看出，唐明宗时期，分屯禁军均由本地节帅、刺史统辖，长兴三年枢密院宣得到了落实。直到后周一直如此。建隆元年（960），宋代周而立，四月，昭义节度使李筠起兵。五月"留其长子守节守上党，自率众

---

① 《旧五代史》卷四三《唐明宗纪九》，长兴三年十月丁丑条，第684页。
② 《资治通鉴》卷二七九《后唐纪八》，清泰二年六月甲申条，第9131页。
③ 《旧五代史》卷四〇《唐明宗纪六》，天成四年四月壬戌条，第630页。
④ 《旧五代史》卷四三《唐明宗纪九》，长兴三年十一月丁亥条，第684页。
⑤ 《新五代史》卷六四《后蜀世家·孟知祥传》，第900页。

三万南出"①。这三万人中,既有昭义镇军,亦有大量屯驻禁军,六月归降宋军的王廷鲁,其职为禁军龙捷指挥使②,正说明这一点。李筠统禁军重兵,主要是为了防范北汉。同年九月,淮南节度使李重进起兵,"疑诸将皆不附己,乃囚军校数十人",军校呼曰:"吾辈为周室屯戍,公苟奉周室,何不使吾辈效命?"③从"吾辈为周室屯戍"来看,李重进所统亦有屯驻禁军④。李筠、李重进起兵时均有屯驻禁军参与,正说明后周屯驻禁军依然由本地节帅、刺史等统辖⑤。

由上可知,唐明宗以降,五代屯驻禁军一直由本地节帅、刺史等统辖,因此屯驻当地的禁军将领和都监实际上为节帅下级,协助节度使进行屯驻军队的训练、管理、作战等,故史料中常见到节帅差遣都监的记载。如广顺二年(952)九月,"镇州何福进言契丹寇深、冀,遣龙捷都指挥使刘诚诲、兵马监押慕延钊、本州衙内指挥使何继筠率兵拒之"⑥。何福进所差既有禁军将领刘成海,亦有屯驻监押慕延钊。显德元年(954)二月,"北汉兵屯梁侯驿,昭义节度使李筠遣其将穆令均将步骑二千逆战"⑦,穆令均时为潞州兵马监押⑧。从"遣其将"来看,司马光已将屯驻监押视为节帅部属。周世宗时昭义节度使李筠在镇"尝以私忿囚监军使"⑨,监军使即兵马都监,亦说明都监地位在节帅之下。

五代朝廷一方面不断将藩镇军队吸纳为中央禁军,弱化地方武力;

---

① 《长编》卷一,建隆元年五月辛丑条,第15页。
② 《长编》卷一,建隆元年六月辛巳条,第17页。
③ 《长编》卷一,建隆元年九月己未条,第24页。
④ 此外宋太祖亲征李重进时,途径宋州,当时"城中军有戍扬州者,父母妻子颇怀疑惧",太祖"命中使就抚之",表明扬州尚有宋州地方军屯驻。《长编》卷一,建隆元年十月癸巳条,第27页。
⑤ 李重进后周末以侍卫亲军都指挥使出镇淮南,北宋代周后,军职被韩令坤取代,因此起兵时是以淮南节度使身份统辖屯驻禁军的。
⑥ 《宋本册府元龟》卷九八七《外臣部·征讨六》,第3966页。
⑦ 《资治通鉴》卷二九一《后周纪二》,显德元年二月,第9502页。
⑧ 《旧五代史》卷一一四《周世宗纪一》,显德元年三月丁丑条,第1758页。
⑨ 《宋史》卷四八四《李筠传》,第13972页。

另一方面又将屯驻禁军的统辖权交由本地节帅、刺史统辖。这种看似矛盾的做法，反映了当时朝藩关系的复杂性：朝藩固然有对抗的一面，但更日常的则是地方军政、民政事务处理中的分工合作。对屯驻禁军统辖权的规定，正是朝藩合作的表现之一，也与禁军分屯的目的相关。五代禁军分屯原因有三：一是御边，主要防御对象为契丹；二是就粮，如清泰二年(935)六月，"河东节度使石敬瑭奏，边军乏刍粮，其安重荣巡边兵士欲移振武就粮"①；三是制衡藩镇，典型为唐明宗时在四川的分屯。五代外患严重，与契丹战事动辄连年不解，防御契丹是禁军分屯的最主要原因。从御边的角度来说，屯驻禁军与本镇军队的指挥权必须统一，才能收御边之效。唐明宗所谓"如闻禁军戍守，多不禀藩臣之命，缓急如何驱使"主要是针对御边型分屯而言的，石敬瑭、赵德钧等拥屯驻重兵也是御边所需。就粮禁军是否由本地节帅统辖不详。唐明宗时在四川的分屯之所以由本州镇节帅刺史统辖，是因为他们要制衡的对象是董璋和孟知祥，而非本州镇长官。

屯驻禁军虽由节帅统辖，但其为朝廷军队，并非节帅私兵。为防止屯驻禁军成为节帅私兵，五代朝廷采取了一系列措施。大同元年(947)，赵延寿与契丹主耶律德光商议如何处置投降的后晋军队，赵延寿建议"迁其军并其家口于镇、定、云、朔间以处之，每岁差伊分番，于河外沿边防戍"②。从赵延寿之言可以看出，当时军队分屯，期限为一年，轮番屯驻，分屯时不许携带家口。前文亦指出，同一地区往往驻有多支来源不同的军队，他们指挥系统有别，亦可收互相牵制之效。这些措施对于强化朝廷对屯驻禁军乃至整个地方的控制有重要作用。

除了对军队的措置外，屯驻都监亦可对节帅形成有效制约。都监地位虽在节帅之下，但都监代表朝廷，有单独奏事权，可以随时将节帅动向、本镇事务上报，从而对节帅形成制约，这在赵宋代周之际体现得最

---

① 《旧五代史》卷四七《唐末帝纪中》，清泰二年六月庚辰条，第745页。
② 《旧五代史》卷九八《赵延寿传》，第1533页。

为明显。当时成德节度使郭崇"追感周室恩遇,时复泣下,监军陈思海密奏其状"①,宋太祖遣使查看,确认其并无异心。建隆二年(961),定州节度使孙行友"徙其帑廪,召集丁壮,缮治兵甲,欲还狼山以自固。兵马都监药继能密表其事,太祖遣阁门副使武怀节驰骑会镇、赵之兵,称巡边直入其城"②,孙行友被迫举族入朝。从孙行友事件可以看出,屯驻都监并不直接干预本镇事务,其作用在于随时将节帅动向、本镇事务上达,以便朝廷及时应对。因此,尽管屯驻都监地位在节帅之下,通过单独奏事权,依然可以起到监督节帅的作用。正因为如此,屯驻都监往往被称为监军。以曹彬为例。《宋史·曹彬传》言:

> 隶世宗帐下,从镇澶渊,补供奉官,擢河中都监。蒲帅王仁镐以彬帝戚,尤加礼遇。彬执礼益恭,公府燕集,端简终日,未尝旁视。仁镐谓从事曰:"老夫自谓夙夜匪懈,及见监军矜严,始觉己之散率也。"
> ……出为晋州兵马都监。一日,与主帅暨宾从环坐于野,会邻道守将走价驰书来诣,使者素不识彬,潜问人曰:"孰为曹监军?"有指彬以示之,使人以为绐己……审视之方信。③

曹彬任职河中、晋州兵马都监,而被节帅王仁镐、邻道使者称为"监军",正说明当时所谓"监军",正式官称均为兵马都监。

唐明宗以降,出于御边、就粮、制衡藩镇等目的,禁军和部分藩镇军队大规模分屯各地。为了便于统辖这些来源不同的军队,朝廷设置兵马都监统一管理,是为屯驻都监。为了协调分屯禁军与本地节帅的关系,长兴三年(932)唐明宗明确规定分屯禁军由本地节帅统辖,由此分屯禁军将领和屯驻都监实际上成为节帅下级。为防止屯驻禁军成为节帅私兵,

---

① 《宋史》卷二五五《郭崇传》,第8902页。
② 《宋史》卷二五三《孙行友传》,第8873页。
③ 《宋史》卷二五八《曹彬传》,第8977~8978页。

朝廷通过分番屯驻、禁止携带家属、同一地区屯驻多支部队等措施，加强对屯驻禁军的控制。同时设置屯驻都监，随时将节帅动向上报中央，凭借"天子使者"的身份和单独奏事权，都监可以发挥监督藩镇、督查一方的作用。

可以看出，唐明宗以降的屯驻都监与唐后期的宦官监军使有明显差异。监军使与节帅等夷，常常干预节镇军政、民政、财政事务；屯驻都监不仅无权干预本地事务，对屯驻军队的掌控亦十分有限。相较于宦官监军使，屯驻都监的权力大大萎缩。这一制度设计，正是唐明宗鉴于唐后期宦官专权、后唐庄宗朝宦官跋扈，有意做出的调整。因此，当节帅起兵时，屯驻都监实际上也无法与之抗衡，五代藩镇叛乱中很少看到屯驻都监的对抗活动，正源于此。五代制衡藩镇、镇压叛乱，依赖的主要是中央禁军力量。屯驻都监的作用主要在于搜集地方情报、监督节帅动向，并及时上奏朝廷，以便朝廷积极应对，而非直接与节帅对抗。

三、宋初屯驻都监的变化

唐明宗以降，行营都监的变化主要体现在行营内部都监设置普遍化、层级化，出现了马步军都监、马军都监、步军都监、先锋都监、排阵都监等。其例甚多，不枚举。这些都监设置取决于行营军队编制，有马军指挥使，则会设置马军都监；有排阵使，则会设置排阵都监。以此类推。行营都监变化与行营体制演进密切相关，非本文所论重点，兹不赘述。以下主要讨论屯驻都监在宋初的变化。

宋初屯驻都监的变化与知州制推广密切相关。五代时期，屯驻禁军和藩镇军队均由节帅统辖，屯驻都监为节帅下级。随着知州制的推广，节帅、刺史等逐渐从州郡长官序列中消失。这对屯驻都监带来两方面影响：第一，由于其监督对象节帅、刺史不复存在，屯驻都监作为监军的色彩淡化，已主要被视为统兵官，基本完成从监军向将官的转变；第二，屯驻都监接管了节帅刺史原来的部分统兵权，在地方军政事务中的地位明显上升。

以蜀地为例。乾德三年(965)正月,宋灭后蜀。五年正月行营大军离开蜀地,此后蜀地屯兵由以下几人负责。《宋史·丁德裕传》言:

> 乾德五年,迁内客省使。时成都初平,群寇大起,用为西川都巡检使,与阁门副使张延通同率师讨之,擒贼帅康祚,磔于市。岁余尽平其党。①

《宋史·张延通传》言:

> 宋初,历通事舍人,迁东上阁门副使。开宝中为西川兵马都监,太祖以蜀寇未平,命同内客省使丁德裕、引进副使王班、内臣张屿领兵屯蜀部。②

可见,当时蜀地屯兵主要由内客省使西川都巡检使丁德裕、引进副使王班、内班都知张屿、东上阁门副使西川兵马都监张延通等统辖,他们在蜀地任职至开宝二年(969)十月③。开宝五年,宋太祖又以"儒臣有武干"的辛仲甫为西川兵马都监④。蜀地屯兵由巡检使、屯驻都监等统辖,与当时北方地区主要由节帅负责明显不同。这是因为宋平蜀后,并未在蜀地设置节度使,多数州郡以知州为长。可见,随着刺史制被知州制取代,原来统辖地方军队的节帅、刺史从地方长官序列消失,屯驻都监、巡检等统兵权增加,宋初屯驻都监地位曾一度上升。

宋初屯驻都监统兵权增加,与知州分掌军政、民政事务,互不统属,加上屯驻都监有单独奏事权,与知州争权、干预州郡事务的现象开始频频发生。乾德三年十二月,宋太祖"诏西川管内监军、巡检毋预州县事"⑤。当时全师雄之变尚未平定,屯驻都监、巡检等领兵平乱,干预州

---

① 《宋史》卷二七四《丁德裕传》,第9354页。
② 《宋史》卷二七四《张延通传》,第9355页。
③ 《长编》卷一〇,开宝二年十月癸卯条,第234页。
④ 《长编》卷一三,开宝五年十二月,第293页。
⑤ 《宋史》卷二《太祖纪二》,乾德三年十二月己亥条,第23页。

县事务的情况较多，故太祖专门下诏禁止。太平兴国四年(979)五月，宋灭北汉，以秘书丞马汝士知石州，"其后汝士与监军不协，一夕刲刃于腹而死"①。雍熙二年(985)正月，知贝州柳开与屯驻都监赵嘉进、监押翟廷玉以公事纷争，左降蔡州上蔡县令②。这一时期屯驻都监与知州纷争的增多，正与此时其地位上升有关，这在节帅、刺史为长官的州镇中，是不曾出现的。

不过，宋初屯驻都监地位的上升只维持了较短时间。屯驻都监地位上升的同时，地方军队精锐却不断被中央禁军吸纳。据《宋史·兵志》，宋初两朝从诸道拣选的马军至少有103指挥，步军至少有137指挥③。如果以每指挥满员500人计④，马步军合计达12万。赵宋代周之时，禁军数量仅12万⑤，至太宗至道年间，"禁军马步三十五万八千"⑥。四十年间禁军增加近24万，其中半数来自诸州军，可见宋初对诸州兵拣选力度之大⑦。这导致中央禁军实力愈来愈强，地方军事力量则不断下降。太祖时诸州兵尚频频参与行营作战。如建隆四年(963)用兵荆湖，"遣使十一人，发安、复、郢、陈、澶、孟、宋、亳、颍、光等州兵会襄阳，以讨张文表"⑧；开宝三年(970)九月用兵南汉，"仍遣使发诸州兵赴贺州城下"⑨。而到宋太宗太平兴国四年(979)征北汉，除了折氏世袭的府州州兵外⑩，已完全看不到诸州军的影子，说明太宗朝诸州兵已基本不堪

---

① 《长编》卷二〇，太平兴国四年五月乙酉条，第452页。
② 柳开：《河东先生集》卷八《上参政吕给事书》，叶6a。
③ 淮建利：《宋朝厢军研究》，郑州：中州古籍出版社，2007年，第5～7页。
④ 王曾瑜：《宋朝军制初探》，第39～40页。实际上宋朝军队大多不满员，每指挥只有三四百人，宋初的情况相对较好。
⑤ 王曾瑜：《宋朝军制初探》，第22页注释⑥。
⑥ 《宋史》卷一八七《兵志一》，第4576页。
⑦ 关于宋初藩镇军队禁军化的过程，亦可参范学辉：《宋代三衙管军制度研究》，第436～450页。
⑧ 《长编》卷四，乾德元年正月庚申条，第81页。
⑨ 《长编》卷一一，开宝三年九月己亥朔条，第249页。
⑩ 《长编》卷二〇，太平兴国四年三月乙未条，第447页。

征战。

诸州军队力量的弱化，导致统辖屯驻禁军和地方州军的屯驻都监地位也趋于下降。以屯驻都监中最普遍的州都监为例。据赵冬梅研究，宋太祖、太宗朝尚经常与知州纷争的州都监，到了宋真宗时地位已远在知州之下，宋神宗时甚至规定州都监为知州部属①。所统军队也从五代宋太祖时的屯驻禁军和诸州兵转变为只统辖本城厢军，甚至被称为本城都监（监押）②，职掌则变为"掌训治兵械，巡查盗贼"③，沦为地方捕盗官。

屯驻都监地位下降的同时，驻泊都监又随着都部署体制的形成发展起来。据记载仁宗、英宗朝史实的《两朝国史志》，实行更戍法的禁军、厢军，"隶州者曰屯驻，隶总管曰驻泊"④。可见驻泊都监对应的是驻泊禁军，隶属于都部署（总管）。⑤ 都部署体制形成于宋太宗雍熙（984—987）端拱（988—989）之际⑥，驻泊都监的设置也当在此时最终确定⑦。由此，屯驻都监和驻泊都监成为宋代地方军政体系中最重要的两种都监。《续国朝会要》所言反映了这一点：

〔都监〕以阁门祗候以上充，三班为者名监押。诸州、府、军、监皆有之，领本城及屯驻兵，掌屯戍、边防、训练之令，以肃清所部。有至二员者，或为同监押。禁兵驻泊则增置一员，不领本城兵。⑧

---

① 赵冬梅：《文武之间：北宋武选官研究》，第213~217页。
② 如宋仁宗嘉祐三年闰十二月乙酉诏："诏诸州毋得擅差本城都监、监押同管驻泊军马。"《长编》卷一八八，第4541页。
③ 《宋会要辑稿》职官四七之一二引《神宗正史·职官志》，第4271页。
④ 《文献通考》卷一五二《兵考四》引《两朝国史志》，第4556页。
⑤ 都部署后避宋英宗赵曙讳改为都总管。
⑥ 赵冬梅：《文武之间：北宋武选官研究》，第174~194页。
⑦ 从史料所见驻泊都监例子来看，宋太祖朝仅有极个别例子（如开宝三年田钦祚为定州驻泊都监，见《宋史》卷二《太祖纪二》，第32页），其他基本为宋太宗朝及以后的例子，亦说明这一点。
⑧ 《宋会要辑稿》职官四九之一引《续国朝会要》，第4403页。

《续国朝会要》即《乾道续四朝会要》，宋孝宗乾道年间汪大猷等纂修，记载神哲徽钦四朝史实①。可见上述记载为北宋后期之制。北宋后期都监分两种，一种是"领本城及屯驻兵"（实际上主要为本城厢军）的府州军监都监，即屯驻都监；一种是"不领本城兵"、只负责驻泊禁军的驻泊都监。这一区分正始于宋太宗朝，并延续至北宋后期。

如何加强对行营、地方军队的监管，是唐宋时期朝廷面临的重要问题。唐后期的宦官监军使、都监在强化中央集权的同时，也常因与节帅、行营都统争权带来的军事失败备受批评。朱温诛杀宦官后，废藩镇监军使，行营都监则继续设置，但任职群体从宦官转变为由武臣出任的内职。唐庄宗任用宦官又唤起人们对唐后期宦官专权的警惕。明宗即位后，再度诛杀宦官监军使，同时对屯驻都监的权力作出限制，屯驻都监成为节帅下属，但仍保留单独奏事权以履行监军之责，朝廷终于在监军与军事指挥权统一之间达成平衡。宋初知州制取代刺史制后，节帅、刺史等从地方长官序列中消失，屯驻都监失去监督对象，监军色彩淡化，基本转变为将官，同时掌握了地方部分统兵权，地位一度上升。但随着诸州军队不断被拣选为中央禁军，屯驻都监地位又很快下降。宋太宗朝都部署体制确立后，驻泊都监发展起来。至此，北宋都监制度基本尘埃落定。

从兵马都监的演进过程和禁军分屯出发，我们可以对五代宋初的朝藩关系进行新的思考。总体而言，五代朝廷已确立了对地方的军事优势，但这种优势，并非简单地由朝廷直接掌握大多数武力。朝廷不断将藩镇军队吸纳为禁军的同时，为了御边，又将屯驻禁军的指挥权交到藩镇手中，填补地方尤其是边地藩镇军队禁军化导致的武力空缺，由禁军和藩镇军共同维护边防和四方稳定。为了保证军事指挥权的统一，朝廷规定屯驻禁军和藩镇军均由藩镇统辖，等于又变相增加了节帅、刺史等的统

---

① 陈智超：《解开〈宋会要〉之谜》，北京：社会科学文献出版社，1995年，第66页。

兵权；同时弱化兵马都监的职能，仅保留其单独奏事权，不允许其干预地方军政、民政事务。这提示我们，当时的朝藩关系并非只有削藩这一层面，地方行政、军政中的分工合作才是朝藩关系的"日常"。当时的藩镇动乱也不宜简单等同于地方叛乱，如石敬瑭、李筠、李重进等人，所统既有地方武力藩镇兵，也有朝廷武力禁军。因此，五代宋初的朝藩关系具有多重面向，不宜仅从朝藩对立的视角进行思考。

本章小结

州郡权力结构的调整是藩镇州郡化的核心内容，这包括四个方面。第一，知州取代刺史成为新的州郡长官。安史之乱后，唐廷中央集权衰落，藩镇为加强地方控制，保证地方行政正常运转，委任了大量知州事、摄刺史。唐末权知军州事兴起后，迅速取代其他州郡代理官。五代朝廷掌握了州郡长官包括知州的委任权，文臣和内职知州开始发挥限制藩镇的作用。宋初知州制的实施方式多承自五代，但经过了宋太祖的改造；实施区域上则南方早于北方，南、北方内部亦有差别。真宗即位后，知州制全面取代刺史制。

第二，宋代幕职州县官体系的形成。五代朝廷掌握州郡长官委任权后，州县摄官和奏荐问题也逐渐得到解决，朝廷掌握了州县官委任权。与此同时，幕职官也在不断变化。五代宋初幕职官分朝除、奏荐、自辟三部分。后梁幕职官主要由朝廷除授，后唐至显德二年朝廷只掌握高级幕职官委任权，显德二年朝除范围大大扩展，乾德二年幕职官全部改由朝除。幕职官中的随府幕职官可以被奏荐为朝除范围内的幕职官，也无任期限制，是节帅最信任的僚佐和使府运作的核心。同时幕职官朝除范围的扩大，也促使朝除幕职官任期、守选规定相继出台，幕职官选任管理上逐渐"州县官化"；唐后期藩镇权势的扩张以及五代宋初的限藩措施，使幕职官逐渐侵夺州县事务，又促进了幕职官职任的"州县官化"。随着乾德二年《少尹幕职官参选条件》的出台，宋代幕职州县官体系正式形成。

第三，宋初"制其钱谷"问题。以往学者多将唐后期两税三分视为宋初削藩的财政背景，忽略了五代朝廷收藩镇财权的努力。事实上，五代两税及附加税、榷税、商税等主要收入均已系省，地方政府拥有的能自由支配的合法收入只有公使钱和经商盈利收入。宋初制其钱谷要解决的问题，一是如何限制节度使、刺史、场务官等在赋税征收过程中的渔利，宋廷措施是设置监当官；二是如何强化对系省钱物的管理，宋廷措施是确定上供额，并从三司和州郡两个层面加强对留州钱物的管理，将州郡财政纳入统收统支的三司国计体系，基本实现中央财政集权的目的，并使州郡财政职权部分独立于州郡长官。

第四，兵马都监与地方武力整合问题。都监源于唐后期行营都监军使，是为了统一监督来自诸道和禁军的多支部队。天复三年宦官被杀、藩镇监军使被废后，朱梁不再设藩镇监军使，只设主要由内职担任的行营都监。后唐建立后，庄宗在地方重设宦官监军使，行营监军亦由宦官充任。明宗即位后，再杀诸道宦官监军使，行营都监亦回归后梁之制，屯驻都监则随着禁军、藩镇军分屯迅速发展。出于御边考虑，明宗明确规定屯驻军队由本地节帅指挥，屯驻都监成为节帅下级，不过屯驻都监有单独奏事权，依然可以发挥监督一方之责。宋初随着知州制取代刺史制，屯驻都监获得部分地方统兵权，地位一度上升。但随着诸州军队被拣选为中央禁军，屯驻都监地位又很快下降。宋太宗朝都部署体制确立后，驻泊都监成为地方重要统兵官。

总的来说，州郡权力结构调整的目标有两个：一是彻底解决唐后期以来的藩镇尾大不掉的问题；二是瓦解刺史制之下刺史集州郡民政、军政权力于一身的集权体制，取而代之的是知州、通判、都监、监当等分掌州郡事务的分权体制。唐后期不论藩镇还是州郡，民政长官和军政长官都是合一的，即节度使、刺史分别掌握节镇、州郡的军政、民政大权。而在北宋，路级军政事务由安抚使、都部署等掌管，民政事务由转运使、提刑、提举常平等负责；州郡军政事务由都监掌管，民政事务由知州处理，财政事务由知州、通判、监当等共同负责。地方行政长官不仅丧失军政权力，也失去部分财政职权。

以往学者关于宋代地方权力结构的研究中，经常注意到高层政区的分权并立，即存在转运司、提刑司、常平司、安抚司等多个互不统辖的平行机构，但对州郡分权注意不够。事实上，宋初的中央集权并非仅仅建立在划平方镇的基础上，州郡分权更加重要。州郡分权不仅是解决藩镇问题的根本措施，也大大强化了中央对州郡的控制，基本杜绝了此后州郡叛乱的可能。天水一朝三百余年，即使在两宋之际、宋元之交的动荡时期，亦极少有州郡长官拥兵作乱之事，这与唐末南方割据政权多由州刺史发家形成鲜明对比，州郡分权正是重要原因。

第四章　家族侧影：藩镇时代的地方政治人群

本书前三章讨论了方镇为国的过程和藩镇州郡化的措施，接下来转换视角，希望考察与藩镇相关的地方政治人群。他们是方镇为国和藩镇州郡化的参与者和见证者，其政治活动和政治态度，小则关系个人前途命运，大则关涉地方治理和局势稳定，乃至影响中央与地方关系。当时的地方政治人群主要有节度使、地方军人集团、地方士人等。考虑到地方军人集团第一章已部分涉及，本章拟以张全义、柳开家族为线索讨论节度使和地方士人的政治活动。

第一节　京藩之间：张全义的洛阳经营
　　　　与社会关系网络的展开

执掌地方军政、民政、财政大权的节度使，一直是藩镇体制的权力核心。他们的地方经营，既是巩固自身权力、强化地方治理的基础，也影响到朝藩关系。不同时期、不同区域节帅的地方经营既有相似之处，亦有明显差异。总体而言，他们均倾向于利用"私人"以构建相对封闭的地方权力结构，但由于中央控制的强弱、地方问题的特点、历史背景的不同、政治人群的活动等的不同，节帅地方经营的成效和地方权力结构的稳固性有很大差异。因此，通过个案研究，既可以呈现节帅经营的"共同层面"，又可与本地的特殊性结合起来，在一定的时空内探讨节帅的经营活动，加深我们对藩镇内部权力结构的理解。

本文选择的个案是张全义（852—926）的洛阳经营。洛阳为隋唐两京之一，但安史之乱后，东都留守就已幕府化，形同藩镇使府①。东都与藩镇二重身份，构成唐后期洛阳的底色。唐末五代张全义（852—926）在洛阳经营四十年（887—926年），其间洛阳先是置佑国军节度（888—904年），又三次建都（904—907、909—913、924—938年），朝藩处于同一时空，藩镇与京师底色交错，为观察朝藩关系的张力提供了绝佳案例，也使张全义的洛阳经营成为唐末五代历史的独特存在。

张全义，字国维，濮州临濮人，原名张言，自黄巢军归降唐廷后被唐昭宗"赐名全义，梁祖改为宗奭，庄宗定河南，复名全义"②。一生"历守太师、太傅、太尉、中书令，封王，邑万三千户。凡领方镇洛、郓、陕、滑、宋，三莅河阳，再领许州，内外官历二十九任，尹正河洛凡四十年"③，是唐末五代历史重要人物。就学界研究而言，除了考察张全义的农业思想、洛阳城兴建及个人评价外④，山根直生、罗亮利用新出张氏家族墓志分别讨论了张全义的洛阳经营和家族情况。不过二人搜讨的墓志有限，讨论重点亦与本节不同，罗亮重在五代政权更迭下张氏家族的发展问题，山根直生则是为了回应森部丰提出的"沙陀系王朝"论⑤。结合其他新出墓志，张全义的洛阳经营仍有继续深化的空间和必要。

兼具京师与藩镇二重底色，是洛阳区别于其他藩镇的最大特征。唐

---

① 石云涛：《唐代幕府研究》，第 233～237。

② 张全义本名，"新、旧《唐书》作张言，《薛史·李罕之传》亦作张言"，只有《旧五代史·张全义传》作张居言。今从众。《旧五代史》卷六三《张全义传》引《旧五代史考异》，第 973 页。

③ 《旧五代史》卷六三《张全义传》，第 979 页。

④ 诸葛计：《张全义略论》，《史学月刊》1983 年第 4 期，第 39～43 页；刘连香：《张全义与五代洛阳城》，《洛阳工学院学报》2002 年第 2 期，第 9～12 页；霍宏伟：《隋唐东都城空间布局之嬗变》，四川大学博士论文，2009 年，第 298～303 页、363～367 页；胡安徽：《张全义农业思想初探》，《农业考古》2013 年第 1 期，第 113～115 页等。

⑤ 山根直生：《五代洛陽の張全義について——「沙陀系王朝」論への応答として》，《集刊東洋学》第 114 号，2016 年，第 48～66 页。罗亮：《五代张全义家族与政权更替——以张氏家族墓志为中心的考察》，《魏晋南北朝隋唐史资料》第 37 辑，2018 年，第 166～187 页。

后期洛阳设有东都留守府、分司官,属于京师系统;亦有防御使府,属于藩镇系统①。唐末大乱,洛阳先是在诸葛爽、秦宗权等藩镇之间易手,之后被张全义占据,唐廷彻底失去对洛阳控制,这是洛阳京师色彩最淡、藩镇色彩最重的时期,其间的标志性事件是文德元年(888)洛阳建为佑国军节度使。天祐元年(904)昭宗东迁,洛阳去佑国军额,长安改佑国军,司马光《考异》云:"盖车驾既在河南,则无用军额,故移其名于京兆耳。"②这标志着洛阳藩镇色彩开始淡化,京师色彩增重。控制朝政的朱温对洛阳影响加深,张全义则退居次要,甚至被迫于天祐元年四月离开洛阳,赴任天平军。同年十月,昭宗被杀,朱温篡权障碍尽去,才又以张全义尹洛。后梁建立后,朱温先都汴州,开平三年(909)迁都洛阳,乾化三年(913)朱友贞在汴州即位,再次都汴。后梁都汴期间,洛阳虽为藩镇,但由于太庙、郊祀等"神圣性"建筑均在洛阳③,洛阳的京师底色依然浓厚。后唐灭梁后,庄宗都洛,朝廷对洛阳控制更趋强化,京师底色再次增强。可以看出,张全义尹洛期间,洛阳的京师与藩镇底色多次交错,这不仅影响到洛阳的城市建设,也与张全义个人权势、社会关系网络、联姻等关涉甚大,值得细致追索。

一、张全义家族材料

作为当时举足轻重的人物,与张全义相关的文献资料颇为丰富,除了两《唐书》、两《五代史》、《资治通鉴》,张齐贤所撰《齐王张令公外传》(简称《外传》)对了解张全义的洛阳经营有重要价值。近年来又先后发现张氏家族墓志9方,亲属墓志2方,僚佐墓志4方。这些墓志包含着丰富的历史信息,对于探讨张全义的洛阳经营与社会关系网络,理解包括

---

① 王苗《唐代东都职官制度研究》对唐后期东都留守府、防御使府、分司官系统职官进行了细致考辨。北京:经济管理出版社,2021年。分司官另参勾利军:《唐代东都分司官研究》,上海:上海古籍出版社,2007年。
② 《资治通鉴》卷二六四《唐纪八十》,天祐元年三月乙卯条,第8629页。
③ 久保田和男撰、郭万平译:《宋代开封研究》,第21~26页。

藩镇权力结构在内的唐末五代历史有重要意义。今罗列如下，以备讨论。

表 4.1　张全义家族、亲属、僚佐出土墓志表

题　名	撰者、篆盖者、书者	简称	与全义关系
1. 梁故天水郡夫人姜氏墓志铭（849—916）◎☆①	门吏将仕郎前守孟州济源县令崔希举撰；孙银青光禄大夫检校左散骑常侍右武卫将军同正兼御史大夫上柱国季澄书；门吏朝散大夫检校尚书工部员外郎前河南府寿安县令柱国王郁篆盖	姜氏墓志	全义第一任妻
2. 唐故河阳留后检校太保清河张公（继业）墓志铭并序（872—924）②	将仕郎前尚书屯田郎中充河南府推官赐紫金鱼带唐鸿撰；外甥女婿左藏库副使朝散大夫守太府少卿柱国赐紫金鱼袋王郁篆盖；河南府随使押衙兼表奏孔目官银青光禄大夫检校国子祭酒兼御史大夫上柱国赵荣书	张继业墓志	全义嫡长子，姜氏生
3. 唐故金紫光禄大夫检校户部尚书前守右威卫大将军兼御史大夫上柱国清河县开国男食邑三百户张公（季澄）墓志铭并序（898—935）③	门吏中大夫尚书兵部侍郎柱国赐紫金鱼袋弘农杨凝式撰；弟季鸢篆盖；前河阳随使押衙银青光禄大夫检校国子祭酒兼监察御史柱国郭兴书	张季澄墓志	全义孙，继业嫡长子

---

①　拓片见赵文成、赵君平编：《秦晋豫新出墓志蒐佚续编》九六四，北京：国家图书馆出版社，2015年，第1338～1339页；录文见谢光林编：《洛阳北邙古代家族墓》下篇四三（一），郑州：中州古籍出版社，2015年，第621页。

②　拓片见李献奇、郭引强编：《洛阳新获墓志》一二六，北京：文物出版社，1996年，第132页；录文见周阿根：《五代墓志汇考》六三，第157～161页。张继业葬于同光三年（925）二月十一日，去世时间不详。据《左环墓志》，左环第三子庭训为张全义僚佐，"继主重难，令掌丧事"，继主即张继业。《左环墓志》迁葬于同光二年十一月二十六日，结合文献材料，知张继业去世于同光二年。《左环墓志》拓片见赵君平、赵文成编：《河洛墓刻拾零》四八二，北京：北京图书馆出版社，2007年，第657～658页；录文见周阿根：《五代墓志汇考》五八，第140～143页；

③　拓片见李献奇、郭引强编：《洛阳新获墓志》一二九，第135页；录文见周阿根：《五代墓志汇考》一〇一，第272～277页。

续表

题　名	撰者、篆盖者、书者	简称	与全义关系
4. 大晋故陇西李氏夫人墓志铭（？—940）①	文林郎前守怀州获嘉县主簿胡熙载撰	李氏墓志	全义孙季宜妻
5. 唐银青光禄大夫检校尚书右仆射兼御史大夫上柱国清河张公故夫人武功苏氏墓志铭并序（876—925）②	将仕郎检校尚书屯田员外郎守河南府司录参军赐绯鱼袋王禹撰	苏氏墓志	全义弟全恩长子妻
6. 晋故光禄大夫检校司空兼御史大夫张公（继昇）墓志铭并序（896—939）③	门吏太中大夫守礼部尚书柱国赐紫金鱼袋致仕弘农杨凝式撰；将仕郎前守妫州录事参军刘珙书	张继昇墓志	全义弟全恩第三子
7. 梁将仕郎守太子舍人赐绯鱼袋张公故夫人鲁国储氏墓志铭并序（900—920）◎☆④	朝散大夫前河南府司录参军兼殿中侍御史柱国伏琛撰；第四十四侄将仕郎守秘书省秘书郎赐绯鱼袋张季从书并篆	储氏墓志	全义侄继昇妻
8. 唐故金紫光禄大夫检校司空知河阳军州事兼御史大夫上柱国清河郡张府君（继美）墓志铭并序（890—930）◎☆⑤	门吏登仕郎前守河南新安县■撰；孤子牙牙书并篆盖	张继美墓志	全义弟敬儒长子

---

① 录文见陈尚君：《全唐文补编》卷一〇〇，北京：中华书局，2005 年，第 1249~1250 页；未见拓片。

② 吴钢编：《全唐文补遗·千唐志斋新藏专辑》，西安：三秦出版社，2006 年，第 422~423 页；未见拓片。

③ 拓片见陈长安主编：《隋唐五代墓志汇编·洛阳卷》第 15 册，天津：天津古籍出版社，1991 年，第 150 页；录文见周阿根：《五代墓志汇考》一一五，309~311 页。

④ 洛阳古代艺术博物馆藏石。

⑤ 拓片及录文见谢光林编：《洛阳北邙古代家族墓》下篇四三（五）及图版四五〇，第 628~630、1128 页。

续表

题　名	撰者、篆盖者、书者	简称	与全义关系
9. 唐故金紫光禄大夫检校司空右骁卫大将军兼御史大夫上柱国清河县开国子食邑五百户张公(继达)墓志铭并序(897—933)◎☆①	乡贡进士申光逊撰；门吏摄左金吾卫长史徐守素书	张继达墓志	全义弟敬儒次子
10. 梁故检校刑部尚书兼御史大夫鲁国储府君(德充)墓志铭并序(874—920)☆②	朝散大夫河南府司录参军兼殿中侍御史柱国伏琛撰；将仕郎前守河南府福昌县主簿吴仲举书并篆	储德充墓志	全义第二任妻储氏外甥
11. 唐故朝议郎检校尚书屯田员外郎前河南府长水县令赐绯鱼袋琅琊王君(禹)墓志铭并序(882—933)③	前摄河南府长水县主簿将仕郎试秘书省校书郎李鸾撰并书	王禹墓志	全义弟全恩女婿
12. 唐故金紫光禄大夫检校司空左骁卫大将军兼御史大夫柱国太原郡王公(璠)墓志铭并序(844—924)◎☆④	乡贡进士李瑶撰	王璠墓志	全义僚佐
13. 梁故金紫光禄大夫检校尚书右仆射前守柳州刺史兼御史大夫上柱国张府君(濛)墓志铭并序(856—916)⑤	朝议郎前行左武卫长史任光嗣撰；孤子纬书	张濛墓志	全义僚佐

① 拓片见《书法丛刊》2006年第2期，第54页；录文见吴刚编：《全唐文补遗》第9辑，西安：三秦出版社，2007年，第423～425页。

② 石藏美国洛杉矶县立艺术博物馆 https://collections.lacma.org/node/184448；录文见周阿根：《五代墓志汇考》四一，第90～92页。

③ 拓片见陈长安主编：《隋唐五代墓志汇编·洛阳卷》第15册，第143页；录文见周阿根：《五代墓志汇考》九二，第242～244页。录文志题漏"检校"二字。

④ 拓片见陈长安主编：《隋唐五代墓志汇编·洛阳卷》第15册，第132页；录文见周阿根：《五代墓志汇考》五七，第138～139页。

⑤ 拓片见陈长安主编：《隋唐五代墓志汇编·洛阳卷》15册，第121页；录文见周阿根：《五代墓志汇考》二七，第58～61页。

续表

题　名	撰者、篆盖者、书者	简称	与全义关系
14. 检校尚书左仆射乐安郡公孙氏(璠)墓铭(859—939)◎☆①		孙璠墓铭	全义僚佐
15. 大梁故佑国军节度押衙银青光禄大夫检校国子祭酒兼御史大夫上柱国徐州下邳郡国礥志铭◎☆②		国礥墓志	全义僚佐

说明：◎表示山根直生未利用墓志，☆表示罗亮未利用墓志。下文引用仅列简称，不再出注。

二、张全义的洛阳经营

张全义原为黄巢将领，黄巢败亡后降于河阳三城节度使诸葛爽。因屡有战功，被任命为泽州刺史。光启二年（886），诸葛爽病死。几经波折，次年张全义占据东都，开始在洛阳的经营。当时摆在张全义面前的主要问题，一是恢复洛阳的社会经济，二是兴建洛阳城。

（一）洛阳社会经济的恢复

洛阳为隋唐两京之一，社会经济繁盛。但唐末大乱，洛阳迭遭破坏，"兵乱之余，县邑荒废，悉为榛莽，白骨蔽野，外绝居人，洛城之中，悉遭焚毁"。张全义占据洛阳后，开始着手恢复其社会经济，相关记载以《外传》为详：

> 王始至洛，于麾下百人中，选可使者一十八人，命之曰屯将。每人给旗一口，榜一道，于旧十八县中令招农户，令自耕种，流民

---

① 拓片及录文见四川大学历史文化学院考古系、洛阳市第二文物工作队：《洛阳伊川后晋孙璠墓发掘简报》，《文物》2007年第6期，第9～15页。
② 拓片见《北京图书馆藏中国历代石刻拓本汇编》第36册，第9页；录文见周阿根：《五代墓志汇考》二四，第54～55页。

渐归。王于百人中,又选可使者十八人,命之曰屯副。民之来者绥抚之,除杀人者死,余但加杖而已。无重刑,无租税,流民之归渐众。王又麾下选书计一十八人,命之曰屯判官。不一二年,十八屯申每屯户至数千。王命农隙每选丁夫,教以弓矢枪剑,为起坐进退之法。行之一二年,每屯增户大者六七千,次者四千,下之三二千,共得丁夫闲弓矢枪剑者二万余人,有贼盗即时擒捕之。关市人赋,贻于无藉,刑宽事简,远近归之如市。五年之内,号为富庶,于是奏每县除令、簿主之。①

张全义为河南尹时,洛阳有二十县,其中河南、洛阳二县为附郭县,在洛阳城内;其外为偃师、巩、缑氏等十八县②。十八县初不置令、主簿,而置屯将、屯副、屯判官各一员,以军将治县,军政、民政合一。这一制度设计,一是基于当时河南府户口凋敝、必须精简行政人员的现实;二是考虑到当时战乱频仍、兵匪横行,以军将领县有利于增强洛阳军事实力,外御强敌,内安百姓。屯将等的主要任务,一是招徕流民,鼓励农耕,二是农闲时教习百姓,训练屯兵,可见当时洛阳实行兵农合一之制。经过训练,一二年间"共得丁夫闲弓矢枪剑者二万余人"。为使流民安居,张全义规定"除杀人者死,余但加杖而已","无重刑,无租税",商旅不征,"刑宽事简",流民归附者日增。洛阳地区社会经济逐渐恢复,"每屯增户大者六七千,次者四千,下之三二千",这与《旧五代史》"数年之间,京畿无闲田,编户五六万"③的记载基本吻合。张全义高度重视农业生产,通过奖罚、道德劝诫、邻里互助等方式鼓励耕织,"田夫田妇相劝,以力耕桑为务,是以家家有蓄积,水旱无饥民"④。由此洛阳地区社会经济逐渐恢复,各县亦恢复县令、主簿设置。

---

① 张齐贤:《洛阳缙绅旧闻记》卷二《齐王张令公外传》,第160页。
② 《新唐书》卷三八《地理志二》,第982~984页。
③ 《旧五代史》卷六三《张全义传》,第976页。
④ 张齐贤:《洛阳缙绅旧闻记》卷二《齐王张令公外传》,第161页。

(二)洛阳城的兴建

唐末"蔡贼孙儒、诸葛爽争据洛阳,迭相攻伐,七八年间,都城灰烬,满目荆榛"①,洛阳城遭受毁灭性破坏。洛阳作为隋唐都城,有郭城、皇城、宫城三重。唐末战乱之下,城中人无力保有全城,遂在郭城内"筑三小州城,保聚居民,以防寇盗"。张全义"初至洛,率麾下百余人,与州中所存者仅百户,共保中州一城"②,随后开始对洛阳城的建设。

洛阳城以洛水为界,分为南北两部分,分别以南市、北市为核心。南市为张全义筑垒自固之处,周围的福善坊有张全义保南州时所筑垒垣福善坡,嘉善坊为张全义所筑南城,会节坊、临阛坊、绥福坊分别为张全义住宅、河南府廨、河南县廨、张全义祠堂所在地③。可见南市周围是张全义势力聚集地,也是洛阳最早恢复的地区。

天复三年(903),朱温从凤翔节度使李茂贞手中夺回唐昭宗。为迫昭宗东迁,"命全义缮治洛阳宫城"④。天祐元年(904)正月,迁都已定,洛阳宫室建设陡然加快。朱温"令长安居人按籍迁居,彻屋木,自渭浮河而下"⑤,即拆除长安宫室、民居,将建材沿渭水、黄河运至洛阳,修建宫室。同时朱温"发河南、北诸镇丁匠数万,令张全义治东都宫室。江、浙、湖、岭诸镇附全忠者,皆输货财以助之"⑥。二月,因宫室未成,昭宗滞留陕州,朱温遂"辞赴洛阳,亲督工作"⑦。经过赶工,四月朱温奏"洛阳宫室已成"⑧,昭宗东迁。洛阳宫室的修复,虽有朱温及诸道协助,

---

① 《旧五代史》卷六三《张全义传》,第975页。
② 张齐贤:《洛阳缙绅旧闻记》卷二《齐王张令公外传》,第159页。
③ 南城据《册府元龟》卷一四《帝王部·都邑二》,第164页;其他据徐松辑、高敏点校:《河南志》,北京:中华书局,1994年,第12~20页。
④ 《旧五代史》卷六三《张全义传》,第976页。
⑤ 《旧唐书》卷二〇上《昭宗纪》,天祐元年正月己酉条,第778页。
⑥ 《资治通鉴》卷二六四《唐纪八十》,天祐元年正月,第8626~8627页。
⑦ 《旧唐书》卷二〇上《昭宗纪》,天祐元年二月乙亥条,第778页。
⑧ 《资治通鉴》卷二六四《唐纪八十》,天祐元年四月辛巳条,第8630页。

但总体而言,"缮理宫阙、府廨、仓库,皆全义之力也"①。

不过张全义所修复之洛阳,只是唐盛时之部分,宫城集中在中轴线以西、以贞观殿为正殿的西路部分,坊市集中在南市附近②,城内其他地区很多被辟为农田。天祐二年十月丁亥敕言:

> 洛城坊曲内,旧有朝臣诸司宅舍,经乱荒榛。张全义葺理已来,皆已耕垦,既供军赋,即系公田。或恐每有披论,认为世业,须烦按验,遂启倖门。其都内坊曲及畿内已耕植田土,诸色人并不得论认。如要业田,一任买置。凡论认者,不在给还之限。如有本主元自差人勾当,不在此限。如荒田无主,即许识认。付河南府。③

敕令指出,洛阳城内旧有朝臣诸司宅舍,不少被辟为农田,供应军赋。为防止原主追讨,敕令规定已经开垦的区域,所有人均不得论认。可见洛阳城内建筑与农田交错分布。这一点,久保田和男已有比较详细的讨论④,此不赘述。

开平元年(907)后梁建立后,为了迁都,洛阳城兴建仍在继续。开平二年三月,"魏博、镇、定助修西都,宫内工役方兴"⑤,可见修复区域集中在宫城。兴修完工后,朱温于次年都洛。同光元年(923)庄宗灭梁入洛,洛阳城兴建大规模展开。同光三年九月中书门下奏:

> 右补阙杨途先奏毁废京内南、北城。臣简到同光二年八月二十七日河南尹张全义奏:"臣自僖宗朝叨蒙委寄,节制洛京。临莅之初,须置城垒。臣乃取南市曹界分,兼展一两坊地,修筑两城,以立府衙廨署。今区宇一平,理合毁废。其城濠如一时平治,即计功

---

① 《新五代史》卷四五《张全义传》,第558页。
② 霍宏伟:《隋唐东都城空间布局之嬗变》,第298~301、363~367页。
③ 《旧唐书》卷二〇下《哀帝纪》,第800页。
④ 久保田和男撰、郭万平译:《宋代开封研究》,第49~52页。
⑤ 《册府元龟》卷一九三《闰位部·崇祀》,第2330页。

不少，百姓忙时，难为差使。今欲且平女墙及拥门，余候农隙别取进止者。"

为此庄宗下敕：

> 京都之内，古无郡城。本朝多事以来，诸侯握兵自保。张全义土功斯毁，李罕之塞地犹存。时既朗清，故宜除划。若时差夫役，又恐扰人。宜令河南府先分擘出旧日街巷，其城壕许人占射平填，便任盖造屋宇。其城基内旧有巷道处，便为巷道，不得因循，妄有侵占。仍请限一月。如无力平划，许有力人户占射平填。①

张全义唐末所筑南、北城，此时要求毁废，平填城壕，说明南市周围展开了大规模建设。从敕令要求河南府"分擘出旧日街巷"来看，庄宗有意恢复盛唐时洛阳规模。只是这一想法随着洛下兵变、庄宗被杀，并未完全实现。

自广明元年黄巢陷洛阳至天祐元年唐室东迁，是洛阳京师色彩最淡、藩镇色彩最重的时期。这一时期唐廷彻底失去对洛阳控制，洛阳社会经济的恢复和洛阳城兴建完全在张全义主导下进行，当时兴建的重点是南市周围。天祐元年唐室东迁，给洛阳和张全义都带来了很大影响。颓毁的宫城开始修复，昭宗甚至一度将洛阳宫城名物改为长安宫城旧名，以象征正统仍在李唐②，洛阳的藩镇色彩开始淡化，京师色彩增重。朱温也深度参与其中，对洛阳影响加深。朱温都洛期间，洛阳城修复的重点亦在宫城。不过，朱梁大本营始终在汴州，张全义在多数时期尤其是朱梁都汴期间，仍然是洛阳日常行政的掌控者，史载"梁时张全义专制京畿，河南、洛阳僚佐皆由其门下，事全义如厮仆"③，可兹为证。但唐庄

---

① 《册府元龟》卷一四《帝王部·都邑二》，第164页。
② 贾鸿源：《再造长安：唐末洛阳宫城更名史事发微》，《唐史论丛》第30辑，2020年，第396~416页。
③ 《旧五代史》卷七一《罗贯传》，第1099页。

宗都洛后,情况大不相同,张全义对洛阳的控制明显减弱,城市兴建完全由朝廷来主导。南、北城的被毁最具象征意义,标志着藩镇底色的基本退场,洛阳再度成为完整意义的京师。可见,京师与藩镇二重底色的进退,对洛阳城建设有明显影响:都洛期间建设重点是宫城,其他时期则以南市附近为重点;主导者也从张全义转变为朝廷。

三、张全义家族仕宦与婚姻网络的变化

张全义家族仕宦和婚姻网络同样受到藩镇与京师二重底色的影响。随着张全义经营洛阳的成功,其官位日隆,家族成员仕途亦发展良好,婚姻对象发生巨大变化。在这一问题上,已出土的张氏家族、亲属墓志提供了非常有价值的信息。根据史籍和墓志记载,张全义父张诚至少有张某、全义、全武、全恩、敬儒五个儿子,其仕宦及婚姻关系如下。

(一)张全义一支仕宦与婚姻情况

张全义妻,《旧五代史·张全义传》和《外传》均为储氏,《姜氏墓志》《张继业墓志》《张季澄墓志》均为姜氏。据《姜氏墓志》,姜氏为濮州临濮人,三代无官,与全义籍贯、家世相同,生于大中三年(849),比全义大三岁。姜氏当为全义第一任妻,育有独子昌业(即继业)。

储氏(?—936)为张全义第二任妻。关于储氏,史籍记载有二,一是曾指斥朱温,保全全义:

> 全义妻储氏,明敏有才略。梁祖自柏乡失律后,连年亲征河朔,心疑全义,或左右谮间,储氏每入宫,委曲伸理。有时怒不可测,急召全义,储氏谒见梁祖,厉声言曰:"宗奭种田叟耳,三十余年,洛城四面,开荒刬棘,招聚军赋,资陛下创业。今年齿衰朽,指景待尽,而大家疑之,何也?"梁祖遽笑而谓曰:"我无恶心,妪勿多言。"

朱温晚年,对张全义颇为猜忌,乾化元年柏乡之战梁军大败后疑心更重。不过储氏之力争并非全义无恙的主要原因,主要原因在于"全义卑身曲

事，悉以家财贡奉。洎梁祖河朔丧师之后，月献铠马，以补其军，又以服勤尽瘁，无以加诸，故竟免于祸"①。二是储氏生而有谥。《五代会要》言：

> 封赠之制，妇人有国邑之号，死乃有谥。近梁朝赐张全义妻储氏为贤懿夫人，又改庄惠。盖当时特恩，非旧典也。②

储氏敢于面斥朱温，且生而有谥，足见其非同寻常③。

有意思的是，张全义妻姜氏卒于贞明二年(916)，但此前储氏质问朱温时，《旧五代史》《外传》已言其为正妻，而姜氏在史籍中完全未留下记载。一个可能的解释是，张全义同时有姜氏、储氏两位夫人，而非前后相继。考虑到当时礼崩乐坏的时局，这种不合礼制的做法并非罕见，如后晋成德军节度使安重荣有刘氏、韩氏"二嫡妻"，同时被朝廷封为鲁国夫人和陈国夫人④。张全义二妻中，由于储氏"明敏有才略"，在张氏家族中地位突出，故时人知有储氏而不知姜氏。清泰末(936)，张继祚丁母忧⑤，储氏当卒于此时。

储氏原为宋州砀山人，张全义尹洛后，举族迁洛。《储德充墓志》言："适会姑魏国庄惠夫人从夫抚宁京洛，徙家郏鄏"，郏鄏即洛阳，可兹为证。之后，储氏家族受到全义大力提携。储氏之兄储赏，出任全义兼镇的孟州司马；外甥德雍，出任六军诸卫左亲事都将，成为判六军诸卫事张全义的僚佐；德源出任内园使，遥领贵州刺史；德充职位不详(《储德充墓志》)。在不长时间内，储氏从三代无官的布衣之家转变为满门官宦

---

① 《旧五代史》卷六三《张全义传》，第977页。
② 《五代会要》卷一一《封建》，第191页。
③ 不过山根直生据此推测储氏原为朱温帐内之人，则属无稽之谈。见山根直生：《五代洛陽の張全義について——「沙陀系王朝」論への応答として》，《集刊東洋学》第114号，第60~63页。
④ 李昉等编：《太平御览》卷二〇二《封建部五·夫人》，北京：中华书局，1960年，第973页。
⑤ 《旧五代史》卷九六《张继祚传》，第1488页。

的官僚家族，完全仰赖张全义的提携。在储氏主持下，储德雍与张敬儒之女联姻(《张继美墓志》)，储赏之女嫁张全恩第三子继昇①，加强了张、储两家的关系。

张全义子侄辈皆联"继"字，但这并非其初名。《张继达墓志》言："公讳继达，字正臣。入仕之始，梁季帝赐名昌远。后庄宗皇帝即位，公以名与庙讳同，遂改斯名耳。"可见张氏第二代曾被梁末帝赐联"昌"字，《姜氏墓志》言其独子为"昌业"，继昇原名昌耀，均为梁末帝所赐之名。联"昌"既然是梁末帝之赐，此前全义子侄当另有初名。张全义有侄名张衍，说明张氏第二代最初可能均为单名，不过这一点尚无法确认。后唐灭梁后，避李国昌讳，方改联"继"字。庄宗诸子及假子均联"继"字，张氏子弟联"继"当为庄宗笼络全义之举。

张全义子女中，可知者有继业、继祚、继孙及四女。继业为嫡长子，初任官不详，昭宗迁洛后，"累迁环卫将军、六宅使，相继兼左右仆射，寻转统军、英武天威军使。俄拜司徒、右卫上将军、大内皇墙使"。后来又改郑州防御使，天平、宣武留后。贞明二年姜氏去世，继业丁忧，不久夺情被授予六军副使，成为判六军诸卫事张全义副手。稍后出为淄州、沂州刺史。在沂州任职三年，改亳州团练使、河阳留后。当时张全义"已三镇怀孟矣"，因善于治理，久得河阳百姓之心，故当继业为河阳留后时，据称河阳百姓咸曰："我王之令子也，我境之福星也。"不久，后唐代梁，张继业留任。同光二年(924)张全义四镇河阳，张继业"不易专留之务，俾分共理之权"，一直任职至去世。张继业娶解氏，封雁门郡夫人，墓志未载其家世，应非高门(《张继业墓志》)。

---

① 《储氏墓志》言其夫为全义侄昌耀，《张继昇墓志》言其娶储氏，且昌耀与继昇初任官均为太子舍人、赐绯。两相结合，知昌耀即继昇。另外，《张继昇墓志》言其妻为清河储氏，《储氏墓志》自言郡望为鲁国，二者似乎有差，这是由于当时郡望多是时人根据姓氏书随意填写，一姓之内出现几个郡望并非罕见，归义军节度使张淮深兄弟郡望就有南阳、清河之别。参唐长孺：《魏晋南北朝隋唐史三论》，北京：中华书局，2011年，第376~377页。

继祚,"始为河南府衙内指挥使,全义卒,除金吾将军,旋授蔡州刺史,累官至检校太保"①。天福二年(937),因参与张从宾之乱被杀。继孙,本姓郝,"全义养为假子,令(官)〔管〕衙内兵士",后来出任洛京留守支郡汝州防御使。同光二年六月因"私藏兵甲,招置部曲,欲图不轨,兼私家淫纵,无别无义",被"勒复本姓",赐死于汝州②。

张全义四女中,二嫁李肃,《洛阳缙绅旧闻记》言:

> 太子少师李公讳肃,国史有传。唐末西京留守齐王贵盛,兼镇河阳。李公自雍之梁,齐王见之,爱其俊异,以女妻之,即贤懿夫人所生,王之適也。数岁而亡,又以他姬所生之女妻之。虽非贤懿所出,以其聪敏多技艺,齐王与贤懿怜惜之,过于其姊。③

李肃出自簪缨世家,与全义联姻后,遂留居洛阳,居于思顺坊④。一女嫁泰宁节度使刘鄩长子刘遂凝⑤。另一女嫁朱温第五子朱友璋。《外传》言:

> 及北丧师,梁祖猜忌王,虑为后患,前后欲杀之者数四。虽夫人储氏面诇梁祖获免,亦由齐王忠直无贰,有勋名于天下,不能倾动之故也。梁祖遂以子福王纳齐王之女为亲。⑥

---

① 《旧五代史》卷九六《张继祚传》,第 1488 页。

② 《册府元龟》卷九三四《总录部·告讦》,第 11015 页。张继孙死亡时间《册府元龟》误为同光三年,据《旧五代史》卷 32《唐庄宗纪六》同光二年六月戊子条改,第 499 页。

③ 张齐贤:《洛阳缙绅旧闻记》卷二《李少师贤妻》,第 163 页。洛阳为唐东都、宋西京,张齐贤宋人,故误作"唐末西京留守"。

④ 徐松辑:《河南志》,第 12 页。

⑤ 民国《潍县志稿》卷三八《后梁赠中书令刘鄩墓碑》,《中国地方志集成·山东府县志辑》,南京:凤凰出版社,2004 年,第 41 册,第 153 页。拓片见青岛刘树庆的新浪博客 2012 年 9 月 21 日博文:《偶翻检出(清代陈蛰声题跋)可补五代之缺的"梁赠中书令刘鄩"墓碑旧拓片》,http://blog.sina.com.cn/s/blog_a88946a301018azm.html,2021 年 6 月 4 日最后访问。

⑥ 张齐贤:《洛阳缙绅旧闻记》卷二《齐王张令公外传》,第 162 页。

"北丧师"指乾化元年初柏乡之败,由此推算,朱张联姻当在乾化元年初至二年六月朱温被杀之间。当时全义颇受朱温猜忌,联姻利于自保。

张全义家第三代仕宦明显衰落。张继业有六子:"长子曰季澄,今任右威卫大将军。第二子曰季荣,太子舍人;第三曰季昇,国子太学博士;并银印朱绂,皆先公而逝。第四子曰季荀,著作佐郎。第五子曰季鸾,度支巡官、大理评事。第六子曰季宣,千牛备身。"(《张继业墓志》)六子中,季荣、季昇早卒。季鸾之职在《张季澄墓志》中亦记作度支巡官,很可能为季鸾终官。季宣妻《李氏墓志》大篇幅记载了张全义、继业事迹,对季宣则一笔带过,季宣仕宦当不显。季澄"累居环卫","唯事燕居",并未任过重要职位,以右威卫大将军终老(《张季澄墓志》)。这主要是同光四年张全义去世后,家族失去庇护所致。

第三代仕宦虽不显,但婚姻对象仍多为显贵。据《张季澄墓志》,季澄婚左神武统军、检校太保高允贞之女。高允贞曾任华州、凤翔节度留后,之后累迁环卫,清泰元年(934)八月改左神武统军①。季宣妻为检校太傅、守右骁卫上将军李某第三女。《李氏墓志》言:"太傅以曩岁故交,有金兰不渝之分;先王以昔年际会,保松柏后凋之心。"先王即张全义,早年与李罕之(842—899)结盟同好,知李氏当为李罕之孙女。墓志又言李父"抱公忠而历佐数朝,处重难而久参环卫。曾临剧郡,饮泉之誉弥清;衔命遐方,专对之才首出"。案,李罕之有子顾、颢,其中李顾两《五代史》均有传,曾在李唐、后梁、后唐、后晋为官,多次担任刺史及环卫官,与墓志"历佐数朝"、"久参环卫"、"曾临剧郡"等吻合,知李父当为李顾。李罕之在李克用麾下时,曾以李顾为人质于太原。光化元年(900),李罕之叛变,以泽潞降朱温。当时李克用想要杀掉李顾,但李存

---

① 《旧五代史》卷三〇《唐庄宗纪四》,同光元年十一月辛酉;卷三八《唐明宗纪四》,天成二年十二月戊寅朔条;卷四六《唐末帝纪上》,清泰元年八月甲戌条,第478、604、733页。

勖与李顼交好，赠其骏马，助其逃脱，得朱温重用①。后唐灭梁后，李顼或因早年与庄宗交好，仕途前景良好，故张全义家族与其联姻②。季澄、季宣之外，其他人婚姻不详。

（二）张全义兄弟家仕宦与婚姻情况

张某为张衍之父，"死于兵间"。张衍"乐读书为儒"。唐宰相郑綮之侄、谏议大夫郑徽以女妻之，"遂令应辞科，不数上登第。唐昭宗东迁，以宗奭勋力隆峻，衍由校书郎拜左拾遗，旋召为翰林学士"。后梁官考功郎中、右谏议大夫。乾化二年二月，因随驾途中"应召稽晚"，被朱温格杀于白马顿③。

张全武，文德元年李克用、李罕之连兵攻河阳时，"全武及其家属为晋兵所得"④，此后一直居于太原，后唐建立方与全义相见，婚姻不详。

张全恩曾任怀州刺史，在李绰《升仙庙兴功记》中系衔为"河阳行军、怀州刺史、仆射清河张公"⑤。当时张全义兼镇河阳，故全恩得以出任支郡怀州刺史。妻冯氏，家世不详。全恩长子名不详，娶孟州录事参军苏濬卿之女。苏濬卿后改河南府密县令。据《苏氏墓志》，其"祖弘靖，皇任天雄军节度使"。案，唐末秦州、魏州均置天雄军，魏州节度使任职者嬗代有序，并无苏弘靖⑥，苏弘靖所任当为秦州天雄军节度。全恩次子无考，第三子继昇屡任环卫，仕宦不显，"先娶清河郡储氏……不幸早亡，

---

① 《旧五代史》卷一五《李罕之传》、卷九一《李顼传》，第238、1405～1406页；《新五代史》卷四二《李罕之传附子顼传》，第520页；《资治通鉴》卷二五七《唐纪七十三》，文德元年四月，第8378页。按，李顼之名，《旧五代史》诸处均作李顼，《新五代史》《资治通鉴》作李顼。未知孰是，暂从后者。

② 张庭瑀：《冤家聚头文武合：张全义家族及姻亲、李罕之家族及姻亲、杨凝式》，收入山口智哉等编：《世变下的五代女性》，桂林：广西师范大学出版社，2021年，第106～113页。张庭瑀怀疑李顼、李颢均可能是张季宣岳父，不过李颢缺乏文献记载，李顼事迹与墓志又吻合，李氏应为李顼之女。

③ 《旧五代史》卷二四《张衍传》，第374页。

④ 《新五代史》卷四五《张全义传》，第559页。

⑤ 《全唐文》卷八二一，第8650页。

⑥ 吴廷燮：《唐方镇年表》卷四《魏博》，第599～621页。

人皆追叹。后婚宋城郡葛氏,封县君"(《张继昇墓志》)。储氏即全义妻族,已见前述;葛氏情况不详。

全恩有女一人,嫁王禹。《王禹墓志》言:"府君夫人清河张氏,即故齐王亲弟讳全恩之女也,故齐王之亲犹女也。"王禹曾祖、祖父无官,父王庾为州府僚佐,兄王麓官江州长史,知王禹出身基层官僚家庭。王禹"天祐二年起家,以处士征,除授许州扶沟县主簿"。天祐二年张全义兼镇许州忠武军,可见王禹为张全义征辟,时年24岁。正是这层关系,张、王两家才得以联姻。

张敬儒在后唐曾任"汝州防御使、右羽林统军使、博州刺史,累赠太尉"(《张继达墓志》)。妻卢氏,家世不详。敬儒之所以不连"全"字,当是因为文德元年(888)张全义得昭宗赐名时[1],敬儒尚未弱冠,故不及之。张氏子孙中,继美四子只有成年的季康联"季"字,其余三人均为小名,可证赐名须待成年后。

张敬儒有二子一女,长子继美,"以伯父太尉齐王位极勋高,事殷权重,选之心腹,领以爪牙,遂改补右职,管衙内亲军"。后除右金吾卫将军、右卫大将军兼左藏库使。后唐同光二年,继美"准宣授河南府衙内都指挥使"。同年张全义"再兼孟门之节制,求之共理,期在得人,制敕除(继美)检校司空、知河阳军州事"。接替去世的张继业主持河阳节镇事务,是为其终官。继美"先婚长乐冯氏,即故许帅中令习之孙女也;再娶濮阳吴氏,即故工部尚书蔼之女也"(《张继美墓志》)。许帅中令即冯行袭,"累官至兼中书令"[2],天祐三年至开平四年镇许州忠武军[3],卒于任。吴蔼贞明三年十月自尚书左丞改工部尚书,充两浙官告使[4]。继美两娶,均为高门。敬儒次子继达,年二十(916年),张全义令其"补充军

---

① 张全义得昭宗赐名时间据罗亮:《五代张全义家族与政权更替——以张氏家族墓志为中心的考察》,《魏晋南北朝隋唐史资料》第37辑,第173~176页。
② 《旧五代史》卷一五《冯行袭传》,第240页。
③ 朱玉龙:《五代十国方镇年表》,第77页。
④ 《旧五代史》卷九《梁末帝纪中》,第151页。

职,总领衙内亲军",次年充河南诸县游弈使。贞明六年后,继达五转,皆为环卫官,终右骁卫大将军。继达"娶崔氏,封博陵县君,即故陇牧太保第三女也"(《张继达墓志》)。陇牧太保不详。敬儒之女为继美之妹、继达之姊,在张全义妻储氏主持下,嫁储氏外甥、前龙武将军储德雍。

综上可知,张全义在洛阳、兼镇的不少重要职位由家族成员出任。比如河南府牙军指挥使要职,一直由张氏子弟继祚、继孙、继美、继达充任;东都留守支郡汝州防御使,亦由家族成员继孙、敬儒为之。兼领他镇时,家族成员也往往参与期间,如兼领河阳时,全恩出任支郡怀州刺史;继业、继美相继为河阳留后,主持镇务。这与其他藩镇多以家族成员出任本镇要职,并无不同。但张继业所任六宅使、大内皇墙使、六军诸卫副使,张继美兼左藏库使,储德雍出任六军诸卫左亲事都将,则与洛阳的京师底色密不可分。

就婚姻对象而言,张氏第一代,即张全义兄弟妻家均无官,全义妻储氏家族也是其尹洛后、从砀山迁至洛阳才获得官职的。到了第二代,随着张全义官位日隆,其家族婚姻对象发生巨大变化。全义两女分嫁朱温第五子友璋、泰宁节度使刘鄩之子遂凝,全恩长子娶秦州天雄军节度使苏弘靖孙女,张衍娶昭宗宰相郑綮侄孙女,继美先娶忠武军节度使冯行袭孙女,续娶工部尚书吴蔼之女,继达娶陇州防御使崔某之女。第三代尽管官位多不显,季澄依然与延州高氏联姻,季宣娶右骁卫上将军李颀之女。唐末五代节度使与他镇节度、本镇将吏等联姻颇为常见,张全义家族并不特殊,与皇室联姻则是少数节帅的荣耀。值得注意的是,出身武将的张全义,非常重视与士人的联姻,其中既有出自簪缨世家的郑徽、李肃,这同样得益于洛阳京师底色的地缘便利,也有普通士人王禹,这在当时并不多见。史言张全义"尊儒业而乐善道,家非士族而奖爱衣冠。开幕府辟士,必求望实,属邑补奏,不任吏人",乃"人以为难"之事①,正表明辟署士族、与士人联姻结交,乃张全义不同于其他节度使、

---

① 《旧五代史》卷六三《张全义传》,第979页。

值得称道之处。在当时"天街踏尽公卿骨"①的时代背景下，士人与张全义联姻、结交，除了受庇护外，对其个人仕宦乃至家族发展亦助益良多。王禹与张氏联姻后，所任权理河南府缑氏县、守河南府渑池县令、权摄河南府司录参军、守河南府长水县令，均为张全义差摄官，缑氏县令和河南府司录参军后改正授(《王禹墓志》)。郑徽与张氏联姻后，对其子郑珏的仕途产生了很大帮助。《新五代史·郑珏传》言：

> 珏少依全义，居河南，举进士数不中，全义以珏属有司，乃得及第。昭宗时，为监察御史。梁太祖即位，拜左补阙。梁诸大臣以全义故数荐之，累拜中书舍人、翰林学士奉旨。末帝时，拜中书侍郎、同中书门下平章事。

郑珏得以登第是因"全义以珏属有司"，在后梁快速升迁是因"梁诸大臣以全义故数荐之"。后唐灭梁，郑珏被贬莱州司户参军，后来"张全义为言于郭崇韬，复召为太子宾客"②。可见郑珏终身受惠于张全义。除了郑珏出身士族因素外，联姻也起了重要作用。

综上，可据以生成图4.1《张全义家族、亲属关系图》。

四、张全义社会关系网络的构建

藩镇与京师双重底色的交错，对张全义社会关系网络也有明显影响。占据洛阳前，张全义已聚集起一些人才，其中比较重要的是王璠和张濛。据《王璠墓志》，知其出身中下层官僚家庭。墓志言：

> 值中原丧乱，四海沸腾，黄巾窃犯于京城，白马专乎于氛祲。

---

① 韦庄：《秦妇吟》，见孙光宪撰、贾二强点校：《北梦琐言》卷六《以诗歌自娱》，北京：中华书局，2002年，第134页。《秦妇吟》全文早佚，今见敦煌文书P.3381，上海古籍出版社、法国国家图书馆编：《法国国家图书馆藏敦煌西域文献》第24册，上海：上海古籍出版社，2002年，第40~42页。

② 《新五代史》卷五四《郑珏传》，第699~700页。

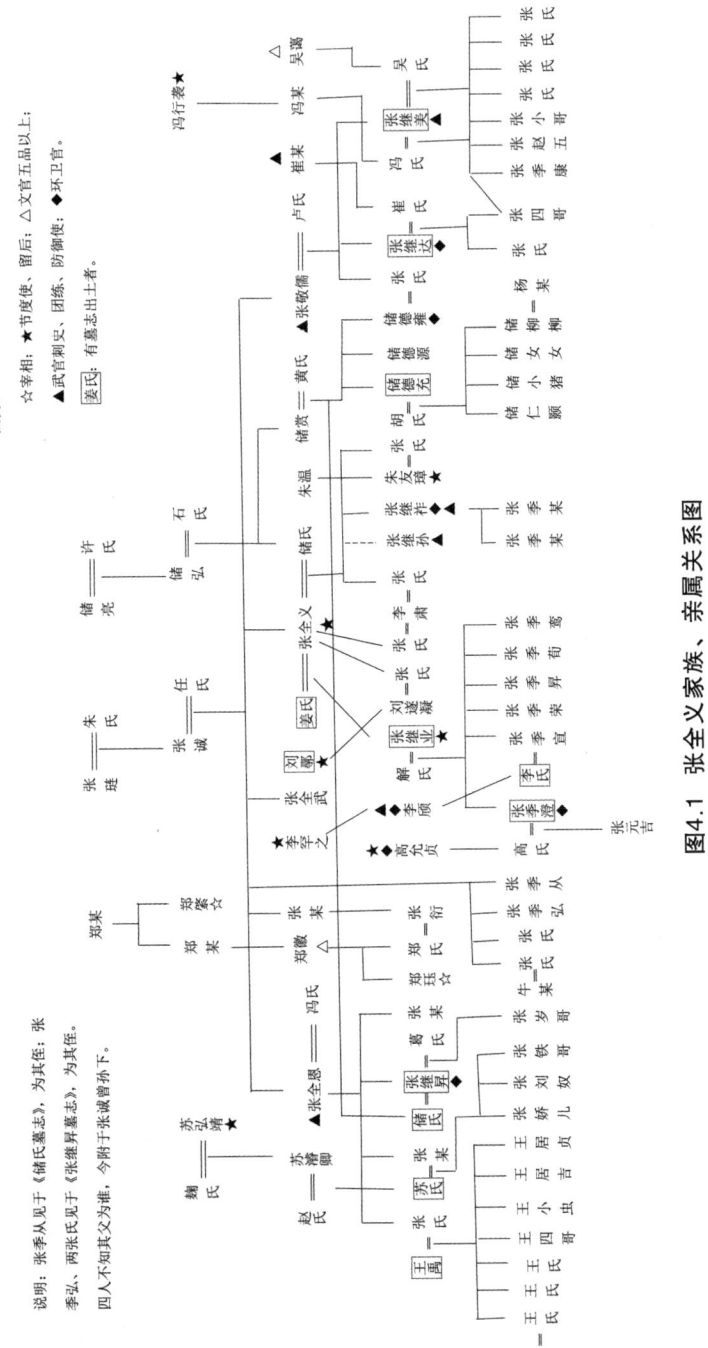

第四章　家族侧影：藩镇时代的地方政治人群 / 293

图例：

☆宰相；★节度使、留后；○文官五品以上；
▲武官刺史、团练、防御使；◆环卫官；
姜氏：有墓志出土者。

说明：张季从见于《储氏墓志》，为其侄；张
季弘、两张氏见于《张继昇墓志》，为其侄。
四人不知其父为谁，今附于张诚曾孙下。

图4.1　张全义家族、亲属关系图

英雄奋起，仕族吞声。父子相认于七星，夫妻唯藏于半镜。公见机而作，顺命承时，遽脱儒冠，俄就武略。始与河南尹清河公一时相遇，共话丕图。寻破枭巢，依归凤诏。

"黄巾窃犯于京师"指广明元年（880）黄巢陷洛阳、长安。此年王璠由文转武，加入黄巢军，结识张全义。黄巢败亡后，"依归凤诏"，投奔旧相识张全义，成为其僚佐。全义占据洛阳后，王璠在洛阳城恢复中发挥了重要作用。墓志言："况洛汭伤残，久罹兵革，坊肆悉成于瓦砾，宫闱尽变于荆榛。公密副钧情，广开心匠，运工力役，完葺如初。"知王璠实为洛阳兴建的具体负责人之一。同光二年王璠去世时，其子延错为河南府偃师县主簿，亦为全义僚佐①。

与王璠相同，孙璠亦出自黄巢军。据《孙璠墓铭》，孙璠亳州人，"曾、祖、父皆历辕门"，出自地方军将家族。追随张全义到达洛阳，为河南府衙前军将，当时洛阳"都国荆榛，瓦砾坊街"，孙璠亦当参与了洛阳城的营建。

张濛为张全义重要文职僚佐。据《张濛墓志》，知其出身中下层官僚家庭。墓志言："今居守魏王，昔在怀覃，将建勋业，而切于求士，乃早知其名，即召居麾下，乃授以右职，掌其要司。"可见张濛是光启二年全义任怀州刺史（怀覃）时招致麾下、补以军职的。不久全义占据洛阳，张濛转为文职。墓志言：

> 及保厘洛邑，得询其旧贯，或创以新规，咸合庙谋，待遇日厚。魏王握六军兵符，移八镇旌钺，不离尹正大任，尝兼国计剧司。余三十载间，军书要妙，民籍殷繁，皆悉委之，无不通济。洎太祖（朱温）奄有寰区，魏王首为推戴，创宫闱以萧制，备法驾于汉仪，咸自魏王独济其事。既支用益广而案牍尤繁，仗其勾稽，甚省浮费。

---

① 黄巢有大将王璠，中和元年曾与尚让攻凤翔，为节度使郑畋所败（《旧唐书》卷一七八《郑畋传》，第4634页）。不知其与全义僚佐是否为同一人，存疑待考。

可见张濛在张全义尹洛初期，对洛阳经营规制有重要贡献，甚得全义信任。之后三十年，全义幕府军政、民政文书多由其处理，是全义重要文职僚佐。开平四年张全义录张濛之功上奏，朱温以其为柳州刺史。当时柳州在湖南马殷治下，朱温所委当为遥领，主要是为了提升张濛的身份待遇。

张全义尹洛后，洛阳地区社会经济逐渐恢复，成为唐末难得的安定之区，吸引了各色人才迁居，其中不少被全义辟署。如国礥，孟州温县人，祖、父无官，因遭逢乱离，居于洛阳。文德元年，"河南府创建佑国军节，礥因兹縻职"，其弟国磋乾化五年为守河南府押衙（《国礥墓志》）。又后晋宰相桑维翰之父桑珙，曾为河南府客将，同光三年桑维翰登第，正是由于全义推荐①。又郑廷规，曾任河南府伊阙县令，祖父郑播终于丹州防御使，父郑璩历任丹州防御使、沂州、磁州、剑州刺史等②。可见廷规出身中高层官僚家庭。又王郁，贞明二年《姜氏墓志》篆盖者，自称门吏前河南府寿安县令，同光三年又为《张继业墓志》篆盖，时为左藏库副使。王郁为张继业外甥女婿，惜其家族情况不详。又伏琛，贞明六年《储氏墓志》和《储德充墓志》撰写者，时任河南府司录参军。又吴仲举，贞明六年《储德充墓志》篆及书者，前守河南府福昌县主簿。又左庭训，朱温从龙功臣左环第三子，同光二年"事于今河南齐王令公，累迁剧职，继主（张继业）重难，令掌丧事"③。又唐鸿，同光三年《张继业墓志》撰写者，时任河南府推官。唐鸿后撰张全义行状，称赞全义"于瓦砾邱墟之内化出都城"④。又赵荣，同光三年《张继业墓志》书者，时为河南府随使押衙、兼表奏孔目官。

---

① 张齐贤：《洛阳缙绅旧闻记》卷二《齐王张令公外传》，第162~163页。
② 裴殷裕：《郑璩墓志》，拓片见赵君平、赵文成编：《河洛墓刻拾零》四七九，第652页；录文见周阿根：《五代墓志汇考》二，第4~7页。
③ 张枢：《左环墓志》，拓片见赵君平、赵文成编《河洛墓刻拾零》四八二，第657~658页；录文见周阿根：《五代墓志汇考》五八，第140~143页。录文误"继主"为"继王"。
④ 张齐贤：《洛阳缙绅旧闻记》卷二《齐王张令公外传》，第159页。

以上僚佐大多出身中下层官僚家庭或布衣之家，承担着洛阳和辖县的日常公务，是张全义经营洛阳依赖的主要力量，其中王璠、张濛作用尤其突出。但除了桑珙、唐鸿在史籍中有一鳞半爪的记载外，其他人仅见于墓志。相比之下，张全义吸纳的另一类人——衣冠清流的史籍记载明显多很多。

　　衣冠清流即唐后期的士族。与唐前期主要强调门第、仕宦不同，衣冠清流主要指科举入仕或应试的家族①。他们构成唐后期朝廷官员主体，是张全义主动结交的对象。如谏议大夫郑徽退居洛阳，"为河南尹张全义判官"②。其子郑珏应进士十九年不第，光化三年（900），"寓居洛都，素为全义所礼"的李渥为礼部侍郎知贡举，"全义以书荐托，珏方擢第"③。又李愚，家世业儒，天复元年"避难东归洛阳"，天祐三年"登进士第，又登宏词科，授河南府参军，遂卜居洛表白沙之别墅"④，成为全义僚佐。

　　天祐元年昭宗东迁，官僚百姓皆迁洛阳，为张全义吸纳衣冠清流提供了更有利的条件，收入幕僚者明显增多。如孔崇弼，出自曲阜孔氏，原为僖宗昭宗宰相孔纬之侄，因孔纬无子入继⑤。唐末"登进士第，为弘文校理。从昭宗幸洛阳，河南尹张宗奭以崇弼名家子，署为幕宾"⑥。又裴羽，僖宗宰相裴贽之子，昭宗迁洛，裴贽家族随之东迁，张全义遂以裴羽为河南寿安尉⑦。

　　后梁建立后，张全义依然积极吸纳衣冠清流。如杨凝式，唐后梁宰相杨涉之子，"梁开平中，为殿中侍御史、礼部员外郎。去从西都，张全

---

① 吴宗国：《唐代科举制度研究》，北京：北京大学出版社，2010年，第256～260页。
② 《新五代史》卷五四《郑珏传》，第699页。
③ 《宋本册府元龟》卷八二八《总录部·论荐》，第3086页。
④ 《旧五代史》卷六七《李愚传》，第1038页。
⑤ 《宋本册府元龟》卷八六三《总录部·为人后》，第3342页。
⑥ 《宋本册府元龟》卷七二九《幕府部·辟署四》，第2560页。
⑦ 《旧五代史》卷一二八《裴羽传》，第1966页。

义辟为留守巡官。"①杨凝式与张全义家族关系比较密切,清泰三年《张季澄墓志》、天福四年《张继昇墓志》均由杨凝式撰写。墓志中凝式自称"门吏",显是感念张全义之提携。又李专美,出自陇西李氏姑臧大房,"伪梁贞明中,河南尹张全义以专美名族之后,奏为陆浑尉,秩满,改舞阳令。专美性廉谨,大著政声。后唐天成中,安邑榷盐使李肃辟为推官"②。陆浑为河南府属县,李肃为全义女婿,可见专美仕宦始终与全义密切相关。

除了辟署,张全义还通过各种方式加强与清流士大夫的联系。如李敬义,为唐宰相李德裕之孙。唐末"退归洛南平泉旧业。为河南尹张全义所知,岁时给遗特厚,出入其门,欲署幕职,坚辞不就"。敬义虽拒绝辟署,全义对其依然十分礼遇。昭宗迁洛后,"李敬义三度除官,养望不至",惹怒朱温,被贬卫尉寺主簿。"时全义既不能庇护,乃密托杨师厚,令敬义潜往依之,因挈族客居卫州者累年,师厚给遗周厚。"③又李肃,全义两次嫁女,已见前述。

综上,张全义尹洛前,其僚佐均为中下层官僚,他们构成张氏集团的核心力量。尹洛后也有不少中下层官僚和军将加入,但更值得注意的是衣冠清流的明显增加。洛阳作为东都,本就是衣冠清流聚集之地,唐末天下大乱,他们四散逃亡。全义占据洛阳后,洛阳社会经济恢复,成为当时难得的安定富庶之区,吸引不少衣冠清流回迁,郑徽、李渥、李敬义等由此受到张全义笼络和庇护。昭宗迁洛后,长安的衣冠清流随之东迁,张全义又趁机将孔崇弼、裴羽、李愚、李肃等纳入自己的关系网。后梁时期,杨凝式、李专美等亦被全义辟署。可以看出,占据洛阳尤其是昭宗迁洛后,张全义有意通过辟署、联姻、推荐等方式,强化与衣冠

---

① 张世南撰、张茂鹏点校:《游宦纪闻》卷一〇,北京:中华书局,1981年,第88页。
② 《旧五代史》卷九三《李专美传》,第1432、1431页。
③ 《旧五代史》卷六〇《李敬义传》,第934~936页。可见张全义与杨师厚亦颇有交情。

清流的联系。全义出身黄巢军,对此讳莫如深①,而衣冠清流是唐末朝臣主体,因此全义礼遇、提携这一群体,首先是为了改善自身政治形象,并加强与唐廷的关系。其次,不少衣冠清流家族长期居洛,经营岁久,对洛阳当地影响很大,李敬义家族就是如此。他们是张全义洛阳经营需要借重的政治力量,对衣冠清流的吸纳,也使全义与洛阳的结合更加紧密。再次,衣冠清流在唐末依然保持着很高的社会地位,是普通官僚百姓"伪冒士籍"的对象②,布衣出身的张全义,本身也有与他们结交的强烈意愿。洛阳京师色彩的增重,又使张全义在吸纳衣冠清流方面,有其他藩镇无可比拟的优势。

张全义尹洛期间,京师与藩镇底色多次交错,成为唐末五代历史的独特存在,给张全义的洛阳经营带来多方面影响。首先,就洛阳城兴建而言,张全义刚刚占据洛阳时,仅以南市为中心,筑垒自固,其他区域仍多为荒榛之地;天祐元年唐室东迁,宫城的兴建才提上日程,洛阳的都市景观经历了藩镇治州向京师的转变。后梁、后唐都洛期间,城市建设同样以宫城为中心。其次,就社会关系网络而言,张全义经营期间,洛阳先后为唐、后梁、后唐都城,都城是衣冠清流聚集地,这使张全义在吸纳衣冠清流方面,有其他节镇无可比拟的优势,这是张氏集团中衣冠清流众多的重要原因。再次,就藩镇权力结构而言,张全义在洛阳经营四十年,唐末五代罕有其比,这是他能够吸纳不同政治势力、构建稳定权力结构的重要条件。但洛阳京师的底色,又使朱梁、后唐朝廷始终对洛阳有比较强的影响力。如果说朱梁大本营在汴州,对张全义尚比较放任的话,后唐则大不相同。不论是洛阳城建设,还是官员选任上,张

---

① 张全义曾代李敬义向监军索求李德裕醒酒石,监军语及黄巢,全义就"以为诟己,大怒曰:'吾今为唐臣,非巢贼也。'"乃至于奏杀监军,足见全义之忌讳。《旧五代史》卷六〇《李敬义传》,第935页。

② 仇鹿鸣:《"攀附先世"与"伪冒士籍"——以渤海高氏为中心的研究》,《历史研究》2008年第2期,第60~74页。

全义的影响均不断下降；租庸使孔谦亦"侵削其权，中官各领内司使务，或豪夺其田园居第，全义乃悉录进纳"。同光四年，张全义"落河南尹，授忠武军节度使、检校太师、尚书令"①，同年去世。至此，其洛阳权力结构最终瓦解。

　　除了藩镇与京师底色交错带来的特殊之处，张全义的洛阳经营也有与其他藩镇相似之处。张全义一方面以家族成员出任洛阳要职，比如河南府牙军一直由张氏子侄统领；另一方面以联姻、辟署、推荐等方式，强化与河南府僚佐的私人关系，同时尽量吸纳居于洛阳的衣冠清流加入张氏集团，形成了一个以张全义为核心，包括家族、亲属、僚佐、门吏、交游等在内的"关系丛"②。在这个"关系丛"中，不同关系是重叠的，比如张全义与郑珏父子，就有辟署、联姻、推荐等多种关系；"关系丛"内部的其他成员，也存在各种复杂关系，如李渥受到张全义礼遇，同时又是郑珏座主。以这种多元关系为基础，"关系丛"内部成员亦会形成共同体，最终成为张全义增强洛阳和兼镇控制的有效助力。这种节帅与地方结合的模式，在唐末五代是普遍存在的。总体而言，节帅们均倾向与僚佐构建拟制家人关系，增强在彼此社会关系网络中的影响，在此基础上构建相对封闭的地方权力结构。

　　问题在于，衣冠清流、僚佐等与张全义联姻或被辟署后，是否就属于张氏集团、为张全义驱使呢？我们可以借用社会网络的研究进行理解。在一个相对封闭的组织内，成员从事类似的活动，并屈从于类似的信息类压力（包括声誉、口碑、流行等）和规范类压力（包括风俗、道德、法律、制度等）。这些信息和规范并不一定直接作用于行动者身上，而是通过其身边的关系及社会网络发生作用。一个人周围大多数人接受某一信息，会使此人也相信此一信息；大多数人服从某一规范，就会使其具有

---

① 《旧五代史》卷六三《张全义传》，第978页。
② "关系丛"的讨论，参项飙：《跨越边界的社区：北京"浙江村"的生活史》（修订版），北京：生活·读书·新知三联书店，2018年，第394~431页。

强制力①。换言之，假如张全义要获取僚佐、衣冠清流的追随和服从，并不一定是通过政治权力这种"硬权力"，更可能是日常生活中的姻亲、人情等"软权力"，催动人际关系网络来实现自己的政治目的。后者看似"温情脉脉"，实际上同样由权力内核支撑，是僚佐、衣冠清流等不得不服从的"规矩"。其他藩镇内部也与此类似。唐末五代藩镇是一个个相对封闭的组织体，组织成员与外界的仕宦流动、信息交流较少，对府主个人的人身依附性强，门生——座主关系的约束力较大，组织内成员对组织内压力的服从程度也较高。因此，我们注意到，尽管五代中央已经确立了对地方的军事优势，节度使僚佐也有不少中央除授者，但当节度使起兵叛乱时，即使胜算不大，其僚佐、军将也基本追随（当然其中很多是被迫的）。叛乱尚且无法拒绝，日常行政中僚佐等服从府主自然更容易理解，所谓"梁时张全义专制京畿，河南、洛阳僚佐皆由其门下，事全义如厮仆"，正是这种情况的真实反映。

节帅努力构建的这种相对封闭的地方权力结构，恰恰是五代宋初朝廷加强中央集权过程中要打破的对象。随着五代中央军事优势的重建，洛阳和其他节镇以节帅为核心的权力结构最终必然会走向瓦解。由于洛阳的京师底色，天祐元年后朱梁、后唐对洛阳的影响始终较大，亦有众多朝廷军队驻扎，张全义根本无力与之抗衡。因此，尽管张全义经营岁久，但当后唐朝廷有意消除其对洛阳的影响甚至免去其河南尹之职时，他只能展露恭顺姿态。从某种程度上说，张全义洛阳权力结构的终结，也昭示了唐末五代其他藩镇权力结构的最终命运。

不独洛阳，随着五代十国诸政权"方镇为国"，汴州、扬州、成都等城市也由藩而京。唐后期藩镇军事力量多集中于治州，以保证对支郡的武力优势。方镇为国过程中，由治州发展而来的都城，往往成为全国军事力量的最重要屯驻地，军人及其家属的大量增加导致都城的城市布局、

---

① 罗家德：《社会网分析讲义》（第二版），北京：社会科学文献出版社，2010年，第60~61页。

居民结构、粮食供给、都市景观等呈现出与汉唐都城明显不同的特点①。这种从普通城市升格为都城，或由都城降格为陪都乃至普通城市，在中国历史上反复出现，洛阳、开封、北京、南京、成都等均多次经历这一转变。因此，京藩交错也可以成为我们观察中国古代都城史的有益视角。

第二节　地方士人活动诸层面：以柳开家族为线索

地方士人是与藩镇密切相关的重要政治人群。他们是地方事务的参与者，地方文教事业的主要推动者，也是节帅加强地方控制、朝廷与节帅均积极争取的政治力量。唐末五代宋初，地方士人活动的层面十分丰富。对这些层面的解读，可以进一步勾勒藩镇体制的影响，以及时代变迁与地方士人活动之间的关系。

就唐末五代宋初的地方士人来说，柳开（947—1000）②家族十分值得注意。柳氏家族主要活跃于五代宋初，活动区域集中在河北魏州，出任职位以藩镇幕职官和州县官为主，是当时北方典型的地方士人家族。从材料上来说，柳开《河东先生集》中保留了不少柳氏家族成员墓志，是五代宋初比较罕见、又相对完整的地方士人家族材料，展示了当时地方士人活动的诸多面向，对于观察地方士人的政治、文化活动，提供了重要线索。因此，本节将以柳开家族为线索，讨论地方士人活动诸层面，观察地方士人如何调整自身角色以适应时代变化，呈现地方士人活动与藩镇的密切关系。

---

①　军队及其家属聚集给五代北宋开封、洛阳带来的影响参久保田和男撰、郭万平译：《宋代开封研究》；闫建飞：《后唐洛阳城的粮食供给》，《唐研究》第25卷，2020年，第665～679页。

②　柳开卒年，《宋史》卷四四〇《文苑二·柳开传》误为咸平四年（1001），当为三年，第13028页。参祝尚书：《柳开年谱》，《宋代文化研究》第3辑，1993年，第145～146页。

一、柳开家族材料

柳开是宋初文坛重要人物，一向被视为宋代古文的开创者①，学界研究也主要从这方面着眼②。此外，伍伯常、陈峰注意到柳开身上的豪侠色彩，以柳开为中心，讨论了宋初北方兼具文士、豪侠双重色彩的一批"武质化"文人，以及士林的豪横之气③。可见学界对柳开的研究集中于其个人，极少涉及其家族；研究时段集中在宋初，对五代背景亦缺乏足够关注。与之相较，本节主要讨论五代宋初柳氏家族的发展。

柳氏家族材料集中在柳开《河东先生集》中。今略作梳理，以备讨论。

表 4.2 《河东先生集》所存柳氏家族、亲属墓志、行状表

题　名	与柳开关系	简称	出处
宋故中大夫行监察御史赠秘书少监柳公（承翰）墓志铭并序（903—965）	柳开之父	柳承翰墓志	卷一四，叶1a～4a
宋故赠大理评事柳公（承昫）墓志铭并序（908—965）	柳开仲父	柳承昫墓志	卷一四，叶4a～6a
宋故河东郡柳公（承远）墓志铭并序（924—968）	柳开季父	柳承远墓志	卷一四，叶7b～9a
宋故前摄大名府户曹参军柳公（承陟）墓志铭并序（918—973）	柳开族叔，叔祖父夏卿之子	柳承陟墓志	卷一四，叶9b～11a

---

① 如《宋史》卷四四二《穆修传》："自五代文敝，国初，柳开始为古文。"第13070页。

② 祝尚书：《柳开学韩得失论》，《文学遗产》1988年第4期，第68～76页；葛晓音：《北宋诗文革新的曲折历程》，《中国社会科学》1989年第2期，第101～120页；祝尚书：《柳开年谱》，《宋代文化研究》第3辑，第113～147页；朱国能：《柳开及其著述研究》，香港大学博士论文，1993年；沈松勤：《从南北对峙到南北融合——宋初百年文坛演变历程》，《文学评论》2008年第4期，第61～70页等。

③ 伍伯常：《北宋初年的北方文士与豪侠——以柳开的事功及作风形象为中心》，台北《清华学报》第36卷第2期，2006年12月，第295～344页；陈峰：《柳开事迹与宋初士林的豪横之气》，《宋史研究论丛》第13辑，2012年，第56～75页。

续表

题　名	与柳开关系	简称	出处
宋故穆夫人墓志铭并序(918—989)	柳开叔父承赟(？—944)妻	穆夫人墓志	卷一四，叶6a~7b
宋故朝奉郎守太子左赞善大夫河东郡柳君(肩吾)墓志铭并序(942—984)	柳开堂兄，柳承昫之子	柳肩吾墓志	卷一四，叶13a~15b
宋故柳先生(辟)墓志铭并序(945—984)	柳开堂兄，柳肩吾之弟	柳辟墓志	卷一四，叶15b~17b
宋故昭义军节度推官试大理评事柳君(闵)墓志铭并序(950—984)	柳开堂弟，柳承赟之子	柳闵墓志	卷一四，叶11a~13a
宋故河南府伊阙县令太原王公(承业)墓志铭(886—962)	柳开外祖父	王承业墓志	卷一五，叶7b~8b
故如京使金紫光禄大夫检校司空知沧州军州事兵马钤辖兼御史大夫上柱国河东县开国伯食邑九百户柳公(开)行状(947—1000)	柳开，门人张景作	柳开行状	卷一六，叶1a~9a

说明：下文引用以上墓志、行状时，仅列简称，不再出注。

以上共计九篇墓志，一篇行状，为讨论柳开家族的政治、文化活动提供了相对完整的信息。根据墓志和其他记载，可以制成《柳开家族世系图》(图4.2)。

二、从柳开家族看地方士人的仕宦情况

从仕宦上看，长期任职于幕职、州县官的柳氏家族并非五代宋初重要家族。不过，通过讨论柳氏家族的仕宦情况，可以了解当时地方士人在文与武、藩镇与朝廷之间的流动。

(一)柳开家族仕宦情况

柳开曾祖柳佺、祖父柳舜卿皆不仕，家族为官始于父辈，承翰、承昫、承陟三人入仕。据《柳承翰墓志》，唐庄宗与后梁对垒河上时，承翰"捧帝砚笔，出入战中"。同光元年(923)庄宗灭梁，"分赏从臣，乃一命

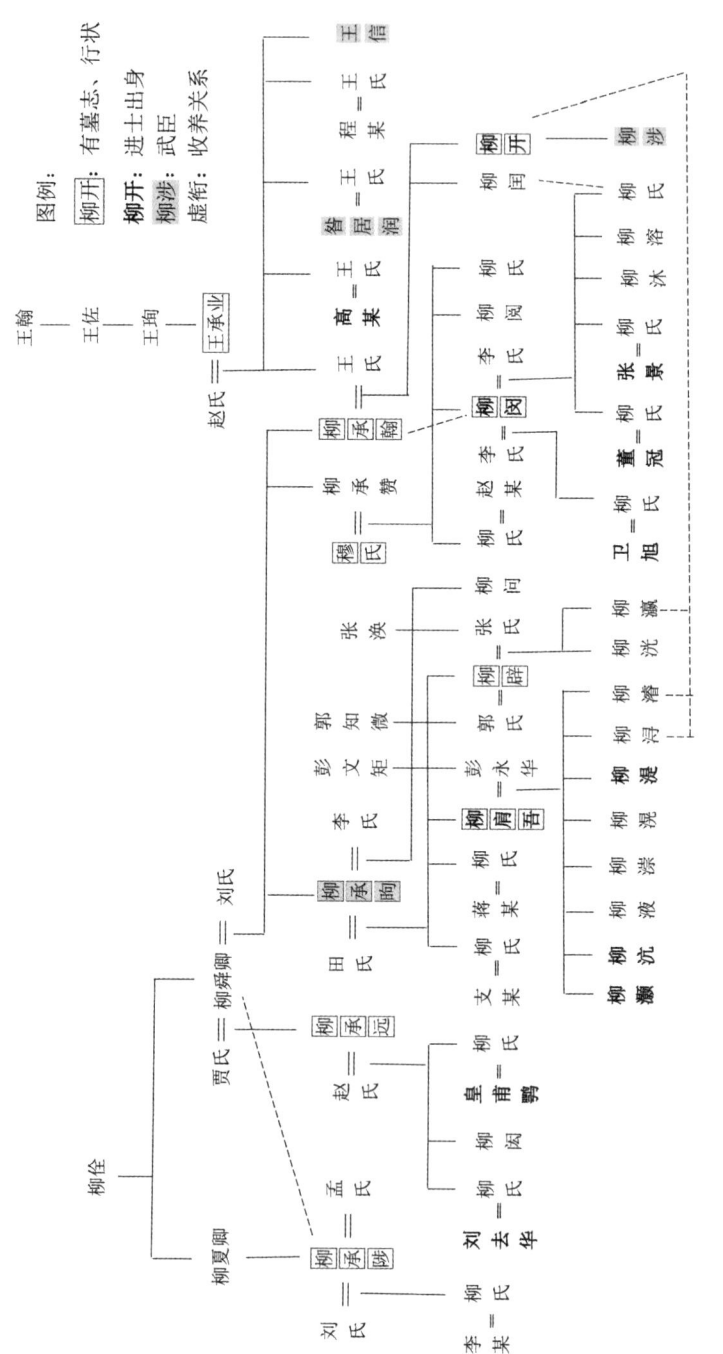

图 4.2 柳开家族世系图

汤阴也",出任相州汤阴县主簿。柳氏家族并非仕宦高门,年仅十余岁的承翰能服务庄宗,应与柳氏为魏州大族有关。《柳承翰墓志》言:"(柳)开王父讳舜卿,隐居邺,人号'柳长官'者,谓其德行人伏若邑郡长官也。""柳长官"之称号不论是否靠德行获得,都表明"家雄于财"①的柳舜卿对本地事务有较强的干预能力。庄宗将承翰招入帐下,正是为了笼络本地大族柳氏。

同光四年二月,魏博军乱。三月,讨叛的蕃汉马步军总管李嗣源被乱军劫持。不久李嗣源"由相趋洛",开始与庄宗争夺帝位。当时"兵寇如草,破蜀诛帅,下竞奔乱",时任相州汤阴主簿的柳承翰"供迎收安,独先而完",李嗣源即位后,得赐绯衣银鱼袋。此后承翰历魏州南乐县主簿,长兴年间为辽州和顺县令,除澶州临黄县令。又改卫州录事参军,历洺州临洺、魏州南乐、魏州冠氏县令。显德年间再为南乐县令,建隆年间改魏州元城县令。乾德元年(963),承翰上书宰相,"求一通籍官终其老",次年拜监察御史。乾德三年,宋太祖召见曰:"淮泗居东南,水陆丛委,吴臣未来,越民未归,郡刺史多恶政。朕方制削诸夏,州立通判,尔去为朕先之,区境将用尔同理也。"由是承翰改"泗州兵马钤辖、通判州事"②,同年五月十日病逝任上。(《柳承翰墓志》)

与柳承翰仕宦遍及各地不同,柳承昫主要在魏州任职。据《柳承昫墓志》,后唐宋王李从厚为魏博节度使时(931—933年),承昫在其幕府"主笺奏"。长兴四年(933)十一月,秦王李从荣举兵被杀,二十二日,唐明宗命宣徽使孟汉琼赴魏州征李从厚入觐。当时内外形势汹汹,承昫对元从都押衙宋令询言:

> 窃闻帝疾弥亟,秦王夷戮,今一单使征王,王即挺身往焉,未为利也。大臣奸豪,赓相结附,但苟其身,不顾于国。王如是至,

---

① 吴处厚撰、李裕民点校:《青箱杂记》卷六,北京:中华书局,1985年,第63~64页。

② 柳开:《河东先生集》卷八《与河北都转运樊谏议书》,第9b页。

必孤坐宫中，但能为名曰君，而实为臣于诸权也。与公事王，复何得见王面乎？将天下安危未易知耳！不若尽率府兵，步骑齐发，按甲徐行。若必迎嗣君，命礼来之，王至未晚；彼若动非其礼，吾兵在卫，强者絷之，乱者剪之，而后遵上先旨，不为失耳。

承昫指出，当时明宗将死，朝廷大权掌握在枢密使冯赟、朱弘昭等人手中。假如李从厚孤身赴洛，很可能被冯赟等架空，其旧臣欲见李从厚一面恐怕都不可得。此后的形势发展的确如承昫所言。二十六日，明宗去世。二十九日，承昫与宋令询随李从厚至洛阳。十二月初一，李从厚即位。不久，李从厚旧臣"悉为冯赟、朱弘昭辈远之"(《柳承昫墓志》)。十四日，宋令询被朱弘昭出为磁州刺史，"帝不悦而无〔如〕之何"①。柳承昫未得官，直接返魏。应顺元年(934)三月，凤翔节度使李从珂起兵，唐闵帝李从厚逃奔卫州，宋令询"日令人奔问。及闻帝遇害，大恸半日，自经而卒"②，是唯一为李从厚尽节者。

承昫返魏后，所任职位不详。后周广顺年间，承昫"为有司主兵骑"。当时侍卫亲军马步军都指挥使王殷为天雄军节度使(951—953年在任)，承昫"外女弟刘"(承昫母刘氏外甥女，即承昫表妹)为王殷妾，故王殷视柳氏为姻家。王殷自恃有拥立郭威之功，又兼侍卫司长官，"恃功专横，凡河北镇戍兵应用敕处分者，殷即以帖行之，又多掊敛民财"③。广顺三年(953)十二月，周太祖郭威以将行圜丘大礼，下诏王殷入觐。对于是否入朝，王殷十分犹豫，私下咨询承昫："上召吾，往可也？不往可也？"承昫不答。王殷曰："汝不言，是吾往可也。"王殷到达开封，很快被诬谋反，被郭威处死。对此，承昫解释道：

邺自唐庄宗后，历变叛非一，生民破散。今主上英武，不类晋

---

① 《资治通鉴》卷二七八《后唐纪七》，长兴四年十二月丙辰条，第9097页。
② 《旧五代史》卷六六《宋令询传》，第1025页。
③ 《资治通鉴》卷二九一《后周纪二》，广顺三年十二月，第9497页。

汉。殷将不行,必须作乱,戈甲一临,城溃族灭,非唯连我之家,其惟动国兴戎,忧挠中夏。殷起,即止殷不利耳,吾岂以苟殷一身而反为国害乎?所以吾不答殷,以安家国也。(《柳承昫墓志》)

承昫指出,假如其劝王殷不赴觐,王殷就必须起兵作乱,不仅柳家会受牵连,亦会"动国兴戎,忧挠中夏"。出于安定家国的考虑,承昫不答王殷。墓志所载或非真实。当时柳承昫既未担任王殷幕府要职,与王殷之亲属关系也相对疏远,不论王殷是否向他咨询过意见,恐怕都不会对王殷赴京产生太大影响。不过墓志反映的地方士人心态值得注意。当时地方士人已明确意识到朝廷已完全确立对地方的军事优势,在这种情况下,他们安定当地的考虑或会优先于对节帅个人的效忠。柳承昫之言应非柳开杜撰。王殷被杀后,符彦卿改镇天雄军节度,承昫在其幕府为都孔目官。乾德三年(965),卒于任。

柳承陟仕履不详,墓志题名"摄大名府户曹参军",当是天雄军节度使差摄。

柳开兄弟中,最早入仕者为承昫长子肩吾。肩吾初名震,因柳开改名肩愈,从之改名。开宝三年(970),知制诰扈蒙权知贡举,肩吾中第。随后"献文章阙下,即授大名府法曹参军",又改舒州团练推官。承代至京,改将作监丞、知永州。还迁左赞善大夫、知郓州。郓州卸任后,雍熙元年(984)十一月卒于唐州其岳父彭文矩家(《柳肩吾墓志》)。肩吾诸子中,柳湜淳化三年(992)登进士第,授苏州长洲县主簿。四年,改中牟县尉(《柳肩吾墓志》),此后任官不详。柳灏、柳沆亦登进士第,"灏秘书丞"[1]。

柳开是兄弟中第二位入仕者。开宝六年登进士第,两年之后释褐宋州司寇参军。柳开仕履,祝尚书《柳开年谱》述之已详,今据以制表如下。

---

[1] 《宋史》卷四四〇《柳开传》,第13028页。

表 4.3　柳开仕宦履历表

时间	差遣等	本官武阶等	时间	差遣等	本官武阶等
975	宋州司寇参军		976	宋州录事参军	
979	督楚泗八州粮草	右赞善大夫	979	知常州	殿中丞
980冬	知润州	监察御史	984	知贝州	监察御史
985	责降蔡州上蔡县令		986	馈粮河北	殿中侍御史
987	知宁边军	改武官崇仪使	988	知全州	崇仪使
990	知桂州	崇仪使	992三月		复州团练副使
992四月		滁州团练副使	993	知环州	崇仪使
994	知邠州	崇仪使	995	知曹州	崇仪使
995八月	知邢州	崇仪使	997	知邢州	改如京使
998	知代州	如京使	999	知忻州	如京使
1000	知沧州（未之任）	如京使			

柳开有子涉，咸平三年因柳开去世，被录为三班奉职①。后迁居荆南，仕宦止于皇城使②。

柳肩吾、柳开之外，柳闵、柳闰亦入仕。柳闵为承赞之子，承赞早卒，养于承翰。太平兴国二年(977)中进士第，授沂州沂水县主簿。四年运送粮草有功，被授予昭义军节度推官，九年八月病死(《柳闵墓志》)。柳闰事迹不详。至道二年(996)，柳开葬父兄时，柳闰为魏州永济县主簿(《柳承翰墓志》)。

以上是史料所见柳开家族仕宦基本情况。柳氏家族成员任职多为幕职、州县官，最高不过知州，可见并非显赫。除此之外，柳氏家族仕宦有两点值得注意。一是家族成员中，既有文官，亦有武官，还有由文转武者。二是以北宋建立为界，此前柳氏家族成员既有幕府辟署者，也有

---

① 《宋史》卷四四〇《柳开传》，第 13028 页。
② 曾巩撰、王瑞来校证：《隆平集校证》卷一八《柳开传》，北京：中华书局，2012 年，第 529 页。

朝廷除授者，仕宦地点主要在天雄军六州境内；此后则均为朝廷除授之官，任职区域遍布全国。这两点反映了十世纪北方地方士人家族发展的一般情况，对于了解地方士人的活动十分重要，有必要进一步讨论。

(二)地方士人的文武抉择

广明元年(880)，黄巢陷两京后，唐帝国陷入全面动乱，唐军与黄巢军之间、藩镇与藩镇之间的战争持续不断，社会各阶层都被卷入战乱，其中士人的动向尤其值得注意。唐自中叶以降，文武分途日趋明显，士人家族与武将家族的仕途也逐渐泾渭分明。文人不习武事，武人不娴笔墨，成为常态①。刘崇远云：

> 世之清平也，搢绅之士率多矜持儒雅，高心世禄，靡念文武之本，群尚轻薄之风。苟官行法，何尝及治？由是大纲不维，小漏忘补，失民有素，上下相蒙。②

这样一种士林风气，使他们面对唐末的全国动乱时，明显缺乏应变能力。高居庙堂的衣冠清流，无力挽救垂死的大唐帝国；居于地方的士人家族，也无力自保，维持乡里稳定。战乱之下，逃亡成为许多士人的无奈选择。士人或"逃难汾晋间"③，依附河东节度使李克用；或亡入巴蜀，"多欲依(王)建以避乱"④；或"南趋衡岳下"⑤，"藏迹于荆楚间"⑥。逃亡之外，

---

① 尽管部分士人仍有才兼文武的追求，但由于武技、军事素养、战争经验的缺乏，他们很难在军事上有所作为。参方震华：《才兼文武的追求——唐代后期士人的军事参与》，《台大历史学报》第50期，2012年，第1~31页。

② 刘崇远：《金华子杂编》卷下，《景印文渊阁四库全书》第1035册，第836~837页。

③ 《旧五代史》卷六〇《李袭吉传》，第929页。

④ 《新五代史》卷六三《前蜀世家·王建传》，第885页。

⑤ 夏竦：《文庄集》卷二八《故金紫光禄大夫行尚书工部侍郎致仕上柱国彭城郡开国侯食邑一千三百户食实封四百户赠刑部侍郎朱公(昂)行状》，四川大学古籍整理研究所编：《宋集珍本丛刊》，北京：线装书局，2004年，第2册，第665页。

⑥ 孙光宪：《北梦琐言》卷六《李琪书树叶》，第143页。

隐居也成为不少士人的无奈选择。士人或因"黄巢犯京师，天子幸蜀"，"窜伏窟穴，以保其生"①；或因藩镇混战，中原多难，"缩影窜迹，不复自显"②，甚至"以退藏为乐"③；或因白马之祸，"衣冠自相残害"④，心灰意冷，隐居不仕；或因军阀残暴，黥涅士人，披缁入道，"多为僧以避之"⑤。

世乱之下，士人既有选择逃亡、隐居消极应对者，亦有调整自身角色、主动适应者，甚至不少士人将战乱视为改变自身命运、获取仕进的契机。唐末动乱摧毁了原有的统治秩序，割据势力纷纷崛起，成为唐末政治的主角。由此，效力藩镇成为士人最主要的出路。士人或"传食诸侯"⑥，为之僚佐；或"自效军门"⑦，改署右职。柳氏家族中，柳承陟是藩镇差摄的文职僚佐；承昫是效力军门、出任武职者。士人出任藩镇僚佐并非唐末五代特有的现象，相较之下，这一时期士人由文转武的现象更值得注意。

就既有材料来看，广明元年黄巢陷两京后，由文转武、效力军门的例子明显增多。世乱之下，"吏才难展用兵时"⑧，士人仕进之途骤然狭窄，要想获得仕途发展，自效军门、由文转武成为迫不得已的举动。如孙彦思（865—916）：

> 公幼寻经典，长值干戈，四海多艰，中原无主，是以捐文习武，

---

① 《旧五代史》卷二四《张俦传》，第 373 页。
② 《旧五代史》卷二四《孙鹭传》，第 372 页。
③ 张永华、赵文成、赵君平编：《秦晋豫新出墓志蒐佚三编》第 824《梁李光嗣墓志并盖》，北京：国家图书馆出版社，2020 年，第 1147~1148 页。
④ 《旧五代史》卷六七《李愚传》，第 1038 页。
⑤ 《旧五代史》卷六七《赵凤传》，第 1035 页。
⑥ 辛文房撰、傅璇琮主编：《唐才子传校笺》卷九《罗隐》，北京：中华书局，1990 年，第 4 册，第 123 页。
⑦ 《宋史》卷二六三《张昭传》，第 9086 页。
⑧ 杜荀鹤：《杜荀鹤文集》卷一《赠秋浦张明府》，上海：上海古籍出版社 2013 年影宋蜀刻本，第 20 页。

许国忘家。自始及终,从微至著,拥骁锐数千之众,匡淮海三十余年。①

又西方再通:

> 挺生时杰,克守家风。属以巨寇兴妖,中原版荡,谓儒雅安能济国,非武艺不足进身。遂掷笔以束书,乃成功而立事。终于定州都指挥使。②

孙彦思、西方再通二人家世为文官,黄巢陷两京后,为求仕进,均由文转武。广明元年九月,黄巢军渡淮入河南,家世文官的汴州雍丘人王璠"见机而作,顺命承时,遽脱儒冠,俄就武略"(《王璠墓志》),由文转武,加入黄巢军。李涛"涉书史,会唐末四方盗起,乃投笔从军。光启三年,秦彦囚高骈,涛从(杨)行密举义,列八寨维扬西"③。天复三年(903),朱温举兵击平卢节度使王师范,"少好书传,尝诣长白山讲肆"的高汉筠,"乃掷笔谒焉,寻纳于军门,未几,出为卫州牙校"④。幽州节度使刘守光"不喜儒士","少通《左氏春秋》"的张希崇,为求仕进,"乃掷笔以自效,守光纳之,渐升为裨将"⑤。

同样是效力军门,由文转武者的处境比出任藩镇幕职官者要艰难许多。文职幕职官或掌文翰,或处理行政、财政事务,负责的是士人(包括文士和文吏)相对熟悉的领域,他们也往往因此得到府主认可、器重,崭露头角。而由文转武者施展的平台却是沙场,要与赳赳武夫在战场一争

---

① 周阿根:《五代墓志汇考》三一《孙彦思墓志》,第68页;拓片见王思礼主编:《隋唐五代墓志汇编·江苏山东卷》,天津:天津古籍出版社,1991年,第149页。
② 周阿根:《五代墓志汇考》七七《西方邺墓志》,第202页;拓片见《北京图书馆藏中国历代石刻拓本汇编》第36册,第39页。
③ 路振撰:《九国志》卷二《李涛传》,《五代史书汇编》第6册,第3247页。
④ 《旧五代史》卷九四《高汉筠传》,第1458页。
⑤ 《旧五代史》卷八八《张希崇传》,第1334页。

高下，缺乏武力和军事经验的他们，很难从金戈铁马中脱颖而出①。因此，唐末五代，由文转武的士人虽不在少数，但能藉此进身者并不多见。

由文转武，作为士人应对世乱的方式，首先影响的是士人个人。与单纯的武将、文臣相比，由文转武者对文武之事都相对熟悉，个人能力素质相对全面，这使他们能够适应的职位较多，不少人在文武之间多次转换。如李琼"幼好学，涉猎史传。杖策诣太原依唐庄宗，属募勇士，即应募"，由文转武。在军中与郭威等十人约为兄弟，郭威"与琼情好尤密"。后汉时，枢密使郭威讨河中叛将李守贞，"乃解琼兵籍，令参西征军事"，平叛后"授朝散大夫、大理司直"，李琼又由武转文。后周时，李琼先后出任内作坊使、济州刺史、洺州团练使、安州防御使等武职，再次由文转武。宋初，"召为太子宾客"，由武转文。建隆三年（962），上章请老，以武官右骁卫上将军致仕②。崔琳（881—938）自称出自清河崔氏。庄宗入魏后，先后出任魏州冠氏县尉、博州堂邑县令、魏州永济县令等。同光元年（923），"以材器自如，清浊靡间，因授邢州都孔目官，次迁邺都前职、曹州司马"，由文转武。天成年间，莱芜监使满任后，"解印到阙"，"以世儒，乞就文资，因授朝散大夫、检校驾部正郎（郎中）、行汴纠（录事参军）"，又由武转文。汴州录事参军任期未满，丁忧在家，"未终丧制"，起复"授三司都勾，加银青、检校大戎（兵部尚书）。次转检校右揆（右仆射），又迁密院都承旨、检校左揆（左仆射）、右领军卫将军"，再次由文转武。最后出为"义武军节度副使、权易定事"③。李琼、崔琳一生在文武之间多次转换，仕进之路大大拓宽。

其次，由文转武影响到家族成员的文武选择，使家族成员仕途呈现

---

① 唐后期士人参与军事往往难有作为，亦是如此。参方震华：《才兼文武的追求——唐代后期士人的军事参与》，《台大历史学报》第50期，第1~31页。

② 《宋史》卷二六一《李琼传》，第9031~9032页。

③ 贾振林编：《文化安丰》六《古墓志铭集粹》188《故镇定管内都権盐制置使金紫光禄大夫检校尚书左仆射兼御史大夫上柱国崔府君（琳）墓志铭并序》，郑州：大象出版社，2011年，第430页。

出文武并进的态势。以柳开家族为例。柳氏家族本是魏州士人家族,后唐时柳承翰以文臣出仕;柳承昫以武臣出仕,在魏州任职三十余年。这种情况使家族成员对文武之事都相对熟悉,对文武职位亦无偏见。柳承翰言:"载金连车,不如教子读书;弯弓骑马,功成无价。"①(《柳承翰墓志》)认为文武素质都十分重要。柳开兄弟辈和子侄辈依然文武并进。柳开四十岁时由文转武,其兄弟柳肩吾、柳闵、柳闰均为文职。柳开子柳涉以三班奉职入仕,为武官,最后升为皇城使;柳肩吾三子则以进士入仕,出任文职。五代宋初像柳氏这样文武并进的家族,不在少数②。

第三,由文转武,所影响到的绝不仅仅是士人及其家族,他们身边的武人也会受到影响。如李琼,在军中与周太祖郭威等十人约为兄弟:

> 周祖与琼情好尤密,尝过琼,见其危坐读书,因问所读何书,琼曰:"此《阃外春秋》,所谓以正守国,以奇用兵,较存亡治乱,记贤愚成败,皆在此也。"周祖令读之,谓琼曰:"兄当教我。"自是周祖出入常袖以自随,遇暇辄读,每问难琼,谓琼为师。③

《阃外春秋》为唐李筌所撰,"起周武王胜殷,止唐太宗擒窦建德,明君良将战争攻取之事"④,为战史故事。郭威作为武将,对此颇感兴趣。但其开始读书,却是因为由文转武者李琼的直接影响。

唐末五代士人的自效军门与被接纳,引起的是文武双方的改变与调

---

① 柳承翰教子家训全文见绍圣四年(1098)任泽《柳氏家训序及后序》,吴景山:《天水金石校释》,兰州:甘肃文化出版社,2017年,第19~20页。
② 柳氏家族对文武之事的重视,也与唐后期以来河北地区强调"书剑双美"的传统有一定关系。参张天虹:《中晚唐五代的河朔藩镇与社会流动》,北京:社会科学文献出版社,2021年,第231~263页。
③ 《宋史》卷二六一《李琼传》,第9031页。
④ 陈振孙:《直斋书录解题》卷一二《兵书类》,第361页。是书全本早佚,敦煌文书P.2668保存了进书表、卷一和卷二上半,P.2501存卷四、卷五,上海古籍出版社、法国国家图书馆编:《法国国家图书馆藏敦煌西域文献》,上海:上海古籍出版社,2001年,第17册,第150~155页;第14册,第346~353页。

整。就文人来说，当时的仕进之途主要是由文转武或出任文职僚佐，其中有文翰表奏之才或吏能突出者最受重视。这一方面压缩了普通儒生文士的仕途空间，另一方面迫使文士更重视吏能。就武人来说，首先是在扩张自身权力的过程中，认识到文人（首先是文吏）在治事参谋、行政运作中的重要性，加上文职僚佐和由文转武者的影响，不少武将开始着意接近士人，甚至读书习文。文武双方的"交汇"、士人能力素质的转变，为宋代文臣群体的形成提供了前提条件[①]。

不过需要指出的是，这一时期尽管文武互动增多，但文武隔绝、对立乃至敌视的现象仍广泛存在[②]，这与唐代文武区分方式的变化密切相关。叶炜指出，所谓"文、武之分"，可分为品职制度与个人出身、资质两个层面。唐前期的区分标准主要是职事官和阶官体系；但唐后期随着军功滥授，武职事官和武阶官严重贬值，武官开始通过检校官、试官、摄官等方式与文臣共享文职事官和文散官，由此文武区分更多依赖官员个人出身和资质[③]，这使文武群体的区隔乃至敌视日渐严重。五代宋初文武互动的增加，也未能真正改变这一状况。北宋社会重文轻武局面的形成，与此有莫大关系。

（三）从幕府僚佐向朝廷命官的转变[④]

五代时期，柳开家族中既有幕府僚佐，亦有朝廷命官，主要居住、仕宦于魏州；到了宋初，柳开兄弟子侄辈均为朝廷命官，已很少在魏为官，仕宦散布全国各地。要讨论这一问题，须与节帅的地方经营结合起来。

[①] 参邓小南：《走向再造：试谈十世纪前中期的文臣群体》，《朗润学史丛稿》，第36～73页。
[②] 闫建飞：《评方震华〈权力结构与文化认同〉》，《中外论坛》2019年第1期，第159～172页。
[③] 叶炜：《武职与武阶：唐代官僚政治中文武分途问题的一个观察点》，收入徐冲主编：《中国中古史研究》第6卷，上海：中西书局，2019年，第201～221页。
[④] 所谓"幕府僚佐""朝廷命官"主要是就地方官员委任权而言的，前者指藩镇辟署，后者指朝廷委任者。朝廷委任的使府僚佐，亦为"朝廷命官"。

在节帅的地方经营中，有两类士人值得注意：一类是随府幕职官，他们长期追随节帅，深得节帅信任，是使府运作的核心；另一类是像柳开家族这样的本地士人，他们长期居住、仕宦于当地，对当地情况十分熟悉，是节帅经营地方必须倚重的力量。研究者注意到，唐后期河北士人较少见于记载，中举者亦少①，这固然与河北"胡化"及战乱带来的尚武之风导致习文者减少有关；更重要的原因在于，由于藩镇割据，河北士人仕宦长期局限于当地，很少任职中央或其他地区，封闭性较强，很难进入研究者视野。《孔谦及妻刘氏王氏合葬墓志》言：

> 昔者天宝末，禄山自燕蓟犯顺，四海沸腾，首尾六七十年。逆者帝，大者王，小者侯，跨裂土疆，各各自有，是以地产翘俊，不复得出境而仕矣。直至天祐初、洎伪梁世亦然也。②

由于安史之乱以来的割据局面，河北士人"不复得出境而仕"，直到后梁依然如此。《柳承昫墓志》亦有类似记载：

> 安史横逆，唐天子弗督河朔二百年。魏近夸传罗绍威牙中盛大，文武材士出其土，必试府下诸吏以起家。至我太祖清夷区极，厥俗渐易。

天雄军文武材士"必试府下诸吏以起家"，可见他们基本服务于藩镇幕府。柳开甚至认为，这一现象直到宋太祖时才逐渐改观。这与其他地区士人多以幕府为跳板，之后被重新纳入中央铨选有很大不同。唐末五代梁晋

---

① 刘琴丽指出唐后期仍有不少河北士人参加科举考试。诚如所言，但其认为河北对科举的重视程度与"内地"无异，则明显夸大。见《由科举仕进看中晚唐河北藩镇的地域文化》，《唐代举子科考生活研究》附录，北京：社会科学文献出版社，2010年，第318~344页。

② 录文见周阿根：《五代墓志汇考》六八，第172页；拓片见《北京图书馆藏中国历代石刻拓本汇编》第36册《五代十国》，第32页。案：录文误"六七十年"为"六十七年"。

相争，夹在其中的河朔藩镇自治局面渐次被打破，河北士人开始流布四方。天祐三年(906)幽州节度使刘仁恭为救援沧州，发管内所有男子从军，士人亦"黥其臂，文曰'一心事主'"，导致卢龙士人"例多黥涅"，被迫由文转武，或"伏窜而免"①。幽州地区的文人流亡相继，不少进入其他地区节帅幕府。唐末五代幽州地区的士人十分活跃②，正与此密切相关。学者们指出，五代时期来自河北地区的文臣武将在政权内部的比例不断提高，至后周已经超越河南、河东等地③。这正是由于河朔割据的打破，为河北人材的流动以及仕宦中央提供了条件。

地方士人尤其是唐后期的河北士人仕宦局限于当地，形成"魁垒之士多在外藩"④的局面，一方面是藩镇割据导致的，另一方面在当地世代为官的他们，又是藩镇割据的重要支柱。要想改变这种局面，在努力打破河朔藩镇割据的同时，朝廷还必须完全掌握地方人事权力。柳开家族成员中，柳承翰历官十一任，均为朝廷委任的州县官；柳承昫在魏州三十余年，则完全服务于天雄军幕府；柳承陟亦被天雄军节度使差摄大名府户曹参军。柳氏家族成员中朝廷委任与幕府辟署交错，正反映出五代时期河朔割据局面已被打破、但朝廷尚未完全掌握幕职州县官委任权、地方士人尚颇多仕宦于藩镇幕府的情况。而到了柳开兄弟出仕的开宝、太平兴国年间，地方人事权力已尽数收归中央，藩镇辟署者已非常少见。柳开兄弟均通过科举入仕，是朝廷除授的州县官员。柳氏家族仕宦的变化，正反映出地方士人从幕府僚佐向朝廷命官的转变过程。

对于仕宦于幕府还是朝廷，唐宋士人的看法有巨大差异。唐后期"游

---

① 《旧五代史》卷一三五《僭伪·刘仁恭传》，第2100页。
② 陆扬：《论冯道的生涯——兼谈中古晚期政治文化中的边缘与核心》，《唐研究》第19卷，2013年，第288~295页。
③ 河北士人的真实水平及何以能在五代宋初形成仕宦"优势"，何天白有细致讨论。《重塑河朔：五代至北宋前期河北的军事态势(907—1048)》，第115~136页。
④ 丁度：《大宋赠秘书少监王府君(璘)墓志铭并序》，郭茂育、刘继保：《宋代墓志辑释》二六，郑州：中州古籍出版社，2016年，第58~59页。

宦之士，至以朝廷为闲地，谓幕府为要津"①。宋人看法可以范仲淹之言为代表：

> 唐季海内支裂，卿材国士不为时王之用者，民鲜得而称焉。皇朝以来，士君子工一词，明一经，无远近直趋天王之庭，为邦家光。吾搢绅生宜乐斯时，宝斯时，则深于《春秋》者无所讥焉。

在范仲淹看来，假如仕宦于地方诸侯、藩镇幕府，"不为时王之用"，则无足称；只有"直趋天王之庭"的天子门生、朝廷命官，才"为邦家光"，士大夫应当珍惜能够服务天子的机会和提供这种机会的时代。因此范仲淹感叹孙鹗"奇文远策，而终于霸臣"②是值得哀吊之事。这种强烈的"尊君"、服务朝廷的意识，正反映出朝廷彻底掌握地方官员委任权后，士人观念发生的巨大变化。这一变化，是在宋廷努力与士人自觉共同作用下形成的。

三、地方士人对科举入仕态度的变化

柳氏家族对教育十分重视，家族八篇墓志中柳承翰、柳承远、柳承陟、柳闵、柳肩吾、柳辟六篇均提及墓主读书之事。典型如《柳承远墓志》：

> 我烈考御史（柳承翰）有异母季弟讳承远，出于贾夫人。耳病，无所闻。开王父讳舜卿，遁唐衰微，默处闾巷。季父五七岁，即李先生教读书画字。父既艰听，比常儿训倍力不尚。开王父月厚金偿先生，祷曰："儿虽此，愿生无倦诲。"父稚如石，授莫入焉。开王父每晨促起，提父手扶之抵先生所。……以是季父果知学。及长，善

---

① 封演撰、赵贞信校注：《封氏闻见记校注》卷三《风宪》，北京：中华书局，2005年，第25页。
② 范仲淹：《范文正公文集》卷一五《太府少卿知处州事孙公（鹗）墓表》，范能濬编、薛正兴点校：《范仲淹全集》，南京：凤凰出版社，2004年，第327~328页。

书，聪慧敦信，事诸兄如父。主缗钱千万，用子本为质，无欺终身，诸兄倚之不疑。克成我王父之志，孝矣！

柳承远"耳病，无所闻"，听力基本丧失。在这种情况下，柳舜卿仍坚持对其教育，柳氏家族对教育之重视可见一斑。承远最后"知学"、"善书"，乃至主持家业。吴处厚《青箱杂记》言："柳崇仪开家雄于财，好交结，乐散施，而季父（承远）主家，多靳不与。"①可兹为证。

自科举制度建立，教育的主要目的之一就是参加科举入仕。不过，柳氏家族成员对是否应举入仕，呈现出明显的代际差别。《柳承翰墓志》言：

> 年二十二，学诗于隐者孟若水，从万俟生授字学，为文章。瀛王道幼识先君，止之曰："君少为令，有绯，何须举进士乎？获一第，不过作书记，向人按傍求残食也。"先君纳之。

承翰十余岁"捧帝砚笔"，在唐庄宗帐下服务，当时冯道为庄宗霸府掌书记，② 二人当由此相识。承翰长兴年间（930—933）始为令，从"君少为令"来看，这段对话应发生在长兴年间，当时冯道为宰相。冯道劝柳承翰放弃科举的原因在于进士及第后仕宦前景一般，"不过作书记，向人按傍求残食也"。此事或为柳开杜撰，缘饰其父非进士出身之事；亦或因柳承翰文章水平有限，冯道不愿为其请托。③ 不过柳承翰未参加科举应属实，这依然表明当时科举并非所有士人的必然追求。

与承翰相比，承陟不仅对科举不感兴趣，亦排斥入仕。后汉宰相苏禹珪曾问承陟是否愿意出仕，承陟答曰：

---

① 吴处厚：《青箱杂记》卷六，第 63~64 页。
② 《旧五代史》卷一二六《冯道传》，第 1923~1924 页。
③ 何天白：《重塑河朔：五代至北宋前期河北的军事态势（907—1048）》，第 133 页。

学以仕也，以某观之，取公为喻。公，仕之达者也，何利焉？晨鼓未警先朝矣，暮鼓已严后归矣。能何惠及物？能何功宁邦？能何道佐君？能何术举善？能何法除奸？能何策御戎？独言必是，谁必从之？独谋必臧，谁必赞之？进退拳拳，善恶然然。动防止思，违忧徇疑。但不过为妻子作快乐，恣贪欲，亲朋宾仆外为气势，于身何利乎？公犹是，矧余屑屑曰官人者耶……某有兄贤孝不贰，读书乐道，终身不仕也。(《柳承陂墓志》)

承陂的回答非常值得注意。他指出，苏禹珪作为宰相，终日劳累，但既不能惠物宁邦，又不能佐君举善，亦无法除奸御戎，君主对其并非言听计从，同僚不能赞成其策，高居庙堂，尸位素餐，能起到的作用非常有限。宰相尚且如此，其他官僚可知，故承陂不愿出仕。这应是承陂早年观点，他后来摄大名府户曹参军。不过承陂之答直指当时士人面临的困境：传统的儒家教育是学而优则仕，达则兼济天下，而现实却是由于武人主政以及士人能力素质的缺陷，士人在时代需要面前又无能为力、无所作为。这种现实浇灭了不少士人的应举出仕之心。

到了柳开一辈，柳氏家族对科举入仕的态度发生明显变化。柳开堂兄肩吾积极应举，开宝三年(970)中举后，随即"献文章阙下，即授大名府法曹参军"(《柳肩吾墓志》)。柳开对科举功名更加热衷。为求显贵推荐发解，开宝五年先后上书魏州观察判官窦僖、翰林学士卢多逊。次年二月又上书知贡举李昉。柳开堂弟柳闵，亦热衷科举，《柳闵墓志》言：

应学究举，连上试登第。洎进名，而名不在榜中，谓之御笔勾落，频岁此者三。我烈考苦君不第，命日者以数穷之，云："君年二十有八有禄。"太平兴国二年，果始策名。

柳闵多次参加科举，直到太平兴国二年(977)宋太宗大幅增加录取名额，方才中第。其中柳承翰对科举态度的转变值得注意。承翰早年并未应举，此时对子侄应举却十分重视，乃至卜卦算命。柳氏家族对科举态度的转变，在柳辟身上体现得也很明显。《柳辟墓志》云：

> 先生生于仲父承昫田夫人，夫人怜之甚，为童儿时，学校中师不敢深诲之。及孤，年三十，见开与肩吾、冈成名，人羡之，乃自克意读书，日与文士游，作诗章句，孜孜然。

柳辟本不乐读书，三十岁（974年）时，看到兄弟之中柳肩吾、柳开相继中举成名，柳冈亦汲汲应举，为人羡慕，始"克意读书，日与文士游，作诗章句"。可惜数年之后，尚未中举，便已病逝。另外，柳氏家族第二、三代女性中，与进士联姻者亦不少：柳承远二女分别嫁进士刘去华、明经皇甫鹗（《柳承远墓志》），柳冈三女嫁进士卫旭、张景、董冠（《柳冈墓志》），充分反映了宋初柳氏家族对科举之重视。

柳氏家族对科举、入仕态度的代际差别，反映了当时地方士人家族发展的一般情况。"方五代之际，天下分裂大乱，贤人君子皆自引于深山大泽之间，以不仕为得。"①他们或隐居乡里、教授生徒，或习业于山林寺院②，乃至披缁入道。晁公武在谈到禅门五宗（洞下、云门、法眼、沩仰、临济）兴盛时指出：

> 五宗学徒遍于海内，迄今数百年。临济、云门、洞下，日愈益盛。尝考其世，皆出唐末五代兵戈极乱之际。意者，乱世聪明贤豪之士，无所施其能，故愤世嫉邪，长往不返，而其名言至行，譬犹联珠叠璧，虽山渊之高深，终不能掩覆其光彩，而必辉润于外也。故人得而著之竹帛，固有遗轶焉。③

---

① 陆游撰、李建国点校：《南唐书》卷四《宋齐丘传论》，《五代史书汇编》第9册，第5498页。当然这种说法容有夸大，当时的士人未必真的"以不仕为得"，更多的情况应是世乱导致他们被迫隐居不仕。

② 严耕望：《唐人习业山林寺院之风尚》，原载《史语所集刊》第30本，1959年，收入《严耕望史学论文集》，第886～931页。

③ 晁公武撰、孙猛校证：《郡斋读书志校证》卷一六《子部·释书类·景德传灯录》，上海：上海古籍出版社，1990年，第784页。

隐居山林寺院者成为佛教发展的推动者，活跃于乡村间里的地方士人，则是地方上的文化传播者。就柳氏家族来说，柳承翰"学诗于隐者孟若水，从万俟生授字学，为文章"（《柳承翰墓志》）；有耳病的柳承远从李先生读书写字；柳承陟学习于来自衡山的"诗者韦鼎"，"从之游，得其旨"（《柳承陟墓志》）；柳开从老儒赵生处得韩愈之文（《柳开行状》）；柳闵"年十七，授《书》《易》胶东胡生，通诵之"（《柳闵墓志》）。孟若水、万俟生、李先生、赵先生、胡先生等都是隐居乡里、教育一方的地方士人。唐末五代，像他们这样在地方的文化传播者不在少数。如宋州楚丘县人戚同文：

> 始，闻邑人杨悫教授生徒，日过其学舍，因授《礼记》，随即成诵，日讽一卷，悫异而留之。不终岁毕诵五经，悫即妻以女弟。自是弥益勤励读书，累年不解带。时晋末丧乱，绝意禄仕，且思见混一，遂以"同文"为名字。悫尝勉之仕，同文曰："长者不仕，同文亦不仕。"悫依将军赵直家，遇疾不起，以家事托同文，即为葬三世数丧。直复厚加礼待，为筑室聚徒，请益之人不远千里而至。登第者五六十人，宗度、许骧、陈象舆、高象先、郭成范、王砺、滕涉皆践台阁。①

杨悫、戚同文绝意禄仕，教授乡里，戚同文教育成果尤其显著。又石昂：

> 家有书数千卷，喜延四方之士，士无远近，多就昂学问，食其门下者或累岁，昂未尝有怠色。而昂不求仕进。②

又窦禹钧，蓟州渔阳人，即《三字经》中"教五子，名俱扬"的窦燕山。教子有方，五子中"仪至礼部尚书，俨礼部侍郎，皆为翰林学士；侃左补阙，偁左谏议大夫、参知政事，僖起居郎"。他对地方教育颇为用心：

---

① 《宋史》卷四五七《戚同文传》，第 13418 页。
② 《新五代史》卷三四《石昂传》，第 420 页。

于宅南构一书院四十间，聚书数千卷，礼文行之儒，延置师席。凡四方孤寒之士贫无供须者，公咸为出之，无问识不识。有志于学者，听其自至。故其子见闻益博。凡四方之士，由公之门登贵显者，前后接踵来拜公之门，必命左右扶公坐受其礼。及公之亡，蒙恩深者，有持心丧三年，以报其遗德。①

这些隐居乡里、教授地方的士人，承担着传播文化的职责，是这一时期教育趋于社会化、知识普及的重要原因。在"五代之际，儒学既擯"的背景下，他们"治术业于间巷"，虽"文多浅近"②，并非硕学大儒，却是乱世中文化教育的坚守者，是动乱中斯文不绝如缕的主要原因。天水一朝，文教昌盛，上规汉唐，下开明清，与唐末五代地方士人的坚忍苦节、隐居避地以延续文化血脉密切相关。

宋朝建立后，随着统一完成，战乱消弭；宋太祖提倡武臣读书，感叹"宰相须用读书人"③；太宗对文化、科举尤其重视，取士人数大幅增加，中举后仕宦前景广阔。士人期待已久的"太平盛世"到来，隐居避世者纷纷出仕。如阎象：

生汉、晋之间，遭世多虞，虽出将家而不喜战斗；独好学，通三《礼》，颇习子、史，为文辞……以三《礼》教授弟子。大宋受命，天下将平，公乃出，以三《礼》举中建隆某年某科。④

---

① 范仲淹：《范文正公别集》卷四《窦谏议录》，《范仲淹全集》，第455~456页。
② 曾巩撰，陈杏珍、晁继周点校：《曾巩集》卷一二《先大夫集后序》，北京：中华书局，1984年，第194页。
③ 《长编》卷七，乾德四年五月，第171页。不过这只是宋太祖的"说法"，太祖朝宰相并非选任儒者，而是兼具吏干、亲信之人。参邓小南：《祖宗之法：北宋前期政治述略》，第157~165页。
④ 欧阳修：《居士集》卷二〇《金部郎中赠兵部侍郎阎公（象）神道碑铭》，李逸安点校：《欧阳修全集》卷二〇，北京：中华书局，2001年，第320页。

曲阜作为孔子故里，当地士人对出仕态度的变化，尤其值得注意。"分裂大坏如五季，文物荡尽，而鲁儒犹往往抱经伏农野，守死善道，盖五十年而不改也。"北宋建立后：

> 太祖皇帝起平祸乱，尽屈良、平、信、越之策，休牛马而弗用，慨然思得诸生儒士与议太平。而鲁之学者始稍稍自奋垄亩，大裾长绅杂出于戎马介士之间。父老见而指以喜曰："此曹出，天下太平矣。"方时厌乱，人思复常，故士贵，盖不待其名实加于上下，见其物色士类，而意已悦安之。此儒之效也。①

鲁儒"大裾长绅杂出于戎马介士之间"，正反映出北宋初建时五代未远、士人已出之场景。

随着时局稳定、文治兴起，不仅隐居者纷纷出仕，其他社会各阶层也开始以科举为业。王子舆家世豪杰，居于中原王朝与吴唐边境的沂、密地区，祖、父为沿边八寨都指挥使，保卫乡里。周世宗占领淮南十四州之后，沂、密成为内地，王子舆之父"始去兵即农，厚自封植"②。太平兴国八年（983），子舆举进士③。此为军人子弟改习科举者。又李咸让（940—1012），"生五代之季，遭天下兵荒，而能勤身节用，以货自力，用治生取予之术……而资用益饶，遂为丰家焉"。知其为五代宋初的成功商人。致富之后，"遂退居里巷，以顺适其情，惟务收图书、教子弟为事居"。其子"遂退而治《春秋》学"，"以明经三上中第"④。此为商人子弟改习科举者。其他例子甚多，不枚举。可以看出，在社会安定、文治兴起

---

① 晁补之：《鸡肋集》卷三四《张穆之〈触鳞集〉序》，《景印文渊阁四库全书》第1118册，第659页。
② 王禹偁：《小畜集》卷二九《累赠太子洗马王府君墓志铭并序》，第12b~15a页。
③ 《宋史》卷二七七《王子舆传》，第9430页。
④ 杜彤华：《延津县出土的宋代〈李君墓碣〉》，《中原文物》1990年第4期，第71~72页。未见墓志全文及拓片。

的时代背景下，读书应举成为社会各阶层的共同追求。

宋初地方士人对科举入仕态度的转变，是多方面因素促成的。首先，随着宋朝统一，战乱基本消弭，士人因世乱隐居者大为减少。其次，宋初统治者鉴于唐末五代教训，倡导文治以抑制武人权势，宋太祖对读书的提倡，太宗大幅度增加科举录取人数，鼓励了士人应举出仕的热情；武人主政局面终结，士人能够施展的空间增加。第三，到了宋初，地方人事权力包括幕职官、州县官委任权基本收归朝廷，士人入仕的途径和能够出任的职位明显增加。由此地方士人应举出仕的热情大大高涨。

柳开家族并非五代宋初重要士人家族，但其在五代宋初的发展，展示了当时士人活动的诸多层面。其中，既有因世乱隐居不仕、无意应举的一面，亦有调整自身角色，由文转武，积极仕进的一面，对科举入仕的态度也呈现出明显的代际差异。柳氏家族的不同面向及其变化，对于观察唐末五代宋初地方士人的活动，提供了重要线索。赵效宣总结道，乱离之际，士人"弃官归隐者有之，皈依沙门者有之，死守中原隐居故地者有之，佯狂不问世事者有之，居家教子授徒者有之，抱经伏农野死守善道者有之"①。到了宋初，随着局势稳定、文治兴起，士人的仕进之路大大拓宽，地方士人对科举入仕的态度明显高涨，纷纷应举入仕。柳开兄弟、子侄辈的应举入仕，正反映了时代潮流的变化。可见柳开家族是观察唐末五代宋初地方士人活动的最佳案例。

地方士人活动的诸多层面，也显示出他们与藩镇的复杂关系。节帅地方权力结构中，地方士人是其中重要一环。节帅通过联姻、辟署、礼遇等方式将他们纳入以自己为核心的权力结构，使其成为协助自己处理地方事务、扩张权力界限、加强地方控制的重要力量。唐末大乱导致藩镇成为当时的政治主角，士人仕进之途骤然狭窄，出任幕府僚佐、效力

---

① 赵效宣：《五代兵灾中士人之逃亡与隐居》，《新亚书院学术年刊》第 5 期，第 327～328 页。

军门，成为士人进身的主要途径之一，这使节帅与地方士人的结合更加紧密，形成"魁垒之士多在外藩"的局面。为改变这种局面，五代宋初朝廷在扩大幕职官朝除范围的同时，也通过举荐幕职官为升朝官的方式从幕府吸纳优秀人才。宋太祖时朝廷基本掌握了地方人事权力，地方士人在仕宦方面也完成了幕府僚佐向朝廷命官的转变。使府僚佐对节帅和朝廷的态度也随着朝藩力量对比而变化，当效忠节帅就必须与朝廷对抗时，他们很可能出于安定本地的考虑，转而向朝廷靠拢，柳承昫正是如此。地方士人出任僚佐、效力军门、由文转武，在积极调整自身角色的同时，也影响到其他相关政治人群，带来了文武双方的调整和转变。乱世中他们对文化的坚守和传播教育的贡献，保存了文化血脉，扩大了基层受教育人群，是宋初文治兴起、文化复兴的前提。文治兴起、文化复兴，又拓宽了士人的仕途前景，鼓励了他们应举出仕的热情，为最终扭转文武关系、终结武人政治、走出"藩镇时代"提供了重要条件。

本章小结

节帅是藩镇权力结构的核心。不同藩镇、不同节帅的地方经营既有相似之处，也会因中央控制的强弱、地方问题的特点、节帅个人的素质、经营时间等的不同，呈现出较大差异。本章选择张全义洛阳经营为个案进行研究，主要是因其独特性。首先，张全义洛阳经营长达四十年，唐末五代罕有其比。其次，张全义经营洛阳期间，洛阳先是置佑国军节度，又三次建都，藩镇与京师底色交错，对洛阳城建设、张全义的社会关系网络等影响深远。就洛阳城兴建而言，都洛期间建设重点是宫城，其他时期则以南市附近为重点；主导者也从张全义转变为朝廷。随着张全义发迹，其家族成员普遍出仕，婚姻对象也经历了从平民之家到高官显贵和士人的转变。就社会关系网络而言，与其他节帅类似，张全义通过联姻、辟署、推荐等方式，强化与河南府僚佐的私人关系，形成以张全义为核心，包括家族、亲属、僚佐、门吏、交游等在内的关系网。同时，洛阳都城的地利优势，使张全义在吸纳衣冠清流方面，有着其他藩镇无可比拟的优势。总之，京藩二重底色给张全义的洛阳经营带来多方面影响，使其成为唐末五代历史的独特存在。

地方士人是藩镇体制的重要政治人群，柳开家族是其典型代表。柳氏家族成员任官既有文职、武职，亦有由文转武者。柳开父辈任官中朝廷除授与幕府辟署者交错，仕宦区域集中于魏博六州；兄弟子侄辈则均为朝廷除授之官员，任职区域遍布全国。这两点反映了十世纪华北地方士人家族发展的一般情况。唐末五代世乱之下，地方士人或逃亡隐居，教授乡里；或因仕途狭窄，为求仕进被迫由文转武，效力军门，尤以服务藩镇幕府者居多。到了宋初，随着国家统一、文治兴起，士人仕途前景广阔，隐居不仕者纷纷应举出仕。同时，五代宋初朝廷逐渐收回地方人事权力，幕府僚佐也基本转变为朝廷命官。以柳开家族为线索，我们可以观察到地方士人政治抉择、家族发展的诸多层面及其与时代变迁的复杂关系。

张全义和柳开家族，一活跃于唐末五代前期，一活跃于五代后期宋初；一身居节度使高位，一为地方州县官，正是藩镇时代不同时期、不同阶层的见证者和参与者。二者代表的节帅和地方士人群体相互关系也十分密切。节帅通过联姻、辟署、礼遇等方式将地方士人纳入自己的权力结构，使其成为协助节帅处理地方事务、扩张权力界限、加强地方控制的重要力量。唐末动乱导致士人仕进之途骤然狭窄，出任幕府僚佐成为士人进身的主要途径之一，这使节帅与地方士人的结合更加紧密，形成"魁垒之士多在外藩"的局面。为改变这种局面，五代宋初朝廷努力扩大幕职官朝除范围，宋太祖时朝廷已完全掌握了地方人事权力，地方士人在仕宦方面也完成了从幕府僚佐向朝廷命官的转变，由此节度使和藩镇幕府僚佐一起退出了历史舞台。

结　论

　　藩镇问题是唐宋历史的核心问题之一。与前人多以朝藩关系为重点不同，本书从朝廷、藩镇、州郡三个层面，方镇为国、藩镇州郡化两个维度，将制度变迁与政治人群活动结合起来，重绘了十世纪藩镇的不同层面。行文至此，本书需要先对十世纪藩镇变化作一总结，然后就十世纪地方行政的调整对宋代乃至中国古代地方行政制度的影响做一简要回答。

一

　　黄巢起义后，唐廷统治秩序崩溃，朝廷基本失去对藩镇控制，大小藩镇割据自立，相互攻伐，节度使自署官吏，强化对本镇控制，如张全义在洛阳就构建起以自身为核心，包括亲属、僚佐、交游等在内的相对封闭的权力结构。在这种情况下开启建国道路的朱温、李克用等，面临着诸多强劲对手。朱温采取先征服河南，再出兵河北、关中的策略，势力稳步发展。朱温建国前所统藩镇可分为直辖镇、属镇、附镇三种。直辖镇军队、财赋由朱温直接掌握；属镇节度使由朱温任命，其军队、财赋由朱温调发；附镇节帅则非朱温任命，朱温亦无力干预其内政，其对朱温的支援力度取决于朱温对该镇的影响。与朱温相似，后唐建国前，李克用、李存勖所辖藩镇亦包括直辖镇、属镇、附镇三种。但二者亦有明显差异。朱温通过设立跨使府机构和人员，将直辖四镇凝聚起来，打造了一个以宣武为核心的强大直辖区；李存勖则通过兼领河东、魏博、幽州、成德四个强藩，建立起对属镇和附镇的实力优势。朱温属镇节度使比较多元，任期较短；李存勖属镇节度使选任则相对保守，以李克用假子为主，任期多为终身制，属镇节帅对本镇控制较高。朱温积极变附镇为属镇，李存勖父子对此则不甚热心。两朝建国道路的不同，对二者朝藩关系影响深远。

后梁建国后，推行藩镇军队禁军化政策，确立并进一步扩大中央对藩镇的军事优势；方镇分割继续进行，以削弱单个方镇能动员的资源。不过梁末帝对强藩魏博的分割以失败告终，魏博转投李存勖，导致梁晋争霸局势逆转。后梁在地方人事权方面的进展尤其值得注意，朝廷完全掌握了节度使委任权，并频繁移代，以防他们与地方军人集团紧密结合；州郡长官包括唐后期主要由藩镇委任的知州，后梁亦全部由朝廷除授；唐后期幕职官主要由藩镇辟署，后梁则大多纳入朝除范围。在掌握地方人事权的基础上，梁廷重新确立了支郡与观察使的关系，刺史专决州务，州郡与朝廷的公务直达也取得明显进展，租庸使甚至直帖州郡。这些措施，大大加强了对藩镇的控制。正因为如此，唐末朱温诛杀宦官、废诸道监军使后，后梁不再设藩镇监军，只在行营中设置由皇帝近臣充任都监监督军队。

后唐灭梁后，藩镇州郡化不同措施的走向呈现出较大差异。唐庄宗继续推行藩镇军队禁军化政策，中央对地方的军事优势进一步扩大。租庸使孔谦延续后梁租庸使的做法，直帖支郡以最大限度地征集财赋。但另一方面，唐庄宗调整了后梁朝廷除授幕职官的做法，后唐朝廷仅保留行军司马、节度副使、两使判官等高级幕职官委任权，其他幕职官则改由藩镇奏荐、自辟。同时，同光二年（924）铨选失败导致"诸道州县皆是摄官"，朝廷在地方人事权方面出现倒退。在这种情况下，庄宗恢复宦官监军使，试图强化对地方的控制，但并未收到预期效果。唐明宗即位后，废除了藩镇最为不满的宦官监军使以及租庸使直帖州郡的做法，屯驻都监担负起监督地方之责。但相对于宦官监军使，屯驻都监的权力大大萎缩，人选也改由内职、武将充任。

藩镇州郡化在后梁、后唐之际的变动，从表面上看是唐庄宗"中兴唐祚"后，欲恢复"本朝旧制"所致，实际上是不同统治模式的碰撞。自中和三年（883）朱温、李克用分别被唐廷任命为宣武军、河东军节度使，至同光元年（923）后唐灭梁，朱梁在河南、李克用父子在河东河北经营四十年，二者的统治模式尤其是藩镇政策有巨大差异。唐庄宗灭梁后，两种统治模式开始碰撞，庄宗企图以河东河北之制"规范"河南之制。但这种"规范"并非完全放弃河南之制，而是有选择和反复的。重新设置诸道宦官监军使，是以河东之制规范河南之制；幕职官从后梁的朝廷除授为主改为藩镇奏荐、自辟为主，是以河东河北之制规范河南之制；租庸使直帖州郡，则是采取后梁之制；河南地区的征服，为节帅移代提供了空间，后唐建国前节帅终身制问题基本解决，亦是向后梁之制靠拢。唐明宗即位后，废诸道监军使，重新以武将都监担任行营监军，是从河东之制向后梁之制回归；废除租庸使直帖州郡的做法，则是舍弃河南之制，回归河东河北之制。因此，后唐时期朝藩关系的波折往复，其实质是晋国河东河北之制与朱梁河南之制的碰撞，是不同地区统治模式融合过程中出现的现象，是为了在北方造就"一元化"的藩镇政策。总体而言，河南之制代表着藩镇州郡化的方向，河南在藩镇州郡化进程中也领先于河东河北。此后以河南之制整合河东河北地区成为五代王朝藩镇政策的重要方向。

后梁、后唐建立后，朝廷已完全确立起对藩镇的军事优势，并基本掌握州郡长官委任权，幕职州县官的朝除范围也比唐后期明显扩大，两税及附加税、榷税、商税等均系省，地方财政基本被纳入朝廷控制范围。至此藩镇已成为肢体之患。但由藩镇军队转变而来的中央禁军，深受骄兵困扰，军乱频仍，多次引起政权、皇位更迭。契丹王朝的崛起，也影响到五代政权更迭。清泰三年（936），河东节度使石敬瑭就因得到契丹援助，得登大宝。而称臣契丹之举，在当时的政治语境中，则是以华夏事"夷狄"，举国以为耻，导致后晋建立的合法性大打折扣。这使石敬瑭的政治威信一直无法确立，一方面对藩镇防范备至，千方百计削弱藩镇实力,另一方面在面对藩镇挑战时又缺乏自信,姑息纵容。而藩镇对石敬瑭,则充满了鄙夷与艳羡的复杂心态,放手一搏者不断涌现,实力平平的成德节度使安重荣亦由此发出"天子,兵强马壮者当为之,宁有种耶"的狂言。

不过,后汉以降,中原王朝内部不复有效法石敬瑭者,契丹对五代政权更迭的影响下降,禁军成为更关键的因素,主导了后周、北宋王朝的建立。周世宗高平之战后对禁军的整顿,部分缓解了骄兵问题;后周宋初对禁军统辖机关的改革和禁军将领调整,又基本解决了"国擅于将"的问题。与此同时,后周在地方人事权和直属州方面也取得明显进展。朝廷在努力限制州县摄官的同时,于显德二年(955)将大多数藩镇奏荐、自辟的幕职官纳入朝除范围。直属州的数量亦显著增多,超过境内州郡总数的五分之一,成为瓦解藩镇体制的重要措施。

到了宋初,藩镇州郡化进程大大加快,宋太祖、太宗采取多种措施彻底瓦解藩镇体制。宋初藩镇州郡化措施多仍五代之旧,不同措施的次第先后亦与五代的实施情况密切相关。周世宗时幕职官朝除范围已大大扩展,乾德二年(964)宋太祖遂全部改为朝除,同年《少尹幕职官参选条件》出台,宋代幕职州县官体系正式形成。周世宗时不少直属州来自新拓疆土,宋初延续其做法,统一过程中废除了各国的藩镇体制,新入州郡基本为直属州。随着宋朝统一进程的推进,境内直属州数量大大超过藩镇支郡,废支郡条件成熟。太平兴国二年(977)宋太宗下诏废除所有支郡,藩镇体制瓦解。与此同时,州郡权力结构亦在不断调整中。文臣知州随着宋朝统一进程,在南方新拓疆土中率先全面实施,北方地区的实施情况则与藩镇实力密切相关,大致顺序是淮南、关中、河东、河南、河北。真宗即位后,知州制完全取代刺史制,遥郡、正任序列亦随之形成。财政方面,五代朝廷已将两税及附加税、榷税、商税等地方大宗收入系省,地方政府能够获取的合法收入仅有公使钱和经商盈利收入,以及赋税代征环节的渔利。北宋建立后,宋太祖先是以常参官监仓场库务,宋太宗即位后以使臣全面掌管仓场库务,彻底扭转了藩镇以军将监仓场库务的局面，也缓解了场务官渔利问题，监当官体系形成。州军财政也全面纳入三司国计体系，省司实现对地方系省钱物的有效掌控，"制其钱谷"基本得到落实。军政方面，宋初屯驻都监完成从监军向统兵官的转变，掌握了部分地方统兵权，地位一度上升，但随着藩镇军队禁军化，地位又很快下降。州郡权力结构调整完成后，宋初州郡确立起知州通判掌民政、监当掌仓场库务、都监掌兵的分权体制。藩镇州郡化至此基本完成。

宋初藩镇州郡化的快速推进，给地方政治人群带来很大影响。很多节帅意识到朝廷彻底瓦解藩镇体制的意图，"识时务"者逐渐增多。朝廷基本掌握地方人事权力后，地方士人仕宦方面也完成从幕府僚佐向朝廷命官的转变。随着时局稳定、文治兴起，地方士人隐居避世者大大减少，应举出仕的热情高涨，彰显出包括藩镇州郡化在内的时代变局给士人政治抉择带来的巨大影响。

总而言之，十世纪藩镇的变化表现在两个方面，一是方镇为国，向上影响中央朝廷政治体制和人事；二是藩镇州郡化，在化解藩镇问题的同时又向下改造州郡体制。二者相互影响。后梁、后唐建国道路的差别，使二者的藩镇政策、藩镇州郡化情况呈现出较大差别；藩镇州郡化的进展又助推着藩镇问题的解决，使藩镇逐渐成为肢体之患，对政权更迭的影响下降。从历史进程来看，藩镇州郡化并非唐五代宋初朝廷的一以贯之的"既定目标"，也不是朝廷规划好蓝图、步步为营、稳步推进的，相关措施大多是朝廷在应对一次次藩镇挑战中不断生发而来；其进程也并非直线前进，亦有波折起伏。这些措施涉及多方面，起讫点不一，内容性质有别，针对的具体问题及其目标也不完全一致，不同时期朝廷施政重点也在变化。这种差别，既与王朝的政策选择及倾向有关，亦与统治集团构成及政治人群活动有关，也与制度的"路径依赖"及内外压力下造成的运行机制转换有关。但无数经验教训的积累，使得调整变革的思路渐趋明晰，不同措施最终交错成藩镇州郡化的时代潮流，彻底解决了安史之乱以来的藩镇问题。

二

　　方镇为国和藩镇州郡化使五代的朝藩关系相比唐后期发生了很大变化。方镇为国过程中，后梁、后唐聚集起强大的中央禁军，形成对地方的军事优势；藩镇州郡化又不断削减单个藩镇能动员的军事财政资源，导致朝藩差距日益扩大。由此，藩镇问题逐渐成为肢体之患，唐建中、元和年间朝藩之间高强度、长时间的军事对抗，在五代不复出现，五代朝藩对抗往往短则月余，长则一年，即见分晓。但另一方面，唐后期藩镇反叛中央的动乱基本以邀求节钺、追求世袭为目标，鲜有代唐之心者①，五代朝藩对抗中，以颠覆中央政权为目标的藩镇叛乱多很多。这既导因于五代不稳定的政治局势，也与方镇为国的示范效应有关。再次，唐后期藩镇僚佐基本由节度使辟署，地方军队由节帅在当地招募，由地方送使、留州财赋供给，朝藩界限相对清晰。而五代幕职官逐渐改为朝廷除授，地方屯驻了不少禁军和他镇军队，藩镇正额官员、军队由朝廷系省钱物供给，甚至节度使叛乱时也有不少朝除幕职官、禁军参与，朝藩边界趋于模糊。这是随着朝藩力量对比变化，朝廷积极干预藩镇事务的结果。

　　方镇为国和藩镇州郡化在化解藩镇问题的同时，也形塑了宋代的中央和地方政治体制。《宋史·职官志》言："宋承唐制，抑又甚焉。"②所"甚"之处，很大一部分源于藩镇体制。比如中枢体制中，与中书门下对掌文武大权的枢密院源于藩镇中门使③，后梁四镇管理机构建昌宫使、晋国魏博支度务使演变而来的租庸使则是三司的主要源头④。就官与差

---

① 张国刚：《唐代藩镇研究》（增订本），第 60～71 页。
② 《宋史》卷一六一《职官志一》，第 3768 页。
③ 樊文礼：《唐末五代的代北集团》，第 171～174 页。李全德：《唐宋变革期枢密院研究》，北京：国家图书馆出版社，2009 年，第 139～145 页。
④ 张亦冰：《唐宋之际财政三司职掌范围及分工演进考述》，《唐史论丛》第 28 辑，2019 年，第 1～26 页。

遣的分离而言，唐后期至宋初，中央职事官的虚衔化很大程度上是为了应对藩镇及其僚佐标志身份、待遇的需要，知州、知县的发展则是解决藩镇问题的重要措施。因此，藩镇与其他使职差遣一起，促成了独具特色的宋代官制体系的形成："其官人受授之别，则有官、有职、有差遣。官以寓禄秩、叙位著，职以待文学之选，而别为差遣以治内外之事。"①

藩镇州郡化也奠定了宋代地方行政体制的基调，即分权。宋太祖太宗"以防弊之政为立国之法"②，"事为之防，曲为之制"③，地方分权是其中重要一环。藩镇体制瓦解后，北宋州郡之上不再只设一个机构，而是有帅、漕、宪、仓四个平行机构，机构内部也并非均为单一长官。这些机构之间互不统属，分工分权，相互制衡。宋代以监司统辖州郡的同时，又保障州郡专达的落实，监司对州郡主要有监察之权，州郡上奏事务仍需中央处理。州郡权力结构方面，军政事务从州郡长官职权中剥离，改由兵马都监负责，通判作为州郡贰官，与知州共同负责民政财政事务。对监司、州郡权力结构、监司与州郡关系三方面的调整，在地方造就了彻底的分权体制，堵死了藩镇割据重现的可能；大大扩张了朝廷的有效行政幅度，使中央对地方的控制空前强化，宋代统治所达到的深度远迈前代。

不过，地方分权体制的确立在强化中央集权的同时，也存在诸多弊端，遭到宋人批评。举其要者有二：第一，州郡分权未区分边疆与内地，导致边防不振。咸平五年（1002），"洛苑使李继和言镇戎军控扼边要，望择防御、团练使莅之"，宋真宗曰：

> 屡有人言缘边州军，宜如往制，止除牧守。朕熟思之，但得其

---

① 《宋史》卷一六一《职官志一》，第 3768 页。
② 邓广铭：《宋朝的家法与北宋的政治改革运动》，原载《中华文史论丛》1986 年第 3 辑，收入氏著《邓广铭治史丛稿》，北京：北京大学出版社，1997 年，第 125 页。
③ 《长编》卷一七，开宝九年十月乙卯条，第 382 页。

人，斯可也。前代兵权民政，悉付方伯，其利害亦见矣。①

在李继和看来，以防御团练使为缘边州郡长官，"兵权民政，悉付方伯"才能更好御边，边地需要维持唐五代的州郡集权体制。而这恰恰是宋初统治者着意防范的。宋夏战争爆发后，宋军屡败，不少人开始建议恢复宋太祖御边之策，给予边将自主权，重建边郡集权体制，但并未被宋廷采纳。只有南宋初年和末年，宋廷生死存亡时，宣抚使、制置使、镇抚使等高度集权的地方体制才短暂出现。

第二，惩创唐末五代过甚，持续弱化地方，导致州县虚弱。对此，经历丧国之痛的南宋士人有更尖锐的批评。陈亮言：

> 五代之际，兵财之柄倒持于下，艺祖皇帝束之于上以定祸乱。后世不原其意，束之不已，故郡县空虚而本末俱弱。②

德祐元年(1275)，元兵南下，宋廷危在旦夕。文天祥赴任平江府前上疏，痛心疾首地指出：

> 宋惩五季之乱，削藩镇，建郡邑，一时虽足以矫尾大之弊，然国亦以寖弱。故敌至一州则破一州，至一县则破一县，中原陆沈，痛悔何及。③

总体而言，北宋士大夫对边地州郡分权批评较多，经历金人、元兵南下的南宋士人，对内地"州郡无兵无权"④的现象亦有强烈批评。

宋人的批评有一定道理，但边防不振和州县虚弱并不完全是藩镇州郡化导致的，更不是必然结果。宋初收兵权后，中央禁军作为最重要武

---

① 《长编》卷五三，咸平五年十月癸未条，第1156~1157页。
② 陈亮撰、邓广铭点校：《陈亮集》卷一《上孝宗皇帝第三书》，北京：中华书局，1987年，第13~14页。
③ 《宋史》卷四一八《文天祥传》，第12535页。
④ 黎靖德编：《朱子语类》卷一一〇《论兵》，第2708页。

力，是守边御辱的主要力量，边防不振主要源于宋朝的抑武政策和禁军的指挥、训练体制等问题，而非边郡长官权力是否集中。至于州县"虚弱"，则有一个不断变化的过程。宋初削藩过程中，"节度使之权归于州，镇员之权归于县"①。相较于"藩镇时代"，宋初州县民政权力实际上有所增强，地方财政收入虽基本系省，但上供之外，地方仍有相对充裕的财政资源。北宋中后期，随着宋夏战争的爆发和军队数量的增长，军事开支和养兵费用不断上升，朝廷对地方财赋的征调不断增加；地方冗官冗吏、厢军的增长，也使地方开支不断扩大，加剧了地方财政的紧张程度②。这实际上与宋初削藩关系不大，宋人的批评只是溯源而已。至于削藩应为三百年后的"中原陆沈"负责，就更无从谈起了。

三

由上可知，由唐到宋，随着藩镇问题的解决和藩镇州郡化的完成，地方行政体制经历了集权到分权的转变。如果将视野拉长会发现，这一转变不仅是唐宋之变，也是整个中国古代地方行政体制的转折。

唐代及以前，地方行政不论是二级制还是三级制，政区内部均为单一机构，机构内部单一长官；宋朝以降则不同。就高层政区来说，宋代高层政区有多个平行机构，机构内部也并非均为单一长官，高层政区机构之间分工合作又相互制衡。元代行省内部设有左丞相一员（非普遍设置）、平章二员、左右丞各一员、参知政事二员，机构内部"正官"多达六七名，公务处理实行群官圆议连署和分领制，用人上族群交参。行省内

---

① 司马光：《上仁宗论谨习》，见赵汝愚编、北京大学中国中古史研究中心点校：《宋朝诸臣奏议》卷二四《君道门·风俗》，上海：上海古籍出版社，2002年，第236页。

② 高聪明：《从"羡余"看北宋中央与地方财政关系》，《中国史研究》1997年第4期，第98~105页；包伟民：《宋代地方财政史研究》，第164~195页。

部的分工分权，使行省虽权大而不专①。明代高层政区机构再次变为多个，承宣布政使司、提刑按察使司、都指挥使司三司并立，互不统属。布政使司有左右布政使、左右参政各一人，左右参议无定员；按察使司有按察使一人，副使二人，佥事无定员；都司有都指挥使一人，同知二人，佥事四人。与宋代类似，明代高层政区同样是机构之间、机构内部分工分权，分权程度甚至高于宋代。当然政出多门、行政迂缓的弊端亦更甚，故后来逐渐形成以巡抚为中心的省级权力结构②。清代省级官员中，"总督专重兵制，巡抚专重吏制"③，学政负责学校与教育，布政使以民政事务为主，按察使掌司法监察④。

就统县政区来说，汉代郡太守、唐后期州刺史皆有军权；宋代以降，州府长官皆不掌兵，军政事务彻底从统县政区长官职权中剥离出去。官员设置方面，除僚佐外，汉唐统县政区只有长官一人，即太守、刺史；宋以降则否。宋代州有长官知州，贰官通判；元代府州皆有达鲁花赤，府有府尹或知府，州有州尹，州府皆有同知⑤；明代府有知府、同知、通判，州有知州、同知⑥；清代府有知府、同知、通判，州有知州、州同⑦。

综上，宋代以降，高层政区内部要么是多个机构并立，如宋明清，

---

① 参看李治安：《元代行省制度》，北京：中华书局，2011年，第25～62、923～945页。

② 杜婉言、方志远：《中国政治制度通史·明代卷》，北京：人民出版社，1996年，第197～210页。

③ 刘锦藻：《清朝续文献通考》卷一三二《职官考十八·总督巡抚》，上海：商务印书馆，1936年影印十通本，第8917页。

④ 郭松义等：《中国政治制度通史·清代卷》，北京：人民出版社，1996年，第180～194页。

⑤ 宋濂等：《元史》卷九一《百官志七》，北京：中华书局，1976年，第2317～2318页。

⑥ 张廷玉等：《明史》卷七五《职官志四》，北京：中华书局，1974年，第1849～1850页。

⑦ 赵尔巽等：《清史稿》卷一一六《职官志三》，北京：中华书局，1977年，第3356～3357页。

要么是单一机构而内部由多名官员负责,如元朝;甚至二者并举,即设置多个平行机构的同时,机构内部亦由多名官员负责,如明朝。统县政区也不再是汉唐的长官负责制,而是长贰负责,州郡长官均不掌兵权。可见藩镇州郡化完成后,宋代在高层政区和统县政区确立的分权体制,此后历代不同程度地延续下来。地方行政体系由集权到分权的转变,不仅是唐宋之变,也是整个中国古代地方行政体制的根本转折。地方分权体制的确立,基本解决了中国古代三级制或多级制下高层政区事权集中、容易尾大不掉的问题;对统县政区的控制也更加强化。

自秦朝中央集权建立,集权与分权就一直是中国古代史上的重要议题。对中国这样一个广土众民的国家而言,地方政府掌握着地方的人口、赋税、土地、地理、资源等基本信息,地方统治主要依赖地方政府,因此中央朝廷必须赋予地方政府足够的权力和资源。这包括两个层面,一是赋予的权力和资源大小,二是所赋予权力和资源的分配方式。在汉唐时代,地方行政不论是二级制还是三级制,朝廷赋予地方的都是相对完整的统治权力,包括民政、财政、司法甚至军政权力,这些权力又高度集中于长官个人。对于地方政府而言,尽管其合法性源于朝廷,官员升迁也受中央人事部门控制,但地方政府和官员都有自利倾向,如果不对其自利加以控制,地方苛政很可能引发民变乃至农民起义,地方长官亦可能谋求地方割据甚至颠覆中央。因此,中央朝廷一方面需要授予地方政府足够权力以强化地方统治,另一方面要监督地方政府,防止其自利倾向肆意蔓延、割据坐大,威胁王朝统治,由下而上的郡国上计以及由上而下的刺史、按察使巡视等,均因应这种需要产生。但受限于古代的交通和信息传递条件,这种监督到底能发挥多大作用,实际上很成疑问。经过十世纪的调整,到了北宋,首先朝廷赋予地方的权力和资源明显缩小,尤其是军事和财政方面;更重要的是所赋予权力和资源的分配方式发生了变化,同一层级设置多个机构或多名官员,共同分享相比唐后期节度使、刺史已经缩减不少的权力和资源。在朝廷收权与地方分权的共同作用下,北宋单个官员或机构所拥有的权力和能动员的资源大大下降。

这当然会带来机构叠床架屋、行政效率低下等问题，但在承平时代稳定至上的政治追求下，这些弊端相对而言是次要的，远远无法与可能的分裂割据相提并论。因此，地方分权自确定伊始，虽屡遭批评，却延续千年，一直是强化中央集权的重要措施。赵宋以降，不复出现地方反抗中央成功的例子，也未有严重的地方分裂割据发生。追根溯源，正彰显了十世纪地方行政制度调整的深远影响。

引用书目

（按作者音序排列）

（一）史籍

白居易：《白氏六帖事类集》，北京：文物出版社1987年影印傅增湘藏南宋绍兴刻本。

白居易撰、谢思炜校注：《白居易文集校注》，北京：中华书局，2011年。

包拯撰、杨国宜校注：《包拯集校注》，合肥：黄山书社，1999年。

晁补之：《鸡肋集》，《景印文渊阁四库全书》本，台北：商务印书馆，1986年。

晁公武撰、孙猛校证：《郡斋读书志校证》，上海：上海古籍出版社，1990年。

陈亮撰、邓广铭点校：《陈亮集》，北京：中华书局，1987年。

陈尚君：《全唐文补编》，北京：中华书局，2005年。

陈师道撰、李伟国点校：《后山谈丛》，北京：中华书局，2007年。

陈振孙撰、徐小蛮、顾美华点校：《直斋书录解题》，上海：上海古籍出版社，1987年。

程大昌撰，许沛藻、刘宇整理：《演繁露》，收入上海师范大学古籍整理研究所编：《全宋笔记》第4编第8、9册，郑州：大象出版社，2008年。

崔致远撰、党银平校注：《桂苑笔耕集校注》，北京：中华书局，2007年。

董诰等编：《全唐文》，北京：中华书局，1983年。

窦仪撰、吴翊如点校：《宋刑统》，北京：中华书局，1984年。

杜大珪：《新刊名臣碑传琬琰之集》，《中华再造善本》影印国家图书馆藏宋刻元明递修本，北京：北京图书馆出版社，2003年。

杜荀鹤：《杜荀鹤文集》，上海：上海古籍出版社2013年影宋蜀刻本。

杜佑撰、王文锦等点校：《通典》，北京：中华书局，1988年。

范仲淹撰、范能濬编、薛正兴点校：《范仲淹全集》，南京：凤凰出版社，2004年。

封演、赵贞信校注：《封氏闻见记校注》，北京：中华书局，2005年。

光绪《湖南通志》，《续修四库全书》影印光绪刻本，上海：上海古籍出版社，2002年。

何光远：《重雕足本鉴诫录》，《中华再造善本》影宋刊本，北京：北京图书馆出版社，2004年。

洪迈撰，孔凡礼点校：《容斋随笔》，北京：中华书局，2005年。

乐史撰、王文楚等点校：《太平寰宇记》，北京：中华书局，2007年。

李昉等编：《太平御览》，北京：中华书

局，1960年。

李昉等编：《文苑英华》，北京：中华书局，1966年。

黎靖德编、王星贤点校：《朱子语类》，北京：中华书局，1986年。

李林甫等撰、陈仲夫点校：《唐六典》，北京：中华书局，1992年。

李商隐撰，冯浩详注，钱振伦、钱振常笺注：《樊南文集》，上海：上海古籍出版社，1988年。

李焘：《续资治通鉴长编》，北京：中华书局，2004年。

李心传撰、徐规点校：《建炎以来朝野杂记》，北京：中华书局，2000年。

李攸：《宋朝事实》，《丛书集成初编》据聚珍版排印，上海：商务印书馆，1936年。

刘昌诗：《芦浦笔记》，《知不足斋丛书》本。

刘崇远：《金华子杂编》，《景印文渊阁四库全书》本。

刘锦藻：《清朝续文献通考》，上海：商务印书馆，1936年影印十通本。

柳开：《河东先生集》，《四部丛刊》景旧抄本。

刘昫：《旧唐书》，北京：中华书局，1975年。

刘禹锡、卞孝萱校订：《刘禹锡集》，北京：中华书局，1990年。

隆庆《赵州志》，收入《天一阁藏明代方志选刊》，上海：上海古籍书店，1962年。

陆游撰、李建国点校：《南唐书》，收入傅璇琮等主编：《五代史书汇编》第9册，杭州：杭州出版社，2004年。

路振撰，吴在庆、吴嘉骐点校：《九国志》，收入傅璇琮等主编：《五代史书汇编》第6册。

吕祖谦撰、黄灵庚等编：《吕祖谦全集》，杭州：浙江古籍出版社，2008年。

马端临撰，上海师范大学古籍研究所、华东师范大学古籍研究所点校：《文献通考》，北京：中华书局，2011年。

民国《潍县志稿》，《中国地方志集成·山东府县志辑》第40~41册，南京：凤凰出版社，2004年。

欧阳修、宋祁：《新唐书》，北京：中华书局，1975年。

欧阳修：《新五代史》，北京：中华书局，2015年修订版。

欧阳修撰、李逸安点校：《欧阳修全集》，北京：中华书局，2001年。

欧阳詹：《欧阳行周文集》，《四部丛刊》景平湖葛氏传朴堂藏明刊本。

庞元英撰、金圆整理：《文昌杂录》，收入朱易安、傅璇琮主编：《全宋笔记》第2编第4册，郑州：大象出版社，2006年。

钱俨撰、李最欣点校：《吴越备史》，收入傅璇琮等主编：《五代史书汇编》第10册。

上海古籍出版社、法国国家图书馆编：《法国国家图书馆藏敦煌西域文献》第14、17册，上海：上海古籍出版社，2001年；第24册，2002年。

《尚书正义》，阮元校刻《十三经注疏》，北京：中华书局，1980年。

司马光撰，邓广铭、张希清点校：《涑水记闻》，北京：中华书局，1989年。

司马光：《资治通鉴》，北京：中华书局，1956年。

宋濂等：《元史》，北京：中华书局，1976年。

宋敏求编：《唐大诏令集》，北京：中华书局，2008年。

宋敏求撰、诚刚点校：《春明退朝录》，

北京：中华书局，1980年。

苏辙撰，陈宏天、高秀芳点校：《苏辙集》，北京：中华书局，1990年。

孙逢吉：《职官分纪》，《景印文渊阁四库全书》本。

孙光宪撰、贾二强点校：《北梦琐言》，北京：中华书局，2002年。

脱脱 等：《宋史》，北京：中华书局，1985年。

王夫之撰、舒士彦点校：《读通鉴论》，北京：中华书局，1975年。

王溥：《唐会要》，上海：上海古籍出版社，2006年。

王溥：《五代会要》，上海：上海古籍出版社，1978年。

王钦若等编：《册府元龟》，北京：中华书局，1960年影明刊本。

王钦若等编：《宋本册府元龟》，北京：中华书局，1989年。

王益之：《历代职源撮要》，《续修四库全书》影印上海古籍出版社藏民国三年张氏刻适园丛书本。

王栐撰、诚刚点校：《燕翼诒谋录》，北京：中华书局，1981年。

王禹偁：《小畜集》，《四部丛刊》影印江南图书馆藏经鉏堂钞本。

魏徵、令狐德棻：《隋书》，北京：中华书局，1973年。

吴处厚撰、李裕民点校：《青箱杂记》，北京：中华书局，1985年。

吴刚编：《全唐文补遗》第9辑，西安：三秦出版社，2007年。

吴刚编：《全唐文补遗·千唐志斋新藏专辑》，西安：三秦出版社，2006年。

吴兢撰、谢保成集校：《贞观政要集校》，北京：中华书局，2009年。

夏竦：《文庄集》，收入四川大学古籍整理研究所编：《宋集珍本丛刊》，北京：线装书局，2004年。

谢维新：《古今合璧事类备要》，《中华再造善本》影宋刻本，北京：北京图书馆出版社，2003年。

辛文房撰、傅璇琮主编：《唐才子传校笺》，北京：中华书局，1990年。

徐松辑、高敏点校：《河南志》，北京：中华书局，2012年。

徐松辑、刘琳等点校：《宋会要辑稿》，上海：上海古籍出版社，2014年。

徐松撰、李健超增订：《增订唐两京城坊考》，西安：三秦出版社，2019年。

徐松撰、孟二冬补正：《登科记考补正》，北京：北京燕山出版社，2003年。

徐铉：《徐公文集》，《四部丛刊》景印黄丕烈校宋本。

薛居正等：《旧五代史》，北京：中华书局，2015年修订版。

杨仲良：《资治通鉴长编纪事本末》，台北：文海出版社1967年影印广雅书局本。

叶梦得撰、宇文绍奕考异、侯忠义点校：《石林燕语》，北京：中华书局，1984年。

叶适撰，刘公纯、王孝鱼、李哲夫点校：《叶适集》，北京：中华书局，2010年。

佚名编：《宋大诏令集》，北京：中华书局，1962年。

雍正《江西通志》，《景印文渊阁四库全书》本。

元结：《唐元次山文集》，《四部丛刊》景印傅增湘双鉴楼藏明正德郭氏刊本。

元稹撰、周相录校注：《元稹集校注》，上海：上海古籍出版社，2011年。

曾巩撰，陈杏珍、晁继周点校：《曾巩集》，北京：中华书局，1984年。

曾巩撰、王瑞来校证：《隆平集校证》，北京：中华书局，2012年。

曾枣庄、刘琳编：《全宋文》，上海：上海辞书出版社，合肥：安徽教育出版社，2006年。

张齐贤撰、俞钢整理：《洛阳缙绅旧闻记》，收入朱易安、傅璇琮等主编：《全宋笔记》第1编，第2册，郑州：大象出版社，2003年。

张世南撰、张茂鹏点校：《游宦纪闻》，北京：中华书局，1981年。

长孙无忌撰、刘俊文笺解：《唐律疏议笺解》，北京：中华书局，1996年。

张廷玉等：《明史》，北京：中华书局，1974年。

赵尔巽等：《清史稿》，北京：中华书局，1977年。

赵汝愚编、北京大学中国中古史研究中心点校：《宋朝诸臣奏议》，上海：上海古籍出版社，2002年。

赵翼撰、王树民校证：《廿二史札记校证》，北京：中华书局，1984年。

朱弁撰、孔凡礼点校：《曲洧旧闻》，北京：中华书局，2002年。

朱熹：《晦庵先生朱文公文集》，《四部丛刊》景明嘉靖刊本。

（二）石刻类

北京图书馆金石组编：《北京图书馆藏中国历代石刻拓本汇编》，郑州：中州古籍出版社，1989年。

陈长安主编：《隋唐五代墓志汇编·洛阳卷》，天津：天津古籍出版社，1991年。

伏琛：《储德充墓志》，美国洛杉矶艺术博物馆藏石，https://collections.lacma.org/node/184448。

伏琛：《储氏墓志》，洛阳古代艺术博物馆藏石。

郭茂育、刘继保：《宋代墓志辑释》，郑州：中州古籍出版社，2016年。

《后梁赠中书令刘鄩墓碑》，拓片见青岛刘树庆的新浪博客2012年9月21日博文：《偶翻检出（清代陈蕢声题跋）可补五代之缺的"梁赠中书令刘鄩"墓碑旧拓片》，http://blog.sina.com.cn/s/blog_a88946a301018azm.html。

胡戟、荣新江主编：《大唐西市博物馆藏墓志》，北京：北京大学出版社，2012年。

贾振林编：《文化安丰》，郑州：大象出版社，2011年。

李献奇、郭引强编：《洛阳新获墓志》，北京：文物出版社，1996年。

申光逊：《张继达墓志》，拓片见《书法丛刊》2006年第2期。

王昶：《金石萃编》，收入《石刻史料新编》第1辑，台北：新文丰出版集团，1977年。

王思礼主编：《隋唐五代墓志汇编·江苏山东卷》，天津：天津古籍出版社，1991年。

吴景山：《天水金石校释》，兰州：甘肃文化出版社，2017年。

谢光林：《洛阳北邙古代家族墓》，郑州：中州古籍出版社，2015年。

章红梅校注、毛远明审定：《五代石刻校注》，南京：凤凰出版社，2017年。

张希舜主编：《隋唐五代墓志汇编·山西卷》，天津：天津古籍出版社，1991年。

张永华、赵文成、赵君平编：《秦晋豫新出墓志蒐佚三编》，北京：国家图书馆出版社，2020年。

赵君平、赵文成编:《河洛墓刻拾零》,北京:北京图书馆出版社,2007年。

赵文成、赵君平编:《秦晋豫新出墓志蒐佚续编》,北京:国家图书馆出版社,2015年。

中国文物研究所、陕西省古籍整理办公室编:《新中国出土墓志·陕西贰》,北京:文物出版社,2003年。

周阿根:《五代墓志汇考》,合肥:黄山书社,2012年。

(三)专著

包伟民:《宋代地方财政史研究》,上海:上海古籍出版社,2001年。

岑仲勉:《隋唐史》,北京:中华书局,1982年。

陈长征:《唐宋地方政治体制转型研究》,济南:山东大学出版社,2010年。

陈明光、孙彩红:《隋唐五代财政史》,长沙:湖南人民出版社,2015年。

陈寅恪:《唐代政治史述论稿》,北京:生活·读书·新知三联书店,2001年。

陈智超:《解开〈宋会要〉之迷》,北京:社会科学文献出版社,1995年。

陈志坚:《唐代州郡制度研究》,上海:上海古籍出版社,2005年。

崔瑞德(Denis Twitchett)编:《剑桥中国隋唐史》(中译本),北京:中国社会科学出版社,1990年。

戴扬本:《北宋转运使考述》,上海:上海古籍出版社,2007年。

邓小南:《宋代文官选任制度诸层面》,北京:中华书局,2021年。

邓小南:《祖宗之法:北宋前期政治述略》,北京:生活·读书·新知三联书店,2006年。

杜婉言、方志远:《中国政治制度通史·明代卷》,北京:人民出版社,1996年。

杜文玉:《五代十国经济史》,北京:学苑出版社,2011年。

杜文玉:《五代十国制度研究》,北京:人民出版社,2006年。

樊文礼:《唐末五代的代北集团》,北京:中国文联出版社,2000年。

范学辉:《宋代三衙管军制度研究》,北京:中华书局,2015年。

方震华:《权力结构与文化认同:唐宋之际的文武关系(875—1063)》,北京:社会科学文献出版社,2019年。

冈崎精郎:《タングート古代史研究》,京都:京都大学東洋史研究會,1972年。

龚延明:《宋代官制辞典》,北京:中华书局,1997年。

勾利军:《唐代东都分司官研究》,上海:上海古籍出版社,2007年。

郭声波:《中国行政区划通史·唐代卷》,上海:复旦大学出版社,2012年。

郭松义等:《中国政治制度通史·清代卷》,北京:人民出版社,1996年。

郭正忠:《中国盐业史·古代编》,北京:人民出版社,1997年。

何灿浩:《唐末政治变化研究》,北京:中国文联出版社,2001年。

胡戟等主编:《二十世纪唐研究》,北京:中国社会科学出版社,2002年。

胡坤:《宋代荐举改官研究》,上海:上海古籍出版社,2019年。

淮建利:《宋朝厢军研究》,郑州:中州古籍出版社,2007年。

黄正建主编:《中晚唐社会与政治研究》,

北京：中国社会科学出版社，2006年。

蒋武雄：《辽与五代政权转移关系始末》，台北：新化图书有限公司，1998年。

久保田和男撰、郭万平译：《宋代开封研究》，上海：上海古籍出版社，2010年。

雷家圣：《宋代监当官体系之研究》，台北：花木兰文化出版社，2009年。

李碧妍：《危机与重构：唐帝国及其地方诸侯》，北京：北京师范大学出版社，2015年。

李昌宪：《宋代安抚使考》，济南：齐鲁书社，1997年。

李定广：《唐末五代乱世文学研究》，北京：中国社会科学出版社，2006年。

李锦绣：《唐代财政史稿》，北京：社会科学文献出版社，2007年。

李全德：《唐宋变革期枢密院研究》，北京：国家图书馆出版社，2009年。

李晓杰：《中国行政区划通史·五代十国卷》，上海：复旦大学出版社，2014年。

栗原益男：《五代宋初藩镇年表》，东京：东京堂，1988年。

李治安：《元代行省制度》，北京：中华书局，2011年。

李之亮：《北宋京师及东西路大郡守臣考》，成都：巴蜀书社，2001年。

李之亮：《宋川陕大郡守臣易替考》，成都：巴蜀书社，2001年。

李之亮：《宋福建路郡守年表》，成都：巴蜀书社，2001年。

李之亮：《宋河北河东大郡守臣易替考》，成都：巴蜀书社，2001年。

李之亮：《宋两广大郡守臣易替考》，成都：巴蜀书社，2001年。

李之亮：《宋两湖大郡守臣易替考》，成都：巴蜀书社，2001年。

李之亮：《宋两淮大郡守臣易替考》，成都：巴蜀书社，2001年。

李之亮：《宋两江郡守易替考》，成都：巴蜀书社，2001年。

李之亮：《宋两浙路郡守年表》，成都：巴蜀书社，2001年。

刘琴丽：《唐代举子科考生活研究》，北京：社会科学文献出版社，2010年。

吕思勉：《吕思勉读史札记》，上海：上海古籍出版社，1982年。

罗家德：《社会网分析讲义》（第二版），北京：社会科学文献出版社，2010年。

彭慧雯：《宋代幕职州县官之研究》，台北：花木兰出版社，2011年。

仇鹿鸣：《长安与河北之间：中晚唐的政治与文化》，北京：北京师范大学出版社，2018年。

日野开三郎：《唐代両税法の研究：本篇》，《日野开三郎东洋史学论集》第4卷，东京：三一书房，1982年。

日野开三郎：《五代史の基調》，《日野开三郎东洋史学论集》第2卷，东京：三一书房，1980年。

森部丰：《ソグド人の東方活動と東ユーラシア世界の歴史的展開》，大阪：关西大学出版部，2010年。

石云涛：《唐代幕府制度研究》，北京：中国社会科学出版社，2003年。

谭凯（Nicolas Tackett）撰、殷守甫译：《肇造区夏：宋代中国与东亚国际秩序的建立》，北京：社会科学文献出版社，2020年。

唐长孺：《魏晋南北朝隋唐史三论》，北京：中华书局，2011年。

陶懋炳：《五代史略》，北京：人民出版社，1985年。

王凤翔：《晚唐五代秦岐政权研究》，西

安：三秦出版社，2009年。

Wang Gungwu（王赓武），*Divided China：Preparing for Reunification 883-947*，New Jersey：World Scientific Pub. 2007.

Wang Gungwu（王赓武），*The Structure of Power in North China during the Five Dynasties*，Stanford，Cali：Stanford University Press，1967.

王赓武撰，胡耀飞、尹承译：《五代时期北方中国的权力结构》，上海：中西书局，2014年。

王苗：《唐代东都职官制度研究》，北京：经济管理出版社，2021年。

王勋成：《唐代铨选与文学》，北京：中华书局，2001年。

王曾瑜：《宋朝军制初探》（增订本），北京：中华书局，2011年。

吴廷燮：《唐方镇年表》，北京：中华书局，1980年。

吴廷燮撰、张忱石点校：《北宋经抚年表》，北京：中华书局，1984年。

吴宗国：《唐代科举制度研究》，北京：北京大学出版社，2010年。

项飙：《跨越边界的社区：北京"浙江村"的生活史》（修订版），北京：生活·读书·新知三联书店，2018年。

严耕望：《中国地方行政制度史》乙部《魏晋南北朝地方行政制度》，上海：上海古籍出版社，2007年。

郁贤皓：《唐刺史考全编》，合肥：安徽大学出版社，2000年。

曾我部静雄：《中国律令史の研究》，东京：吉川弘文馆，1971年。

张达志：《唐代后期藩镇与州之关系研究》，北京：中国社会科学出版社，2011年。

张国刚：《唐代藩镇研究》（修订本），北京：中国人民大学出版社，2010年。

张其凡：《五代禁军初探》，广州：暨南大学出版社，1993年。

张天虹：《中晚唐五代的河朔藩镇与社会流动》，北京：社会科学文献出版社，2021年。

赵冬梅：《文武之间：北宋武选官研究》，北京：北京大学出版社，2010年。

赵雨乐：《唐宋变革期之军政制度——官僚机构与等级之编成》，台北：文史哲出版社，1994年。

郑学檬：《五代十国史研究》，上海：上海人民出版社，1991年。

周伟洲：《早期党项史研究》，北京：中国社会科学出版社，2004年。

周振鹤：《中国地方行政制度史》，上海：上海人民出版社，2005年

竺乾威主编：《公共行政学》，上海：复旦大学出版社，2011年。

朱玉龙：《五代十国方镇年表》，北京：中华书局，1997年。

（四）论文

曹杰：《宋代武阶的演生》，北京大学博士论文，2020年。

曹流：《契丹与五代十国政治关系诸问题》，北京大学博士论文，2010年。

草野靖：《宋の通判と財政》，《東洋史学》第23辑，1961年。

陈峰：《柳开事迹与宋初士林的豪横之气》，《宋史研究论丛》第13辑，2012年。

陈明光：《从唐朝后期的"省司钱物"到五代的"系省钱物"》，《魏晋南北朝隋唐史资料》第30辑，2014年。

陈明光：《"检田定税"与"税输办集"——五代时期中央与地方的财权关系论稿之一》，《中国经济史研究》2009年第3期。

陈明光：《五代财政中枢管理体制演变考论》，《中华文史论丛》，2010年第3期。

陈文龙：《北宋本官形成述论》，北京大学博士论文，2011年。

程民生：《论北宋骄兵的特点及影响》，《史学月刊》1987年第3期。

邓长宇：《移镇与更替：五代宋初藩镇空间布局的研究（883—977）》，华东师范大学硕士论文，2017年。

邓广铭：《对申采湜教授论文的评议》，收入东洋史学会编《中国史研究的成果与展望》，北京：中国社会科学出版社，1991年。

邓广铭：《宋朝的家法与北宋的政治改革运动》，原载《中华文史论丛》1986年第3辑，收入氏著《邓广铭治史丛稿》，北京：北京大学出版社，1997年。

邓小南：《从"按察"看北宋制度的运行》，收入氏著《宋代历史探求》，北京：首都师范大学出版社，2015年。

邓小南：《试谈五代宋初"胡/汉"语境的消解》，收入氏著《朗润学史丛稿》，北京：中华书局，2010年。

邓小南：《走向再造：试谈十世纪前中期的文臣群体》，原载《漆侠先生纪念文集》，保定：河北大学出版社，2002年，收入氏著《朗润学史丛稿》。

渡边久：《北宋時代の都監》，《東洋史苑》第44号，1994年。

渡边孝：《魏博と成德——河朔三鎮の權力構造についての再檢討——》，《東洋史研究》第54卷第2号，1995年。

杜彤华：《延津县出土的宋代〈李君墓碣〉》，《中原文物》1990年第4期。

范学辉：《关于"杯酒释兵权"若干问题的再探讨》，《史学月刊》2006年第3期。

方震华：《才兼文武的追求——唐代后期士人的军事参与》，《台大历史学报》第50期，2012年。

傅乐成：《沙陀之汉化》，原载《华冈学报》第2期，1965年，收入氏著《汉唐史论集》，台北：联经出版事业公司，1977年。

傅乐成：《唐代夷夏观念之演变》，原载《大陆杂志》第25卷第8期，1962年，收入氏著《汉唐史论集》。

富田孔明：《後梁侍衛親軍考——その構成に関する諸説の矛盾を解いて》，《竜谷史壇》第92号，1988年。

富田孔明：《五代の禁軍構成に関する一考察——李克用軍団の変遷について》，《東洋史苑》第26・27号，1986年。

富田孔明：《五代侍衛親軍考——その始源を求めて——》，《東洋史苑》第29号，1987年。

冈崎精郎：《後唐の明宗と舊習》（上），《東洋史研究》第9卷第4号，1945年。

冈崎精郎：《後唐の明宗と舊習》（下），《東洋史研究》第10卷第2号，1948年。

高聪明：《从"羡余"看北宋中央与地方财政关系》，《中国史研究》1997年第4期。

高濑奈津子：《第二次大戦後の唐代藩鎮研究》，收入堀敏一撰：《唐末五代変革期の政治と経済》，东京：汲古书院，2002年。

葛晓音：《北宋诗文革新的曲折历程》，《中国社会科学》1989年第2期。

谷川道雄：《北朝末—五代の義兄弟結合について》，《東洋史研究》第39卷第2号，1980年。

郭红超：《北宋地方统兵体制中的钤辖制度研究》，河南大学硕士论文，2009年。

何天白：《重塑河朔：五代至北宋前期河北的军事态势（907—1048）》，北京大学博士论文，2021年。

胡安徽：《张全义农业思想初探》，《农业考古》2013年第1期。

胡如雷：《唐五代时期的"骄兵"与藩镇》，原载《光明日报》1963年7月3日史学版，收入氏著《隋唐五代社会经济史论稿》，北京：中国社会科学出版社，1996年。

胡耀飞：《黄巢之变与藩镇格局的转变》，复旦大学博士论文，2015年。

黄宽重：《延唐变制——五代巡检的转型与特色》，收入氏著《政策·对策：宋代政治史探索》，台北：联经出版事业股份有限公司，2012年。

黄淑雯：《李克用河东集团人物分析》，《淡江史学》第9期，1998年。

霍宏伟：《隋唐东都城空间布局之嬗变》，四川大学博士论文，2009年。

贾鸿源：《再造长安：唐末洛阳宫城更名史事发微》，《唐史论丛》第30辑，2020年。

金宗燮：《五代政局变化与文人出仕观》，《唐研究》第9卷，2003年。

菊池英夫：《後周世宗の軍制改革と宋初三衙の成立》，《東洋史学》第22輯，1960年。

菊池英夫：《五代後周に於ける禁軍改革の背景——世宗軍制改革前史》，《東方学》第16辑，1958年。

菊池英夫：《五代禁軍に於ける侍衛親軍司の成立》，《史淵》第70辑，1957年。

菊池英夫：《五代禁軍の地方屯駐に就いて》，《東洋史学》第11辑，1954年。

堀敏一：《五代宋初における禁軍の發展》，《東洋文化研究所紀要》第4册，1953年。

堀敏一：《朱全忠政権の性格》，《駿台史学》第11号，1961年。

堀敏一撰、索介然译：《藩镇亲卫军的权力结构》，刘俊文主编：《日本学者研究中国史论著选译》第4卷《六朝隋唐》，北京：中华书局，1992年。

来可泓：《五代十国牙兵制度初探》，《学术月刊》1995年第11期。

李昌宪：《略论宋代知州制的形成及其历史意义》，《南京大学学报》1996年第4期。

李昌宪：《试论宋代地方统兵体制的形成及其历史意义》，《史学月刊》1996年第2期。

李昌宪：《五代削藩制置初探》，《中国史研究》1982年第3期。

李丹婕：《沙陀部族特性与后唐的建立》，《文史》2005年第4期。

李珂：《另一种阶官：宋代选人七阶研究》，中国人民大学硕士论文，2021年。

李伟：《披图则思祖宗疆土：北宋的化外州与历史中国》，《中国边疆史地研究》2021年第2期。

李翔：《关于五代"山后八军"的几个问题》，《中南大学学报》2016年第4期。

李翔：《李克用义子问题考述》，《西南大学学报》2014年第3期。

李裕民：《通判不始于宋》，《晋阳学刊》1997年第6期。

栗原益男：《唐末五代の仮父子的結合における姓名と年齢》，《東洋学報》第38卷第4号，1956年，收入氏著《唐宋变革期の国家と社会》，东京：汲古书院，2014年。

栗原益男：《唐五代の仮父子的結合の性格：主として藩帥的支配権力との関連において》，《史学雑志》第62卷第6号，1953年，收入氏著《唐宋变革期の国家と社会》。

铃木隆行：《五代の文官人事政策に関す

る一考察》，札幌：《北大史学》第24卷，1984年。

刘波：《唐末五代华北地区州级军政之变化研究——基于军政长官的探讨》，华东师范大学大学硕士论文，2013年。

刘光亮：《欧阳修与北宋骄兵》，《吉安师专学报》1994年第4期。

刘京京：《五代中央收地方财权问题研究》，中山大学硕士学位论文，2018年。

柳浚炯：《试论唐五代内职诸使的等级化》，《史学集刊》2010年第3期。

柳浚炯：《唐代宦官与皇权运作关系研究》，北京大学博士论文，2010年。

刘连香：《张全义与五代洛阳城》，《洛阳工学院学报》2002年第2期。

刘浦江：《正统论下的五代史观》，《唐研究》第11卷，2005年。

刘琴丽：《五代巡检研究》，《史学月刊》2003年第6期。

陆扬：《论冯道的生涯——兼谈中古晚期政治文化中的边缘与核心》，《唐研究》第19卷，2013年。

陆扬：《唐代的清流文化：一个现象的概述》，收入氏著《清流文化与唐帝国》，北京：北京大学出版社，2016年。

罗凯：《何为方镇：方镇的特指、泛指与常指》，《学术月刊》2018年第8期。

罗亮：《五代张全义家族与政权更替——以张氏家族墓志为中心的考察》，《魏晋南北朝隋唐史资料》第37辑，2018年。

罗亮：《姓甚名谁：后唐"同姓集团"考论》，《中华文史论丛》2018年第3期。

罗亮：《以谁为父：后晋与契丹关系新解》，《史学月刊》2017年第3期。

洛阳市文物考古研究院：《河南省洛阳市北宋安番(审)韬墓发掘简报》，《洛阳考古》2015年第1期。

罗宗涛：《唐末诗人对唐亡的反应试探》，收入《第五届唐代文化学术研讨会论文集》，高雄：丽文文化事业股份有限公司，2001年。

马俊民：《唐朝刺史军权考》，收入南开大学历史系编：《南开大学历史系建系七十五周年纪念文集》，天津：南开大学出版社，1998。

毛汉光：《五代之政治延续与政权转移》，原载《史语所集刊》第51本第2分，1980年，收入氏著《中国中古政治史论》，上海：上海书店出版社，2002年。

梅原郁：《宋代の武阶》，原载《东方学报》第56期，1984年，收入氏著《宋代官僚制度研究》，京都：同朋舍，1985年。

孟宪实：《唐代前期的使职问题研究》，收入吴宗国主编：《盛唐政治制度研究》，上海：上海辞书出版社，2003年。

孟彦弘：《论唐代军队的地方化》，《中国社会科学院历史研究所学刊》第1辑，北京：社会科学文献出版社，2001年。

苗书梅：《论宋代的权摄官》，《河南大学学报》1995年第3期。

苗书梅：《宋代监当官初探》，收入程民生、龚留柱编：《历史文化论丛》，开封：河南大学出版社，2000年。

苗书梅：《宋代通判及其主要职能》，《河北学刊》1990年第2期。

聂崇岐：《论宋太祖收兵权》，原载《燕京学报》第34期，1948年，收入氏著《宋史丛考》，北京：中华书局，1980年。

聂文华：《〈文献通考〉所引"止斋陈氏曰"即〈建隆编〉佚文考》，《中国典籍与文化》2015年第3期。

彭向前：《唐末五代宋初中央财权集中的

历史轨迹》，河北大学硕士论文，2001年。

齐勇锋：《五代藩镇兵制和五代宋初的削藩措施》，《河北学刊》1993年第4期。

齐勇锋：《五代禁军初探》，《唐史论丛》第3辑，1987年。

片山正毅：《宋代幕職官の成立について》，《東洋史學》第27辑，1964年。

清木场东：《五代の知州に就いて》，《东方学》第45辑，1973年。

仇鹿鸣：《从〈罗让碑〉看唐末魏博的政治与社会》，《历史研究》2012年第2期。

仇鹿鸣：《"攀附先世"与"伪冒士籍"——以渤海高氏为中心的研究》，《历史研究》2008年第2期。

日野开三郎：《藩鎮體制と直屬州》，《東洋學報》第43卷第4号，1961年。

日野开三郎：《王建の前蜀建國と假子制》，收入《第一届国际唐代学术会议论文集》，台北：唐代研究学者联谊会出版，1989年。

日野开三郎：《五代の耗について》，收入《日野开三郎东洋史学论集》第12卷《行政と財政》，东京：三一书房，1989年。

日野开三郎：《五代の沿徵について》，收入《日野开三郎东洋史学论集》第12卷《行政と財政》。

日野开三郎撰、索介然译：《五代镇将考》，收入刘俊文主编：《日本学者研究中国史论著选译》第5卷《五代宋元》，北京：中华书局，1993年。

荣新江：《安史之乱后粟特胡人的动向》，原载《暨南史学》第2辑，2003年，收入氏著《中古中国与粟特文明》，北京：生活·读书·新知三联书店，2014年。

山根直生：《五代洛陽の張全義について——「沙陀系王朝」論への應答として》，《集刊東洋学》第114号，2016年。

山崎觉士：《五代の道制——後唐朝を中心に——》，《東洋學報》第85卷第4号，2004年。

沈松勤：《从南北对峙到南北融合——宋初百年文坛演变历程》，《文学评论》2008年第4期。

四川大学历史文化学院考古系、洛阳市第二文物工作队：《洛阳伊川后晋孙璠墓发掘简报》，《文物》2007年第6期。

孙彩虹、陈明光：《唐宋财赋"上供、留使、留州"制度的异同》，《安徽师范大学学报》2004年第6期。

唐长孺：《唐代的内诸司使及其演变》，收入氏著《山居存稿》，北京：中华书局，2011年。

王吉林：《辽太宗之中原经营与石晋兴亡》，收入宋史座谈会编：《宋史研究集》第8辑，台北："国立"编译馆中华丛书编审委员会印，1976年。

王静：《朝廷和方镇的联络枢纽：试谈中晚唐的进奏院》，收入邓小南主编：《政绩考察与信息渠道：以宋代为重心》，北京：北京大学出版社，2008年。

王义康：《沙陀汉化问题再评价》，《陕西师范大学学报》1995年第4期。

王育济：《"乾德二诏令"求是》，《文史哲》1991年第4期。

王曾瑜：《辽宋金之节度使》，原载《大陆杂志》第83卷第2、3、4期，1991年，收入氏著《点滴编》，保定：河北大学出版社，2010年。

魏成思：《略论唐五代商人和割据势力的关系》，《学术月刊》1984年第5期。

Wolfram Eberhard 艾伯华. "The Composition of the Leading Political Group during the Five Dynasties" *Asiatische Studien* 1, no. 2, 1947.

伍伯常：《北宋初年的北方文士与豪侠——以柳开的事功及作风形象为中心》，台北《清华学报》第36卷第2期，2006年12月。

西川正夫：《華北五代王朝の文臣官僚》，《東洋文化研究所紀要》第27册，1962年。

西川正夫：《華北五代王朝の文臣と武臣》，福島正夫編：《仁井田陞博士追悼論文集》第1卷《前近代アジアの法と社会》，東京：勁草書房，1967年。

夏炎：《唐代刺史的军事职掌与州级军事职能》，《南开学报》2006年第4期。

幸彻：《北宋時代に於ける監當官の地位》，《東洋史学》第26辑，1964年。

邢义田：《契丹与五代政权更迭之关系》，《食货月刊》复刊第1卷第6期，1971年9月。

闫建飞：《后唐洛阳城的粮食供给》，《唐研究》第25卷，2020年。

闫建飞：《评方震华〈权力结构与文化认同〉》，《中外论坛》2019年第1期。

闫建飞：《唐末五代宋初北方藩镇州郡化研究》，北京大学博士论文，2017年。

严耕望：《唐代方镇使府僚佐考》，原载《新亚学报》第7卷第2期，1966年，收入《严耕望史学论文集》，上海：上海古籍出版社，2009年。

严耕望：《唐代府州僚佐考》，原载《唐史研究丛稿》，香港：新亚研究所，1969年，收入《严耕望史学论文集》。

严耕望：《唐代府州上佐与录事参军》，原刊新竹《清华学报》第8卷第1·2期合刊，1970年，收入《严耕望史学论文选集》，北京：中华书局，2006年。

严耕望：《唐人习业山林寺院之风尚》，原载《史语所集刊》第30本，1959年，收入《严耕望史学论文集》。

严耕望：《通判不始于宋说》，原载《新亚生活》双周刊第12卷第2期，1969年，收入《严耕望史学论文集》。

杨倩描：《从"系省钱物"的演变看宋代国家正常预算的基本模式》，《河北学刊》1988年第4期。

叶炜：《武职与武阶：唐代官僚政治中文武分途问题的一个观察点》，收入徐冲主编：《中国中古史研究》第6卷，上海：中西书局，2019年。

友永植：《宋都監探原考（一）—唐の行営都監—》，《別府大学紀要》第37辑，1996年。

友永植：《宋都監探原考（二）—五代の行営都監—》，《別府大学アジア歴史文化研究所報》第14号，1997年。

友永植：《宋都監探原考（三）—五代の州県都監—》，《史学論叢》第34号，2004年。

于鹤年：《唐五代藩镇解说》，《大公报·史地周刊》，1935年3月8日。

羽生健一：《五代の巡検使に就いて》，《東方学》第29辑，1965年。

余蔚：《完整制与分离制：宋代地方行政权力的转移》，《历史研究》2005年第4期。

宇野春夫：《後唐の同姓集団》，《藤女子大学文学部紀要》第3号，1964年。

曾现江：《唐后期、五代之淮蔡军人集团研究》，四川大学硕士论文，2002年。

张晨光：《论宋徽宗曹掾官改革》，《文史》2020年第1期。

张剑光：《唐代藩镇割据与商业》，《文史哲》1997年第4期。

张萌：《五代十国监军考论》，陕西师范

大学硕士论文，2013年。

张天虹：《唐代藩镇研究模式的总结和再思考——以河朔藩镇为中心》，《清华大学学报》2011年第6期。

张庭玙：《冤家聚头文武合：张全义家族及姻亲、李罕之家族及姻亲、杨凝式》，收入山口智哉等编：《世变下的五代女性》，桂林：广西师范大学出版社，2021年。

张亦冰：《北宋三司财务行政体制研究》，北京大学博士论文，2017年。

张亦冰：《唐宋之际财政三司职掌范围及分工演进考述》，《唐史论丛》第28辑，2019年。

赵效宣：《五代兵灾中士人之逃亡与隐居》，《新亚书院学术年刊》第5期，1963年。

赵雨乐：《唐末北衙禁军的权力基础——神策五十四都的活动试析》，收入《第三届中国唐代文化学术研讨会论文集》，台北：中国唐代文化学术研讨会出版，1997年。

郑炳俊：《唐後半期の地方行政體系について——特に州の直達・直下を中心として——》，《東洋史研究》第51卷第3号，1992年。

郑庆寰：《体制内外：宋代幕职官形成述论》，中国人民大学博士论文，2013年。

周鼎：《晚唐五代的商人、军将与藩镇回图务》，《中国经济史研究》2020年第3期。

周藤吉之：《五代節度使の牙軍に關する一考察——部曲との關聯において——》，《東洋文化研究所紀要》第2册，1951年。

周藤吉之：《五代節度使の支配體制——特に宋代職役との關聯に於いて——》，《史學雜志》第61卷第4、6号，1952年，氏著《宋代經濟史研究》，東京：東京大學出版會，1962年。

朱国能：《柳开及其著述研究》，香港大学博士论文，1993年。

诸葛计：《张全义略论》，《史学月刊》1983年第4期。

祝尚书：《柳开年谱》，《宋代文化研究》第3辑，1993年。

祝尚书：《柳开学韩得失论》，《文学遗产》1988年第4期。

佐竹靖彦：《朱溫集團の特性と後梁王朝の形成》，收入《中国近世社会文化史论文集》，台北："中央研究院"历史语言研究所，1992年。

本书各章节原刊情况

第一章第一节原以《方镇为国：后梁建国史研究》为题，发表于《中山大学学报》2019年第6期。

第一章第二节原以《方镇为国：后唐建国史研究》为题，收录于邓小南、方诚峰主编《宋史研究诸层面》，北京大学出版社，2020年。

第一章第三节原以《五代后期的政权嬗代：从"天子者，兵强马壮者当为之，宁有种耶"谈起》为题，发表于《唐史论丛》第29辑，2019年。

第一章第四节原以《五代宋初的政权更迭是如何在地方实现的》为题，发表于《文史知识》2021年第9期。

第二章第一节原以《唐后期五代的支郡专达》为题，发表于《国学研究》第45卷，2021年。

第二章第三节原以《从遥领到遥郡：试论宋代遥郡序列的形成》为题，发表于《国学研究》第38卷，2016年。

第三章第一节原以《唐后期五代宋初知州制的实施过程》为题，发表于《文史》2019年第1期。

第三章第二节核心内容原以《宋代幕职州县官体系之形成》为题，发表于《中山大学学报》2018年第4期。

第三章第三节原以《宋初"制其钱谷"之背景及措施》为题，发表于《史学月刊》2021年第11期。

第三章第三节附录原以《札记：宋代通判渊源补记》为题，发表于《宋史研究论丛》第22辑，2018年。

第三章第四节原以《五代宋初兵马都监的演进与地方武力的整合》为

题，发表于《学术研究》2020 年第 9 期。

第四章第一节原以《京藩之间：张全义的洛阳经营与社会关系网络的展开》为题，发表于《中山大学学报》2021 年第 5 期。

第四章第二节原以《10 世纪地方士人活动诸层面：以柳开家族为线索》为题，发表于《文史哲》2020 年第 6 期。

后　记

本书是在我的博士论文《唐末五代宋初北方藩镇州郡化研究》基础上修改而成。如果从本科阶段算起，我关注藩镇问题迄今已逾十年。对这样一个中观议题而言，十年的投入颇为奢侈。书稿的完成，意味着自己十年的关注可以稍微做一总结。此时内心既感觉松了口气，又夹杂着些许遗憾。

我研究的内容是十世纪藩镇，从方镇为国、藩镇州郡化两个层面进行论述。后者是我的博士论文主旨，我从地方行政层级、州郡权力结构进行了相对全面的讨论。至于方镇为国，书中指出可从三方面探讨：建国过程、藩镇体制对中央政治体制的影响、幕府僚佐到朝廷重臣的转变，但书稿仅对建国过程做了详论。因此，本书的议题完成度尚有欠缺，这是比较遗憾的一点。另外，尽管我毕业后对书稿进行了数年修改，多数章节在具体研究方面相比前人也有推进，但对唐后期至宋初藩镇、中国古代中央与地方关系等宏观认识方面，虽几经努力和挣扎，却始终无法给出更有新意的框架性解释，这也是深以为憾的。

我对藩镇问题的关注始于本科毕业论文《唐后期浙西镇研究》。2011年进入北大读研后，对藩镇问题虽一直关注，却并未投入太多精力。2013年转博后，才认真考虑博士论文方向。对于是否研究藩镇，我一直比较犹豫，这主要是考虑到既有研究甚多，担心自己无法从前人论述中"突围"。导师邓小南教授建议我从材料和议题两方面突破，一是关注地方材料，二是由下而上观察藩镇问题及其解决过程。之后我着力搜集唐后期至宋初碑刻、墓志等，不过相关材料虽不少，亦有不少值得关注的问题，但这些问题相对分散，我始终无法提炼出一个结构完整又切实可行的论文大纲。2015年下半年写开题报告时，几经折腾，倍感艰难焦虑，直到邓师点出"藩镇州郡化"这一要点，我才豁然开朗，确定以"晚唐至宋初北方的地方整合：以藩镇州郡化为中心"为博士论文题目。当时希望兼顾政治与社会两方面，力图从地方视角出发，由下而上观察唐后期以来藩镇如何在地方经营以及藩镇问题是如何解决的，将政治变迁与地方社会结合起来，打破学界常见的由上而下的削藩视角。但在写作中，由于自己对政治史和制度史相对熟悉，地方材料又比较零散，最后基本是沿着政治史和制度变迁脉络写作的，原来预计作为重要内容的地方社会，最后在论文中反而边缘化了。修改书稿时，我把2016年在《国学研究》第38卷发表的《从遥领到遥郡：试论宋代遥郡序列的形成》一文收入，并根据博士论文答辩时李华瑞老师的建议，新写了《宋初"制其钱谷"之背景及措施》一节，遂成为呈现在读者面前的这本小书。

  本书的完成，首先要感谢的是导师邓小南先生。能在北大从她问学，是我一生的幸事。2010年大三时我冒昧联系邓师，希望以后能到北大读研，她很快就回复了我，给予我很大鼓励。2011年进入北大后，资质平平、本科又缺乏学术训练的我在学习中颇感压力，邓师从读书、写札记等方面对我进行细心指导，使我很快适应了在北大的学习生活。2013年，蒙邓师不弃，同意我硕博连读。进入博士阶段后，博士论文选题是一直"折磨"我的重要问题，对唐末五代宋初的藩镇问题应如何着手，从材料到思路，她与我谈过不下数十次。我记忆很深的一件事是，2015年11月我写开题报告时十分不顺，怀疑当时的题目能否做下去，也怀疑自己是否有能力从事学术研究。邓师在给我的邮件里说："我相信你的积累和能力足以让你写出像样的论文。不要慌，定下神来再想想看。"这句话当时给了我很大的鼓励。开始写作后，每写完一节或一章，我就会发给她看。她从结构、思路到字句乃至标点，都进行细致的修改。每次看到自己有那么多纰漏，都深感惭愧，也暗暗提醒自己，下次一定要拿出更成熟的章节。2016年9月，文研院成立，邓师身任院长，事务缠身，但我每次提交的论文她总能及时给我反馈。我深知我的博士论文耗费了邓师无数精力，对此我深感愧疚的同时，也一直觉得，唯有写好论文才是对她最好的回报。

从我2011年9月入学，到2017年6月1日答辩，邓师与我往返的邮件共计1249封。一封封邮件，传递着她对我学业、生活方方面面的指点和关心。我明白，她所期待学生的，并不仅仅是完成一篇博士论文，而是希望通过博士阶段的训练培养一名合格的学者。从她问学的六年里，她分析材料的细致，拿捏问题的准确，对学术标准的重视，处事的认真不苟，待人接物的真诚无私，都让我体会到什么是真正的学者。博士毕业后，我进入岳麓书院工作，在上课、指导学生的过程中，时时以她为榜样。我明白自己大概很难成为一个像她那样的好老师，但我会继续努力。

其次，我要感谢求学过程中给予我指导和帮助的各位老师。沈祯云老师是我的学术启蒙老师，榆中三年每周与他的聊天，开启了我的学术之门，坚定了我从事学术研究的信念。他对名利的淡泊，时时让我警醒。他对社会科学的熟悉，也经常提醒我要从其他学科看待自己的研究。已故刘浦江老师的四库提要课程，让我接受了基本的文献学训练，为以后的研究打下了基础。赵冬梅老师与我研究领域相近，平日里接触又多，经常给我切实可行的指导意见，即使论点与她相左，她也不以为忤，对我多有鼓励。李志生、李四龙老师在学业和生活上给予过我很多帮助。张帆、叶炜、史睿等老师在我的论文开题、预答辩、答辩等环节中给予我诸多指导。包伟民、李华瑞老师出席了我的博士论文答辩，指出不少论文中的问题，毕业后对我也一直多有关照，包老师还为本书撰写了推荐语。曹家齐老师在我的学术成长中给予过诸多帮助，也是我经常请益的良师。

2017年博士毕业后，我进入湖南大学岳麓书院工作。能在书院这样一个自由、宽松、友爱的环境中工作，我深感幸运。肖永明、陈宇翔等院领导和行政老师们待人谦和，考虑周到，为新进教师提供了优越的教学科研环境，让我受益匪浅。更难得的是，书院最近几年有几十位青年教师加入，大家年纪相仿，相互砥砺，相互帮助，让人处处感受到书院大家庭的温暖。

邓师一直教导我们，学术研究中，一个人可能走得更快，但一群人可以走得更远。一直深感幸运的是，有这样一群人一直陪着我共同进步，同门之间的相互批评、砥砺始终是我前行的动力。其中李全德、高柯立、方诚峰、张祎、胡坤、古丽巍、周佳、刘江、张卫忠、丁义珏、聂文华、贾连港、陈希丰、任石、尹航、张亦冰、朱义群、曹杰、袁璠、吴淑敏、何天白、杨光等同门对我帮助尤多，陈希丰、尹航、张亦冰更是我论文致谢中的常驻嘉宾。有他们在，我在学术道路前行中，永远不会感到孤独。

2021年3月至6月，我申请到浙江大学人文高等研究院访学，对本书进行集中修改。高研院为我们提供了优越的学习和工作环境。同期访问的二十多位学者，来自五湖四海，学科背景丰富。每周三的学术报告和平时的交流，让我汲取不同学科知识的同时，也让我不断思考自己的研究如何才能对其他学科产生回馈。在杭州期间，尤其感谢冯培红、周佳、何兆泉、傅俊等师长的关心和帮助。

此外，本书的写作还得到诸多师友的帮助。郭鹏先生长期关注唐宋之际的石刻文献，慨允我利用他搜集的五代宋初墓志，在材料方面给予我很大帮助，是我要特别感谢的。仇鹿鸣老师在北大文研院访学期间，我曾多次向他求教。他阅读了我博士论文全文，提出了不少修改意见。周佳、胡耀飞、田卫卫、黄桢、曹杰等帮我扫描复制过多篇日文论著。李竞扬兄帮我绘制了多幅地图，为本书增色不少。我博士论文刚刚通过答辩，"新史学&多元对话系列"丛书编辑谭徐锋先生就与我联系，表示愿意资助出版本书，感谢他的信任和鼓励。

最后感谢我的妻子伍旺。遇到她以后，生活再也没有烦恼和忧愁。

我从小就比较喜欢历史，能一直读到博士毕业，以研究历史为业，常常感到幸运。同时我也深知，自己不论天赋还是努力程度，都与学界优秀学者有不小的差距。博士毕业前，赵冬梅老师曾感叹：博士论文是很多学者一辈子最高水平的作品。这一方面提醒我要写好博士论文，改好这本书稿；另一方面提醒我不能一直"吃老本"，止步于藩镇研究的狭小领域，要早日"走出五代"，进入真正的宋史研究。当然，仅仅改换研究领域并不意味着学术成长，也可能只是个人学术偏见的异地重建。唯有不断阅读、写作、反思自我，才有可能真正进步。在学术成长的道路上，自己永远是最大的敌人和动力。

2021 年 9 月 7 日于岳麓书院胜利斋 104

图书在版编目（CIP）数据

走出五代：十世纪藩镇研究/闫建飞著. —成都：四川人民出版社，2023.5（2023.8重印）
（新史学&多元对话系列）
ISBN 978-7-220-12835-6

Ⅰ.①走… Ⅱ.①闫… Ⅲ.①藩镇割据－研究－中国－唐代－五代 Ⅳ.①K240.7

中国版本图书馆CIP数据核字（2022）第192006号

ZOUCHU WUDAI：SHISHIJI FANZHEN YANJIU

走出五代——十世纪藩镇研究

闫建飞 著

出 版 人	黄立新
策划统筹	封 龙
责任编辑	封 龙　冯 珺
封面设计	蔡立国
版式设计	戴雨虹
责任印制	周 奇
出版发行	四川人民出版社（成都市三色路238号）
网　　址	http://www.scpph.com
E-mail	scrmcbs@sina.com
新浪微博	@四川人民出版社
微信公众号	四川人民出版社
发行部业务电话	（028）86361653　86361656
防盗版举报电话	（028）86361653
照　　排	保定高新区华泰图文设计工作室
印　　刷	成都东江印务有限公司
成品尺寸	160mm×230mm
印　　张	23
字　　数	340千
版　　次	2023年5月第1版
印　　次	2023年8月第2次印刷
书　　号	ISBN 978-7-220-12835-6
定　　价	85.00元

■版权所有·侵权必究
本书若出现印装质量问题，请与我社发行部联系调换
电话：（028）86259453

N